编写委员会

主　编　温一帆

副主编　蓝国彬　戴小涛　吴　俊

编　委　（按章节顺序排列）

蓝国彬　张明军　刘　玉　陈志兴　叶学球
戴小涛　李　林　陈　群　吴　俊　谭德军
段　斌　徐　皞　葛庆英　张艳枚　李　强
任早珍　李玉动　潘其东　温一帆

普通高等教育体育课精品教材

大学体育 第二版

温一帆◎主编

暨南大學出版社
JINAN UNIVERSITY PRESS
中国·广州

图书在版编目（CIP）数据

大学体育/温一帆主编．—2版．—广州：暨南大学出版社，2016.8
ISBN 978－7－5668－1916－1

Ⅰ.①大…　Ⅱ.①温…　Ⅲ.①体育—高等学校—教材　Ⅳ.①G807.4

中国版本图书馆CIP数据核字(2016)第199262号

大学体育（第二版）
DAXUE TIYU（DIERBAN）
主　编：温一帆

出 版 人：徐义雄
责任编辑：古碧卡　刘慧玲
责任校对：周海燕　邓丽藤
责任印制：汤慧君　王雅琪

出版发行：暨南大学出版社（510630）
电　　话：总编室（8620）85221601
　　　　　营销部（8620）85225284　85228291　85228292（邮购）
传　　真：（8620）85221583（办公室）　85223774（营销部）
网　　址：http://www.jnupress.com　http://press.jnu.edu.cn
排　　版：广州市科普电脑印务部
印　　刷：佛山市浩文彩色印刷有限公司
开　　本：787mm×1092mm　1/16
印　　张：25.75
字　　数：638千
版　　次：2011年8月第1版　2016年8月第2版
印　　次：2016年8月第6次
定　　价：42.00元

再版前言

大学生的体质健康是大学生全面和谐发展的物质基础，体育作为促进学生身心健康的重要手段，为学校培养出合格的人才发挥了重要作用。在全面推进素质教育的背景下，普通高校体育教育工作面临着新的改革与发展，应努力提高体育教学质量，尽快适应高教改革的新要求。教学质量的提高必须有一本好的教科书，因此，大学体育教材建设是提高高校体育教育质量的重要环节。在“十三五”开局之年，为贯彻落实中共中央精神和《学校体育工作条例》，加强体育课程建设，进一步提高教育教学质量，依据《全国普通高等学校体育课程教学指导纲要》的基本要求，并结合学校体育工作实际和地方特色，本书编委会在第一版《大学体育》教材基础上进行了大幅修订，以适应当前高校体育教学改革的需要。

本教材传承了第一版《大学体育》的文化性、教育性、健身性、科学性、实用性、时效性、可读性，并在此基础上进行了深化和创新，对理论阐述进行了必要的调整，增加了如下内容：体育概述、高校体育目标与途径、奥林匹克运动与精神象征、体质与健康、运动性损伤预防与急救，使理论篇更加精练和具有内在逻辑性。在实践部分增加了一些符合当代体育潮流思想的章节，例如拓展运动、户外运动，并对篮球、乒乓球、网球、游泳、二十四式太极拳、跆拳道六大实践章节重新进行了改写和增加了大量的图片以利于读者阅读理解。全书进一步体现了趣味性和生活性，从而更进一步做到健康教育与素质教育并重，理论指导与实践教育相结合，融课程教学与课外锻炼于一体。

全书编写人员名单如下：

蓝国彬：第一章至第四章；张明军：第五章；刘玉：第六章；陈志兴：第七章；叶学球：第八章；戴小涛、李林：第九章；陈群：第十章；吴俊：第十一章；谭德军：第十二章；段斌、温一帆：第十三章；徐皞：第十四章；葛庆英：第十五章；张艳枚、李强：第十六章；任早珍：第十七章；李玉动：第十八章；潘其东：第十九章；段斌：第二十章；温一帆：第二十一章、第二十二章。

全书最后由温一帆负责统稿。

由于编者水平有限，错误在所难免，衷心希望各位同仁提出宝贵意见，以期日臻完善。本书在编写过程中参考了许多专家、学者的著作，他们的成果给予我们极大的帮助与指导，由于篇幅所限，还有部分成果未能在此一一列出，谨向这些作者表示衷心的感谢与诚挚的敬意。

《大学体育》编写组

2016 年 6 月

目 录

理 论 篇

实 践 篇

理 论 篇

第一章　体育概述

第一节　体育的概念

体育是随着人类社会的发展而产生和发展的。原始人类为生存而在同自然界进行的斗争中，发展了走、跑、跳、投掷、攀登、游泳以及其他各种技能。这些原始人类的生产和生活技能与现代人的体育活动，都是身体的活动，其区别在于前者主要用于谋生，后者主要用以锻炼身体。体育作为一个专门的学科领域，是在人类社会长期的实践中，随着社会生活和生产的不断发展而逐步建立和发展起来的，它受一定的社会政治、经济的影响。

体育虽然有着悠久的历史，然而“体育”一词却出现得较晚。在“体育”一词出现前，世界各国对体育这一活动过程的称谓并不相同。“体育”一词，其英文本是 Physical Education，指的是以身体活动为手段的教育，直译为身体的教育，简称为体育。在古希腊，游戏、角力、体操等曾被列为体育教育内容。17—18 世纪，在西方的教育中也加进了打猎、游泳、爬山、赛跑、跳跃等活动，只是尚无统一的名称。18 世纪末，德国的古茨穆茨曾把这些活动分类、综合，统称为“体操”。进入 19 世纪，一方面德国形成了新的体操体系，并广泛传播于欧美各国；另一方面各国相继出现了多种新的运动项目。学校也逐渐开展了超出原来体操范围的更多的运动项目，建立起“体育是以身体活动为手段的教育”这一新概念。于是，在相当长的一段时间里，“体操”和“体育”两个词并存，相互混用，直到 20 世纪初才逐渐在世界范围内统一称为“体育”。

1762 年，卢梭在法国出版了《爱弥儿》一书。他使用“体育”一词来描述对爱弥儿进行身体的养护、培养和训练等身体教育过程。由于这本书激烈地批判了当时的教会教育而在世界引起很大反响，因此“体育”一词同时也在世界各国流传开来。从这里我们可以清楚地看到，“体育”一词起源于“教育”一词，它最早的含义是指教育体系中的一个专门领域。到 19 世纪，世界上教育发达的国家都普遍使用了“体育”一词。19 世纪中叶，德国和瑞典的体操传入我国，随后清政府在兴办的“洋学堂”中设置了“体操球”。1902 年左右，一些在日本留学的学生从日本传来了“体育”这一术语。随着西方文化不断涌入我国，学校体育的内容也从单一的体操向多元化发展，课堂上出现了篮球、田径、足球等活动。许多有识之士提出不能把学校体育课称为体操课了，必须理清概念层次。1923 年，在《中小学课程纲要草案》中，正式把“体操科”改为“体育课”。从此“体育”一词成了标记学校中身体教育的专门术语。

“体育”一词在含义上也有一个演化过程。它刚传入我国时，是指身体的教育，作为教育的一部分出现，是一种与维持和发展身体的各种活动有关联的一种教育过程，与国际上理解的“体育”（Physical Education）是一致的。随着社会的进步和体育事业的不断发展，其目的和内容都大大超出了原来“体育”的范畴，体育的概念也出现了“广义”与

"狭义"的解释。当用于广义时，一般是指体育运动，其中包括了体育教育、竞技运动和身体锻炼三个方面；用于狭义时，一般是指体育教育。近年来，不少学者对"体育"的概念提出了一些解释，但比较趋于一致的解释为："体育是以身体活动为媒介，以谋求个体身心健康、全面发展为直接目的，并以培养完善的社会公民为终极目标的一种社会文化现象或教育过程。"体育的这一定义既说明了它的本质属性，又指出了它的归属范畴，同时也把自身从与其邻近或相似的社会文化现象中区别出来。但是，体育的概念并非是一成不变的，随着社会的发展和进步，对体育的认识也将有所发展。

第二节　体育的功能

体育的功能是指体育以其自身特点作用于人和社会所能产生的良好影响和效益。体育如果不具备自身固有的特点，就不可能产生任何功能。如果体育功能不被人们和社会所接受、利用，则它的功能也不可能得到发挥并产生效益。千百年来，体育之所以能得到不断发展，而且越来越受到世界各国的重视，正是人们对体育的功能的认识和利用的结果。随着社会发展和人们对体育功能认识的进一步深入和提高，体育的功能将会越来越多地被发现和发挥，并更好地为人类的物质文明和精神文明建设服务。

体育的功能包括教育功能、健身娱乐功能、培养竞争意识功能、经济功能和交往功能等。

一、教育功能

体育具有教育的功能，亦是其最本质的功能。从原始社会出现体育的萌芽时期起，体育就一直作为教育的手段之一流传下来，至今现代竞技体育中的跑、跳、投等项目仍留下了原始社会教育的痕迹。现代体育教育已不仅需要促进人体生长发育、增强学生体质、掌握运动技能，还需要培养人们终身体育的兴趣和习惯，改善生活方式、提高生活质量，以适应现代社会的需要。体育的教育功能也不只限于学校体育，在竞技体育和群众体育中也无不显示出体育的教育功能。在竞技体育中，运动员在更高、更快、更强的奥林匹克口号下所表现出来的无私奉献、顽强拼搏的精神，深深地打动着观众的心，这也是一种教育。在群众锻炼中，无论是完善身体机能、改善身心健康或是促进人际交往、培养顽强精神等方面，都含有教育的作用。如果把上述功能置于人的社会化培养体系之中，体育的实质就是个体为求社会生存的教育，是为谋取社会生计的教育，是为适应现代社会生活的教育，是为创造未来生命的教育。基于这一普遍意义的客观存在，学校体育教育必须以"终身教育"作为其主要的奋斗方向。具体地说，即在体育的施教过程中，通过身体锻炼及适应能力的培养，培养运动兴趣，养成运动习惯，以便为青少年的就业谋生及适应现代生活节奏做好准备。只有这样，人类才能保存自己，继续生命，创造文化，延续文明。

二、健身娱乐功能

体育的健身娱乐功能已为大家公认。人们通过体育锻炼来增强体质、促进健康、防病治病、调节生活，以享受自然界的乐趣。现代社会人们的工作和生活节奏加快，对人体的健康就有了更高的要求。不能认为没有疾病就是健康，事实上在健康与疾病之间存在着一大批处于肥胖、酗酒、过度紧张等亚健康状态的人，他们需要通过体育锻炼来改变自己、增进健康。

体育的重要目标是要教会人们去合理有效地保护身体健康和促进身体发展，它是一种利用身体锻炼去完善自身的活动过程。人体的发展遵循着“用进废退”的生物学规律，合理而科学的身体锻炼，是保障人体发挥其极限效能的有效途径。身体锻炼引起神经肌肉的活动，而神经肌肉的有效活动，既可保证人体的运动器官和其他有关器官的良好功能，又会引起多重反应。健康快乐的一生，除了求助于身体锻炼以外，还需有热心于身体娱乐活动的兴趣和情绪。现代文明社会在时间、财力和营养方面，为人类的身体娱乐活动提供了越来越优越的条件，体育的健康娱乐功能在未来社会将越来越受到重视。

三、培养竞争意识功能

体育运动中的竞技体育，其中一个突出特点是激烈的竞争，这种竞争一旦扩大到世界舞台上，就具有广泛的国际性。国际比赛的胜负，关系着一个国家的荣辱和民族的形象，在人民的思想感情上会产生强烈反响。

人类的生活就如同在竞技场上的比赛，大到与自然竞争，小到与对手竞争，无一不是在竞争中不断地完善自我和超越自我。无论是观赛还是参赛，运动场无疑为人们在生活中即将发生的竞争提供了极佳的预演场所。许多哲学家（如斯宾塞等人）早就把运动场当作是社会的一个缩影，运动场本身就是一个特殊的社会环境。依据迁移原则，人们在运动场上养成的良好品性和行为变化，可以迁移到日常行为模式之中而成为社会认同、接纳的因素。同运动场上必有胜负一样，在其他社会活动中也有得意之时和失意之处。光荣的胜利者固然值得敬佩，好的输家同样也受人尊敬。胜不骄、败不馁，奋发向上，顽强拼搏等绝不仅仅是运动员所独有的品质，社会上的每个成员都应具备。从公平竞争的角度来看，运动场是培养人们合理竞争意识的最佳场所。现代奥林匹克运动的创始人顾拜旦是一位教育家而不是竞技家，他曾以极大的热情在法国宣传和提倡英国的竞技体育制度。作为现代奥林匹克运动会的奠基人，他通过奥林匹克运动，把体育同文化教育融为一体。在《奥林匹克宪章》中有这样一段话：“奥林匹克主义是将身、心和精神方面的各种品质均衡地结合起来，并使之提高的一种人生哲学……奥林匹克主义所要开创的人生道路是以奋斗中体验到的乐趣、优秀榜样的教育作用和对一般伦理基本原则的尊重为基础的。”可见，奥林匹克运动能够发展到今天，并对不同国家的人们产生如此重大的影响，关键在于它对于人类具有重大的教育作用。竞技体育通过运用竞技运动中的某些内容和因素，以夺取金牌为手段，而最终达到教育人类不断地完善和超越自我的目的，它的意义远远超过夺取金牌。

四、经济功能

经济学界以为，劳动生产力的提高是社会经济发展的重要标志。特别是在对生产力进行价值评估时，人的素质又成为最主要的衡量标准。一般来说，人的素质包含身体素质、文化素质和道德素质三个方面。但就某种意义上来讲，身体素质作为诸素质的物质基础，对生产力的提高起着至关重要的作用。

由此可见，体育对发展社会经济的功能，是由体育的健身作用决定的。因为它在发展身体素质，提高劳动者健康水平方面取得了明显效果，保持和增强了劳动者的劳动能力。因此，体育在体力投资方面所作的贡献，有力地促进了社会经济的发展。

在商品经济的社会里，体育作为第三产业，它以劳动的形式向社会提供服务消费品。当前，一些经济发达国家，非常重视发挥体育的经济功能，采取多种途径追求体育经济效益。对于体育界来说，首先要改变体育仅是福利事业的思想，要树立体育也是产业的观念。长期以来我国体育事业基本是靠国家拨款，缺乏自我造血功能。例如群众体育和竞技体育的发展，一个关系着群众的健康，一个关系着国家民族的荣辱，都重要，本应都发展，但因资金不足，很难真正达到协调发展。若是将体育事业纳入产业运作，则二者的发展就有了广泛前途。作为产业它可以为社会提供健身、观赏、娱乐等综合性特殊消费品，在大型比赛中可以出售比赛的电视转播权、发行纪念币、发行体育彩票、赚取门票收入和广告费、印刷宣传品等。在日常体育活动中提高体育场馆设施利用率，举办热门项目的比赛和娱乐体育、发展体育旅游、举办各种类型的体育训练班、开设体育咨询站等，从中都可以得到相当可观的经济效益。

体育与市场正不断地接轨，近几年出现了过渡的形式，如企业赞助、公司集团办运动队等。在过渡中已出现了劳务市场、体育健康娱乐市场、体育培训咨询市场等。这表明体育转入市场不仅必要，而且是可能的。这几年我国举办的足球甲 A、甲 B 联赛，篮球、排球俱乐部全国比赛以及国际汽车拉力赛、国际龙舟赛等，都为我国在挖掘体育经济功能的潜力方面积累了一定的成功经验，为中国体育走向国际市场打开了道路。

五、交往功能

依据社会学观点，由于传统的教育、宣传舆论及民族习惯等，人们的社会心理总要和他们生活的环境取得一致与平衡，但由于某种特殊原因而导致心理失调的现象也会经常发生。从体育独具的活动性与竞争性特点来分析，由可变因素而产生的感性刺激，既可使人失去心理平衡，又能积极调节各种不同心理状态。一场激烈的体育比赛可以牵动亿万人的心，观众出于民族、国家、地区的尊严与自信，往往把胜负看得至关重要。在瞬息万变的竞赛过程中，人们的感情变化为其他任何社会活动所不及。例如，在我国女排参加世界大赛连续取得五连冠的几年中，全国人民无不为她们的胜利而热情洋溢，国家号召“以女排精神搞四化”。又如，1999 年中国女子足球队在参加第 3 届世界杯比赛时，以顽强拼搏的精神和精湛的球艺赢得了中美两国人民的高度赞扬。由此可见，优秀运动员为祖国荣誉而拼搏的感人精神，已经成为一个民族的精神财富。当然体育运动也会破坏人的心理平衡，而引起逆向的感情冲动。因此，为了避免社会感情副作用的发生，体育运动竞赛过程中的组织管理和宣传教育是十分重要的。

体育本身具有的动态特点，决定了人们需要冲破“闭关自守”的生活方式。在体育活动中，只有通过体育交往才能达到人与人、群体与群体之间物质的、精神的、能量的互相影响，达到人际关系中的认识、信任、支持等。实践证明，个体在置身于社会群体之中时，共同产生的运动欲望就会成为改善人们相互关系的纽带，在国内群众性体育活动中（尤其是在全国性体育盛会上），更能促进运动员和各民族之间的联系，加强友谊和团结，激发各族人民对祖国炽热的爱。

体育具有超越语言和社会的障碍的特点，可以把不同社会、不同人种、不同民族的人们聚集在一起，通过运动竞赛和体育交往发展国际友好关系，发挥其独特的政治功能。在某些时候体育已经成为外交活动的先行手段，在促进国际交往方面发挥着重要作用。

第三节　体育锻炼的作用

一、使人头脑发达，思维敏捷

人的重要生理活动，主要是通过反射的方式进行的。反射可分为条件与非条件反射两类。非条件反射是遗传的，其中枢在大脑皮层下部。条件反射是通过后天学习训练建立起的反射活动的高级形式，其中枢主要在大脑皮层。而体育活动中的各种技术动作和变化莫测的战术配合，是通过感受器不断地对大脑皮层进行复合性的强化刺激，产生刺激效应，使大脑皮层的兴奋与抑制更加深入、更加集中。例如打乒乓球时，在接发球的一瞬间，大脑皮层进行的分析与综合的过程是非常复杂的，如对方发球的姿势，击球部位，声音，球的方向、弧度、旋转和落台地点相继出现，所有的刺激由相应的感受器接收后传入大脑皮层，引起皮层不同的细胞活动，依靠暂时的神经联系，把所有的这些活动连成一个整体，接球者对发过来的球得到一个综合的概念：是好球还是坏球，是怎样旋转的球，用什么方法把球击过去等。再如竞技体操运动时的肌肉收缩性质，有动力性成分，也有静力性成分。体操运动员既要建立各对抗肌中枢之间兴奋和抑制交替活动的动力定型，又要建立它们之间处于同一神经过程的动力定型，且按动作技能组合安排的需要，神经过程的高低强弱与接替，均需按规定节奏进行。因此大脑皮层与大脑皮层下运动中枢可因训练而形成全新的协调关系，有时需加强或保持低级中枢的交互抑制，有时又需要改造它们。由此可知，体育锻炼使机体的每一种非条件反射都可能与各种各样的外界刺激结合起来而建立起相应的条件反射，从而使人的头脑发达、思维敏捷，达到提神健脑之功能。

二、促进血液循环，提高心脏功能

在体育活动时，由于体内能量物质消耗的增强和代谢物的增多，必须加快血液的流通量，及时满足机体各部能源的供应和代谢物的排泄。如在激烈运动时，运动员每搏输出量要从安静时的100毫升激增到180毫升，每分钟向全身输送血液可高达35 000毫升。这就促进了血液循环，增强了血管壁的弹性，同时也提高了血液中高密度脂蛋白的数量，降低和限制了胆固醇在血管壁上的存积。血液循环的加快、血液需求量的激增又促使心脏从形态、机能和功能上产生良好的适应。如心脏运动性肥大，使心脏面积比一般人大10%以上；心肌发达，收缩力强，一般人每搏只能输出血液113毫升，而优秀运动员每搏输出量可高达200毫升；心容量大，心力贮备高，据测试一般人为765～785毫升，而运动员可达1 015～1 027毫升；窦性心率徐缓，一般人为70～80次/分，经常从事体育锻炼者为50～60次/分，优秀运动员为36～40次/分。同时心脏的调节机能也大为提高，主要表现在：运动开始后，能迅速动员心血管系统的功能，以适应运动的需要；在进行激烈运动的过程中，可发挥心血管系统的最大潜力，充分动员心力贮备；运动结束后能很快地恢复到安静水平。

三、改善呼吸功能

体育活动对于人体的呼吸系统影响甚大。体内的一切活动都需要能量，而这些能量都来源于体内营养物质的氧化。借助于不停地呼吸运动，及时排出二氧化碳，吸进新鲜空气。经常参加体育锻炼，能使呼吸肌增强，肺增气量提高，每分钟可达 80～100 升或更多，长跑者为 180～200 升；肺活量增大，一般的男子为 3 000～3 500毫升，女子为 2 500～3 000毫升，而锻炼者为 4 000～5 000 毫升；氧利用率提高，如正常人在安静时利用率为25%，在较剧烈运动时可达 65%，比安静时提高 2.6 倍。在剧烈运动时，足部血流量增加3 倍，而氧利用率也提高 3 倍以上。因此，毛细血管与细胞间的氧分压增加更多，而氧气供应率可以比安静时高出 9 倍以上，氧利用率可接近 100%；安静时每分钟呼吸次数减少，一般人约 18 次，而经常锻炼的人只有 12 次左右。以上这些都充分证明体育锻炼能有效地提高人体的有氧工作能力，充分改善呼吸系统的功能。

四、促进骨骼、肌肉结实有力

体育锻炼能促进机体的生长发育，提高运动器官的机能，使管状骨变粗，骨密质加厚，骨小梁排列密集，骨结节粗隆增大等。如坚持参加体育活动的人，骨密质可增厚8～15 毫米。所有这些变化均赋予骨骼坚固密实、抗压性强等特性。体育锻炼时，肌肉工作的加强，血液工作的增加，使得原有的肌肉纤维增粗，肌肉块增大，通过锻炼，臂围、腿围等，男子可增长 4 厘米以上，女子可增长 6 厘米以上，肌肉的重量可占体重的 50% 以上，而不锻炼者这种比率只占 35%～40%。因此，体育锻炼能使肌肉更加结实有力，并具有高度的兴奋性和灵活性。

五、使人心情舒畅、精神愉快

在现实生活中一个人的身体和精神是密不可分的。毛泽东在《体育之研究》一文中指出：“身体健全，感情斯正。”列宁也曾说过“健全的精神寓于健全的身体”。这些精辟的论述都充分说明体质强壮、精力充沛、生命力旺盛，对一个人的精神面貌、思想情绪、心理状态都具有重大的影响和作用。反之，就会有如我国古代医书《内经》所说的“怒伤肝，思伤脾，忧伤肺，恐伤肾”，因不良情绪而直接危害人体的健康。从体育锻炼的内涵来说，它不仅能发展身体，增强体质，延年益寿，而且也是一种高尚的文化娱乐活动。它既能满足人们精神生活上的需要，又能使人们在精神上得到一种乐趣和享受，故具有炼意志、调感情之功效。

体育锻炼多属室外运动，故它能把人们带进大自然的怀抱之中。在那阳光灿烂、空气新鲜的环境下进行锻炼，充分享受大自然赋予人们的无穷乐趣。这一切更使人们感到心情舒畅，精神愉快。

总之，体育锻炼对人体发展的作用是巨大的，但是只有按照人体生长发育的规律，坚持不懈地去进行科学锻炼，方能达到上述之目的。

第二章　高校体育目标与途径

第一节　高校体育的目标

一、高校体育的总体目标

现代社会正朝着自动化、电子化、信息化的方向高速发展，21 世纪要培养合格的人才则必须用战略的眼光来规划与培养。伟大祖国正处在建设的新时期，急需大批合格人才为之奋斗，每一个立志成才的大学生，都应该在政治上严格要求自己，在学习上发扬精益求精和顽强拼搏的精神，并刻苦锻炼，使身体强健，争取为祖国、为人民健康地工作与服务，为祖国建设作出贡献。可见，高校体育的总体目标应是使大学生身心健康成长，增强体质，促进德、智、体等的全面发展，成为有理想、有道德、有文化、有纪律的建设人才。

二、高校体育的具体目标

为了完成对大学生的全面培养，高校体育的具体目标如下：

1. 促进学生身体全面发展

要促进学生身体全面发展，就要促进学生身体健康，增强学生体质，提高学生抵抗疾病与适应环境变化的能力。我国大学生年龄在 17 ~ 22 岁，处于身体发育的后期，根据调查资料表明，我国城市男女青年身高均值最高年龄为 22 岁。这说明在大学阶段的学生的身高仍在逐年增长。坚持体育锻炼，就能促进身体各器官、系统的正常生长发育。经常锻炼的青少年比一般青少年高 4 厘米以上，体重增加 2 千克以上，胸围增加 2 ~ 3 厘米，尤其是大脑皮质对全身各器官、系统的调节功能比一般青少年更完善。在大学生的身体素质中，最基本的是力量和耐力两种素质。一个人具有丰满结实的肌肉，就能保持正确的姿势和健美的体形，就能经受持久的体力和脑力劳动。力量素质是人们生产生活和体形健美的基础；耐力素质是人体长时间进行工作的一种能力的体现，而呼吸和心血管系统的机能又是耐力素质的基础。人们在日常生活和工作中，对肌肉的力量和耐力的要求是基本的。在体育锻炼中发展力量和耐力素质，对日常生活、学习和工作起着积极的影响。因此，在全面增强身体素质的同时，大学生应着重发展力量素质和耐力素质。为了使身体适应外界环境的变化，提高免疫能力以及对各种病毒、病菌的抵抗能力，平时还应注重利用日光、空气、水等自然因素来锻炼身体。

2. 培养学生锻炼身体的良好习惯

激发学生参加体育锻炼的兴趣，使学生掌握体育卫生的基本知识和科学锻炼身体的方法，提高学生的体育文化素养与能力，培养良好的锻炼习惯和卫生习惯，为学生终身参加体育锻炼奠定良好的基础。现代体育综合了生理、解剖、生物化学、医学、力学、哲学、心理学、教育学等自然科学和社会科学知识，内容极其丰富。只有深刻认识锻炼身体的意义和作用，才能激发学生锻炼身体的热情和自觉性。人体的结构是一个复杂的整体，在大学阶段，要加深学习运动生理知识，掌握运动技术和技能，以及科学锻炼身体的方法，并且把锻炼的自觉性和科学方法结合起来，这样才能收到良好的锻炼效果。

3. 提高运动技术水平

提高部分学生的体育运动技术水平，为国家培养优秀的体育运动后备人才是高校体育的又一个具体目标。

现代大学生的国际交往活动频繁，应努力提高运动技术水平以适应我国大学生参加各种国际体育竞赛的需要。世界青年体育运动交往和比赛，不仅是身体素质和运动技术水平高低的比赛，在某种意义上也是各国的经济、科技、文化教育发展水平和民族精神面貌的一种体现。组织运动队训练，提高运动技术水平，对发展我国体育运动，实现我国体育的宏伟目标有深远的意义。学校体育是国家体育的战略重点，根据原国家教委、原国家体委在 1986 年 10 月 30 日发布的《关于开展课余体育训练，提高学校体育运动技术水平的规划》的精神，有条件的高校应建立高水平的运动队，并进行训练。在广大青年学生中，有许多具备运动才能的体育人才，高校又具备较好的训练条件，完全有可能把我国大学生的运动训练提高到国际先进水平，在国际体育竞赛中获得优异成绩。所以，高校应努力提高运动技术水平，为祖国争取荣誉、为振兴中华作出更大的贡献。

4. 提高学生的思想品质

体育锻炼能陶冶学生的情操，锻炼学生的意志，培养学生的爱国主义和集体主义精神，增强学生的组织性、纪律性，提高学生的思想品质。

体育对实现党的教育目标有着重要意义，由于体育的特点，它在完成教育的使命中可以发挥特殊的作用。高校体育的教育任务主要是：①进行爱国主义和集体主义教育，使学生热爱党、热爱祖国、热爱社会主义，培养热爱集体、团结互助的集体主义精神；②进行组织纪律性教育，培养严格的组织纪律性和优良的作风；③进行优良的体育道德作风的教育，培养遵守规则，服从裁判，胜不骄、败不馁，追求胜利、敢于拼搏的精神；④进行共产主义道德品质的教育，培养勇敢、顽强、刚毅、果断的意志品质。通过体育运动过程的教育，发展个性，激励、鼓舞学生勤奋学习、勇攀高峰、报效祖国，为祖国“四化”建设献身。

第二节　实现高校体育目标的要求与途径

一、实现高校体育目标的要求

我国高校体育在培养德、智、体等全面发展的社会主义事业的建设者和接班人的工作中已作出了巨大的贡献。在社会主义改革开放和现代化建设的新时期，为了使高校体育更好地为经济建设服务，深化高校体育改革势在必行。在总结我国 40 多年来学校体育工作实践经验的基础上，根据党的教育方针和我国的国情，国务院于 1990 年颁布了《学校体育工作条例》，这标志着我国体育工作已进入法制轨道，高校体育进一步规范化、制度化。为了全面达到高校体育的目标，学校应结合本校实际认真贯彻《学校体育工作条例》，不断深化高校体育改革，努力实现以下几点。

1. 全面贯彻党的教育方针，摆正高校体育的位置

体育是党的教育方针的重要组成部分，也是高等教育的重要方面之一。因此，对体育必须给予足够的重视，摆正其应有的位置。实践证明，只有端正高校体育工作的指导思想，摆正它的位置，体育活动才能广泛开展，校园内才能生机勃勃，大学生才能身心健康地学习和生活。因此，必须转变观念，端正指导思想，采取有力措施，保证全面贯彻党的教育方针，切实开展和做好高校体育工作，促进大学生德、智、体等全面发展。

2. 从整体的观点开展高校体育工作

高校体育工作是一项系统工程，高校体育目标的实现有赖于高校体育的整体效益。

（1）高校体育要坚持课内与课外相结合。

上好体育课是实现高校体育目标的基本途径，但是单靠每周两节课是远远不够的，还必须开展早操、班级体育锻炼、课余体育训练、体育竞赛等多种体育活动，以保证大学生每天有 1 小时以上的体育活动时间。

（2）高校体育要坚持普及与提高相结合。

学校体育工作要做到以普及为主，在普及的基础上提高，在提高的指导下普及。学校要在上好体育课、提高教学质量的基础上，积极开展群众性的课外体育活动。它们是互相联系、互为影响的。搞好体育课教学，为学生在知识、技能、体质等多方面打好基础，这样就会涌现出一批体育积极分子和运动技术水平较高的体育尖子。同时，通过对体育基础较好的学生施以课余体育训练，可使其运动技术水平进一步提高，从而有利于指导和进一步推动学校群众性体育活动的蓬勃开展。

（3）高校体育要与卫生保健工作相结合。

高校体育工作与卫生保健工作是促进和保证大学生身心健康不可分割的两个方面，必须统筹安排，紧密结合。为了获得高校体育的整体效益，高校一方面要对学生进行科学锻炼身体的知识和方法的指导，另一方面要重视向学生传授体育卫生、保健养护以及安全健康等知识，结合贯彻《学校卫生工作条例》，建立学生体质健康卡片，并对学生体质健康状况进行分析研究，找出存在问题，采取必要措施。学校对体弱和病残学生，应根据他们的身体状况，区别对待，组织安排适当的体育活动。严格地讲，以更高层次的整体观点来开展高校的体育工作，还应包括合理安排作息制度，减轻学生学习负担，改善营养、卫生条件等，并与高校教育改革的其他方面结合进行。

3. 加强体育科研，坚持改革，不断创新

随着我国社会政治、经济、科学、文化、教育、体育事业的不断发展，高校体育必须坚持改革，在改革中发展和提高，以适应社会主义现代化建设的需要。要重视体育科学研究，充分利用高校自身的优势与条件，有目标、有计划、有组织地开展体育科学研究。在内容上，要与教育改革挂钩，加强体育过程中教育思想、教育内容、教育方法的研究，不断探索我国高校体育规律。按照建设有中国特色社会主义的文化的要求来发展高校体育工作，使高校体育为培养更多更好的高级专业人才服务。

4. 加强教师队伍建设，不断提高教师素质

体育教师是高校体育工作的组织者和执行者，体育教师队伍素质的好坏，直接影响高校体育工作的开展与质量的提高。为了适应教育改革的发展，高校体育教师在增加数量的同时，要着重提高质量。在新形势下要提高对体育教师在师德、知识、能力等方面的要求。体育教师要热爱本职工作、教书育人、洁身自爱、坚持改革、勇于创新，发扬献身精神，从而形成一支奋发向上、生机勃勃的体育教师群体，使高校体育工作能有一个质的飞跃。

5. 加强领导，实施科学管理

高校体育工作是高校整体工作的一部分，必须健全组织领导机构，形成自上而下的组织管理指挥系统，实施科学管理。在校内，必须在主管体育的校长的领导下，体育部（系、室）积极与各级行政部门密切配合，统一认识、统一步调，共同对体育工作进行规划、检查和总结，以便获得学校各级领导对体育工作的支持。另外要建立学校体育的规章制度和体育工作的评价标准，包括关于大学生的体质健康测试和评价。要努力创造条件，多方面筹集体育经费，保证体育场地、器材设施等物质条件能满足高校体育实际需要。

二、实现高校体育目标的途径

要成功地完成高校体育任务，实现高校体育目标，除在深化改革的过程中要解决好高校在招生、培养和分配等方面的问题之外，关键要认真贯彻执行党的全面发展的教育方针，解决小学、中学、大学在体育教育工作方面的衔接问题，避免在大学出现中学体育教育的重复现象。

高校体育工作包括体育课、课外体育活动、运动队训练、运动竞赛等。

1. 体育课的组织与实施

高校体育课是实现高校体育目标的基本途径，是高校教育计划中所规定的必修基础课。

体育课是师生教与学的双边形式，教师要充分发挥主导作用，学生要最大限度地发挥主观能动性，通过体育教学使学生既能发展身体、增强体质，又能学到技术、提高技能，磨炼意志、振奋精神。

体育课分为理论课与实践课两种形式，按课的不同任务，又可分为普通体育课、专项提高课、保健体育课等，对三年级以上的学生（含研究生），可开设体育选修课。体育课应严格要求："缺勤超过学校规定 1/3 学时的，体育成绩不予评定；体育成绩不及格者学校不予毕业、不授予学位，按结业或肄业处理。"学生因病、残免修体育课或免于体育考试者，须有医生诊断和医院证明，经体育部（室）审核同意，报学校教务部门备案。

2. 课外体育活动的组织与实施

课外体育活动是高校体育的重要形式，其目的在于增强学生体质，培养学生锻炼身体的习惯，丰富学生文化生活，陶冶学生情操，发展学生个性。开展课外体育活动应从实际出发，形式多样，生动活泼，持之以恒，讲求实效。

3. 运动队训练的组织与实施

组织高校运动队训练，是贯彻普及与提高相结合方针的一项重要措施，学校应在普及的基础上积极开展运动队训练，努力提高运动员的技术水平。有条件的学校，可根据有关

规定开展培养高水平运动员的体育专项训练，为国家培养体育人才。

4. 运动竞赛的组织与实施

体育运动竞赛是高校体育的重要组织形式。运动竞赛应体现教育的特点，这有助于检验学校的体育工作，有助于推动群众性体育活动的开展，有助于培养学生顽强进取的精神和良好的体育道德风尚，有助于发现体育运动的优秀人才。

组织学生参加体育运动竞赛，应执行国家有关体育竞赛的制度和规定，在赛场要树立良好的赛风，对于违反纪律、弄虚作假者，应依照竞赛制度和规定严肃处理。

学校体育竞赛应贯彻小型多样、单项分散、基层为主的原则。可以开展班级之间、小组之间的球类竞赛活动，可以举行全校范围的以田径项目为主的运动会。同时也提倡举行以本地区为主的校际体育竞赛活动，以增强校际友谊，共同提高运动技术水平。

第三章 奥林匹克运动与精神象征

第一节 奥林匹克运动

一、奥林匹克运动

奥林匹克运动是在奥林匹克主义指导下，以体育运动和四年一度的奥林匹克庆典——奥运会为主要活动内容，促进人的身心健康和社会道德的全面发展，增进各国人民之间的相互了解，在全世界普及奥林匹克主义，维护世界和平的国际社会运动。奥林匹克运动包括以奥林匹克主义为核心的思想体系，以国际奥委会、国际单项体育联合会和各国奥委会为骨干的组织体系和以奥运会为周期的活动体系。

1894 年 6 月 23 日，当顾拜旦与 12 个国家的 79 名代表决定成立国际奥委会，开创奥林匹克运动时，这一壮举曾一度成为人们讽刺的对象。而在百年之后的今天，奥运会已成为普天同庆的节日，奥林匹克运动也吸引了 202 个国家和地区的积极参与。1998 年，著名的《生活》杂志刊载了历史学家精选的过去千年中最重要的 1 000 个事件和人物，1896 年顾拜旦恢复奥运会的壮举也跻身其中，被誉为千年盛事之一。

奥林匹克运动是人类社会的一个罕见的杰作，它将体育运动的多种功能发挥得淋漓尽致，影响力远远超出了体育的范畴，在当代世界的政治、经济、哲学、文化、艺术和新闻媒介等方面产生了一系列不容忽视的影响。奥林匹克运动不仅构成了现代社会所特有的体育文化景观，以其特有的文化魅力愉悦着人们的身心，更以其强烈的人文精神催人奋进、生生不已。

奥林匹克运动是时代的产物，工业革命大大扩展了世界各民族之间在经济、政治和文化等方面的联系，各国交往日益密切，迫切需要以各种沟通手段来加强国际的相互了解。奥林匹克运动正是为适应这种社会需要而出现的，是人类社会发展到一定阶段的必然产物。

二、国际奥林匹克委员会

国际奥林匹克委员会是世界上最有影响力的国际体育组织。近代体育的兴起，促使希腊人产生了恢复古代奥林匹克运动会的念头和行动。1859—1889 年希腊人曾举办过 4 届奥运会。这时，德国一批学者对古代奥林匹克的遗址进行了发掘，对古代奥运会有了更多的了解，从而更加激起人们恢复奥运会的愿望。1894 年 6 月，由法国顾拜旦发起，在巴黎成立了国际奥林匹克委员会。参加成立大会的国家有英国、美国、瑞典、西班牙、意大利、比利时、俄国和希腊等。按照国际法，国际奥委会是一个具有法律地位和永久继承权的法人团体，总部设在瑞士洛桑，顾拜旦担任秘书长。国际奥委会对奥林匹克运动拥有一切权力，只有国际奥委会有权选择和决定举办奥运会的城市。国际奥委会管辖奥林匹克运动。奥林匹克的宗旨是：在奥林匹克理想指导下，鼓励组织和发展体育运动、体育竞赛；促进和加强各国运动员之间的友谊；保证按期举办奥运会。国际奥委会挑选它认为有资格的人为委员。委员须懂英语或法语，其居住国应有被国际奥委会承认的国家奥委会，委员应是该国公民。一般来说，每个国家只能有 1 名委员。大国及举办过奥运会的国家最多可有 2 名委员。国际奥委会委员是国际奥委会在委员所在国家的代表，而不是这些国家派往国际奥委会的代表。委员不得接受政府或任何组织的指示和影响。国际奥委会规定，1965 年以后当选的委员年满 72 岁时须退休。中国现有 2 名委员，一个是中国奥委会何振梁，他于 1981 年 10 月在第 84 届国际奥委会全体会议上当选；另一个是来自中国台北奥委会的徐亨，他于 1970 年当选。国际奥委会与各国国家奥委会间仅有相互承认的关系。只有获得国际奥委会承认的国家奥委会才有权派队参加冬季和夏季奥运会的比赛。中国奥林匹克委员会是国际奥委会承认的国家奥委会。

三、古代奥林匹克运动会

古奥运会从公元前 776 年起，到公元 394 年止，经历了一千多年，共举行了 293 届。按其起源、盛衰、毁灭，大致分为三个时期：

（1）公元前 776 年至公元前 388 年。公元前 776 年，伯罗奔尼撒的统治者伊菲图斯，努力使宗教与体育竞技合为一体。他不仅革新了宗教仪式，还组织了大规模的体育竞技活动，并决定每四年举行一次。时间定在闰年的夏至之后。所以公元前 776 年的古代奥林匹克运动会就被正式载入史册，成为古代奥运会的第 1 届。当时仅有一个比赛项目，即距离为 192. 27 米的场地跑。

各城邦之间虽有纷争，但古希腊作为一个独立的国家，政治、经济、文化都较发达，这一时期是运动会的黄金时期。特别是公元前 490 年，希腊雅典在马拉松河谷大败波斯军之后，民情奋发，国威大振，兴建了许多运动设施、庙宇等，参赛者遍及希腊各个城邦，奥运会盛极一时，成为希腊最盛大的节日。

（2）公元前 388 年至公元前 146 年，开始衰落。由于斯巴达和雅典长期的伯罗奔尼撒战争（公元前 431 年至公元前 404 年），古希腊国力大减，马其顿逐渐吞并了古希腊。马其顿君王菲利普还亲自参加了赛马。随后亚历山大大帝虽自己不喜爱体育活动，但仍积极支持，并视奥运会开幕式为古希腊的最高体育活动开幕式，为其增添设施。不过，这一时期古奥运会精神已大为减色，并开始出现职业运动员。

（3）公元前 146 年至公元 394 年，古奥运会由衰落走向毁灭。罗马帝国统治古希腊后，起初虽仍举行运动会，但奥林匹亚已不是唯一竞赛地了。如公元前 80 年第 175 届奥运会，优秀竞技者就被召集在罗马比赛，而奥林匹亚只举行了少年赛。这时职业运动员已开始大量出现，奥运会成了职业选手的比赛，希腊人对之失去了兴趣。公元2世纪后，基督教统治了包括希腊在内的整个欧洲，倡导禁欲主义，主张灵肉分开，反对体育运动，使欧洲处于一个黑暗时代，奥运会也随之更趋衰落，直至名存实亡。公元393年罗马皇帝狄奥多西一世宣布基督教为国教，认为古奥运会有违基督教教旨，是异教徒活动，翌年宣布废止古奥运会。公元395年，拜占庭人与歌德人在阿尔菲斯河发生激战，使奥林匹亚各项设施毁失殆尽。公元426年狄奥多西二世烧毁了奥林匹亚建筑物的残余部分。公元511、522年接连发生的两次强烈地震，使奥林匹亚遭到了彻底毁灭。就这样，顺延了1 000余年的古奥运会不复存在了，繁荣的奥林匹亚变成了一片废墟。

四、现代奥林匹克运动会

1894年6月16日，巴黎国际会议上通过了由顾拜旦倡议和制定的第一部《奥林匹克宪章》。它涉及奥林匹克运动的基本宗旨、原则及其他有关事宜。1921年在瑞士洛桑奥林匹克会议中，制定了《奥林匹克法》，包括《奥林匹克运动会宪章》《国际奥林匹克委员会章程》《奥林匹克运动会竞赛规则及议定书》《奥林匹克运动会举行通则》《奥林匹克议会规则》5部分。数十年来，奥林匹克法曾多次修改、补充，但由顾拜旦制定的基本原则和精神未变。

在第2届1900年巴黎奥运会上，有11名女子冲破禁令，出现在运动场上。国际奥委会经过数次争论，终于在1924年第22次会议上，正式通过允许女子参加奥林匹克运动会的决议。此后，女子项目成为奥运会不可缺少的组成部分，参赛的女运动员也越来越多。

1913年，根据顾拜旦的构思，国际奥委会设计了奥林匹克会旗，白底无边，中央有五个相互套连的圆环，分成上下两行，自左而右自上而下看，环的颜色为蓝、黑、红、黄、绿。五环象征五大洲的团结和全世界运动员以公正、坦率的比赛精神和友好态度在奥运会上相见。1914年为庆祝现代奥林匹克运动恢复20周年，在巴黎举行的奥林匹克大会上会旗被首次使用。1920年安特卫普奥运会举行时，在运动场上升起第一面五环会旗，这以后历届奥运会开幕式上都有会旗交接仪式和升旗仪式。为了宣传奥林匹克精神、鼓励参赛运动员，由顾拜旦提议，1913年经国际奥委会批准，将“更快、更高、更强”作为奥林匹克格言。1908年伦敦奥运会举行时，在圣保罗大教堂举行奥运会的宗教仪式上，美国宾夕法尼亚州大主教在其布道词中说，奥运会重要的是参与，不是胜利，顾拜旦对这句话极为赞赏，以后多次引用，因此不少人认为，这句话应该成为奥林匹克理想。从1920年第7届奥运会开始实施运动员宣誓。1968年第19届奥运会又增加了裁判员宣誓。1936年第11届奥运会时，国际奥委会正式规定，在主体会场点燃象征光明、友谊、团结的奥林匹克火焰。此后这一活动成为每届奥运会开幕式不可缺少的仪式之一。奥运会开始前，在奥林匹亚希腊女神赫拉（宙斯之妻）庙旁用凹面镜聚集阳光点燃火炬后，进行火炬接力，于奥运会开幕前一天到达举办城市。在开幕式上由东道国运动员接最后一棒点燃塔上火焰，闭幕式时火焰熄灭。

第二节 奥林匹克精神象征

一、奥林匹克运动会宗旨与基本原则

1. 奥林匹克运动会的宗旨

（1）以竞技运动为基础，促进人类身心的健全发展；

（2）通过运动竞赛方式教育青年，建立彼此的友谊和了解，借以创造更幸福与和平的世界；

（3）在世界各地推广奥林匹克原则，以增进国际的友谊；

（4）集合全世界的运动员，参加四年一度的奥林匹克运动会。

2. 基本原则

（1）届次及会期：每四年举行一次，自 1896 年首次在雅典举行第 1 届开始计算，如不能如期举办，届次照算，并不得延至另一年计算，这也是为了纪念古代奥运会遵守规律的循环及传统。

（2）公平竞争：奥运会的竞赛应公正与平等，绝不容许因种族、宗教、政治等因素，而对任何国家奥委会或个人有所歧视。

（3）个人的竞赛：奥运会是个人及团体间的运动竞赛，而不是国家与国家间的竞赛，故国际奥委会仅公布运动员个人的名次及成绩，并不承认各国奥委会所得的团体积分或奖牌的累计等统计数字。

（4）凡因举办奥运会所得的任何盈余，均应使用于提倡奥林匹克活动或发展体育。

（5）国际奥委会对于优胜运动员，着重于荣誉的表扬及精神鼓励，颁发前三名个人的金、银、铜奖牌，不再发给任何物质的奖励，以符合奥林匹克精神。

二、奥运会的举办与参加条件

1. 奥运会的举办及奥运城

奥运会是由国际奥委会投票决定交由某城市来举办。申请主办奥运会的城市，应由该城市当局先提请该国的国家奥委会核准后，再由主办城市会同国家奥委会，依照奥林匹克宪章有关“候选城市条件”的规定，向国际奥委会提出申请。国际奥委会至少应在奥运会举行前六年，在设有申请主办该届奥运会的国家内举行年会，并以秘密投票的方式决定。

由于电视传播事业的发达，近几届争取主办奥运会的城市，竞争更为激烈。被选定的城市在奥运史上即成为奥林匹克城（Olympic City），国家奥委会和被选定的城市，必须负起所有共同承诺，并承担举办的全部财政责任，保证奥运会的筹办能够符合并满足国际奥委会的要求。

瑞士洛桑是唯一未曾举办过奥运会的奥林匹克城，因其为国际奥委会总部所在地，洛桑政府捐赠土地作为兴建奥林匹克公园、奥林匹克博物馆之用。

2. 参加奥运会的条件

任何国家或地区的运动员要参加奥运会，必须符合国际奥委会公布的《奥林匹克宪章》的规定，才能通过国家奥委会报告申请参加，并需经由该国奥委会主席会同该国运动协会理事长共同签署报告。

参加奥运会的选手必须遵守以下规定：

（1）遵守与服从国际奥委会批准的国际各有关运动总会的规章，即使该国际运动总会的规定，比前者更为严格。

（2）除宪章及附则允许外，运动员不得因参加比赛而接受任何金钱上的报酬，以及物质上的利益。选手的年龄在奥林匹克宪章中并无限制，但各国际运动总会为了运动员的健康之故所设的年龄限制，可以适用于奥运会。女性运动员必须接受性别检查。所有运动员必须遵守奥林匹克宪章医药法规的规定。

（3）禁止违规用药，所有参加奥运会的运动员，均应接受药物管制及检验。

（4）任何拒绝药物管制及检验的运动员，或被检查出违规用药者，取消其参赛资格。奥运会虽然欢迎全世界青年参加，但事实上无法全部予以接受。所以各国奥委会应选派已达到国际比赛水准的优秀运动员参加奥运会。因此在每届奥运会的竞赛规程中，对于选手报名也采取了各种限制的办法。

（5）有客观标准的项目，如田径、游泳等已定有报名的 A、B 两种成绩标准。每一参加单位如在同一项目中报名二人以上的，必须达到规定的报名 A 标准，只达到 B 标准的，每一项目只能报名一人。

（6）团队项目的报名，采取了队数的限制，除主办国、上届的优胜队或在世界杯、地区性比赛中的优胜队为当然种子队外，其他队必须依照各有关国际运动总会的规定，先通过预选赛。所有运动员在报名时，必须在“参加奥运会资格”条文规定的声明书上签名宣誓：“本人，谨宣誓我已阅读有关奥运会参加资格的规定，并愿遵守。在国际奥委会所规定的条件及所指定的用途下，我同意接受被拍摄照片及电影，且愿遵守奥林匹克宪章及其附则（大众传播、新闻采访）有关报章、电视及奥运会电影的规定。”经正式报名参加奥运会的运动员、球队或代表团，除了疾病或其他不可抗拒的原因之外，均不得退赛。任何退出竞赛的运动员或球队，国际运动总会及国际奥委会均得予以处分。如运动员故意违反奥林匹克宪章及其附则，应取消资格及其优胜名次。倘若该运动员所属的国家奥委会或有关的国家运动协会亦参与违规事情，该国家奥委会可能被暂停承认，所属的有关运动队，亦可能全体被取消参赛资格。

3. 奥运会收益盈余的分配

奥运会收益的盈余，应属国际奥委会所有，并均应使用于提倡奥林匹克活动或发展体育，亦即“取之于奥运、用之于体育”的原则。奥运会最大的收益为电视转播的权利金，其次为大会会徽的版权、作者著作版权、纪念币的销售、运动场外多种行业的广告、商品销售的权利金等收益，其分配原则如下：

（1）奥运会筹备会通信技术设备费用（竞赛及新闻媒介）占 30%。

（2）大会裁判（由大会指聘）的交通、食宿招待费用占 10%。

（3）参加奥运会的各代表团选手、职员的往返机票费用及奥运村食宿费津贴，每一代表团六名辅助人员的某些费用占 10%。

（4）收益中的其余 50% 分别由国际奥委会、奥运筹备地分享，其中奥运筹备委员会分得三分之二、国际奥委会分得三分之一。

（5）国际奥委会将分得的三分之一款项，分配给各有关国际运动总会及参加该届奥运会的各国家奥委会。

（6）各国家奥委会所分得的款项，由国际奥委会成立团结基金（Olympic Solidarity Fund），通过各有关国际运动总会的技术支持，给予各国奥委会运动技术性协助，例如举办教练研习班，以普遍提高各国的运动技术水平。

三、奥林匹克精神象征

为了表达奥运会崇高的原则及理想，近代奥运会创始者顾拜旦爵士，亲自设计了许多仪式及规章，并把它们在奥林匹克运动会会场上具体化地表现了出来，这些象征着奥林匹克精神的会旗、会歌、会徽、格言等，均具有深刻的教育意义，再由人们通过视听的感受，从肃穆的气氛中去领会、体味一番。

顾拜旦曾一再地强调奥林匹克仪式的重要性，他说："在奥林匹亚，人们聚集着，瞻仰过去并寄望未来，因此古代奥运会的仪式亦适用于复兴中的近代奥运会，这种仪式是由飞逝的时光，将过去和未来联系在一起。同时这个盛会是由青春、美丽和力量三者所结合而成的……"

奥林匹克的主要仪式可分为三个部分：开幕典礼、颁奖仪式、闭幕典礼。

1. 奥林匹克会旗、会徽（Flag、Symbol）

奥林匹克会旗是白底无边、中央绘有五色（蓝、黄、黑、绿、红）相交连环圈，蓝色位近旗杆左上方。会徽的图案设计乃遵照顾拜旦于1914年在巴黎献赠时的原来式样，五环为奥林匹克会徽。

原始的五环旗于1913年由顾拜旦设计，长3 m，宽2 m，制作于顾拜旦出生地的一家商店（Bon Marche Store），现悬挂于瑞士洛桑的国际奥委会总部大厅中。当时顾拜旦说明了该设计的用意：五色的环圈，蓝、黄、黑、绿、红，代表全世界的五大洲，现在已联结在一起，属于奥林匹克运动的部分，共同为接受运动竞赛良好的结果而继续努力，它代表着奥林匹克友谊的精神及全世界运动员之间的平等。六种颜色（包括白底），则代表着当时全世界各国国旗的颜色，如瑞典的蓝色、黄色，希腊的蓝色、白色，法国、英国、美国、德国、比利时、意大利及匈牙利的三色旗，西班牙的黄色、红色，可说是一个真正的国际性的颜色与标志。

会旗是1914年国际奥委会庆祝成立20周年纪念，第16届年会在巴黎召开时，由顾拜旦献赠并通过采用的。1920年第7届奥运会在比利时的安特卫普举行时，会旗正式出现在奥运会大会场中并使用至今。

《奥林匹克宪章》规定：奥林匹克旗、徽章及格言为国际奥委会单独特有资产，严禁使用于任何商业行为。国家奥委会必须竭其全力，采取必要的措施，使其国家参加保护奥林匹克标志的条约，如各国通过立法给予商标注册等方式，各国奥委会非经国际奥委会批准，不得使用此项权利。

2. 奥林匹克圣歌（Olympic Anthem）

奥林匹克圣歌是优美、庄严的。1896年第1届的古代奥运会前，由希腊人萨姆拉斯（Spyros Samcras）作曲，其友派勒玛斯（Costis Palamas）作词。自第1届使用圣歌后，许多人认为它并不理想，因为奥运会的圣歌需要和五环旗、和平鸽、圣火互相配合，而且能足以激励全世界的运动员，为此曾一度争论不休，前后亦有多次被提出来予以革新。然而虽经尝试，但均不如原有的这首美好。直至 1958 年，国际奥委会终于正式采纳了这首圣歌为国际奥委会会歌而沿用至今。

奥林匹克圣歌的歌词原文为拉丁文，曾被翻译成法文、英文、中文，其主要的意义是从奥林匹克活动中去追求人生的真（Truth）、善（Great）、美（Beauty）的永恒精神。

3. 奥林匹克格言（Olympic Motto）

奥林匹克格言“更快、更高、更强”（Faster，Higher，Stronger），是鼓励运动员要继续不断地参加运动、努力追求进步和实现自我的突破。原文为古拉丁语（Citius，Altius，Fortius），由一位顾拜旦的好友，巴黎阿尔古依学院（Arcueil College）的教师迪登（Henri Didon）于 1890 年左右首先使用。为使全班学生第一次到室外运动场上去参加运动，当时他以这种口号来鼓励学生。这三个词给了顾拜旦极深的印象及体会，被国际奥委会所采用，遂于 1920 年第 7 届安特卫普奥运会举行时令其与五环旗同时正式出现在奥运会中。

4. 信念（Creed）

另一个奥林匹克格言，也有人称之为信仰或信念，有一个产生的过程。第 4 届奥运会（1908 年）在伦敦举行期间，于 7 月 9 日在伦敦圣保罗大教堂举行奥运会的宗教仪式时，由美国宾夕法尼亚州大主教主持，他说了一段话：“奥林匹克运动会的要义，并不必太注重胜利，而是要参加”。这句名言使当时在座的顾拜旦非常感动与欣赏。几天后，顾拜旦在一次演讲中引用了这位大主教的这句话，此后经过重新组合，演变成现在的格言，并开始在奥林匹克运动中流行。1948 年第 14 届奥运会在伦敦举行时，这句格言首次在大会场记录牌上出现，此后每届奥运会在开幕典礼、闭幕典礼及许多公众场合中，均出现在电动记分牌上，及各种文宣书刊中：

“The most important thing in the Olympic Games is not to win but to take part，just as the most important thing in life is not the triumph but the struggle. The essential thing is not to have conquered but to have fought well.”

（“奥运会最重要的不是胜利，而是参与；正如在生活中最重要的事情不是成功，而是奋斗；但最本质的事情并不是征服，而是奋力拼搏。”）

5. 誓词（Oath）

在奥林匹克活动中，顾拜旦遵循古代奥运会的传统，采用了宣誓环节，例如开幕典礼中的运动员、裁判员，以及新当选的国际奥委会委员等，都必须先遵从这个环节。在古代奥运会中，运动员在比赛之前，必须要到宙斯神庙前，发誓他们绝对遵从一切比赛规则，他们宣誓称自己没有任何的污点，而且值得参加比赛。

顾拜旦认为把古代对神的冥想，用于主办选手代表所有参加者，在开幕典礼中进行宣誓，丝毫不减损其庄严。

近代奥运会的宣誓环节，是于 1920 年在第 7 届安特卫普奥运会上，由比利时击剑选手柏英（Victor Boin）代表宣誓开始的。运动员宣誓誓词如下：“我代表全体运动员宣誓，为了体育的光荣和本运动队的荣誉，我们将以真正的体育精神参加本届奥林匹克运动会的比赛，并尊重和遵守各项规则。”裁判员、职员宣誓，由主办国裁判员一人登台，代表全体裁判员与职员宣誓，誓词如下：“我代表全体裁判员和职员宣誓，在本届奥林匹克运动会上，我们将尊重和遵守奥林匹克运动会的一切规则，公正无私地执行大会所交付的任务。”国际奥委会新当选的委员，必须在全体委员年会上举行宣誓仪式，他们左手执奥林匹克会旗边缘，右手举起宣誓：“我深感荣幸，被国际奥林匹克委员会选任为委员，并派驻在我的国家（国家名称），我深切体认所负的责任，谨愿竭尽所能为奥林匹克活动服务，保证遵守《奥林匹克宪章》中所述各项原则与国际奥委会的决定，并不得提出上诉。我本身超然于任何政治、商业、种族和宗教的影响与考虑。”

6. 火炬、圣火（Torch、Flame）

在奥运会上，点燃圣火的仪式，已成为开幕典礼的高潮所在。历届的奥运会筹备委员会均刻意注重奥林匹克圣火点燃仪式及奥运火炬传递接力活动并不断地翻新花样。同时，通过传播媒体告诉世人，广为宣传的奥运会即将到来。

当火炬自奥林匹亚传递到开幕式的大会场上，并在圣火台上被点燃时，全场观众在欢呼声与掌声中伴着兴奋而激动的情绪，揭开了奥运会的序幕。

古代奥林匹克运动会点燃圣火的仪式，起源于古希腊人类上天盗取火种的神话，在奥林匹亚宙斯（Zeus）神前，按宗教的仪式在祭坛上点燃火种，然后持火炬跑遍各城邦，传达奥运会即将开始的讯息，各城邦必须休战，忘掉仇恨与战争，积极准备参加奥运会的竞技比赛。因此火炬象征着和平、光明、团结与友谊等意义。

1912 年，顾拜旦首次提出点燃圣火的建议。但因第一次世界大战爆发奥运会未能如期举行，顾拜旦的建议也未能实现。战后的 1920 年，第 7 届安特卫普奥运会大会场上燃起了火焰，以悼念在大战中阵亡的奥运选手以及协约国的将士们，同时这也象征着和平的来临，光明普照大地。

在 1928 年举办阿姆斯特丹奥运会时，曾在希腊的奥林匹亚，以凸透镜借助太阳光引燃火种，然后经过希腊、南斯拉夫、奥地利、德国至荷兰，第一次在大会上点燃了圣火。

1936 年，柏林奥运筹备委员会总干事、国际奥林匹克学院创始人之一卡・丁姆（Carl Diem），正式向国际奥委会倡议，将近代奥运会的火炬接力及点燃、熄灭圣火列入开幕典礼、闭幕典礼的仪式中，依照古代奥运会的仪式，从奥林匹亚采集圣火，以火炬接力跑的方式，将古希腊的传统与精神传承至现代奥运中。

国际奥委会通过了卡・丁姆的建议，自 1936 年起将圣火传递的节目正式列为奥运会的重要仪式。1936 年 7 月 20 日，第一次圣火点燃仪式在古奥林匹亚举行，已经退休的国际奥委会终身荣誉主席顾拜旦，以 73 岁高龄，不顾年老与病痛，自瑞士洛桑专程赶至希腊，亲自参与了这项历史的盛会。

依据奥运会的传统，火炬应于开幕前一天抵达主办城市，于开幕式当天点燃。火炬在旅途中，或是抵达主办城市的各项庆祝活动地点时，必须遵守奥林匹克的礼制仪式，不得被用来作广告宣传之用。各主办国常在最后一段路程中，安排具有代表性的人物或有特色的人物，如为国争光的奥运金牌选手等，在狂热的观众前高举火炬，绕场一周后，跑上圣火台点燃圣火。如 1964 年的东京奥运会，即以原子弹投掷广岛当日出生的婴儿点燃圣火，以祈世界和平。

四年后的 1968 年墨西哥奥运会首次由女性运动员点燃圣火，以象征女子得以自由进入奥林匹克殿堂；1992 年巴塞罗那奥运会，则由射箭选手，以射箭方式点燃圣火。各届奥运会表达方式虽然不同，但奥林匹克圣火代表了神圣、纯洁及完美，是不容置疑的。

圣火必须位于大会场的明显位置，并应具有良好的视野，最好在大会场外也能看到圣火。在奥运会期间，圣火不可熄灭，当圣火熄灭时，奥运会即告结束。

火炬作为正式的一种奥林匹克仪式，象征着奥林匹克精神的神圣。它除了传达教育上的信息、表达艺术上的意念外，更具有历史性的意义。1996 年第 26 届亚特兰大奥运会的标志即为百年火炬，此标志是代表世代相传的奥林匹克精神的最高象征。现在看来，这百年火炬，更显得具有特殊含义。

第四章　体质与健康

第一节　体质与健康概述

人们需要体育，是因为体育能增强体质、充实生活，有利于身心的健康发展。要实现健康发展的目的，首先要全面了解体质与健康的概念，体质与健康的评价指标以及影响体质与健康的各种因素等。只有这样，才能科学、合理地制定体质与健康的评价指标体系，合理运用各种因素的影响，以达到增强体质、增进健康的目的。

一、体质的概念

体质是指人体的质量。它是在先天遗传和后天获得的基础上表现出来的人体形态结构、生理功能、身体素质、适应能力和心理因素的综合的、不断发展的、相对稳定的特征。体质是人的生命活动、劳动工作能力、运动能力的物质基础。1982 年 8 月，我国体育科学学会体质研究会划定的体质范畴，主要包括以下几个方面：

（1）身体形态和结构的发育发达水平。即体格、体形、身体姿态、营养状况和身体组成成分。

（2）生理功能水平。即机体的新陈代谢水平和各器官、系统的效能。例如，脉搏、血压、肺活量等反映心肺功能水平的指标。

（3）身体素质和运动能力发展水平。即速度、力量、耐力、灵敏度、柔韧性等身体素质和走、跑、跳、投、攀登、爬越等身体基本活动能力。

（4）心理发育发展水平。即人体感知能力、智力、个性、意志等。

（5）适应能力。即对环境条件的适应能力、应急能力和对疾病的抵抗能力。

体质是人的生命活动和劳动能力的物质基础，在其形成、发展和消亡的过程中，具有明显的阶段性，表现出从最佳功能状态到严重疾病和功能障碍等各种不同阶段的体质水平。总之，体质是指精神状态、身体发育、健康水平和身体素质，以及能适应各种复杂自然环境的能力等方面的一个综合概念。因此，一个体质好的人，应当表现为精神振奋、朝气蓬勃、斗志旺盛、精力充沛、体魄健全、筋骨强壮，对疾病和各种自然环境有较强的抵抗力和适应力，并能在劳动、工作中保持高效率，在最困难的条件下能胜任工作。一个人的体质好坏，既有先天因素，又有后天因素，而后天因素起着决定作用。因此，在进行测定和评价体质的实际水平时，必须注意体质的综合性的特点，以及多指标性质。

二、健康的概念

对健康的理解，一般人认为，没有病就是健康。其实这种对健康的理解是很不全面的。当今对健康的科学定义是指机体与自然环境和社会环境的动态平衡，是一种身体、精神和社会的完满状态。联合国世界卫生组织在1948年就明确提出："所谓健康不是单纯地指身体无病或不衰弱，而是不可分割地把肉体的、精神的和社会各方面的都包含在内，亦即是指一个完美的状态。" 1978年9月世界初级卫生保健会议上所发表的《阿拉木图宣言》中，对健康的描述又重申："健康不但是疾病与体弱的匿迹，而且是身心健康、社会幸福的完善状态。"

第二节　体质与健康的评价

一、体质的评价指标

体质测试的内容和方法很多，根据我国大学生的实际，主要测试以下几个方面：

1. 身体形态发育指标

反映身体形态发育的基本指标主要有身高、体重、胸围三项。通过这三项的测试，可以反映骨骼、肌肉的发育以及营养和呼吸功能状况。

2. 生理机能指标

生理机能是指人体各器官系统的功能状况，主要通过脉搏、血压和肺活量等指标，反映心血管系统和呼吸系统的生长发育与机能的发展水平。

3. 身体素质和运动能力指标

当前，我国大学生测定身体素质和运动能力时，主要选择代表速度素质和快速奔跑能力的50米跑，代表下肢、肩部和腰腹力量协调素质及跳跃能力的立定跳远，代表上肢力量和攀登能力的引体向上或屈臂悬垂，代表女生腰腹肌力量和耐力的一分钟快速仰卧起坐，代表持久能力并反映人体心肺功能的男生的1 000米跑和女生的800米跑，还有400米跑或50米×3往返跑，以及代表柔韧素质的坐位体前屈、站立体前屈等。

4. 心理指标

主要包括反应能力、感知能力、注意力和认知能力。

二、健康的评价指标

要制定出一个一般的健康指标，就要考虑到不同的年龄、性别、地域，以及不同民族的差异。一般说来，人体的健康指标是由身体健康、精神健康和社会健康三方面因素构成。

1. 身体健康

衡量身体健康有以下几个方面：

（1）没有疾病、无须治疗；

（2）身体的发育正常；

（3）有良好的生活节律，食欲、睡眠好；

（4）体态、脸色好，有精神；

（5）能很好地进行日常活动，并能快速消除疲劳。

2. 精神健康

精神健康包括一个人的行为思想与其基本价值观一致，觉得生活充实有意义，对美和善充满向往，能精力充沛地履行各种职能，完成各项任务，而且能从中发现并享受乐趣，感到自身的价值，使生活变得更有意义。

3. 社会健康

社会健康是指一个人能够融洽地愉快地扮演生活中的各种角色，如朋友、邻居、同学、恋人等，在社会各领域的生活中发挥积极的作用。

世界卫生组织（WHO）认为健康应具备以下标志：

（1）有充沛的精力，能够从容地应付日常生活和工作的压力而不感到过分紧张；

（2）心态乐观、态度积极、乐于承担责任；

（3）善于休息、睡眠良好；

（4）应变能力强，能适应外界环境的各种变化；

（5）能抵抗感冒等一般性传染病；

（6）体重适当、身材匀称，站立时头、肩、背位置协调；

（7）眼睛明亮、反应敏锐、眼睑不发炎；

（8）牙齿清洁、无空洞、无痛感，齿龈颜色正常，无出血现象；

（9）头发有光泽，无头屑；

（10）皮肤有弹性，肌肉丰满，走路轻松。

这种新概念的提出，标志着健康不仅是没有疾病和伤害，还包括身体、精神方面能迅速完全地适应自然和社会环境。

三、体质与健康的综合评估方法

国家学生体质健康标准指2014年7月18日，教育部公布的最新修订的《国家学生体质健康标准》（以下简称《标准》）。学生体测成绩达到或超过良好，才有资格参与评优与评奖。

以往，学生的体测按学段分组，每组除了身高、体重、肺活量必测外，还有一些可选项目。新《标准》取消了选测。在分组上，小学、初中、高中按每个年级为一组；大学一、二年级为一组，三、四年级为一组。在各组中，身高、体重、肺活量、50米跑、坐位体前屈都是必测项目。在大学生和中学生中，男生必须测1 000米跑和引体向上，女生必须测800米跑和1分钟仰卧起坐。

《标准》还指出，体测的学年总分由标准分与附加分之和构成，满分为120分。标准分由各单项指标得分与权重乘积之和组成，满分为100分；附加分根据实测成绩，对1分钟跳绳、引体向上、仰卧起坐等加分指标进行加分，满分为20分。

各组学生按总分评定等级，90分及以上为优秀，80分至89.9分为良好，60分至79.9分为及格，59.9分及以下为不及格。

每个学生每学年评定一次，学生毕业时的成绩和等级，按毕业当年学年总分的50%与其他学年总分平均得分的50%之和进行评定。学生测试成绩评定达到良好及以上者，方可参加评优与评奖；成绩达到优秀者，方可获体育奖学分。对于测试成绩评定不及格的学生，在本学年度准予补测一次，补测仍不及格的，则学年成绩评定为不及格。普通高中、中等职业学校和普通高等学校学生毕业时，《标准》测试的成绩达不到50分者按结业或肄业处理。

另外，各个测试项目都设置了具体的标准，比如，50米跑，大一、大二的学生，男生超过9.1秒就为不及格，女生超过10.3秒为不及格；大三、大四的学生，男生超过9.0秒则不及格，女生超过10.2秒为不及格。

如果想评优，体育测试成绩评定必须要达到80分以上。学生因病或残疾，可向学校提交暂缓或免予执行《标准》的申请。

具体内容见附录。

第三节　影响体质和健康的因素

人类作为生物进化的高级产物，在其体质发育发展过程中，既受先天条件的影响，又不可忽视生活环境、体育锻炼等后天因素对完善人体所发挥的作用。

一、先天因素的影响

所谓遗传，就是指人体在生长、发育、繁殖、衰老和死亡的过程中，按照亲代所经过的发育过程和方式，产生与亲代相似的后代，亦是指亲代的性状在其后代体现的现象。其遗传方式，无论是单基因遗传，还是多基因遗传，它们均以染色体作为基因的载体，并由基因携带遗传信息向后代传递。遗传是人的体质发展变化的先天条件，对体质的强弱有重要的影响。人类在建造自身的时候，染色体除决定人的性别外，还要在胚胎发育时摄取环境中的许多物质，造成和亲代相似的多种特征，如体态、体重、体质，甚至影响人们的性格、智力和功能等方面，同时，还携带有许多隐性的或显性的疾病。遗传因素对人体健康和寿命均有影响，其中对健康的影响主要是对遗传疾病而言。由于遗传在人类的病理或生理性状中占有一定比重，故不但能影响或决定机体的反应性，而且还能成为某些疾病的致病因素。因此，遗传疾病不仅影响个体的终生，也会成为重大的社会问题，如在家庭、伦理、道德、法制和医疗康复等方面，都会成为社会的大难题。许多先进国家，提倡科学婚姻，优生、优育、计划生育，提倡适龄婚配，适龄、适时生育，用法制来管理婚姻和生育，取得了很好的效果。

二、后天因素的影响

遗传对体质的影响，只是提供了可能性，而体质的形成，主要依赖于后天的环境条件。在后天的环境条件下，影响体质的因素很多，如生态环境因素、社会环境因素、体育锻炼、生活方式等。

1. 生态环境因素

生态环境因素是指人类生态系统中的自然因素，如阳光、空气、水等基本条件，气候与季节的影响以及自然界的生态平衡等。有的为人的生存与体质发展提供了必要的物质基础，有的可能起危害作用。

2. 社会环境因素

社会环境因素是指影响人类日常生活的社会因素，包括人类社会为之提供的衣、食、住、行等物质条件，其中，饮食营养状况是影响体质强弱的基本社会因素。同样，医疗措施、心理调节及其他与生活有关的社会因素，也均对人的体质发展起着重要的作用。随着现代文明社会的不断进步，为了有效地增强体质，还必须适当地从事体力劳动，参加文化娱乐活动，调节生活内容，减少精神压力，排除情绪干扰，提高适应能力。

3. 体育锻炼

体育锻炼能提高大脑神经过程中的强度、均衡性、灵活性和神经细胞工作的耐久力，能使神经细胞获得充足的能量物质和氧的供应，转移神经系统的过度紧张，从而消除疲劳，清醒头脑，使思维敏捷。体育锻炼也能提高人体循环、呼吸和运动系统的功能。如增大每搏输出量，能较快地适应剧烈运动的需要，锻炼后恢复也较快；能增大肺通气量，提高供氧能力。经常从事适当的体育锻炼，能促进骨骼生长，骨横径增粗，骨髓腔增大，骨密质增厚，骨重量增加，能使肌纤维变粗，增加肌肉的力量、耐力和协调性。体育锻炼还可推迟人体衰老等。

4. 生活方式

生活方式是指人们长期受一定文化、民族、经济、社会、风俗规范，特别是家庭影响而形成的一系列生活习惯、生活制度和生活意识。我国最早的医书《黄帝内经》就指出："故智者之养生也，必须四时而适寒暑，和善怒而安居，节阴阳而调刚柔。如是，则僻邪不至，长生久视。"显然，人们早已知道生活习惯、规律、意识等与健康有关。

近年来，特别是20世纪80年代以后，我国死因普查的情况已和西方发达国家接近，特别是排列在前3位死因中的脑血管病、心脏病、恶性肿瘤，其致病因素多与生活方式有十分重要的关系。不健康的生活方式在全部死因中占44.7%。有关专家提出克服不健康的生活方式就要注意以下几点：

（1）心胸开阔，情绪乐观；

（2）劳逸结合，坚持锻炼；

（3）生活有规律，定期检查身体；

（4）营养适当，防止肥胖；

（5）不吸烟、不酗酒；

（6）家庭和谐，适应环境；

（7）与人为善，自尊自重；

（8）爱好清洁，注意安全。

生活方式是对生态环境、社会环境、体育锻炼这三大影响因素的综合表现，最终反映在人体的体质状况和健康水平上。由于人体是一个极为复杂的机体，一方面与外界环境不断进行种种物理的、化学的、信息的交换，维持体内外平衡。另一方面，机体自身也在完成一系列生命现象——新陈代谢、生长发育、修复愈合、再生代偿等，并严格按照亲体的遗传模式进行世代繁殖。

第五章　运动性损伤预防与急救

第一节　运动性病症的预防与处理

运动性病症是指由于训练安排不当造成体内某些机能紊乱而引发的疾病或症状。在竞技运动中，由于经常要在极限强度之下进行大运动量训练，所以稍有不慎即可能发生运动性损伤；而在健身运动中，由于经常在亚极限强度之下进行锻炼，所以发生的可能性较小。常见的运动性病症有：过度训练、过度紧张、运动中腹痛、肌肉痉挛等。

一、过度训练

过度训练是运动负荷与机体机能间过分不相适应，以致疲劳连续累积而引起的一系列功能紊乱或病理状态，也称为“过度疲劳”。

1. 原因

（1）训练安排不当。训练中未遵守循序渐进和系统性原则，缺乏明显的节奏；过多地采用与身体训练水平不相适应的运动量；持续地大运动量训练；在训练不够系统的情况下进行大运动量训练，或身体好时就剧烈运动，身体差或情绪不佳时就不练；训练中未充分注意个人特点，区别对待；没有考虑季节、气候变化而作适宜的调整；运动员开始出现某些不良症状时没有及时调整运动量和训练内容等，这是产生过度训练的主要原因。

（2）带病参加训练和比赛，或伤病、手术后身体未完全康复即投入正规训练或比赛。

（3）比赛过多，比赛间缺乏足够休息，赛后无适当调节即进行大运动量训练。

（4）生活规律遭到破坏，休息、睡眠不足，旅途劳累、营养不当，不良的环境、心理因素的作用等原因。

2. 处理

关键在于早期发现，及时处理。处理重点是消除病因，调整训练，安排或改变训练方法，以及进行对症治疗。一旦发现有过度训练征象，必须改变训练计划，积极调整运动量，控制运动训练强度和时间，减少速度和大强度的力量练习，减少高难度的动作和专项训练，甚至暂时改变专项练习，辅以放松性练习，调整生活制度，洗温水浴，进行恢复性按摩和体育医疗等，并进行药物治疗。

3. 预防

（1）遵守科学训练原则，加强全面的身体训练，定期作身体功能检查，根据运动员的机能水平和个人特点、制订适当的训练和比赛计划。

（2）训练中加强医务监督，注意观察运动员训练过程中可能出现的不良征兆。

（3）对运动员的伤病要及时予以治疗，伤病恢复期投入训练时运动量要逐渐增加。

二、过度紧张

过度紧张是由于一时性运动负荷过大和过于剧烈，超出了机体负担能力而产生的急性病理现象。过度紧张多发生在运动后即刻或过后不久，以急性心血管损害为最多见，在中长跑、马拉松、中长距滑冰、自行车、划船、足球等运动项目中较多见。

1. 原因

过度紧张多发生在训练水平较差，生理机能状况不良，缺乏锻炼，比赛经验不足，因故长期中断训练或患病的运动员中。当他们要勉强完成机体难以承受的剧烈运动或比赛时，就可能发生过度紧张。

2. 处理

病情较轻者，要保持安静，平卧，注意保暖，并予以必要的对症处理，口服镇静剂，吃容易消化的食物等；对心功能不全的患者，应保持安静，取端坐位，给氧吸气，点掐内关、足三里穴；有昏迷者可加点人中、百会、涌泉等穴；若发生呼吸、心搏骤停，必须立即就地进行人工呼吸和胸外心脏按压；神志不清者严禁进食；意识不能迅速恢复者应立即送医院处理。

3. 预防

过度紧张的预防，首先在于加强体育锻炼，提高身体素质和机能水平。其次，在训练和比赛中，应结合身体实际情况量力而行。患病期间，可暂停训练，积极治疗并注意休息。伤病初愈者，注意逐渐增加运动量，凡在重大比赛和大强度训练前应作全面深入的体格检查，对有高血压病史和心血管系统病史的人应避免参加剧烈运动和比赛。

三、运动中腹痛

腹痛可由多种原因引起，并时常在运动过程中或运动结束时发生，这种直接由运动引起的腹痛称为运动中腹痛。

1. 原因

运动中腹痛的发生与运动员的身体机能状况、训练水平、运动前准备活动情况等因素有关，主要包括：

（1）因肝脾瘀血而使腹膜上的神经受牵扯而疼痛。

（2）运动中胃肠道缺血、缺氧，造成胃肠道痉挛或蠕动功能紊乱而引起腹痛或绞痛。

（3）因呼吸肌痉挛而产生与呼吸节奏有关的腹痛。

（4）原腹腔脏器有病变，所以运动时诱发了疾患或病变部位产生疼痛。

2. 处理

若运动中出现腹痛，则可适当减慢速度，及时调整呼吸节奏，加深呼吸，协调好呼吸运动，同时用手按压疼痛的部位或弯腰跑一段，做几次深呼吸，这样疼痛可得到缓解。如上述措施仍不行，则应停止运动，口服解痉药，点掐内关、足三里穴或请医生处理。

3. 预防

加强全面训练，以提高人体生理机能。遵守训练的科学原则，循序渐进地增加运动量。合理安排膳食，运动前不宜饱餐或多饮水。运动前要做好充分的准备活动，运动中注意呼吸节奏。中长跑要合理分配速度，对各种疾病引起的腹痛应积极治疗原发病，同时在医生的指导下进行体育活动。

四、肌肉痉挛

肌肉痉挛是肌肉不自主地强直性收缩，俗称“抽筋”，在运动过程中肌肉痉挛最易发生在小腿腓肠肌，其次是足底的屈拇肌和屈趾肌。

1. 原因

由于平时运动基础差，突然加大了运动量而造成局部肌肉缺血，或长时间进行单调的重复动作，以及练习中大量排汗导致体内水、盐代谢失调。天气严寒、准备活动不充分等也会造成肌肉痉挛。

2. 处理

牵引痉挛的肌肉是常用的缓解方法，例如，小腿腓肠肌痉挛时，可取坐位或仰卧位，伸直膝关节，缓慢用力将足部背伸或点按承山穴；屈拇、屈趾肌痉挛时，则将足和足趾用力背伸，在牵引过程中注意用力缓慢，切忌施暴力以防肌肉拉伤，在点按穴位后，宜配合局部按摩，这样有助于痉挛的迅速缓解。游泳时发生肌肉痉挛，首先不要惊慌，要先深吸一口气，再进行操作。若腓肠肌、趾肌痉挛，则用上述方法解痉；若上肢的肌肉痉挛，可做反复用力屈伸肘关节并做用力握拳、张开等动作。肌肉痉挛缓解后，不要继续游泳，应上岸休息，对症治疗。

3. 预防

平时要加强锻炼，提高机体抵抗力和适应能力，冬季运动要注意防寒、保暖；夏季运动应注意及时补充水、盐、维生素 B_1；运动前做好准备活动；游泳时，若水温较低，则游泳时间不可过长；对容易发生痉挛的肌肉，可在运动前适当按摩。

第二节　运动性损伤的预防与急救

一、运动损伤的预防

运动损伤的发生，是与体育运动的根本目的相违背的，运动损伤不仅影响个人的身心健康、工作和学习，而且对进一步开展群众性体育运动会带来不良的影响。因而学校体育工作应坚持以预防为主，杜绝重大伤害事故的发生。

（1）加强安全教育，克服麻痹思想，提高预防运动损伤的意识。学习一些必要的生理卫生和保健知识，学会科学锻炼身体的方法，进而避免或减少运动损伤的发生。

（2）根据个人不同的身体要求，认真做好准备活动，待内脏器官充分调动起来后，再参加剧烈运动。

（3）改进教学方法，注意知识更新，防止局部运动器官负担过重，合理地组织并安排锻炼。锻炼手段要由简到繁，由易到难。锻炼方法应因人而异，量力而行。

（4）加强保护与帮助，特别是要提高自我保护意识和能力。自我保护的实质是善于避免出现危险动作，这就要求学生运动时高度集中和开动脑筋，加强思考。如从高处跳下时，要用前脚掌着地，注意缓冲和保持身体平衡等。

（5）经常检查、维修运动场地和各种体育器材，确保安全。加强对学生进行全面的身体素质练习，提高学生对各类运动项目的适应能力。

（6）加强体育道德品质教育，严格遵守比赛规则，严禁锻炼中的野蛮粗暴动作与行为，提倡相互学习、相互帮助的体育道德风尚。

二、运动损伤的急救

在体育运动过程中常常会发生一些损伤或因为运动不当而造成的疾病。对一般体育爱好者来说，运动损伤将影响其健康、学习及工作，因此要引起足够的重视并学会作一般的处理。

1. 损伤的急救措施

（1）出血和止血：凡是受外伤都有出血。出血可以是动脉出血、静脉出血、毛细血管出血和内、外出血等。血液占人体重的1/11，若出血量超过血液总量的1/3就有生命危险。

止血的措施是将伤肢上抬高于心脏位置以减少出血，或采用指压动脉法、止血带加压包扎等方法。

指压耳前颞浅动脉

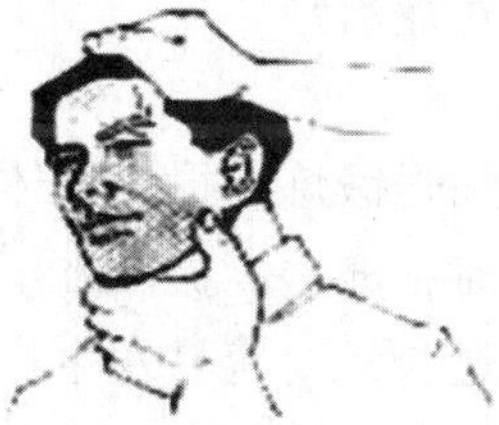
指压下颌角面动脉

指压肱动脉

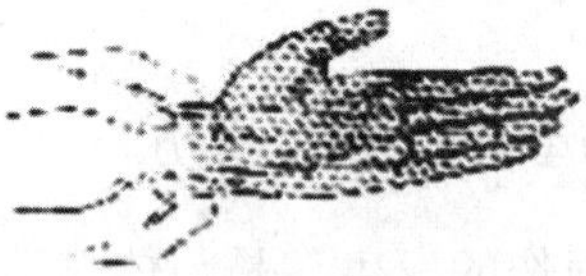
指压桡动脉及尺动脉

压迫手指两侧指动脉

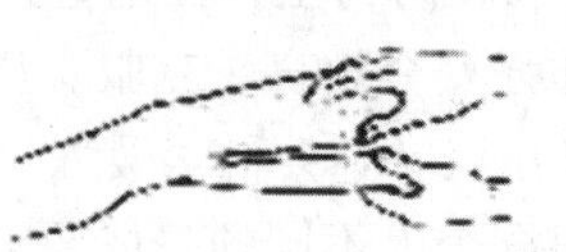
指压大腿根部的股动脉

图1　止血

（2）包扎：及时包扎能起到保护伤口，压迫止血，支持伤肢的作用。现场常用包扎物有绷带、三角巾两种。

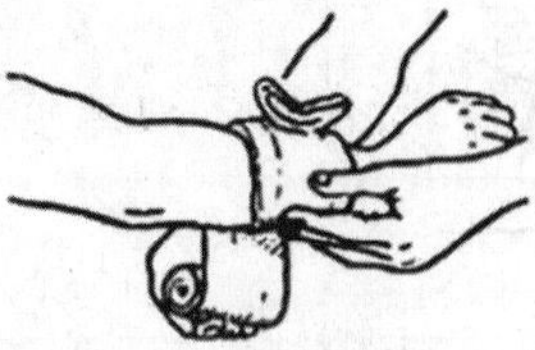
1. 敷料置于伤口

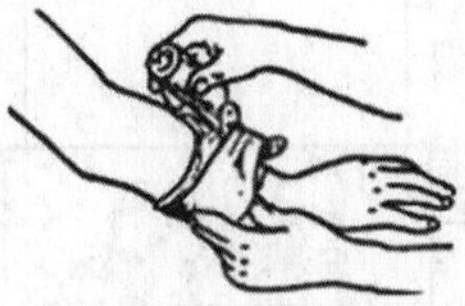
2. 弹性绷带夹紧卡上面有“V”形切口

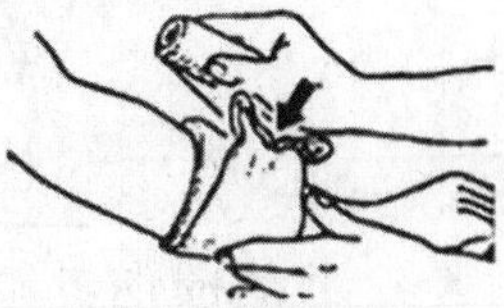
3. 拉紧弹性绷带

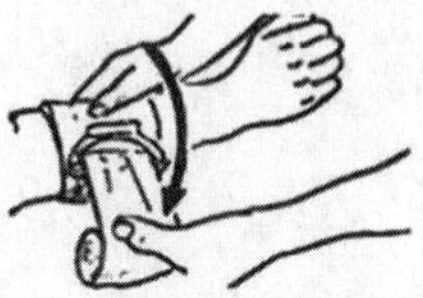
4. 反向拉紧弹性绷带

5. 继续缠绕弹性绷带

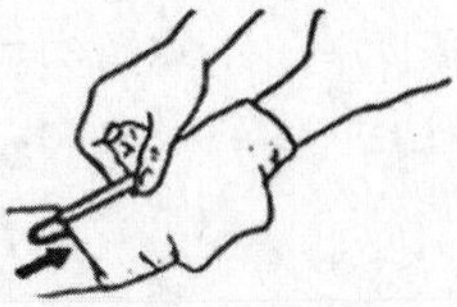
6. 安全钩扣住弹性绷带

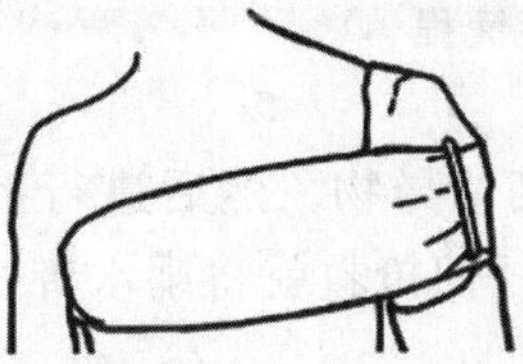
胸腹部包扎

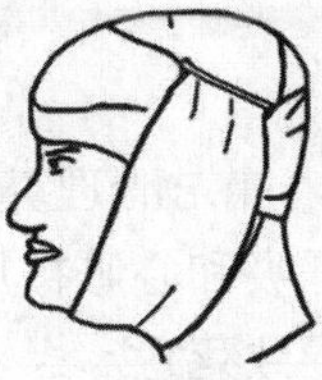
头颈部包扎

图2　包扎

（3）休克：休克病人一般表现为面色苍白、四肢冰冷、脉搏细弱、尿量少、血压低，严重者会昏迷甚至死亡。急救时使患者平卧或脚高头低仰卧，保暖，保持呼吸通畅，将昏迷者头偏置并打开其口腔索出舌头，必要时可进行人工呼吸。

（4）人工呼吸：如果伤员呼吸停止，但心脉仍在跳动就要进行人工呼吸。人工呼吸方法有口对口吹气法、俯卧压背法、仰卧牵臂法等等。口对口吹气量应在 800 ~ 1 200 毫升，吹气频率为 16 ~ 18 次/分。

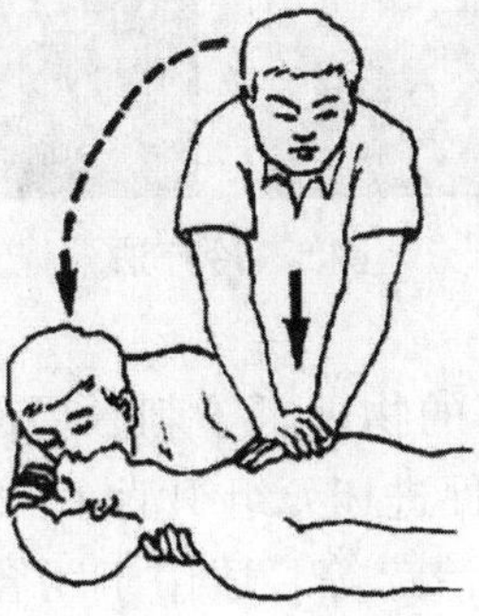

图3　人工呼吸

（5）骨折急救：骨折时首先用夹板、绷带等把折断部位固定，使伤部不再移动。如果同时伴有出血或有伤口，则先止血包扎伤口。如开放性骨折有外露骨片则不可以放回伤口内，以免感染。

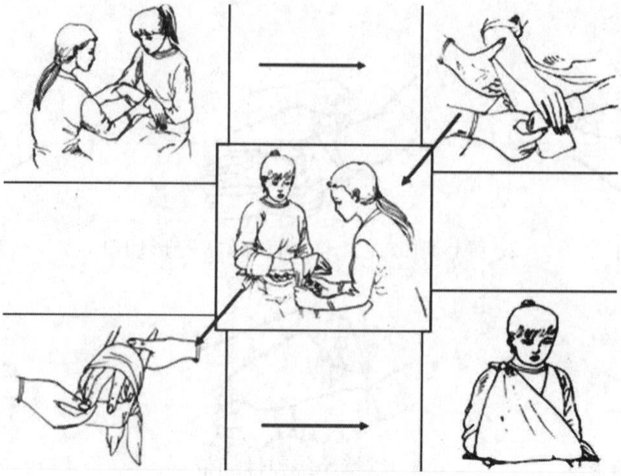

图4 前臂骨折固定流程

（6）溺水者抢救：首先清理鼻腔内分泌物及其他异物，然后进行控水，使体内水排出，再立即进行人工呼吸和心脏按压术。切忌不作任何抢救就将溺水者送往医院，这样会使患者因缺氧过多而导致死亡。

2. 损伤的一般处理措施

（1）冷疗法：冷疗的作用是用冷因子刺激组织促使温度下降，血管收缩，减少局部血流量及充血现象，降低周围神经传导速度，因此有止血、退热、镇痛、防肿的作用。一般方法是用冷水、冰块、冷冻剂进行局部冷冻。此法适用于急性闭合性软组织损伤的早期，但要注意不要冻伤组织。

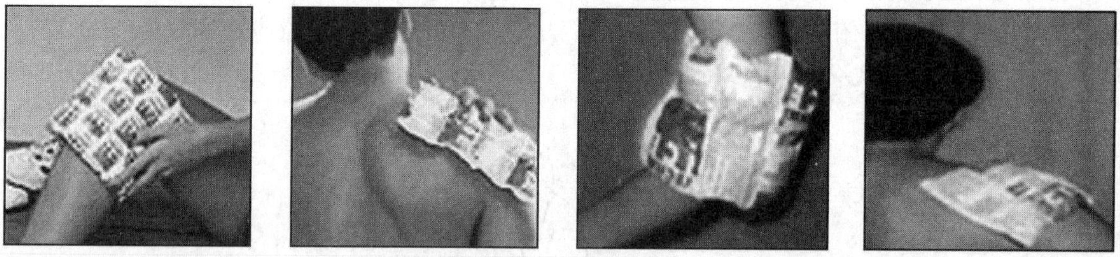

图5 冷疗法

（2）热疗法：运用比人体温高的物理因子刺激局部，使血管扩张，促进血液淋巴循环，提高新陈代谢，有利于消肿，促进坏死组织消除，促进再生修复的进行。一般方法是用热水热敷、药物水重蒸、红外线治疗等。适用于闭合性软组织损伤的中、后期和慢性损伤。

（3）拔罐疗法：拔罐疗法是治疗病患的一种传统疗法，对慢性损伤、风湿病痛有较好疗效，一般每次拔罐 10 ~ 20 分钟，5 ~ 7 次为一疗程。

（4）药物疗法：中药有新伤药、旧伤药、药酒、药水等，可供外用。而内服的中药可选用云南白药、跌打丸、三七片等。西药有红汞、龙胆紫、酒精、碘酒、双氧水、松节油、镇痛片等可供采用。

（5）保护支持带：可以使受伤部位相对固定，减少再受伤的可能。同时限制器官的超常范围活动，利于受伤组织的休息及恢复。常用保护支持带有各种护具（护膝、护踝、护腕等）、纱布、绷带、弹力绷带、橡皮粘膏等。

图6 保护支持带

（6）闭合性软组织损伤处理：急性的可以分早、中、晚三个时期分别处理。①早期是指伤后24～48小时内，方法有立即冷敷、加压包扎、抬高伤肢，疼痛严重者可以服止痛药。②中期：24～48小时以后内出血停止，急性症状减退，伤部仍有瘀血及肿胀。采用方法有热疗、按摩、拔罐药物治疗及适当功能锻炼。③后期：损伤基本修复，肿胀压痛等局部症状已基本消失，但功能尚未完全恢复，活动受限。此时治疗方法以按摩、理疗及适当功能锻炼为主。

而慢性闭合性软组织损伤一般处理原则是以改善伤部血液循环，促进新陈代谢，合理安排局部负担量为主。治疗方法同急性损伤中后期，但要特别注意功能锻炼。

三、常见运动损伤的处理

（1）擦伤、刺伤、裂伤及处理：这三种损伤都属于开放性软组织损伤，其共同点均有伤口和外出血。

擦伤由粗糙物与身体摩擦造成皮肤组织损伤。若小面积擦伤可用1%～2%红汞或1%～2%龙胆紫涂抹。若擦伤面积大、伤口深，需用碘酒或酒精在伤口周围消毒后清除伤口异物，再扎上绷带或纱布。感染的伤口应常换药。轻度的裂伤、刺伤可以用碘酒、酒精将伤口周围皮肤消毒，再用消毒纱布加压包扎。伤口较大较深应及时送医院处理；伤口小而深、污染严重者应作抗破伤风处理。

（2）挫伤处理：在足球、篮球活动中相互冲撞或被踢，体操、武术活动中与器械撞击，是发生挫伤的常见原因。挫伤的症状一般为局部疼痛、肿胀、功能障碍、皮下出血等，严重的挫伤可伴随其他内脏器官的损坏，如头部挫伤会发生脑震荡或颅骨骨折。胸背部受伤会有骨折或肺脏损伤形成气胸或血胸等。因而要据暴力大小和受伤部位判断伤势的轻重。单纯性挫伤在局部冷敷后可外敷新伤药，加压包扎，头部、躯干等部位挫伤有休克现象，应立即送医院治疗。

（3）肌肉拉伤处理：在体育活动中，由于准备活动不足，或肌肉能力差，或技术动作不正确，或场地器材不好等使肌肉被过分拉长，或主动收缩超出肌肉自身能力时，就可能造成肌肉拉伤。肌肉拉伤后可能局部疼痛、压痛、肌肉肿胀、肌肉紧张僵硬，功能发生障碍。收缩肌肉时受伤部位疼痛加剧或出现凹陷，如果局部凹陷及一端异常隆起可能为肌肉断裂。轻度肌肉拉伤可用针刺疗法治疗；部分断裂者可采用冷疗、加压包扎，48 小时后开始按摩；肌肉拉断者应送医院进行手术处理。

（4）疲劳性骨膜炎处理：在体育活动或训练中由于训练方法不当，局部负担过重就会使胫骨、腓骨、跖骨发生疲劳性骨膜炎。骨膜炎是对运动量的一种不适应反应，其症状主要是局部疼痛，软组织有轻度凹陷性水肿，骨面上能摸到压痛点，局部还有灼热感。早期症状轻者局部可用弹性绷带包扎，减少局部负荷。重者除减少局部负荷外，还要外敷新伤药、温水浸浴、局部按摩等。如果经过一般处理后，局部症状无改善甚至加剧者，应拍 X 片确诊是否有疲劳性骨折。

（5）脑震荡处理：一般头部在遭受暴力作用后，脑的神经组织被震荡而引起大脑暂时的意识机能障碍。如跟踪运动中头部相撞、球从高处落下撞击头部时易发生脑震荡。主要症状有短时间意识障碍、昏迷时全身肌肉松弛无力、面白脉细、呼吸表浅等，且常伴有头痛、头昏、耳鸣、心悸等症状，少数患者有恶心呕吐、心烦不定等症状。

急救处理时应立即让伤员平卧，防寒或防暑，不要随意搬动，昏迷不醒者可用拇指掐其人中使其苏醒。由于脑震荡可与颅内血肿、脑挫伤并存，因此应及时发现其他颅脑病变。如存在以下症状之一者应立即送医院处理：①昏迷 5 分钟以上。②耳、口、鼻流脑脊液或血液。③清醒后头昏、恶心、呕吐剧烈。④两瞳孔出现不对称或变形。⑤清醒后有颈项僵直或第二次昏迷。

（6）腰部扭伤和腰肌劳损处理：腰部扭伤多是由于负荷重量过大，超出脊柱肌肉的负荷能力而引起的肌肉附着区损伤。也可以是由于脊柱过度前屈突然转体，或技术动作错误等引发。绝大多数的腰部急性扭伤病员有明确外伤史，肌肉患处疼痛，甚至不能伸直脊柱，扭伤重者，可牵涉到下肢的臀部有疼痛感或麻木感。

伤后初期宜休息，卧于木板床并于腰部垫一薄枕以放松腰肌（轻者 2 ~ 3 天，重者一周）。可取人中、肾俞、大肠俞、委中等穴进行按摩，还可以采用药物、理疗等其他方法。

腰部肌肉劳损是由于反复的机械力作用于肌肉骨膜、韧带、关节而使肌肉受损。长期弯腰过多、体位姿势不良、腰部反复受伤、脊柱畸形等均是常见的导致腰部肌肉劳损的原因。腰部肌肉劳损的常见症状有酸痛，在运动或劳动后、久站或久坐后常见疼痛加重，而且常随气温变化而加重症状。

腰肌劳损的处理一般采用按摩、体疗的方法。按摩常用手法推摩、叩击、按压等，还可配合穴位进行点穴；体疗则以加强腰、腹、背部肌肉力量为主；过多卧床休息则适得其反。

（7）踝关节韧带损伤处理：踝关节的解剖结构使其外侧副韧带最易受伤，常常因腾空后落地重心不稳或落地地面不平而导致外侧副韧带受损。轻度损伤可见外侧肿痛、疼痛、跛行。如果损伤严重，患者足部不能持重，剧痛肿胀范围大，外踝和足背会出现瘀斑。更严重者会出现韧带断裂。现场急救措施是立即包扎，包扎方向应与受外伤暴力作用方向相反，轻度扭伤要停止活动 4 ~7 天，同时配合外用药消肿止痛，4 天以后可以配合按摩、理疗等治疗。

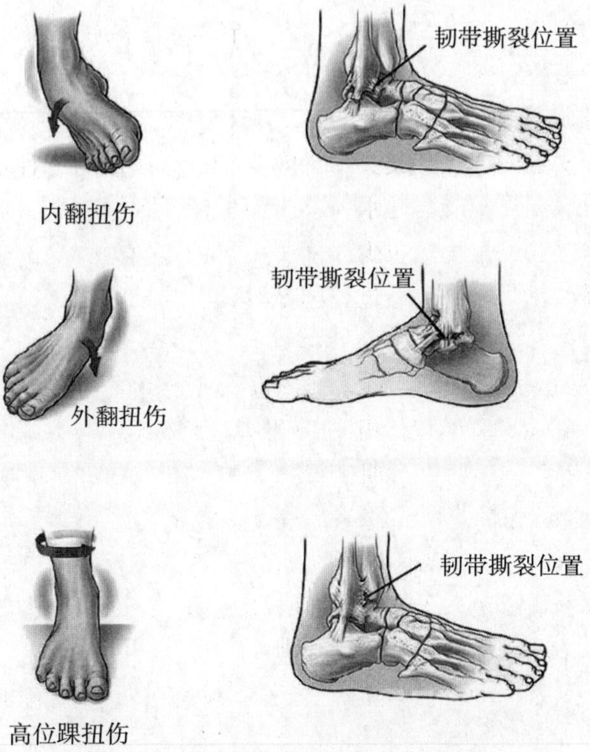

图 7　不同扭伤类型及韧带撕裂位置

实 践 篇

第六章 篮 球

在我国高校体育项目选修课中，篮球是最为普及的运动项目，也是参与人群最多的项目，普及之广是其他运动项目难以达到的。因此，使普通大学生了解篮球运动、从事篮球运动对于增强身体素质、提升自我修养和养成终身体育的习惯是至关重要的。

第一节 篮球运动概述

一、篮球运动起源

篮球运动起源于美国东部的马萨诸塞州斯普林菲尔德市（春田市），由基督教青年会的一所干部训练学校的体育教师詹姆士·奈斯密斯博士于 1891 年 12 月初发明。他受当地儿童从树上摘桃子扔入桃筐的启示而设计了一种互相向桃筐内投皮球，并按投掷的准确性来计算得分和胜负的自发戏耍的游戏。这种游戏活动在美国得到广泛开展，并迅速发展到国外。最初的篮球规则只有 13 条。多年来，篮球运动经过因地制宜、应人所需的原则，遵循每个不同时代的特征，从最初的诞生到后来的篮球规则的不断改编，篮球运动经历了构思设计→初次尝试→逐渐完善→推广传播→立项入世→普及提高→创新发展等具有时代性特征的阶段。由一种民间乡土儿童游戏发展到全世界人们积极参与的竞技体育项目，其中经历了区域性社会文化变革、东西方文化的交融与冲突、规则的演变等过程，篮球运动成为在世界篮联统一规则下的、各国都有自己联赛及裁判规则的普及性极强的运动。至今，国际篮球联合会（FIBA）的会员单位已达 190 多个，有球民近 12 亿，是国际体育社会成员最多的体育组织之一。因此，篮球运动给予世界人民的影响和作用是巨大的，给人们带来的益处是长久和永远的。

二、中国篮球运动的发展

篮球运动自传入起，在我国的传播、普及、发展和提高受不同时期政治、经济、文化、教育等因素的影响和制约，在不同时期有着不同的特征。现代篮球运动是清朝末期（1895 年）由美国基督教青年会的传教士传入我国天津基督教青年会的，传播人为青年会第一任总干事来会理（Willard Lyon）。篮球运动传入我国天津之后，在北京、上海基督教青年会里也有了此项活动。在 1910 年的全运会上举行了男子篮球表演赛之后，全国各大城市的大、中学校的篮球活动逐渐开展起来，其中以天津、北京、上海开展得较好，水平也较高。100 多年来，篮球运动逐渐成为广大人民群众喜闻乐见的体育运动项目。

第二节 篮球场地与器材

一、篮球场地

1. 球场

篮球球场是一个长方形的坚实平面，无障碍物。

2. 场地线条

国际篮联规定，篮球场地的正式尺寸是长28米、宽15米，从界限内沿丈量，长宽之比为28∶15，篮圈下沿距地面3.05米。缓冲区2米，天花板或最低障碍物的高度至少7米。篮球场的长边界限称边线，短边的界限称端线。球场上各线都必须十分清晰，线宽均为5厘米。以中线的中点为圆心，以1.8米为半径画一个圆圈，称中圈。三分投篮区是由场上两条拱形限制出的地面区域（如图1）。

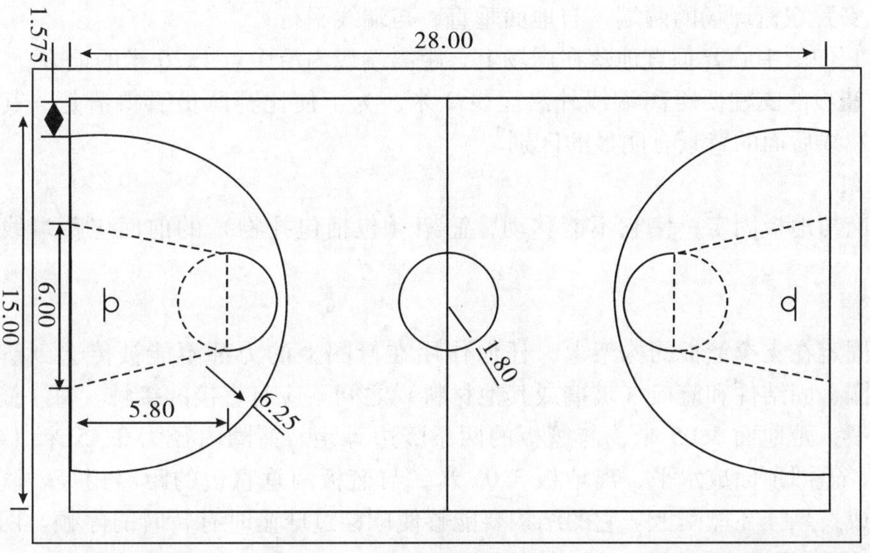

（单位：米）

图1 篮球场平面图

3. 区域名称及标准

（1）限制区：从罚球线两端画两条线至距离端线中点各3米的地方（均从外沿量起）所构成的地面区域叫限制区。如果在限制区内部着色，它的颜色必须与中圈内部的着色相同。

（2）罚球区：罚球区是限制区加上以罚球线中点为圆心，以1.80米为半径，向限制区外所画出的半圆区域。在限制区内的半圆要画成虚线。

（3）三分投篮区：是由场上两条拱形限制出的地面区域。

分别距边线1.25米，从端线引出两条平行线；半径为6.25米（量至圆弧外沿）的圆弧（半圆）与两平行线相交；该圆弧的圆心要在对方球篮的中心垂直线与地面的交点上。圆心距端线内沿中点的距离为1.575米。

（4）中圈：中圈要画在球场的中央，半径为1.80米，从圆周的外沿丈量。如果在中圈内部着色，它的颜色必须与限制区内部的着色相同。

4. 灯光

对于球场的照明条件要求，无论室内还是室外，如果条件具备，标准篮球场照明要均匀，光度要充足。灯光设备的安置不得妨碍队员的视觉。

二、篮板、篮架和篮圈

1. 篮板

篮板要牢固安置在球场两端，与地面成直角，平行于端线。规格方面，篮板的尺寸是：厚0.03米（3厘米），横宽1.80米，竖高1.05米，下沿距地面2.90米。篮板画上线条，宽度为0.05米（5厘米）；材料方面，篮板要用整块适宜的透明材料（最好具有适当韧度的安全玻璃）建造，篮板的前面须平整，透明篮板用白色，其他用黑色。

篮板要按如下要求牢固地安置：

（1）安置在篮球场的两端，与地面垂直，与端线平行；

（2）它们的中心要垂直地落在球场上，距离端线内沿中点1.20米的地方；

（3）篮板的支柱要距离端线外沿至少2米，为了使比赛队员看得清楚，其颜色要鲜明，并与端线后面的背景有明显的区别。

2. 篮架

篮架应与地板固定，使它不能移动，篮架（包括包扎物）的前面应距端线外沿至少2米。

3. 篮圈

篮圈固定在支撑篮板的构架上，任何作用在篮圈上的力都不能被传递到篮板上。因此，在篮圈、固结件和篮板（玻璃或其他材料）之间不应有直接的接触。每一篮圈的顶沿应位于水平，距地面3.05米，与篮板的两条竖边等距。篮圈内径为0.45米（45厘米），漆成橙色，篮圈顶面成水平，离地板3.05米，与篮板两垂直边的距离相等。篮网用白色的细绳结成，悬挂在篮圈上。它的结构要能够使球穿过球篮时有暂时的停顿。网长不短于0.40米（40厘米），不长于0.45米（45厘米）。

三、篮球

外形方面，篮球应该是圆形的，一般为暗橙色，球面可分为八瓣，外壳用皮、橡胶或合成物质制成，球面的接缝或槽的宽度不得超过0.00635米（6.35毫米）；尺寸和重量方面，圆周不得小于0.749米（74.9厘米），不得大于0.780米（78厘米），重量不得少于567克，不得多于650克；充气后，使球从1.80米的高度（从球的底部量起）落到球场的地面上，反弹起来的高度不得低于1.20米，也不得高于1.40米（从球的顶部量起）。

第三节 篮球基本技术

一般来说，篮球技术可分为进攻技术和防守技术两大部分。进攻技术主要包括传接球、投篮、运球、持球突破、移动、抢篮板球等；防守技术主要包括防守对手、抢打断球、移动、抢篮板球等。

一、移动

（一）移动的概念及分类

1. 移动的概念

移动是篮球比赛中队员为了改变位置、方向、速度和争取高度而采用的各种脚步动作的统称。移动是篮球进攻和防守的基础，只有不停地移动才能创造出进攻的机会，只有不停地移动，队友间的补防才能到位，因此，移动是打篮球至关重要的技术。

2. 移动的分类

移动包括：基本姿势、起动、跑、跳、急停、转身、步法等；

跑：包括放松跑、加速跑、直线跑、曲线跑、变向跑、变速跑、侧身跑、后退跑等；

跳：包括单脚跳、双脚跳、原地跳、助跑跳等；

急停：包括跳步急停、跨步急停等；

转身：包括前转身、后转身等；

步法：包括跨步、平滑步、斜滑步、上下滑步、滑步结合交叉步、追步、后撤步、绕前步、攻击步、碎步等。

（二）移动的动作方法分析

1. 准备姿势

运动员在场上必须随时保持正确的基本站立姿势，以便于及时移动，更好地完成各种攻防技术。基本站立姿势，即两脚左右或前后开立，距离与肩同宽、两膝微屈，身体重心的投影落在两脚之间，上体稍前倾，两臂屈肘自然下垂置于体侧，目视场上情况。（如图2）

图2 身体准备姿势

2. 重心稳定

在篮球运动中，重心的稳定是进攻和防守的基本要素，否则在对方做假动作时，重心的移动会留给对手很轻易地突破的机会。因此，腿部必须保持一定弯曲；在转移重心和改变移动方向时，要注意脚尖和膝关节的指向，以便于控制好身体重心，保持身体平衡，顺利完成移动技术动作的衔接和变换。

3. 跑步急停

激烈的比赛中，运动员的重心是很难保持绝对稳定的，只能是相对均衡地、尽可能地使身体的各部分保持协调。在移动中影响平衡度的因素是重心的高低和支撑面的大小，一般来说，重心位置高，稳度小；重心位置低，稳度大。因此，在比赛和平时的教学中，一定要增加运动员的身体重心高低的训练、手脚配合的训练和腰部力量的训练等。

4. 滑步练习

滑步是防守移动的主要方法之一，在防守战术中极为重要。准备时，两脚平行站立，两膝弯曲，两臂外展，目视防守人。移动时，保持低重心，重心在两腿之间，上下起伏要小（如图3）。

图3　滑步动作

二、传接球

（一）传球的概念、作用及分类

1. 传球的概念

传球是篮球比赛中进攻队员有目的地转移球的方法，是进攻队员在场上相互联系和组织进攻的纽带，是球队实现战术配合的桥梁。

2. 传球的分类

依据参与传球的手可分为单手传球和双手传球；依据球出手时的位置可分为头上传球、肩上传球、胸前传球、低手传球、体侧传球、勾手传球、身后传球、胯下传球等；依据传球者所处的状态可分为原地传球、行进间传球、跳起传球、面对传球、侧对传球、背对传球等；依据球的运行路线可分为直线传球、弧线传球、折线（反弹）传球、抛物线传球等。

（二）传球动作方法

1. 双手胸前传球

图4　双手胸前传球

这是篮球运动中最基本、最常用也是最实用的一种传球方法。这种传球可以传出不同距离的球，与投篮前的准备动作很相似，因此，在利于全队配合进攻的同时也利于自身投篮动作的开始。首先从双手持球动作开始，两手手指自然分开，拇指相对呈八字形，用指根以上部位持球的后下方，手心空出，两肘自然弯曲于身体侧，将球置于胸前部位，眼睛注视传球目标；然后，后脚蹬地，在身体重心前移的同时，前臂迅速向球后方向伸直，手腕翻转，拇指用力下压，食指、中指用力拨球并将球传出，出球后身体迅速调整呈基本站立姿势。在近距离时，手臂动作较小，在传出远距离快攻传球时，最好配合身体前冲的力量把球推出，用手腕把握方向和力度（如图4）。

2. 双手头上传球

图5 双手头上传球

双手头上传球一般来说是在外围球员转移球以及外围球员给内线球员吊球时采用的方法。

传球时，双手举球置于头上，两肘弯曲，持球手法与双手胸前传球相同；传球时，脚蹬地，腰腹用力，前臂迅速前摆，手腕前屈，手指用力拨球，将球传出（如图5）。

3. 双手递交球

这是一种近距离递交球的方式，多用于内线队员进行策应或外围队员交叉跑动时。双手持球于腹前或腹侧，两脚左右或前后开立，屈膝。传球时，前臂外旋，手腕前屈，小指、无名指和中指用力拨球，将球传出（如图6）。

图6 双手递交球

4. 单手肩上传球

这是单手传球中最基本的一种方法。这种传球力量大，飞行速度快，经常用于中、远距离的传球。

图7　单手肩上传球

以右手传球为例，双手持球于胸前，两脚平行开立。传球时，左脚向传球的方向迈出半步，同时将球引到右肩上方，肘关节外展，上臂与地面近似平行，手腕后仰，右手托球，左肩对着传球方向，重心落在右脚上，右脚蹬地，转体，前臂迅速向前挥臂，手腕前屈，通过食指、中指拨球，将球传出。球出手后，随着身体前移，右脚向前迈出半步，保持基本站立姿势（如图7）。

5. 双手击地传球

图8　双手击地传球

双手持球于胸腹之间，两肘部自然弯曲，贴于体侧，不可过度张开，身体呈准备姿势，两脚前后开立，目视前方。传球时，随着两脚蹬地、力量上传、两手前伸，曲腕拨球，把球传出。传球方向为靠近队友一侧的地面，通过地面反弹，球到达队友腹胸之间（如图8）。传球的难点在于地面的落点和推拨球时的力度。

6. 单手背后传球

以右手传球为例，双手持球于胸前，侧对接球队员。传球时，左脚向前迈出一步，双手持球右摆，当球摆至身体右侧，左手离开球，右手引球继续沿髋关节向后环绕，当前臂摆到背后时，右手腕向传球方向急促前屈，食指、中指用力拨球将球传出（如图9）。

图9 单手背后传球

7. 单手体侧传球

图10 单手体侧传球

这是一种隐蔽的传球方法，在外围队员传球给内线队员时运用。

以右手传球为例，两脚开立，微屈，双手持球于胸前。传球时，右手持球后引，经体侧向前做引弧线摆动，手腕前屈，用食指、中指的力量拨球，将球传出（如图10）。

（三）接球

1. 接球的定义

接球是双手或单手获得来球的动作，主要用于队友之间的传接球，也包括对手的误传球等。

2. 接球的分类

依据参与接球的手可分为单手接球和双手接球；依据接球时球的落点可分为头上接球、肩上接球、胸前接球、低手接球和接反弹球等；依据接球者接球时所处的状态，又可以分为原地接球、行进间接球、跳起接球及防守者贴身紧逼时的接球等。最基本的还是单、双手的接球。

3. 接球的动作方法

（1）双手接球。

接球时，两眼注视来球，手臂张开，手指分开，两拇指呈八字形，手指向前上方，两手呈一个半圆形。来球前，主动伸臂迎球，肩臂腕指放松；接球时，指端先触球，同时两臂随球后引缓冲来球力量，并做好衔接传球、投篮或突破的准备。此外，在接高球时，两臂向前上方伸出，重心上提；接低球时，身体重心下降，两腿弯曲下蹲，注视来球（如图11）。

图11　双手接高球

（2）单手接球。

单手接球在比赛应用中比较常见，是外线球员给中锋传球时内线队员常用的接球方法。此外，在快攻中，单手接球上篮以及单手接球后迅速把球“点传”给队友时常用，还可在抢断、拦截对方远距离传球时用。单手接球控制的范围大，能接不同方向的来球，它有利于队员快速、灵活地发挥技术。单手接球时，五指自然分开成弧形并伸出手臂迎球，手指指端触球的瞬间顺势缓冲控球，另一只手顺势迎上来辅助持球，作好下一动作的衔接。

三、投篮

（一）投篮的概念分类

1. 投篮的概念

投篮是在比赛中，队员运用各种专门、合理的动作将球投进对方球篮的方法的总称。投篮是篮球运动中一项关键性技术，也是唯一的得分手段。进攻队运用各种技术、战术，都是为了创造更多更好的投篮机会并力求投中得分；防守队积极防御都是为了阻挠对方投篮得分。

2. 投篮的分类

依据参与投篮的手可分为单手投篮和双手投篮；依据投篮时手臂位置及球离手的点可分为头上投篮、肩上投篮、胸前投篮、低手投篮和勾手投篮等；依据投篮者所处的状态又可分为原地投篮、行进间投篮、运球急停跳起投篮和跳起投篮等（如图12）。

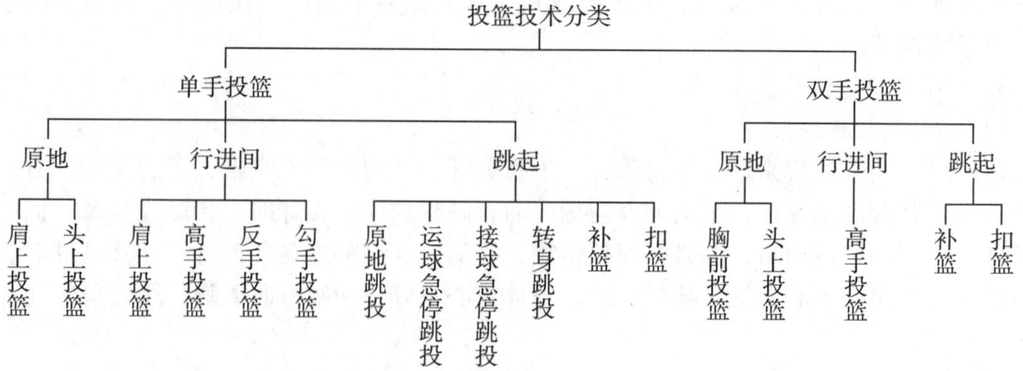

图12

（二）投篮技术

投篮技术动作包括持球方法和投篮动作方法两部分。

1. 持球方法

（1）单手持球法。

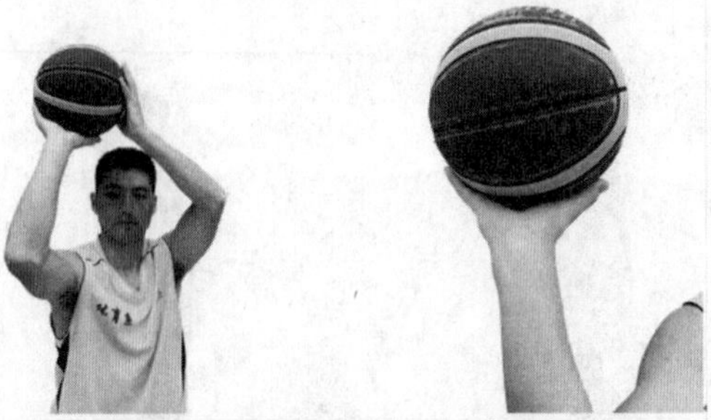

图 13 单手持球与投篮姿势

投篮手五指自然分开，用指根以上部位托球的后下方，手心空出，手腕略向后仰，球的重心落在食指和中指指关节处，肘关节自然下垂，置球于同侧肩的前上方（如图 13）。

（2）双手持球法。

图 14 双手持球

两手手指自然分开，拇指相对呈八字形，用指根以上部位握球的两侧后下方，手心空出，两臂自然屈肘，肘关节下垂，置球于胸与颚之间（如图 14）。

2. 投篮动作方法

（1）单手肩上投篮。

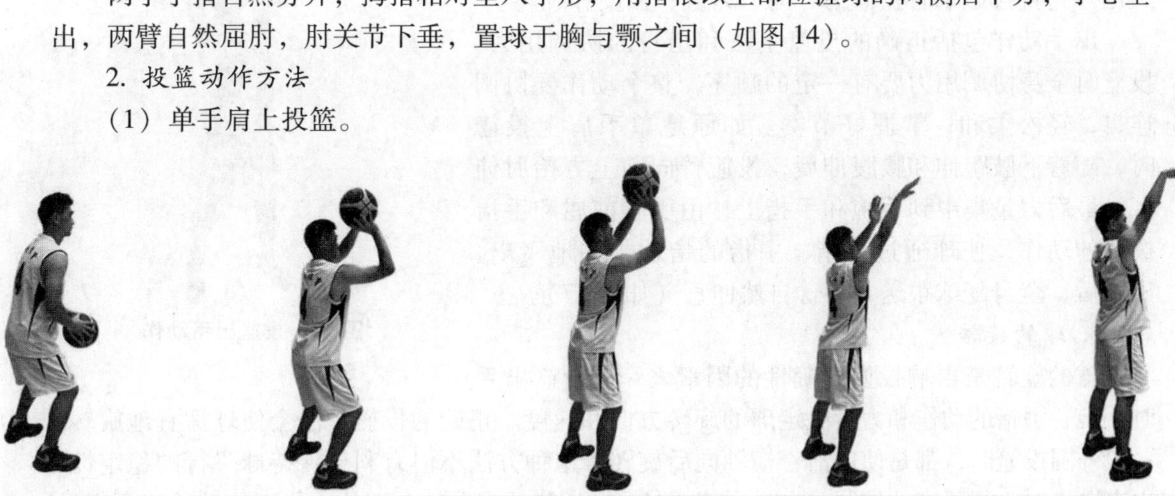

图 15 单手肩上投篮

投篮是从准备姿势开始，用下肢蹬地发力，腰腹用力向上伸展，手臂向前上方伸直，手腕前屈，手指拨球将球投出（如图 15）。其中举球和手腕前屈或翻转与手指拨球的力量，是控制与调节球出手的关键，也是取得合理的投篮出手角与速度的保障。

（2）双手胸前投篮。

图 16　双手胸前投篮

双手持球于胸前，肘关节自然下垂，两脚左右或前后开立，膝盖微屈，重心在两脚之间，目视篮筐。蹬地发力，两臂用力均衡，前臂内旋，拇指下压，食中指用力拨球，身体向投出方向自然伸展。（如图 16）

3. 瞄准点

（1）直接命中的瞄准点：为篮圈距投篮队员最近的一点，适用于投空心球。

（2）碰板投篮的瞄准点：将球投向篮板上能够碰板入篮的点。投篮队员与篮板成 15°～45°的位置时采用效果较好。碰板角度小、距离远，则瞄准点离篮圈的距离高而远，投篮所需要用的力量相对较大；碰板角度大、距离近，则瞄准点离篮圈的距离低而近，投篮所需要用的力量相对较小。

4. 出手动作

投篮时球最后出手的动作，是投篮能否准确命中的关键。它直接影响着投篮的方向、力量、弧度和旋转。

出手动作包括正确的投篮手法和全身的协调用力。投篮时全身协调用力要有一定的顺序，整个动作要协调连贯，轻松柔和，掌握好节奏。如原地单手肩上投篮时，随着下肢蹬伸和腰腹伸展，投篮臂向前上方抬肘伸臂，最后力量集中到手腕和手指上，由手腕前屈和手指拨球的动作，使球通过食指、中指的指端柔和地飞出。出手后，全身随球跟送，手臂自然伸直（如图 17）。

图 17　投篮出手动作

5. 球的旋转

球的旋转是影响投篮准确性的因素之一。投篮出手时手腕、手指的动作和力量决定球的旋转方向和速度。正确的投篮手法会使球适宜地旋转。一般外围投篮时，都是使球沿着横轴向后旋转。这种方法不但有利于保持球飞行的稳定性，也有助于对飞行弧度的控制。在碰到篮圈时，球反弹的方向是向下的，比不旋转的球更容易落入球篮内。在球篮的侧面反手或钩手碰板投篮时，应使球向侧旋转；做行进间单手和双手低手投篮时，则应使球向前旋转。

6. 抛物线及入篮角

投篮时，由于球出手后在空间飞行过程中受重力的影响而形成一条弧线轨道，称为投篮的抛物线。抛物线的高与低对命中率有重要影响。投篮的抛物线归纳起来有低弧线、中弧线和高弧线三种，一般来说中弧线是一种比较适宜的抛物线，球飞行弧线的最高点大致与篮板的上沿在一条水平线上，球篮的大部分暴露在球的下面，容易投篮命中。

四、运球

（一）运球的概念及分类

1. 运球的概念

持球队员在原地或移动中，用单手连续按拍借助地面反弹起来的球的技术叫运球。运球不仅是进攻队员摆脱防守创造传球、突破、投篮得分的桥梁，而且是进攻队员发动快攻、组织与调整战术、瓦解防守阵型的重要手段。

2. 运球的分类

按运球高度来说，运球可分为高运球与低运球；按运球的位置变化来说可分为体前变向运球、背后变向运球、后转身运球、胯下运球、体前变向不换手运球、体前半转身运球、体侧运球；按照运球节奏来说，运球可分为运球急停、急起等。

（二）运球主要动作方法及要点

1. 高运球

图 18　高运球

运球时，球的反弹高度超过运球者的腰部以上，它是在没有防守队员紧逼的情况下，为了加快向前推进的速度或在进攻中调整进攻速度和攻击位置时所采用的一种运球方法，包括发后场球后，后卫迅速把球推进到前场、抢断后的运球快下、长传后的快攻等（如图 18）。

2. 低运球

图 19　低运球

运球时，球的反弹高度在运球者腰部或膝部以下，多用于靠近防守者或准备运球突破时，此时低运球能够更好地保护球，方便进攻队员降低重心，做变向等突破动作（如图 19）。

3. 体前变向运球

图 20　体前变向运球

体前变向运球是一种常用的突破和摆脱防守的方法，动作简单而实用，但对身体的协调性要求较高，否则突破的效果可能就不是很好。这是当对手堵截运球前进的路线时，突然向左或右侧改变运球方向，借以摆脱防守的一种运球方法。

左手运球接近对手，并向左侧运球加速以吸引防守者偏离正常防守位置，而后突然用左手向右侧运球，经过体前改变运球前进的方向并侧身加速，变向后，换成远离对手的右手运球，运球加速争取超越对手（如图20）。

4. 背后变向运球

图21　背后变向运球

当对手紧逼防守，距离较近无法采用体前变向运球时，可以运用背后运球突然改变前进的方向，借以摆脱防守。其优点是运球时面对防守者，便于观察情况和保护球。以右手运球，向左侧变方向为例，变方向时，左脚在前，用右手将球拉到身后，迅速推球的右侧后方，将球从身后拍至左脚的侧前方，并立即换左手运球，左脚迅速向前跨出，加速前进（如图21）。

5. 后转身运球

图22　后转身运球

以左脚为中枢脚，背向球篮站立，两脚平行（或前后）开立，两腿弯曲，重心降低，两手持球于腹前。突破时，以左脚为轴转身，右脚向右侧后方撤步，上体右转，脚尖指向侧后方，右手向右脚前方放球，左脚内侧迅速蹬地，向球篮方向跨出，运球突破防守（如图22）。

五、持球突破

1. 持球突破的概念

持球突破是持球队员得球后，运用合理的脚步动作与运球技术相结合，快速超越防守队员的一项攻击性很强的进攻技术。持球突破是对付人盯人防守的有效武器，它既能直接突入篮下得分，又能打乱对方的防守部署；在对手采用联防时，高位策应及挡拆后的突分也是重要手段。

2. 持球突破的分类

持球突破可分为同侧步突破（顺步突破）、交叉步突破、后转身突破、前转身突破等。

3. 持球突破的主要方法及要点

（1）顺步突破。

图23 顺步突破

以左脚做中枢脚从防守队员左侧突破为例。突破时，上体积极前倾的同时，右脚迅速向右前方跨一大步，同时上体右转，左肩积极下压。左脚内侧用力蹬地，在左脚离地前，用右手推按球于右脚外侧前方，然后左脚迅速跨步抢位，加速运球超越对手（如图23）。

（2）交叉步突破。

图24 交叉步突破

以右脚做中枢脚从防守队员左侧突破为例。突破时，左脚向左侧前方迈出一小步，把防守队员引向自己左侧的同时，用左脚前掌内侧迅速蹬地，向右侧前方跨一大步，上体稍右转，左肩向前下压，重心向右前方移动，将球推引至右侧，用右手推按球于左脚右侧前方，接着右脚蹬地加速超越对手（如图24）。

六、防守对手

（一）防守对手的概念及分类

1. 防守对手的概念

防守队员合理地运用防守动作，积极抢占有利位置，破坏和阻挠对手的进攻意图和行动，并以争夺控制球权为目的所采取的各种专门动作方法。防守的目的在于阻止和破坏对方的进攻，并力图从对手手中将球夺过来转守为攻。

2. 防守对手的分类

分为防守无球队员和防守有球队员。

（二）防守对手的技术分析

1. 防守无球队员技术分析

防守无球队员是指进攻队员处于无球状态时，防守队员灵活地利用多种移动动作和手部的有效组合，最大限度地防止和破坏对手的行动。

防守无球队员的个人防守包括：防接球、防摆脱、防纵切、防横切、防空切（背插）和防溜底。防守无球队员是一个连续运用移动和争夺球的过程，必须具备多种防守移动步法，并能根据需要娴熟、合理地组合在一起加以运用，要求在移动过程中始终保持较低的身体重心，以便随时快速改变方向、调整防守位置和步法。

2. 防守有球队员技术分析

防守有球队员的主要任务是尽力干扰和破坏其投篮，堵截其运球突破，封锁其助攻传球，并积极地抢、打、断球以达到控制球权的目的。

防传球：防传球的重点应放在不让对手轻易地把球传向篮下有攻击威胁的内线区域。当进攻队员接球后，防守队员首先要正确选择位置，保持适当距离和调整好身体重心，眼不离球，根据对手的位置、动作和视线，判断其传球意图，挥动手臂进行干扰封堵，特别要防范对手向内线渗透性传球，尽可能迫使其做转移性传球。如果进攻队员运球成“死球”时，应立即逼近，封其传球出手路线。当对手传球出手后，千万不要看球不看人，要防止其摆脱切入。

防运突：防运突是指防守进攻队员的运球、持球突破和运球中的突破。

七、抢篮板球

（一）抢篮板球的概念及分类

1. 抢篮板球的概念

在一方队员投篮不中后，双方争夺从篮板或篮圈上反弹球的各种技术的总称，包括抢占内线有利位置、判断球的落点、起跳、空中抢球和得球后动作等。它是攻守转换的关键，只有获得篮板球才能获得二次进攻的机会，因此，很多人说抢篮板球是决定比赛胜负的决定性因素，这是很有道理的。

2. 抢篮板球的分类

分为抢进攻篮板球（前场篮板球）和抢防守篮板球（后场篮板球）。

（二）抢篮板球的技术分析

1. 抢位

抢位是抢篮板球技术的关键环节，对抢篮板球起着决定性作用。防守队员抢篮板球时要先挡后抢；进攻队员抢篮板球时要快速起动摆脱冲抢。

2. 起跳

抢防守篮板球一般多采用原地上步、撤步或跨步的双脚起跳方法；抢进攻篮板球多采用助跑单脚起跳或跨一两步双脚起跳的方法。

3. 空中抢球动作

（1）双手抢篮板球：优点是占据空间面积较大。

（2）单手抢篮板球：优点是触球点高，在空间抢球的范围较大。

（3）点拨球：优点是触球点高，可缩短传球的时间。

4. 获球后的动作

抢到篮板球落地时，都应两膝弯曲，两肘稍外展，护球于胸腹间，以便保护球并迅速衔接其他进攻动作；随着比赛实战的应用，获得篮板球后，也可将球举高于头顶，同时收肘、转身，防止对方球员“偷球”。

八、抢球、打球、断球、盖帽技术的概念

（一）抢球、打球、断球、盖帽技术

抢球、打球、断球、盖帽技术是面对攻击性很强的进攻时所采用的防守技术，它是积极防守技术的基础。抢球是夺取进攻队员手中的球，打球是击落进攻队员手中的球，断球是截获进攻队员之间的传球。抢球、打球、断球和盖帽技术要求有准确的判断、快速的反应以及机智的判断力，否则会适得其反，导致犯规或给对手快攻的机会。

（二）抢球、打球、断球、盖帽技术的技术分析

1. 抢球

抢球就是从进攻队员手中夺取球，可分为拉抢和转抢。拉抢是防守队员看准对手的持球空隙部位，迅速用两手抓住球后突然猛拉，将球抢夺过来；转抢是防守队员抓住球的同时，迅速利用手臂后拉和两手转动的力量，将球从对手中抢过来。抢球时一定要注意动作的连贯性，否则容易造成争球或犯规的现象。

2. 打球

打球是打落对方手中的球。当进攻队员持球、运球和行进间投篮时，防守队员快速地移动，接近对手，掌握好时机，根据对手持球位置，向上、向下或向侧打球。打球时一定要把握好时机，看准后快速出手，动作要连贯。

3. 断球

断球是截获对方传接球的方法。根据传球方向和防守队员断球前所处的位置，一般分为横断球、纵断球和封断球三种。横断球是从接球队员的侧面跃出截获球的动作；纵断球是从接球队员身后或侧后跃出截获球的动作；封断球是在封堵持球队员传球时截获球的动作。断球时应提前判断对手的意图，进行截获。

4. 盖帽技术

防守队员将进攻队员刚投出的球或处于上升阶段的球打掉，称为“盖帽”。“盖帽”前，要根据进攻队员的投篮动作及其身高和弹跳等特点，迅速接近他，选择好恰当的位置和距离，准确地判断他出手的时间，及时起跳将球打落。在“盖帽”时，要把握好时机，在预判好对方不是假动作后，方可准备“盖帽”，起跳时机及伸手角度都要恰到好处，否则很容易因打手或冲撞身体造成犯规。

第四节 篮球战术

一、篮球战术概述

1. 篮球战术的概念

篮球战术是篮球比赛中队员所运用的攻守方法的总称，是队员个人技术的合理运用和队员之间相互协同配合的组织形式。其目的是更好地发挥本方队员的技术与特长，制约对方，力争掌握比赛的主动权，争取比赛的胜利。

2. 篮球战术的分类

（1）依据攻守双方可将其分为进攻战术和防守战术。

（2）依据参加战术的人数又可将其分为个人战术、基础战术（基础配合）和全队战术。

3. 篮球战术分析

（1）进攻战术。

进攻战术包括进攻基础配合、快攻、进攻人盯人防守、进攻区域联防、进攻紧逼防守。

（2）防守战术。

防守战术包括防守基础配合、防快攻、人盯人防守、区域联防、区域紧逼防守。

二、进攻基础配合

进攻基础配合是指两三名进攻队员，为了创造进攻机会，合理运用技术而组成的合作方法。在进行基础配合时，一般参与人较少，是局部的协调合作。进攻基础配合包括传切配合、突分配合、掩护配合和策应配合。

（一）传切配合

传切配合是进攻队员之间利用传球和切入技术所组成的简单配合。它包括一传一切和空切两种。传切配合是一种最基本的、简单易行的战术配合，在篮球比赛中经常采用。

1. 传切配合的方法

（1）一传一切配合：是指持球队员传球后摆脱防守，向球篮方向切入接回传球投篮。

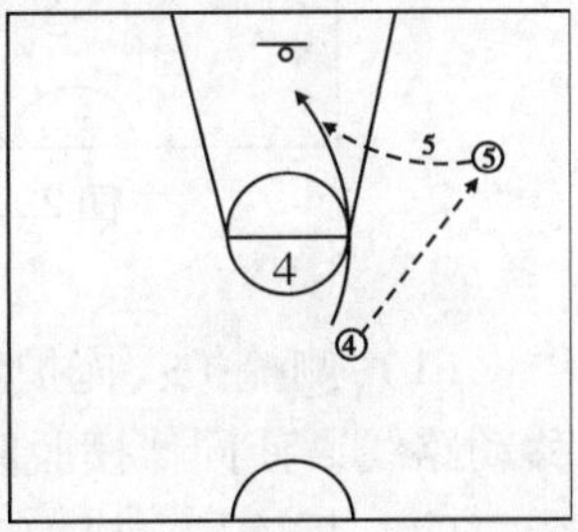

图 25

（2）空切配合：是指无球队员掌握时机，摆脱对手，切入防守隙区域接球投篮或做其他进攻动作。

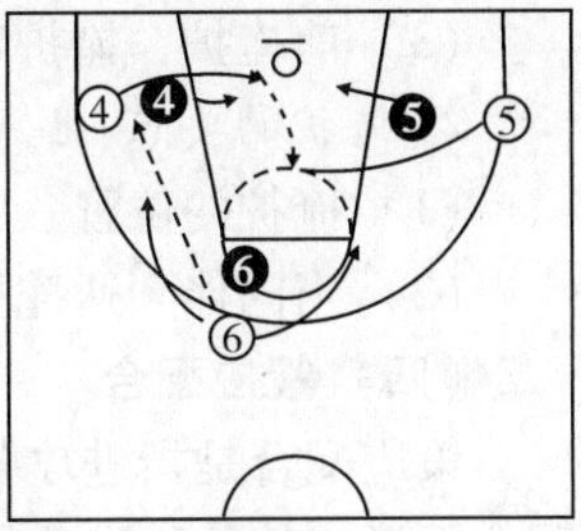

图 26

2. 传切配合要点

（1）队员配合的距离要拉开，切入路线及角度要合理，要有突然性。

（2）切入队员要掌握好切入时机，利用假动作或动作方向、速度的变化摆脱对手。

（3）传球队员动作要隐蔽而迅速，在对方识破时要尽量做好下一步的攻击准备。

（二）突分配合

突分配合是持球队员在突破过程中受到防守队员阻截时，及时将球传给无人防守或已摆脱防守的同伴，为同伴创造进攻机会的配合方法，也称为“突破分球”，简称“突分”。它是对付全场紧逼夹击和区域联防的有效方法之一，能够有效地破坏对方的防守体系。

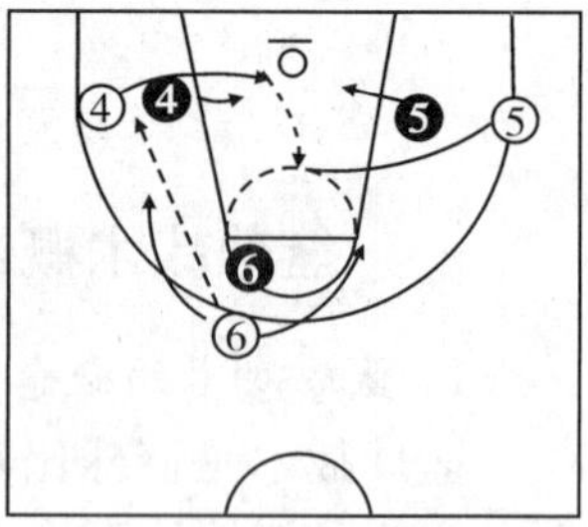

图 27

突分配合的要点：

（1）突破动作快速突然，既要做好投篮的准备，也要随时准备分球。

（2）随时观察场上攻守队员的位置与行动，以免分球不及时。

（3）配合队员选位，摆脱突发时间、位置与距离的不当。

（三）掩护配合

掩护配合是进攻队员采取合理的身体动作，用自己的身体挡住同伴的防守者的移动路线，使同伴得以摆脱防守，创造接球投篮或进攻机会的一种配合方法。根据掩护者和被掩护者身体位置的不同，有前掩护、侧掩护、后掩护三种形式。根据不同情况，还可进行多种变化，有反掩护、假掩护、运球掩护、定位掩护、行进间掩护、双人掩护、连续掩护等。

1. 掩护配合的方法

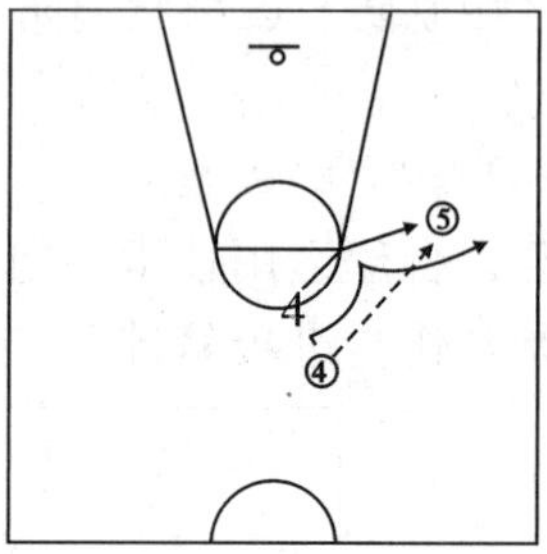

图 28

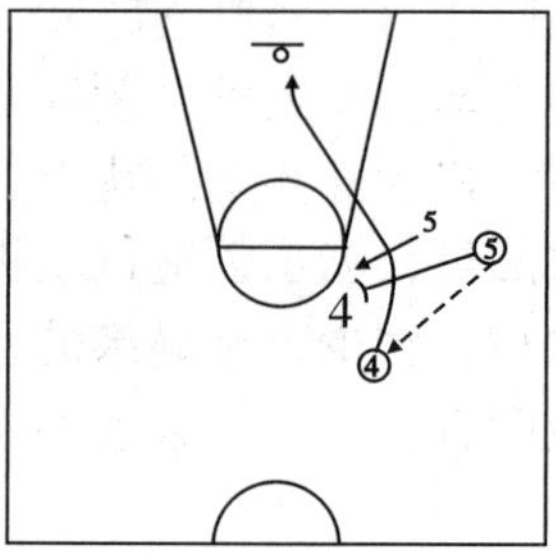

图 29

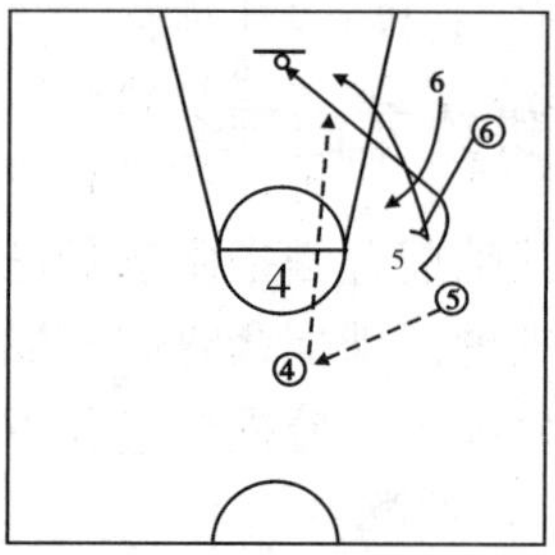

图 30

（1）侧掩护：掩护者站在同伴的防守者的侧（略靠后）方，用身体挡住该防守者的移动路线，使同伴摆脱防守获得进攻机会的一种配合方法。

（2）后掩护：掩护者移动到同伴的防守者的身后做掩护的一种配合方法。这种配合不易被防守者发现，配合容易成功，但与对手的距离不可太近，以免发生身体接触造成犯规。

（3）前掩护：掩护者跑到同伴的防守者身前，掩护同伴中、远距离投篮。

2. 掩护的要点

（1）掩护的位置、距离及掩护动作要合理，且隐蔽。

（2）当同伴到达掩护位置时，摆脱对手动作要突然、快速。

（四）策应配合

策应配合是指进攻队员背对或侧对球篮接球，以同伴为枢纽，借以摆脱防守，与同伴配合而形成的一种进攻机会的配合方法。

策应配合出现的早期，只有固定位置的打法，以后逐渐发展成为外策应、内策应和居中策应等多种配合形式。

策应配合的要求：

（1）策应队员要及时摆脱要球，准备协助配合者。

（2）外围传球队员要根据策应者的位置和机会，及时准确地传球给策应队员，做到人到球到，传球后迅速摆脱防守切入篮下，创造进攻机会。

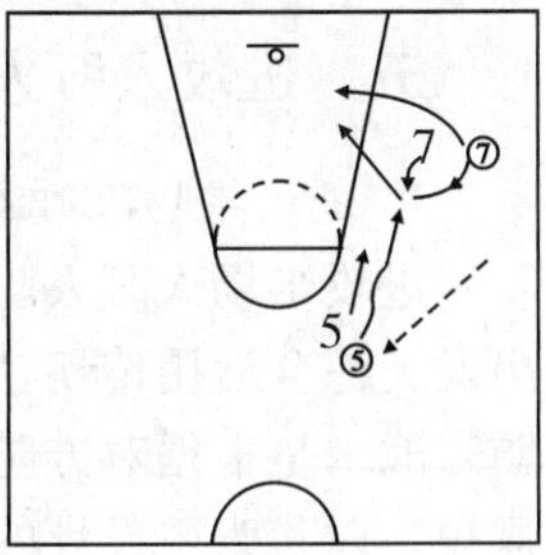

图 31

三、快攻

1. 快攻的概念和特点

快攻是由防守转入进攻时，以最快的速度，用最短的时间在对方尚未部署好防守之前，创造人数、位置上的优势，果断而合理地进行攻击的一种速战速决的进攻战术。由于快攻发动突然，攻击迅速，所以它是一种速决战术。在比赛中，如果接连打出快攻，能够极大地挫伤对手的心理防线，给对手造成极大的压力，打乱对手的进攻与防守体系，从而在比赛中获得主动。

2. 快攻的分类

依据快攻的发动形式，可分为抢断球快攻、篮板球快攻、跳球快攻、掷界外球快攻等。依据快攻推进的形式，可分为长传快攻、短传快攻以及运球突破快攻等。

长传快攻：队员在后场获球后，立即把球长传给迅速摆脱对手的前场快攻队员的一种偷袭快攻。

短传快攻：防守队员获球后，立即以快速的短距离传球方式，直逼对方篮下进攻的一种快攻的形式。这种快攻具有灵活、机动、多变的优点，参与配合的人数较多，容易造成以多打少的局面。它经常与运球突破结合运用。

运球突破快攻：防守队员获球后，利用运球技术超越防守，自己投篮得分或传球给比自己投篮机会更好的同伴进行攻击的方法。这一方法的特点是抓住战机、减少环节、加快进攻速度。

四、人盯人防守

1. 人盯人防守的概念和特点

人盯人防守战术就是每个防守队员守住一个进攻队员，在防住自己对手的基础上相互协作的全队防守战术。其特点是防守分工明确，能有效地抑制对手的中远距离投篮。但同时对个人防守能力和体力的要求较高，内线防守相对较弱。

2. 人盯人防守的分类

根据防守的区域可分为半场人盯人防守和全场人盯人防守；根据盯人的松紧程度又可分为松动人盯人防守和紧逼人盯人防守。在此只介绍最基础的半场人盯人防守。

半场人盯人防守，是由进攻转入防守时，全队有组织地迅速退回后场，在半场范围内进行盯人防守的一种全队防守战术。它是以个人防守为基础，综合运用挤过、穿过、换防、关门、夹击等防守基础配合所组成的防守战术。它是篮球运动中各种防守战术的基础。

五、进攻人盯人防守

1. 进攻半场人盯人防守战术

进攻半场人盯人防守战术是根据半场人盯人防守战术的特点，从每个队员的具体实际出发，综合运用传切、突分、掩护、策应等基础配合所组成的全队进攻战术。进攻人盯人防守战术是根据对方防守的防区范围、防守阵势和队员的防守能力，结合本队实际，扬长避短，以我为主设计的一种有组织的全队进攻战术。

2. 进攻半场人盯人防守战术的队形

进攻半场人盯人防守时，必须有一定的落位队形。选用进攻队形主要根据本队条件特别是中锋的特点、站位和本队战术打法来确定。常用的进攻落位队形有以下几种：

（1）“2－3”队形，单中锋提上策应进攻。

（2）“2－1－2”队形，单中锋外策应进攻。

（3）“2－2－1”队形，单中锋内策应进攻。

（4）“1－3－1”队形，双中锋上下站位进攻。

（5）“1－2－2”队形，双中锋篮下左右站位进攻。

（6）“1－2－2”队形，即“马蹄形”队形无固定中锋的机动进攻。

（7）“1－2－2”队形，双重叠内线掩护进攻。

（8）“1－4”队形，外线掩护机动进攻。

3. 进攻全场人盯人防守

进攻全场人盯人防守，是指进攻队根据防守队在全场范围内进行人盯人时所采用的进攻方法和行动，是篮球进攻战术系统中的一种战术。

一种是由守转攻时，全队五名队员集中于后场或扩大到中线一带区域，以便组织固定的进攻配合，并有意造成前场空虚，以便快速突破和偷袭快攻。另一种是进攻时全队五名队员迅速分散部署在全场，分割防守、分散防守与防守的协同合作，利用防守的薄弱环节和空当，进行个人战术攻击和配合进攻。

六、区域联防与进攻区域联防

（一）区域联防

区域联防是指进攻转入防守时，全队队员迅速退回后场，按区分工各自负责防守一定区域的进攻对手，形成一定的防守阵势，把每个防守区域有机地联系起来，并随球进行协同移动防守的一种全队防守战术，也是篮球两大防守战术系统之一。区域联防战术最突出的特点是分区防人防球和投篮。

区域联防的分类依据防守队员的站位形式，常把区域联防分为“2－1－2”联防、“2－3”联防、“3－2”联防、“1－3－1”联防及对位联防等几种。其中“2－1－2”联防是最基本的区域联防。在“2－1－2”联防的基础上，通过中间球员的上、下移动即可以形成“3－2”联防或“2－3”联防，通过顺、逆时针的旋转，又可以形成“1－3－1”联防等。

（二）进攻区域联防

进攻区域联防是针对区域联防的特点、阵势和变化所采用的进攻方法，是篮球进攻战术系统中的重要组成部分。

1. 战术方法

进攻区域联防的阵势与方法：进攻区域联防应在全面了解区域联防的特点、防守的一般规律上，抓住不同区域联防阵势的薄弱环节，有针对性地组织进攻阵势。

以“1－3－1”进攻“2－3”联防的方法为例。“1－3－1”进攻阵势主要针对“2－1－2”和“2－3”区域联防。“1－3－1”进攻战术的基本特点是外围有三个以上投篮点，中锋和底线队员（前锋和高前锋）则频繁穿插移动，内外联系，力争在一个区域里形成以多打少的局面，加上结合两侧进攻队员的背插，更能使对方在局部地区负担过重。“1－3－1”阵势还能较容易地根据防守阵势灵活地进行战术变化。例如：对方由“2－1－2”联防改变为“1－3－1”联防时，两侧队员的位置移动较大，一个上提，一个落底，及时变为“2－1－2”进攻阵势。因此，“1－3－1”阵势是进攻区域联防的最基本的战术阵势。

2. 进攻区域联防的运用提示

进攻区域联防，首先要以快制胜，不论在何处获得球权，都应抓住时机，发动快攻，力争在对方未落位分区布阵前进行攻击。快攻不成转为阵地进攻时，有以下几点基本要求：要有针对性地进攻区域联防的阵型，在阵地进攻时要注意对方的防守弱点。布置突破口和远投手，外投内抢，内外结合，并针对区域联防重在内线防守的特点，先取外线攻击以扩大其防守区域，形成真空地带，乘机展开移动穿插，以投篮、突破为主要攻击手段，内外结合，使其在跟防、协防、补防的情况下顾此失彼，从中寻找更多攻击机会；由于区域联防严防篮下，有利于组织抢防守篮板球，因此，在投篮攻击后应组织拼抢进攻篮板球，并注意攻守平衡。

七、区域紧逼防守

（一）全场区域紧逼防守

1. 战术方法

全场区域紧逼的防守落位：全场区域紧逼时，每个队员首先必须迅速按采用的防守阵型落位，及时站到自己负责的那个区域，配合全队展开攻击性防守。区域紧逼的防守落位要根据防守队形而定，“I”形防守是区域紧逼的基础阵型，利用它来建立区域紧逼防守的落位概念，明确全队防守的任务和分工。对落位概念明确之后，就可以根据本队采用的防守队形，结合进攻队员的移动和球的转移，进行全队的防守配合。

2. 运用时机

全场紧逼人盯人防守战术虽是一种积极主动的攻击性的防御战术，但也有它的弱点，由于是在全场范围进行防守，防守的面积大，易被对方选择某一防守弱点作为突破口。如有人漏防，将会使本队陷入被动。因此，要根据双方比赛的具体情况，合理地运用时机，并尽可能与其他防守战术综合运用，效果更好。所以，一般在下面几种情况下使用：

（1）突然变化战术，出其不意、攻其不备时。

（2）身材比较矮小但速度快和灵活性较好的队，可用来对付身材高大而欠灵活的对手。

（3）为了扩大战果或挽回败局时。

（4）对方队员体力较差，为了有意消耗对方体力时。

（5）对付经验不足或对方替补队员力量较弱的队时。

（二）半场区域紧逼防守

在半场范围内，可以组织各种类型的区域紧逼，展开争夺以控制球权为目的的全队防守。半场区域紧逼时全队防守的要求、队员的任务分工，与全场区域紧逼相似。

第五节　篮球竞赛规则与裁判法

篮球竞赛规则是篮球运动的法律性文件，是篮球竞赛唯一的理论依据。裁判法是临场裁判员的工作方法，指导裁判员如何完成一场竞赛的裁判工作。

一、篮球竞赛的主要规则

（一）违例及其罚则

违例是违反规则的行为。裁判员应根据下列基本原则来判断是否违例：

罚则是发生违例的队失去球权，由对方在最靠近违例的地点掷界外球，直接位于篮板后面的地方除外；如果球进入球篮但投中无效，随之而来的掷界外球应在罚球线延长线界外处。

裁判员宣判程序：鸣笛并做停表手势——违例手势——新的进攻方向。

1. 运球违例（两次运球或非法运球）

运球的概念：持球队员在原地或移动中，用单手连续按拍借助地面反弹起来的球的技术。球在一手或双手之中停留的一刹那运球即停止。不能翻腕运球（携带球），不能双手同时拍球，不能两次运球。漏接：运球开始或结束时，队员偶然地失去球，接着又恢复控制球。漏接不是运球。“三不碰”可以再次接触球。

2. 持球移动违例（走步）

（1）中枢脚的确定。

第一种类型：队员双脚着地接到球（原地接球），可用任一脚作中枢脚，一脚抬起的一刹那，另一脚就成为中枢脚。

第二种类型：队员在移动或运球中接到球。第一种情况：队员接到球时一脚正触及地面，另一脚从触及地面一刻起，原先那只脚就成为中枢脚；如果队员跳起原先触及地面的那只脚并双脚同时落地，则两只脚都不能成为中枢脚。第二种情况：队员接到球时双脚离开地面：①双脚同时落地，任一只脚都可作为中枢脚；②两脚分先后落地，先触及地面的脚是中枢脚。

（2）判定持球移动。

确定中枢脚后，队员在传球或投篮中，可抬起中枢脚，但在球离手前不准落回地面；队员开始运球时，在球离手前不准提起中枢脚。哪只脚都不能作为中枢脚时，如果队员要传球或投篮，可抬起一脚或双脚，但在球离手前不准落回地面；如要运球，在球离手前哪只脚都不可以抬起。

3. 球回后场违例

（1）三个必备条件：①控制球队才能出现球回后场；②必须是控制球队使球从前场进入后场；③必须是控制球队的队员在后场首先触球。

（2）球回后场违例的几种情况：队员从前场跳起，在空中直接从中圈跳球中获得控制球，并一脚或双脚落回后场；队员在前场跳起于空中获球后落在后场；队员从后场起跳，在空中接住同队队员从前场传来的球后落在前场；队员骑跨中线时接前场来球等等。

（3）不算球回后场违例的情况：被防守队员断回后场的球，可以被双方任一球队重新获得；运球队员在中线附近由后场向前场做后转身运球，即使身体接触了前场地面但球运在后场地面上，继续向前运球；在前场投篮出手后球弹回后场。

4. 球出界与掷界外球违例

当球触及界外队员或任何其他人员、界线上或界线外的地面或任何物体、篮板的支柱或背面时即为球出界。

5. 时间类的违例

（1）3 秒违例：在比赛计时钟已经启动、某队在场上控制活球时，该队队员在对方限制区内不得停留超过连续 3 秒钟。队员在限制区内停留接近 3 秒时，可允许他向篮下运球投篮。连续投抢不受 3 秒规则限制。队员准备离开限制区时或当处于限制区内的队员正在做投篮动作且球正在离手或已离手时不算 3 秒违例。

（2）5 秒违例：罚球队员在裁判员递交球后 5 秒没有投篮出手；掷界外球的队员在裁判员递交球后或已将球放在他可处理球的地点后 5 秒没有将球掷入场内；持球队员被严密防守，在 5 秒内没有传、投、滚或运球时。

（3）8 秒违例：进攻队员在后场控制活球时，该队没有在 8 秒内使球进入前场。

（4）24 秒违例：当一名队员在场上控制一个活球时，该队必须在 24 秒内完成投篮。必须满足下列条件才构成一次投篮：①24 秒钟装置鸣响之前球必须离手；②球离手后在 24 秒钟装置鸣响前必须触及篮圈。

当在 24 秒接近结束时投篮，球已离手在空中飞行时 24 秒钟装置鸣响，如球进入球篮，此球为投中。如果球触及篮圈但未进入球篮，球仍是活球，没有违例发生并且比赛不中断应继续进行。

下列情况 24 秒从中断处连续计算：①球出界仍由原控制球队掷界外球；②裁判员中止比赛以保护受伤队员。

6. 干扰球违例

（1）在投篮的时候，当球在飞行中下落并完全在篮圈水平面上时，进攻或防守队员均不能触球。

（2）当球在球篮中时，防守队员不得触球或触球篮。

（3）当球触及篮圈时，攻守队员都不得触及球篮或篮板，但可以触球。

进攻队员违例，投中无效；防守队员违例，球即使没中也要判攻方得分。

7. 脚踢球与拳击球

故意踢球、用拳击球或用腿的任何部分拦阻球为违例，脚或腿偶然地碰球不算违例。

8. 跳球——交替拥有

交替拥有规则是以掷球入界而不是以跳球来使球成活球的方法。

在所有跳球情况中，双方球队将交替在最靠近发生跳球情况的地点掷球入界。在第1节开始的跳球后未在场上获得控制活球的队开始交替拥有，将球判给该队在最靠近出现下一次跳球情况的地点掷球入界。

在任意一节结束时具有下一次交替拥有权的队应在记录台对面的延长部分以掷球入界开始下一节。

当一名裁判员将球置于掷球入界队员可处理时，交替拥有程序开始，当传出的球触及一名界内队员或掷球入界队发生违例时结束。

（二）犯规及其罚则

犯规是违反规则的行为，含有身体接触和违反体育道德的举止。犯规可分为侵人犯规和技术犯规。

宣判程序：鸣笛并做停表手势，用手势表明犯规队员的号码、犯规性质及罚则。

罚则：由对方掷界外球；如犯规队每节全队累计达4次后，罚球2次；如被侵犯队员在做投篮动作，投中2分或3分，加罚1次；不中则罚2次或3次。

身体接触问题：

1. 接触的概念（规则第七十三条）

2. 判断身体接触的基本原则

规则的精神和意图以及坚持比赛完整的需要。

运用“有利/无利”概念中的一致性，裁判员不应企图靠不必要的打断比赛的流畅来处罚附带的身体接触，况且这样的接触没有给有责任的队员利益，也未置他的对方队员于不利。

在每场比赛中运用常识的一致性，在比赛中要记住有关队员的能力以及他们的态度和行为。

在比赛控制和比赛流畅之间保持平衡的一致性，对于参与者们正想做什么以及宣判什么对比赛是正确的，要有一种“感觉”。

3. 处理身体接触的原则

（1）每个队员都有责任尽量避免发生身体接触。

（2）每个队员都有权占据没有被对方队员占据的位置。

（3）每一名跳起在空中的队员都有权落在自己起跳的位置，或落在起跳前未被对手占据的位置。

（4）从背后来的身体接触不是正常的篮球比赛动作。在背后的队员通常要对身体接触负责。

（5）如发生了身体接触，由造成身体接触的人负责。

（三）规则对身体接触与侵人犯规的若干规定

1. 合法的防守位置

双脚以正常跨立姿势着地；面对对手；两臂向上伸直，两脚间的距离与身高成比例。

2. 防守控制球的队员和不控制球的队员

（1）不控制球的队员和任何防守他的对手必须考虑时间和距离的因素，即都不能离对手太近。如果队员在上位时忽视了时间和距离的因素并发生身体接触，他应对接触负责。

（2）在防守控制球队员时，时间和距离的因素可置之不顾。

3. 谁先到达某处，谁就有权通过

此规定是判断阻挡与撞人的主要依据。进攻队员头和肩部已越过对手并发生了接触，判防守阻挡；进攻队员以胸或肩撞在处于合法防守位置的对手的躯干部位，判进攻队员撞人犯规。

4. 队员的位置与球的关系

双方队员为抢球而发生身体接触，宣判犯规时必须考虑双方队员距球的位置。如队员从对方队员的旁边或后面位置上去抢球，而对方已占据有利位置，发生身体接触，前者负责；如双方面对面均处于有利位置，发生身体接触可不予考虑，除非队员用臂、肩、臀或腿将对方推离。

5. 垂直原则

队员对直接在他们上面的空间拥有权力。防守队员不能将双臂放在进攻队员上方，以阻止进攻队员垂直起跳和投篮；进攻队员不能斜着跳起而撞在处于合法防守的队员身上。

6. 腾空的队员

从场上某处跳起在空中的队员有权不受对方妨碍再落到原地点上，也可落在场上另外在起跳时没有被对手占据的地点和从起跳点至落地点之间的直通路径。当对手已跳起在空中后，队员不得移至对手的路径上。

7. 守则

当对手位于某队员的视野之外时，偶尔的触及是合法的。

8. 合法掩护与非法掩护

掩护对手的队员在掩护时两脚着地未移动为合法掩护；掩护对手的队员在移动中进行掩护并与被掩护的队员发生身体接触为非法掩护。

（四）几种特定犯规及其罚则

1. 技术犯规

队员或教练员及随队人员违反规则，漠视裁判员的劝告或有不正当、不道德的行为都将被视为技术犯规。技术犯规不包含身体接触。

罚则：竞赛中队员的技术犯规判给两次罚球和在中场掷界外球；竞赛休息期间所有人员的技术犯规均判给两次罚球；竞赛中球队席上的人员技术犯规，判给两罚一掷。

2. 违反体育道德的犯规

依裁判员的判断，使用超出规则的精神和意图及不合理的动作进行比赛而造成的侵人犯规。裁判员应依据下列原则来判定：

（1）如果一个队员不是以打球为目的而发生身体接触。

（2）如果一个队员以打球为目的，但造成过度的身体接触。

（3）如一名队员拉、打、踢或故意推对方。

罚则为：两罚一掷。

3. 取消竞赛资格的犯规

任何十分恶劣的不道德的技术犯规、侵人犯规行为。罚则为：两罚一掷。

4. 双方犯规

双方队员同时犯规。比赛应以下列方式重新开始：

（1）如双方犯规发生时，球投中有效，则由投中队对方在端线掷界外球。

（2）双方犯规发生时若一队控制球或被判给球权，则由该队在离犯规发生最近处掷界外球。

（3）若双方均未控制球或未判给球权，则进行交替拥有。

5. 特殊情况下的犯规

几乎同时发生多起犯规，在此情况下的处理原则：登记犯规；罚则相同相互抵消跳球；必须分出犯规的先后次序，按次序进行罚球；后面如有新的罚则，前面罚则中的掷界外球权将被取消。

6. 打架

在打架时，任何坐席人员离开球队席区域的界限应被取消竞赛资格，并登记教练员一次技术犯规，按教练员技术犯规进行处罚。

（五）裁判手势

（1）得一分的手势：右手食指举起，注意从手腕向下弯曲一次。

（2）得二分的手势：右手食指和中指举起，注意从手腕向下弯曲一次。

（3）三分试投的手势：右手同时举起拇指、食指、中指。

（4）三分投篮成功即三分有效的手势为：左右手同时示意三分。

（5）取消得分，取消比赛的手势是：双手在身前交叉一次。

（六）篮球比赛时间法则

（1）计时开始的手势：手向下劈下。

（2）犯规停止计时的手势为：一手握拳在上，一手平伸在下。

（3）停止计时的手势为：一手上举，四指并拢。

（4）30 秒复位的手势为：一手举起，伸出食指，手转一圈。

（5）30 秒违例的手势是：一手举起，手腕弯下，点击肩膀。

（6）3 秒违例的动作是：三只手指指向队员。

（7）5 秒违例的手势是：伸出五指。

（8）十秒违例的动作是：伸出双手。

（9）暂停的手势为：一手张开，一手食指接触掌心。

二、篮球比赛号码

（1）显示 5 号和 5 号以下的方式：右手手指记数，左手自然垂下。注意手指记数方式：先伸食指，再伸食指 + 中指，接着伸拇指 + 食指 + 中指……

（2）显示 5 号以上 10 号以下（包括 10 号）的方法：右手张开 5 指，左手再张开所要余下手指数。

三、各种犯规情况下的手势

阻挡：犯规鸣笛后，双手叉腰，这样来回几次。

打手：犯规鸣笛后，左手成 90 度，右手拍打左手一下。

推人：犯规鸣笛后，双手作同样的前后推动，2 ~ 3 次。

走步：犯规鸣笛后，双手握拳，前后滚动 3 ~ 5 次。

双带：犯规鸣笛后，双手手掌张开，上下排动 3 ~ 5 次。

第六节 篮球图形及符号

● ①②③④⑤⑥⑦⑧⑨

○ ❶❷❸❹❺❻❼❽❾

教练员：

队员移动路线：

队员运球路线：

队员传球路线：

队员投篮：

掩护：

夹击：

急停：

进攻队员转身：

障碍物：

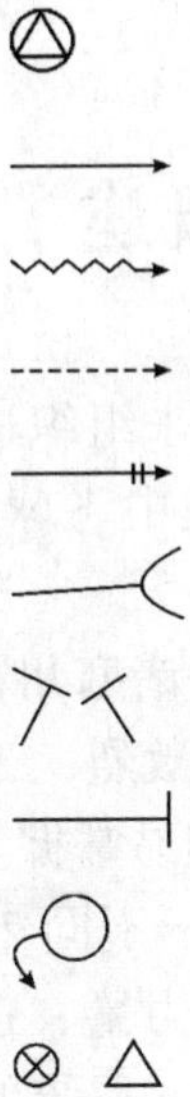

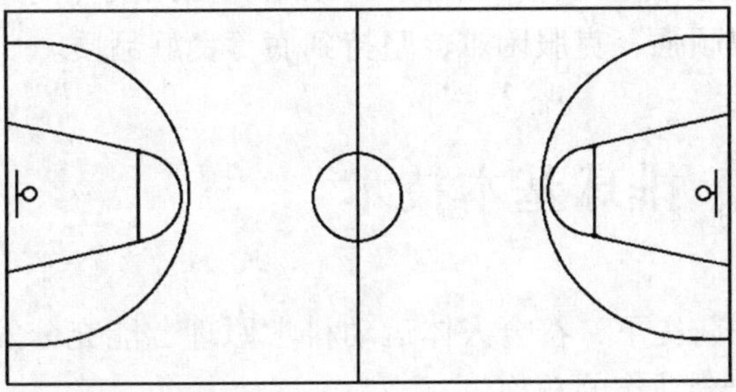

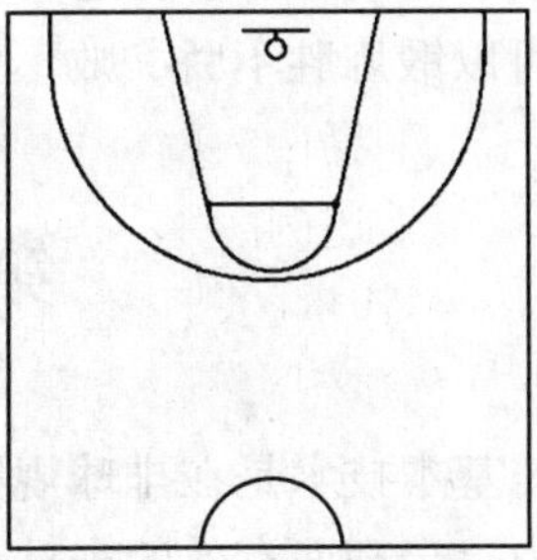

第七章 排 球

第一节 排球运动概述

排球运动是由发球、垫球、传球、扣球和拦网等动作来组织进攻和防守的球类运动项目之一。排球英文“Volleyball”的原意是击空中球或“空中飞球”。现今排球形式主要有室内排球、沙滩排球、软式排球、气排球、坐式排球等。

排球运动于19世纪末起源于美国。1895年，美国马萨诸塞州霍利奥克市的基督教男子青年会体育干事威廉摩根认为，当时流行的篮球运动过于激烈，于是创造了一种比较温和的、老少皆宜的室内游戏。排球场地设备简单，比赛规则容易掌握。既可在球场上比赛和训练，亦可以在一般空地上活动，运动量可大可小，适合于不同年龄、不同性别、不同体质、不同训练程度的人。参加排球运动不仅能提高人们的力量、速度、灵活性、耐力、弹跳力、反应等身体素质和运动能力，并能改善身体各器官、系统的机能状况，还能培养机智、果断、沉着、冷静等心理素质。通过排球比赛和训练，可以培养团结战斗的集体主义精神；可以锻炼胜不骄、败不馁，勇敢顽强，克服困难，坚持到底等良好品质。

第二节 排球基本技术

排球基本技术是在排球规则允许的前提下，符合人体运动科学原理，能充分发挥身体潜在能力，合理而有效的击球动作和配合动作的总称。

排球技术有两种，一种是有球技术，包括传球、垫球、扣球、发球和拦网等；另一种是无球技术，包括准备姿势、移动、起跳及各种掩护动作等。排球技术主要由步法和手法组成，步法指脚步移动和起跳；手法是指各种击球和控制球的动作。移动迅速准确、起跳合适及时，保持好人与球的合理位置关系，良好的步法能为充分发挥手法作用创造良好的条件；熟练准确的手法又可弥补步法的不足。步法与手法还要与视野活动、躯干活动和意识活动相配合并融为一体，才能提高排球技术运用的效果。

一、准备姿势和移动

准备姿势和移动是排球运动中运用最多、最广的两项基本技术，是完成发球、垫球、传球、扣球、拦网、防守等各项击球技术的前提和基础，并对各项技术动作的运用起串联作用。准备姿势和移动是紧密相连、不可分割的。准备姿势是完成各项技术动作的基础，要想完成动作技术化，就要做好正确的准备姿势。排球运动具有球类运动的共同特点，来球情况千变万化，要随时准备做各种不同的动作，因此必须做好准备姿势，以便应付各种情况。

（一）准备姿势

按身体重心的高、中、低可分为半蹲准备姿势、稍蹲准备姿势和低蹲准备姿势三种。

1. 半蹲准备姿势的技术规格

（1）下肢姿势。两肢左右开立应比肩稍宽，一脚在前，两脚尖适当内收，脚跟稍提起，膝关节保持一定的弯曲程度。应根据每个人的下肢力量和习惯，以便于最迅速地蹬地向各个方向移动为标准，也应照顾到有利于起跳、下蹲和倒地动作的完成（如图1）。

（2）身体姿势。上体前倾，重心靠前，膝部的垂直线应在脚尖前面。由于比赛中向前和斜前方移动较多，重心应落在前脚的拇指根处。

（3）手臂的位置。两臂放松，自然弯曲，双手置于腹前，这样为了起动时便于摆臂，也便于随时伸臂做各种击球动作。

（4）全身动作。应适当放松，两眼注视来球，两脚始终保持微动。根据球运行的变化，随时调整身体的位置、方向和重心，使之更有利于迅速向需要的方向移动和做相应的动作。

2. 稍蹲准备姿势的技术规格

稍蹲准备姿势比半蹲准备姿势的身体重心稍高，技术规格相同。一般用于正面上手传球或扣球助跑（如图2）。

3. 低蹲准备姿势的技术规格

（1）下肢姿势。双脚距离比半蹲准备姿势要大些，膝关节适当多弯曲，这样有利于迅速移动去接近低球和倒地（如图3）。

（2）身体重心。一要低，二要前倾，三要保持动中动。因为后排防守的取位一般都靠后场，接前方和侧前方的低球多，所以重心低、前倾及保持动中动有利于向前移动防低球和倒地。

（3）手臂的位置。要比半蹲准备姿势适当前倾和抬起，并保持在腰腹之间。这样有利于缓冲垫起扣来的重球，也便于运用挡球技术。

图1

图2

图3

（二）移动

1. 滑步

滑步用于距离较近、弧度较高的来球。向左方移动时，左脚先向左迈一步，右脚迅速跟上，保持好准备姿势。滑步在传球、垫球、拦网时采用较多。

2. 交叉步

交叉步用于来球较近的情况，向左方移动时，右脚从左脚前向左迈出一步，左脚迅速向左跨出落在右脚前面，侧移时上体稍向前转向，结束时上体再回转，移动完后上体转回，保持击球前的准备姿势。交叉步在防守、一传、拦网时采用较多。

3. 跑步

跑步在离球远时采用，跑步就是平时的跑步技术动作。

4. 跨步

跨步动作用于来球较低的情况，向移动方向跨出一大步，深屈膝，上体前倾。跨步可向前、侧、侧前各方向，也可以过渡到倒地动作。

二、传球

传球是排球运动中的一项基本技术。传球是由准备姿势、迎球、击球、手形、发力五个动作部分组成。传球可分为正面传球、背面传球、侧传球、跳传球等。正面传球是最基本的传球方法。

（一）正面传球的动作方法

图 4

（1）准备姿势：稍蹲姿势，面对来球，双手自然抬起，放松，置于脸前。

（2）迎球：当球下降至额前时，蹬地伸膝，伸臂，两手向前上方迎击来球。

（3）击球：击球点在额前上方一球距离处，有利于看准来球和控制传球方向。

（4）手形：两手自然张开成半球形，两拇指相对成“一”字形，用拇指内侧、食指全部、中指二三关节触球，无名指和小指在两侧辅助，控制传球方向（如图 5）。

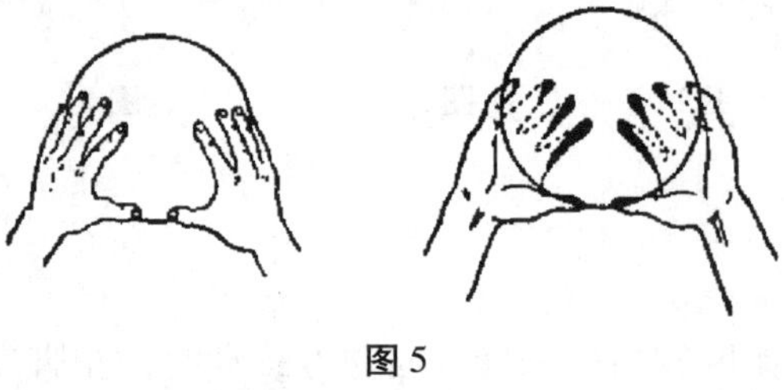

图 5

（5）发力：传球动作是全身协调用力。传球用力的顺序是蹬地、伸膝、伸腰、手指手腕屈伸。最重要的是利用球压在手指上产生的反弹力用力将球传出去。

（二）背面传球

背面传球的技术特点：能够利用网的全长，增加进攻点，具有很大的隐蔽性，突然性大。

图6

动作方法：

（1）准备姿势：上体比正面传球时稍后仰，身体重心在两脚之间，双手自然抬起，放松置于脸前。

（2）迎球动作：迎球时，抬上臂、挺胸、上体后屈。

（3）击球点：保持在脸额的上方，比正面传球时略偏后一些。

（4）手型：与正面传球相同，但触球时手腕稍后仰，掌心向上，拇指托在球下，击球下部。

（5）用力：背面传球用力是依靠蹬腿、展体、抬臂、伸肘，并通过手指手腕的弹力，把球向后上方传出。

（6）传球后动作：立即转身随球去保护、接应，或准备做下一个动作。

（7）技术要领：蹬地伸臂对正球，额前上方迎击球；触球手形呈半球，指腕缓冲反弹球。

（三）二传球

在组织进攻中第二次击球称为二传球，是一种转方向传球技术。二传球的好坏直接关系到组织进攻和战术的实现。二传球可分为顺网二传球、调整二传球、背向二传球、侧向二传球、跳起二传球等。

二传球的动作和方法基本与正面传球的相同。迅速移动、取好位对正来球是传好球的基础，而全身协调用力是控制传球准确的关键。

三、垫球

垫球是排球的一项基本技术。垫球技术在比赛中主要用于接发球、接扣球、接拦回球等。接发球和接扣球是组成进攻的基础，是比赛中争取多得分、少失分、由被动转为主动的重要技术，是稳定队员情绪、鼓舞队员士气的重要手段。垫球可分为正面垫球、移动垫球、侧面垫球、跨步垫球、变方向垫球、背垫球、单手垫球、挡球等。正面垫球是最基本的一种垫球技术。

（一）正面双手垫球

图7

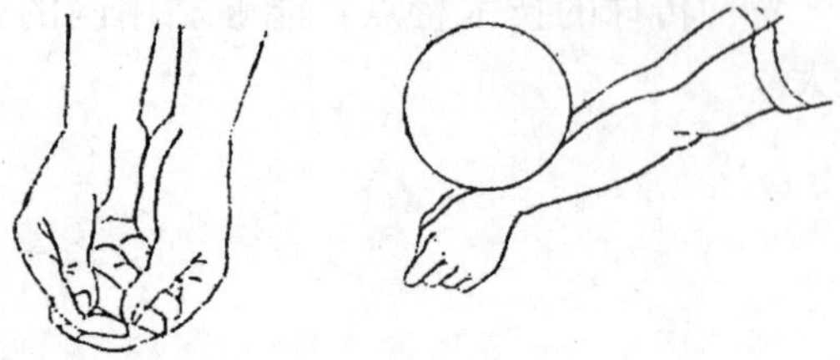

图8

（1）准备姿势：正面对来球方向，两脚开立宽于肩，一脚在前，两脚跟提起，前脚掌着地，两膝变曲微内收，重心稍前倾，双臂自然弯曲置于腹前。

（2）手形：两手掌根相靠，两手指重叠，手掌互握，两拇指平行向前，手腕下压，两前臂外翻成一个平面。

（3）垫球动作：当球飞到腹前约一臂距离时，两臂夹紧前伸，插入球下，同时配合蹬地、跟腰、提肩、顶肘、压腕、抬臂等全身协调动作迎向来球，身体重心随着击球动作向前上方移动。

（4）击球点与部位：保持在腹前高度，击球后下部。

（5）球触手臂部位：腕上10厘米处，桡骨内侧平面。

（6）击球后动作：重心向抬臂方向伴送，松开双臂。

（7）技术要领：两臂夹紧插球下，提高送臂腕下压；蹬地跟腰前臂垫，轻球重球有变化；撤臂缓冲垫重球，轻球主动抬臂击。

（“插”：插到球下；“夹”：手臂夹，掌根靠拢，手腕下压；“抬”：蹬地抬臂，提肩顶肘）

（二）侧面双手垫球

左侧垫球时，先以右脚掌内侧蹬地，左脚向左跨出一步，身体重心移至左脚，并保持两膝弯曲。两臂向左侧伸出，使左臂高于右臂，右肩微向下倾斜。击球时，用向右转体和收腹的动作，配合提肩抬臂在身体左侧稍前的位置截住球，两臂垫击球的后下部。来球在右侧时，以相反方向的动作击球（如图9）。

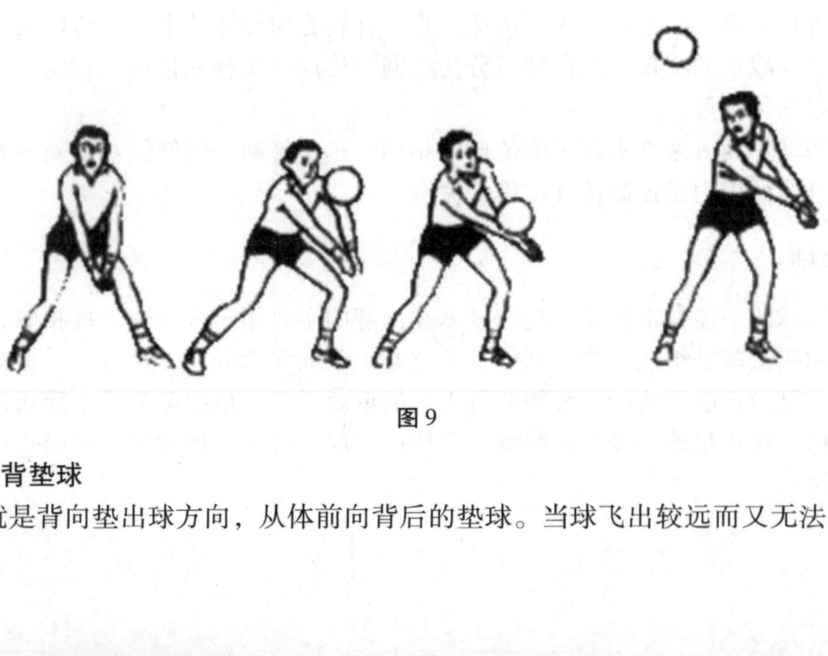

图9

（三）背垫球

背垫就是背向垫出球方向，从体前向背后的垫球。当球飞出较远而又无法进行正面调整传球时，或第三次被动击球过网时采用。背垫时，判断好球的飞行方向，先要迅速移动到球的落点处，背对出球方向，两臂夹紧伸直，插在球下。击球时，蹬地抬头挺胸，展腹后仰，直臂向后上方摆动。在背垫低球时，也可以有屈肘、翘腕动作，以虎口处将球向后上方垫起（如图 10）。

图 10

（四）跨步垫球

队员向前或向体侧跨一步的垫球称跨步垫球。跨步垫球主要运用在接发球和防守中。

前跨垫球：当来球低而远时，看准来球落点，向左跨出一大步，屈膝深蹲，重心落在跨出腿上，上体前倾，臀部下降，两臂前伸插入球下，用前臂垫击球的后下方。

侧跨垫球：当来球至右侧时，右脚向右侧跨出一大步，屈膝制动，重心移至跨出腿上，上体前倾，臀部下降，两臂插入球下，用前臂垫击球的后下部。

（五）单手垫球

当来球低、速度快、距离远，来不及用双手垫球时，可采用单手垫球。这种垫球动作快，手臂伸得远，可扩大控制范围，但由于手臂击球面积小，不容易控制球。当球至右侧时，向右跨出一大步，上体向右倾斜，重心移至右腿上，右臂伸直，自右后方向前摆动，用前臂内侧、掌根或虎口处垫击球后下部。

（六）挡球

当来球较高、力量较大、不便于利用传球时，可采用挡球。双手挡球的手形有抱拳式和开掌式。抱拳式挡球的手形是两肘弯曲，一手半握拳，另一手外抱，两掌外侧朝前。并掌式挡球的手形是两肘弯曲，两虎口交叉，两掌外侧朝前，合并成勺形。挡球时，前臂放松，两肘朝前，手腕后仰由掌外侧和掌根组成的平面挡击球的下部。击球瞬间，手腕要用力适度，击球点在额前或两侧肩上。

四、扣球

扣球是排球的基本技术之一，也是攻击性最强、最有效的进攻手段，在比赛中占有非常重要的地位。扣球是在二传配合的基础上完成进攻战术的最后关键一环，是得分和夺取发球权的重要的有力武器，一个排球队如能熟练地掌握多种强而有力的扣球技术，就能较好地掌握比赛的主动权，为争取比赛的胜利打下良好的基础。扣球技术一般分为正面扣球、调整扣球、快球等。

（一）正面扣球

正面扣球是扣球技术中一种重要的方法，是比赛中运用的最多的一项进攻性技术，适合于近网和远网扣球。由于正面扣球面对球网，便于观察对方拦网和防守情况，扣球队员可以有针对性地采用不同的扣球个人进攻战术，因此进攻效果较好。

图 11

正面扣球技术由准备姿势、判断、助跑、起跳、空中击球和落地等环节组成。

1. 准备姿势

两脚自然开立，一脚在前，另一脚在后，两膝稍屈，上体自然前倾，两臂稍屈自然下垂置于体侧，两眼密切注视来球。

2. 判断和助跑

助跑时，首先是对一传进行判断，然后判断二传的方向、速度、弧线、落点，一面助跑，一面判断。判断贯穿于整个助跑、起跳和击球的全过程。助跑是为了接近来球，选择正确的起跳点，掌握好起跳时间，使身体获得足够的助跑水平速度，以便增加弹跳的高度，使扣球更加有力。助跑的步法种类较多，有一步、两步、三步、多步等。两步助跑步法是最基本的助跑步法，初学扣球时必须首先掌握。以两步助跑为例，助跑时，左脚先向前自然迈出一步，接着右脚再迅速跨出一大步，同时两臂迅速向体侧后下方划弧摆动，右脚以脚后跟先着地，迅速过渡到全脚掌落地，左脚迅速并上，落在右脚的前面，两脚之间距离与肩同宽，两脚尖稍向右转、膝关节弯曲。

图 12

图 13

助跑时应注意：

（1）助跑速度由慢到快，步幅由小到大。

（2）助跑动作要轻松而有节奏，不能过于紧张，动作要紧密连贯，不能分割和停顿。

（3）一边判断，一边助跑，注意掌握好上步的时间，不能过早或过晚。二传球低时，助跑上步要早一些；二传球高时，则要晚些。

3. 起跳

起跳时，两膝弯曲并稍内扣，上体前倾，在两脚迅速用力蹬地的同时，两臂由体侧后迅速向体前上方摆动，迅速展腹，带动整个身体垂直腾空而起。起跳不仅是为了获得弹跳的高度，还是为了选择好起跳点，保持正确的击球位置和掌握好起跳的时间。

起跳时应注意：

（1）两脚迅速用力蹬地。起跳时，两脚一定要以快速有力的动作踏跳，这样才能获得最高的弹跳高度。

（2）直跳时，踏跳、摆臂、展腹三个动作的用力必须连贯、协调。这样才能协同配合用力，发挥最大的蹬地力量，获得最大的弹跳力。

（3）注意掌握好起跳时间。如助跑上步过早，起跳时，动作慢一些；反之，起跳动作要快。

4. 空中击球

起跳后，右臂随之抬起，上体稍向右转，抬头挺胸并展腹，击球手臂往后，肘部自然弯曲略高于肩。挥臂时，以迅速向左转体和收腹、收胸的动作带动手臂挥动，成快速用鞭动作向右肩前上方挥击。击球时，五指微张呈勺形，并保持适当的紧张，以全手掌包住球，掌心为击球中心，手臂充分伸直，击球的后中上部或后中部，手腕猛力迅速下甩，同时主动屈指向前推压，使球向前下方加速上旋飞行，落入对方场区。

击球时应注意：

（1）击球要准确。以全手掌击球后中上部或后中部，使全手掌包满球，手掌和手腕控制球的方向、弧线和落点。

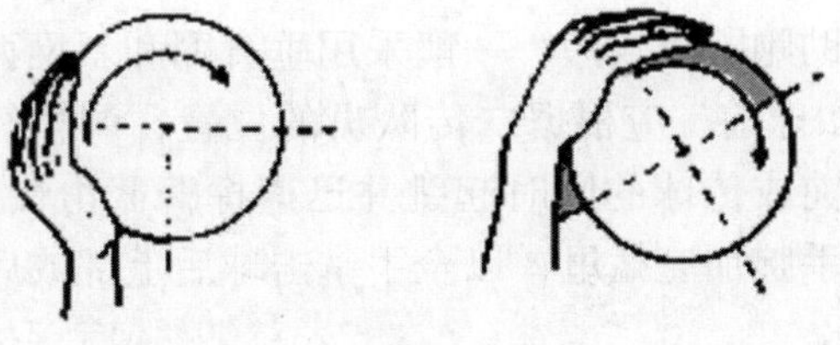

图 14

（2）击球时要有提肩动作，手臂充分伸直，保持高点击球。

（3）挥臂要迅速，加快前臂的挥动速度，并有明显的抽鞭动作，猛甩手腕，借以加大对球的作用力。

5. 落地

一般情况往往是左脚先着地，为了避免单脚先落地造成膝关节损伤，应力争两脚同时落地。落地时，应以前脚掌先着地再过渡到全脚掌着地，同时顺势收腹、屈膝，以缓冲下落的力量，并立即做好下一个准备动作。

（二）调整扣球

调整扣球是指在接发球或后排防守垫球不到位时，二传队员从后场区将球传到网前所进行的扣球。调整扣球技术动作与正面扣球相同，但由于二传球来自后场区，有近网球，也有远网球，还有拉开球和集中球，与球网有一定的角度并且弧线不固定，扣球队员难以判断，所以扣这种球难度较大。因此，扣球队员要准确判断来球的方向、弧线、速度和落点，调整好人和球的关系，选择好起跳点，掌握好起跳时间，根据人和球网的距离，合理地采用不同的扣球方法，控制好扣球的力量、速度、方向、路线和落点。

（三）快球

快球是扣球队员在二传队员传球前或传球的同时起跳，并迅速将二传队员传出的球击入对方场区的扣球。快球在时间上争取主动，起攻其不备、突然袭击的作用，可使对方拦网和防守产生判断错误。这种扣球的特点是速度快、力量大、时间短、落点近、突然性强、牵制能力大。快球技术动作方法较多，有近体快球、半快球、短平快球、平拉开快球、背快球、背平快球、调整快球等。现将常用的快球技术介绍如下：

1. 近体快球

扣球队员在靠近网前，离二传队员约一臂之距处起跳扣的快球，称为近体快球。扣近体快球时，助跑的距离应较短，助跑的角度一般应保持45°左右为宜。扣球队员应随一传球同时助跑到网前，在二传队员传球前或传球的同时，在二传队员体前处迅速有力起跳，当球上升到高出球网上沿一个半球高度时，迅速挥动手臂带动前臂和手腕加速猛甩，以手掌击球的后上部或后中上部。

2. 半快球

扣球队员在靠近网前和二传队员附近起跳，扣高出球网上沿两个半球高度的球，称为半快球。扣这种球的助跑角度、起跳动作、击球方法均与近体快球相同，只是起跳的时间较晚一些，一般在二传队员传球出手后，迅速有力起跳扣球。

3. 短平快球

扣球队员在二传队员体前2米左右处，扣其顺网快速传过来的低平弧线球，称为短平快球。这种扣球的特点是速度快、进攻点灵活，使对方难以拦网和防守，因而突然性大、攻击性强。扣短平快球时助跑距离较短，一般采用垂直网和斜网两种助跑路线。斜网助跑路线与球网成30°左右，扣球前，应根据二传队员的位置，调整好助跑角度和距离，选好起跳点，在二传队员传球前或传球的同时起跳并迅速挥臂截击快速飞过来的球。击球时，迅速挥动手臂带动前臂和手腕加速猛甩，以全手掌击球后上部或后中上部。

五、发球

发球是排球运动中一项重要的基本技术。它是比赛的开始，也是重要的进攻手段。有威力、攻击性强的发球，不但可以直接得分，起着先发制人的作用，而且还可以破坏对方的组织进攻战术，减轻本方防守压力，为防守反击提供有利条件。此外，威力大的发球还能振奋精神，鼓舞士气，打乱对方的阵脚和部署。反之，发球失误过多，不但会使对方加分，还会给本方造成很大的心理压力和防守的困难。因此，发球首先要有稳定性，然后增加其攻击性和准确性。随着排球技术和战术的不断发展，发球也在不断地改进和提高。各国排球队都在寻找新的具有较强攻击性的发球技术，以求打破发球与一传平衡的局面。目前主要是采用远或近距离发平冲的重飘球和跳起发大力球，以提高发球的攻击力和破攻能力。

发球技术种类较多，一般有正面下手发球、侧面下手发球、正面上手发球、正面上手飘球和勾手飘球等。

（一）正面下手发球

发球动作较简单，容易掌握，失误少，准确性高。但球的速度较慢，力量小，攻击性较差，一般适用于初学者。

图 15

（1）准备姿势：发球者面对球网站立，两脚前后开立，左脚在前，右脚在后，两膝稍弯膝，上体前倾，左手持球于腹前下方。

（2）抛球摆臂：左手将球平稳抛起在腹前右侧，离手高度约 30 厘米。在抛球的同时，右臂伸直往后下方摆动。

（3）挥臂击球：以右脚蹬地，右臂伸直，以肩为轴，由体后下方向腹前挥臂摆动，身体重心随之前移，在体前右侧以全掌或掌根击球的后下方。击球后，迅速进场比赛。

（二）侧面下手发球

（1）抛球摆臂：左手将球平稳抛至腹前离身体约一臂之距，离手高度约 30 厘米。在抛球的同时，右臂伸直向身体右侧后下方摆动。

（2）挥臂击球：以右脚蹬地，身体向左转体带动右臂向体前上方挥动，在腹前以全掌或掌根击球的后下方。击球后，迅速进场比赛。

（三）正面上手发球

这种发球由于面对球网站位，因此便于观察对方，易于控制落点，准确性较大，能充分地利用收腹力量带动手臂迅速挥动去击球，使发出的球力量大、速度快、弧线平。手腕和手掌的明显向前推压，使发出的球上旋，不易出界，同时也能增强发球的攻击性。

（1）准备姿势：发球者面对球网，两脚前后自然开立，左脚在前，右脚在后，右手持球在腹前。

（2）抛球摆臂：左手将球平稳抛至右肩前上方，高度适中。在抛球的同时，右臂屈肘抬起并后引，肘关节与肩部齐平，手掌自然张开，呈勺形，上体稍向右侧转动，抬头，挺胸，展腹，身体重心移至左脚。

（3）挥臂击球：击球时，两脚蹬地，上体迅速向左转动，迅速收腹，带动手臂向右肩上方加速挥动，以全手掌击球的后中下部。击球时，手臂要充分伸直，手掌和手腕要迅速明显做推压动作，使球向前上旋飞行。击球后，迅速进场比赛。

（四）正面上手飘球

发飘球时由于击球的作用力通过球体重心，使球不旋转并带有飘晃的飞行，使对方难以判断，容易产生错觉，造成接发球困难。发这种球时面对球网，便于观察对方，容易控制落点，准确性较大，成功率较高，攻击性强。正面上手飘球是目前排球比赛中最常用的一种发球方法。

图 16

（1）准备姿势：与正面上手发球相同，但站位离端线距离变化较大，发远距离飘球时，距离端线要远些；发近距离飘球时，站的距离要近些。

（2）抛球摆臂：左手将球平稳抛至右肩前上方，稍稍靠前，离身体水平距离约半臂远，抛至相同于击球点的高度，这样便于直线加速挥臂去击球。在抛球的同时，右臂屈肘抬起并后引，肘部略高于肩，两眼注视球。

（3）挥臂击球：当球上升至最高点时，收腹带动手臂快速挥动，以掌根坚硬平面击球的后中下部，使作用力通过球体重心。击球时，五指并拢，掌心向前，手腕紧张并后仰，用力快速、突然、短促，击球后可作突停或下拖动作，不能有推压动作。击球后，迅速进场比赛。

（五）勾手飘球

勾手飘球和上手飘球一样，发出的球不旋转，飘晃不定地在空中飞行，使对方难以判断，造成接发球的困难，因此具有较大的攻击性。发勾手飘球采用侧面对网站位，可利用身体转动和腰部力量带动手臂的快速挥动去击球，比较省力。勾手飘球也是目前排球比赛中常采用的一种主要发球方法。

（1）准备姿势：发球者左肩对球网，两脚左右自然开立，约与肩同宽，身体重心放在两脚之间，左手持球于胸腹前。

（2）抛球摆臂：左手将球平稳抛向左肩前上方，抛至相同于击球点的高度。在抛球的同时，右臂伸直向身体右侧后下方摆动，身体重心移动至右脚。.

（3）挥臂击球：当球开始上升到最高点时，右脚蹬地，身体向左侧转动，带动手臂沿弧线挥动，在右肩前上方以掌根部坚硬平面击球后中下部，击球一瞬间，手腕稍后仰并保持紧张，用力集中，但不能有推压的动作。击球后，迅速进场比赛。

六、拦网

拦网是排球的基本技术之一，是队员靠近球网，在高于球网处阻挡对方击球过网的技术动作。拦网是防守反击的第一道防线和得分的重要手段。拦网不仅可以拦死、拦回、拦起对方的扣球，还可以削弱对方进攻，动摇扣手信心。拦网可分为单人拦网和集体拦网

（二人或三人拦网）。

下面主要介绍单人拦网的技术动作和方法：

图 17

1. 准备姿势

面对球网，两脚平行开立约同肩宽，距网 30 ~ 40 厘米，两膝微屈，两臂自然弯曲置于胸前，随时准备起跳和移动。

2. 移动

为了正对对方的扣球点起跳，需要及时移动。常用的移动步法有并步、滑步、交叉步、跑步等。移动结束要做好制动动作，以避免触网及冲撞同队队员。

（1）并步移动：适合于近距离移动，动作方法是单脚向右（左）迈一步，另一脚并步靠拢。

（2）滑步移动：相距 2 米左右可以采用滑步移动，连续的并步移动即是滑步。

（3）交叉步移动：这种移动速度快，制动能力强，移动范围大，适用于中、远距离。动作方法是向右移动时，身体稍向右转，中心移向右脚，接着左脚从右脚前面向右交叉一大步，然后右脚再向右边跨出一步，右脚落地时，脚尖内转，使两脚平行站立，身体正对球网。移动时，也可右脚向右迈一小步，其他动作与上相同。

（4）跑步移动：移动距离较远时采用。向右移动时，身体先向右转，左肩对网，顺网跑至起跳点时，左脚跨出一步制动，右脚再向前迈出一步，同时脚尖内转，尽量使双脚保持平行，接着屈膝起跳。

3. 起跳

起跳时，重心降低，两膝弯曲，弯曲程度因人而异，两脚用力蹬地，两臂在体侧划小弧用力上摆，带动身体向上垂直起跳。起跳后稍收腹，控制身体平衡。

拦网起跳的时间必须掌握好，应根据对方二传球的高低、远近、快慢以及扣球队员的起跳时间和动作特点来决定。拦高球时，一般应比扣球队员晚跳；拦快球时，可以和扣球队员同时起跳或提前起跳。

4. 空中动作

起跳的同时，两手从额前贴近并平行球网，向网上沿的前上方伸出，两臂伸直，前臂靠近网，两手尽量伸向对方上空接近球，两手自然张开，屈指屈腕成勺形，两手之间距离不能超过一个球，以防止球从两手之间漏过。当手触球时，两手要突然紧张，手腕要用力下压盖住球的上方。站在靠近边线的拦网队员，为了防止对方打手出界，外侧手掌心在拦击球时要内转。

5. 落地

拦网后，要做含胸动作，以保持身体平衡。手臂不能放松和随球下拖，要先使手臂后摆或两臂上提，然后再屈肘向下收臂，以免触网。与此同时，屈膝缓冲，双脚落地。

6. 技术要领

取位对准球，起跳要及时，看清动作拦路线；手臂伸过网，两手接近球，球触手掌压手腕；尽量保持正面传球，使球顺网飞行；顺网正面二传可根据扣球手的需要将球传高一点或传低一点。

第三节 排球基本战术

一、排球战术概述

（一）概念及分类

排球战术是指运动员在比赛中，在规则允许的条件下，根据排球运动的比赛规律及双方的具体情况，恰当地分配力量，有效地运用技术所采取的有预见、有目的、有组织的行动。

排球战术有多种分类方法，可以将排球战术分为个人战术和集体战术两大类。按照排球比赛的规律，从对方击过网的四种来球而组成的有效进攻所构成的集体战术又分为四大系统，分别是接发球组织进攻系统（简称一攻）、接扣球组织进攻系统（简称防反）、接拦回球组织进攻系统（简称保攻）、接传垫球组织进攻系统（简称推攻）。这四种战术系统综合起来简称“四攻”战术系统。

随着排球运动的逐渐发展与日益完善，排球战术各种进攻阵型又产生了许多新的进攻打法组合。目前，进攻打法组合已从点面结合发展成现代排球的三维立体进攻，更加丰富了排球战术的内容。

（二）阵容配备

阵容配备的目的是合理地把全队的力量搭配好，更有效地发挥每一个队员的特长和作用。组织阵容配备时，应根据队员的身体素质、技术水平进行合理搭配，把进攻力量强的和防守技术好的队员搭配好，保证每一轮次都有较强的进攻力和较好的防守能力。

1. “四二”配备

这种配备即为4个进攻队员和2个二传队员。4个进攻队员中有2个是主攻队员，2个是副攻队员。他们都站在对角位置上。这种配备方法主要在初学和一般水平队中采用较多，特点是容易组织进攻，便于组织进攻。

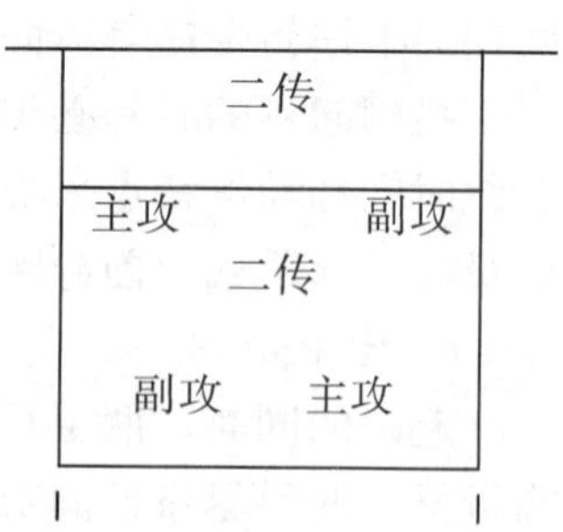

图18

2. “五一”配备

这种配备即为5个进攻队员和1个二传队员，其目的是加强进攻时拦网的力量。为了弥补在主要二传队员来不及传球时所出现的被动局面，可以在二传队员的位置上，配备一名有进攻能力的接应二传队员。这种配备方法目前在水平较高的队中被普遍采用。这种配备可保持前排三人进攻，加强前排拦网的力量，前排扣手只需适应一个二传的传球，容易建立相互间的默契配合，便于组织建立快速多变的进攻战术。

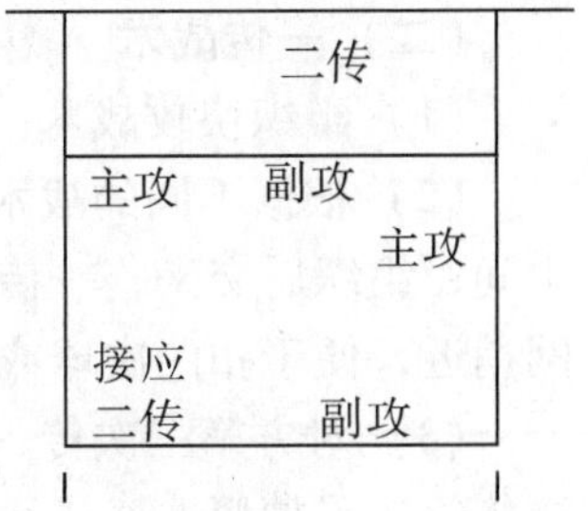

图19

3. 位置分工与要求

（1）主攻：要求有高度，力量、变化及准确性较高，强攻能力好。

（2）副攻：战术的核心，以快、变、活、突破为主，要求有高度，拦网好，跑动积极。

（3）接应二传：要有一定的攻击力，技术较全面。

（4）二传：要求头脑清晰，技术全面，善于观察临场情况，组织合理战术。

目的：最大限度地发挥各队员的特长。

（三）位置交换

排球规则规定，发球以后，队员在场上可任意交换位置。利用这一规则，各队通常采用专位进攻、专位防守的方法。一般来说，在前排的，主攻队员换在4号位，拦网好、移动快、连续起跳能力强的副攻队员换到3号位，二传队员换到2号位；在后排，主攻队员换到5号位，副攻队员换到6号位，二传队员换到1号位。这种位置交换，使队员专位化，便于发挥每个队员的特长，有利于让队员集中学习训练掌握某项实用技术。但专位化也容易造成队员技术的不全面。

换位时应注意，在换位前，应按规则的要求站位，防止“位置错误”犯规；当发球队员击球后，立即迅速换到预定位置；对方发球时，应首先准备接球，然后再换位，以免影响接发球；本方发球时换位队员应面向对方场区，观察对方动态；成“死球”后，应立即返回原位，及早做好打下一个球的准备。

二、个人战术

（一）发球战术

发球因不受对方和同伴的制约，发球者可以根据对方场上的站位情况和自己发球的技术特点，灵活运用发球战术。

（1）加强攻击性的发球：尽量准确地发出弧度平、速度快、力量大、旋转性强或飘度大、落点好的攻击性球，破坏对方的一传并力争直接得分。

（2）控制发球的落点：①将球发到对方两个队员之间的连接区或场区空当，使对方队员要大幅度移动接球，增加难度。②发给一传差、信心不足、连续失误、情绪急躁、精力分散的队员或刚换上场的队员，造成对方的失误。

（3）多变化的发球：①利用发球位置的变化发出近、中、远不同距离的球。因为距离的不同，球的性能也大不一样。②在场地允许的高度以内，尽量将球发向对方高空，利用球体下降时产生的重力加速度，造成对方队员在击球力量和时间上的失误。

（二）一传战术

（1）组织快攻战术：一传的弧度要传平，速度稍快，以提高快攻节奏，出奇制胜。

（2）根据不同的战术，一传的落点不同，例如，组织前交叉，一传的落点要靠近球网中间；组织后交叉，一传的落点要偏向 2 号位，组织两次战术。一传的弧度要高，落点离网稍近，便于扣两次球或转移。

（3）对方第三次传、垫过网时，一传可用上手传球，以便准确、迅速地组织反击或直接传给扣手扣两次球或吊球突袭对方。

（4）比赛中发现对方场区有较大空当或对方队员无准备时，一传可用垫、挡等动作将球快速击向空当。

（三）二传战术

二传战术主要是利用空间、时间和动作上的变化，为进攻创造有利的条件。

（1）二传手通过自身传球出手的快慢、假动作、晃传、隐蔽传球、时间差跳传等变化避开对方的拦网人，提高成功率。

（2）根据进攻情况合理分配进攻的点和次数，在关键时刻要传给主要进攻队员或本场比赛中发挥较好的队员。

（3）二传根据来球情况可进行二次进攻，利用对方的准备不足，突袭得分。

（四）扣球战术

（1）扣球时运用转体、转腕等技术，突然改变扣球路线，灵活运用直线、斜线、小斜线等变化避开拦网队员的手。

（2）扣、吊结合，在对方严密的拦网下，先做大力扣球的动作，触球一刻改为轻打或吊入对方空当。

（3）利用打手出界来破坏对方的拦网。

（五）拦网战术

拦网和防守的对抗就是一个斗智斗勇的过程。拦网战术的运用就是要让对方捉摸不透你的拦网意图。换言之，就是要制造假象，使对方受骗。一般采用以下四种方法：

（1）拦网队员可站直拦斜、站斜拦直，并利用空中倒手等假动作迷惑对方。

（2）有意露出空当，引诱对方，待对方上当后，关门拦球。

（3）发现对方要打手出界时，在空中及时撤手，使对方扣球出界。

（4）发现对方要轻打或吊球时，先佯做拦网，然后及时撤下防守。

三、集体战术

（一）进攻战术

进攻战术是指在接到对方发过来，扣过来，拦过来或传、垫过来的球后，全队所采取的有目的、有组织的配合进攻行动。进攻战术又可分为进攻阵型和进攻打法两方面。

1. 进攻阵型

进攻阵型即进攻时所采取的队形。进攻时所采用的阵型是基本一致的，不外乎“中一二”“边一二”“插上”三种阵型。

（1）“中一二”进攻阵型。

“中一二”进攻阵型是 3 号位队员做二传，将球传给 4、2 号位队员进攻的组织形式。

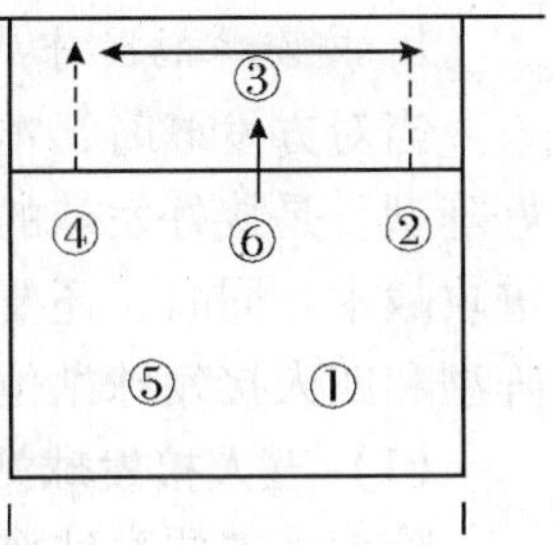

图 20

其优点是一传向网中 3 号位垫球比较容易，因而有利于组成进攻，适合初学者采用；二传队员在网前接应一传的移动距离近，向 2、4 号位传球的距离较短，容易传准。缺点是战术变化少，进攻意图容易被对方识破（如图 20）。

（2）“边一二”进攻阵型。

“边一二”进攻阵型是 2 号位队员做二传，将球传给 3、4 号位队员进攻的组织形式。其优点是右手扣球者在 3、4 号位扣球比较顺手，战术变化较多。其缺点是接一传时，向 2 号位垫球距离较远；一传垫不到位时，二传传球较为困难（如图 21）。

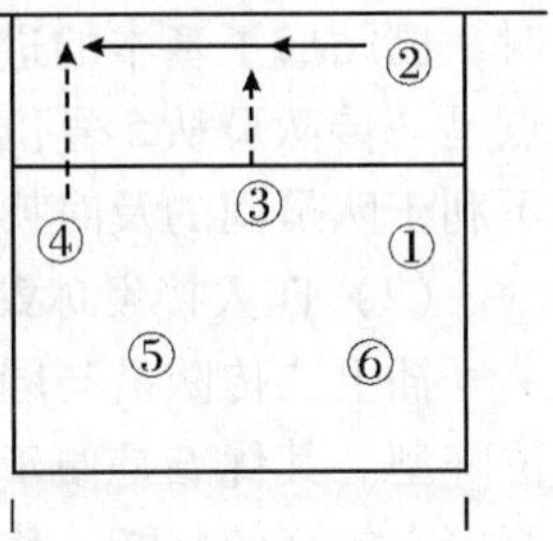

图 21

（3）“插上”进攻阵型。

“插上”进攻阵型是二传队员由后排插上前排作二传，把球传给前排 4、3、2 号位队员进攻的组织形式。其优点是能保持前排三点进攻，战术配合变化多，并能利用网的全长组织进攻；缺点是对插上二传队员的要求较高（如图 21）。

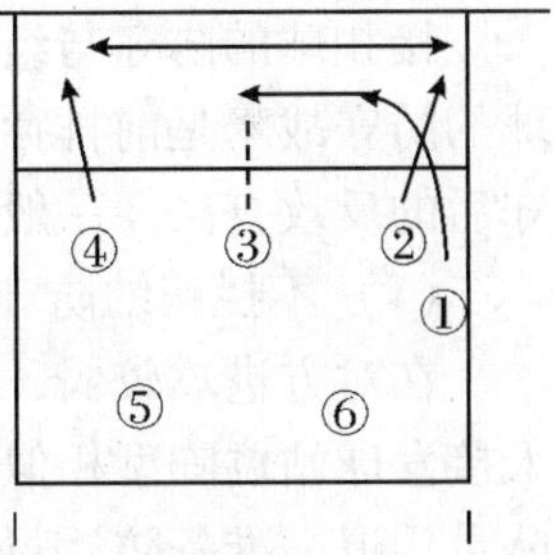

图 22

2. 进攻打法

进攻打法是指二传队员与扣球队员之间组织的各种进攻配合，包括强攻、快攻和两次球进攻三种基本打法。每种打法中又有若干不同战术配合，而所有这些打法又都可以在“中一二”“边一二”和“插上”三种进攻战术阵型中具体运用。

（1）强攻。

强攻指在没有同伴掩护而对方又有准备的拦防情况下，强行突破的进攻。强攻的二传球较高，根据不同的二传球位置，可以分为集中进攻、拉开进攻、围绕进攻、调整进攻等，后排队员的高球进攻也属于强攻的打法。

（2）快攻。

快攻指扣二传传出的各种平快球以及用这些平快球作掩护而组成的各种战术配合，可以分为平快球进攻、自我掩护进攻、快球掩护进攻三类。平快球进攻常用的有前快、背快、短平快、平拉开、背溜、调整快、远网快、后排快、单脚起跳快等进攻战术。自我掩护进攻包括时间差、位置差、空间差的进攻。快球掩护进攻包括各种交叉进攻、夹塞进攻、梯次进攻、前排快攻掩护后排进攻的本位进攻等。

（3）两次球进攻。

两次球进攻指一传来球较高，又在网前适合扣球的位置上，前排队员跳起来直接进行扣球，如遇拦网，就在空中改做二传，把球转移给其他前排队员进攻。

（二）防守战术

排球的防守战术是组织进攻、反攻或反攻战术的基础，没有严密的防守，进攻就无从组织，而一切防守战术都应从积极为进攻和反攻创造条件的角度进行设计和考虑。

1. 接发球的防守战术

当对方发球时，本方处于防守地位，也是组织第一次进攻的开始。事先站好位置，摆好阵型，是接好发球的基础。站位的阵型，不仅要有利于接球，也要有利于本方所采用的进攻战术。同时，还要根据对方发球的特点，采取不同的阵型。通常采用五人接发球站位阵型和四人接发球站位阵型。

（1）五人接发球站位阵型。

除1名二传员站在网前或从后排插上准备二传不接发球外，其余5名队员都担负一传任务的接发球站位阵型。其优点是队员均衡分布，每人接发球的范围相对减小；接发球时，已站成了基本的进攻阵型，组织进攻比较方便，适合接发球水平不太高的球队。其缺点是一传队员从5号位插上时距离较长，难度大；3号位队员接球时，不便组成快攻战术；不利于队员间的及时换位；队员之间地带较多，配合不默契时，容易相互干扰。

（2）四人接发球站位阵型。

插上二传队员与同列的前排队员均站在网前不接发球，其他4人站成弧形接发球的站位阵型。其优点是便于后排插上和不接发球的前排队员及时换位；缺点是对接发球的4人要求有较高的判断、移动能力和掌握较好的接发球技术。

2. 接扣球的防守战术

接扣球的防守与组织反攻是密不可分的，只有防守成功才能有富有成效的反攻。接扣球的防守战术是前排拦网与后排防守的整体配合，根据对方进攻情况、本队队员特长、防守后的反攻打法，一般可分为不拦网、单人拦网、双人拦网和3人拦网的防守阵型。

（1）不拦网的防守阵型。

在对方进攻较弱，没有必要进行拦网时，可以采用不拦网的防守阵型。这种阵型与5人接发球站位阵型相似，前排进攻队员要撤到进攻线后，准备防守和防守后的反攻；后排队员后退，准备防后场球；二传队员留在网前，准备接吊球和组织进攻（如图23）。

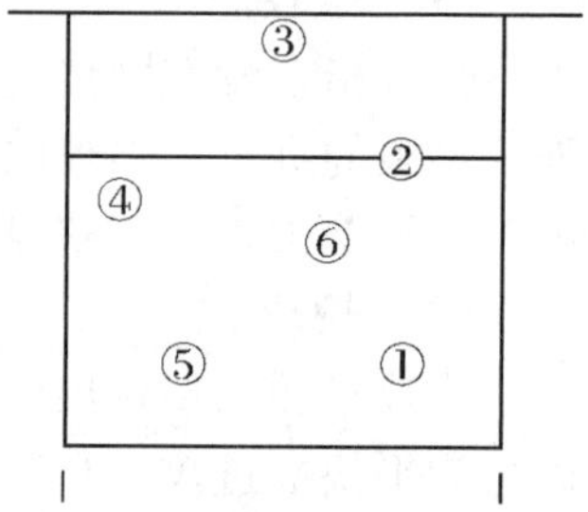

图23

（2）单人拦网的防守阵型。

当对方扣球威胁不大、扣球路线变化不多、打中吊球较多时，可以主动采用单人拦网的防守阵型。拦网队员拦扣球人的主要进攻路线，不拦网队员及时后撤防守前区或保护拦网人，后排队员后撤加强后场防守（如图24）。

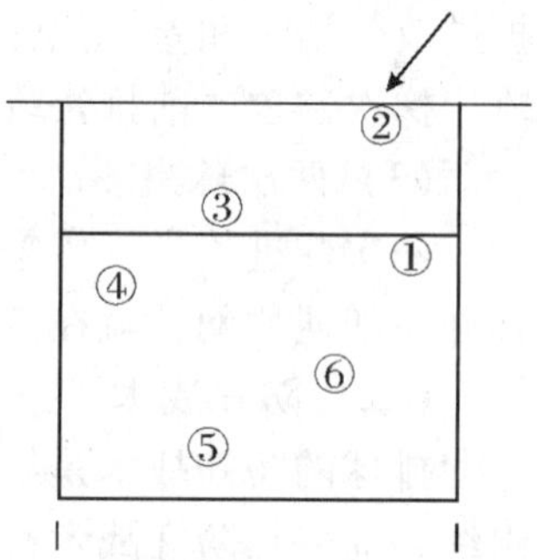

图24

（3）双人拦网的防守阵型。

对方水平较高、进攻力量较强、进攻路线变化较多时，多采用这种防守阵型，即2人拦网、4人接球。通常分为“边跟进”和“心跟进”两种。

①“边跟进”。多在对方进攻较强、吊球较少时采用。当对方4号位队员进攻时，我方2、3号位队员拦网，其他4个队员组成半圆弧形防守。如遇对方吊前区，由边上1号位队员跟进防守。其特点是加强了拦网；缺点是边上的队员又要防直线，又要跟进防前区，比较困难（如图25）。

②“心跟进”。在本方拦网能力强，对方采取打吊结合

时采用。当对方4号位队员进攻时，我方2、3号位队员拦网，后排中心的6号位队员在本方拦网时跟在拦网队员之后进行保护，其余3名队员组成后排弧形防守。其优点是加强了前区的防守能力，缺点是后排防守队员之间的空当较大（如图26）。

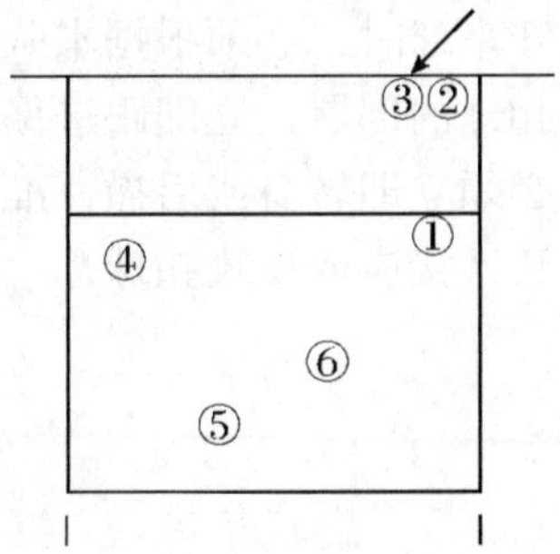

图25

（4）3人拦网时的防守阵型。

对方主要扣球手进攻实力很强，不善吊球的情况下可采用3人拦网，3人后排接球的防守阵型。这种阵型加强了网上力量，但后防的空隙也相对增大。3人拦网时，后排防守的6号位队员可以跟进到进攻线附近保护，也可以退至端线附近防守。

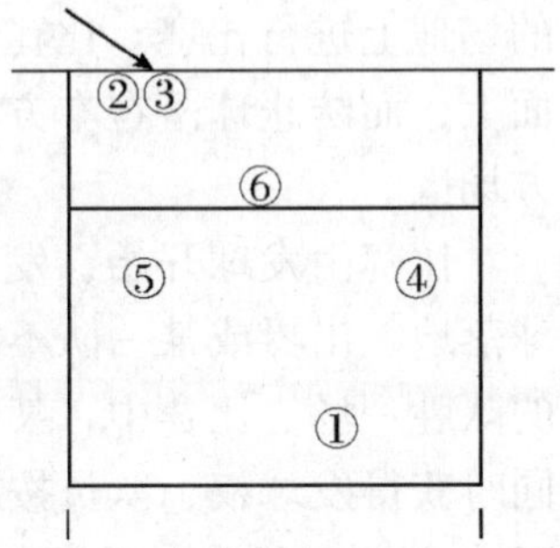

图26

3. 接拦回球的防守战术

本方扣球时必须加强保护，积极防起被拦回来的球，并及时组织继续进攻。由于拦网人可以将手伸过网拦网，拦回的球通常速度快、角度小，因而接拦回球的保护阵型应形成多道防线的弧形状，且第一道防线紧跟在扣球人身后。以我方4号位队员进攻、其他5人保护为例，5号位队员向前移动和向左后方移动的3号位队员形成第一道防线，1号位队员保护后场，为第三道防线。其他位置进攻时，保护的阵型也可按同样道理布阵。

4. 接传、垫球的防守战术

当对方无法组织进攻，被迫用传、垫球将球击入本方时，我方的防守便称为接传、垫球的防守。这种情况在初学者中出现较多。由于来球的攻击性小，我方的防守阵型与不拦网情况下的防守阵型相同，即前排除二传队员外，其他的队员都迅速后撤到各自的位置，准备接球后组织进攻。需要注意的是在后撤和换位的过程中，动作要迅速并随时做好接球的准备。

（三）攻防转换

在排球比赛中，攻与防是密切联系、相互转换、连续进行的。这不仅在于排球技术本身具有攻与防的双重含义，还由于全攻全守、攻防兼备是当前排球运动的发展趋势。正在进攻的一方必须同时注意防守，处于防守的一方必须随时准备进攻。在进攻与防守的转换中，如果准备不充分，动作不连贯，一味进攻或防守，都可能贻误战机，招致失败。因而，在进攻的时候准备防守，在防守的时候想到进攻，才能有备无患，立于主动。同时，在阵容部署上也要有相应的措施和方法。

1. 由进攻转入防守

当球扣入对方区后，进攻的一方应立即转入防守状态。当球扣过网或二传不慎传球过网后，前排队员应迅速靠网前站位准备拦网；后排队员迅速退守原位准备防守。其阵型一般有“三一二”站法和“三二一”站法两种，前者适合于“心跟进”防守阵型，后者适合于“边跟进”防守阵型。

2. 由防守转入进攻

当对方扣球过网后，防守一方在防守的一刹那就转入了进攻。这是由于后排队员在防守来球时，必须根据本队所采用的进攻战术，有目的地将球发起到预定目标，并根据保护扣球的部署，立即跟进保护前排队员进攻。前排参加拦网的队员，在完成拦网动作之后，必须立即转身或后撤，准备接应或反攻扣球。前排未参加拦网的队员，在后撤防守之后，转入接应或反攻扣球。

第四节 排球运动规则介绍

排球是一项集体比赛项目，每队由 12 名队员组成，两队各派 6 名队员在由球网分开的场地上进行比赛。比赛的目的是各队遵照规则，将球击过球网，使其落在对方场区的地面上，而防止球落在本方场区的地面上。每队可击球 3 次（拦网触球除外），将球击回对方场区。

比赛由发球开始，发球队员击球使其从网上飞至对方场区，比赛由此连续进行，直至球落地、出界或某一队不能合法地将球击回对方场区。排球比赛采用五局三胜制，胜三局的队胜一场。比赛中，某队胜 1 球，即得 1 分（每球得分制）。接发球队胜 1 球时得 1 分，同时获得发球权，队员按顺时针方向轮转一个位置。每局比赛（决胜局第五局除外）先得 25 分并同时领先对手 2 分的队胜一局，当比分为 24:24 时，比赛继续进行至某队领先 2 分（如 26:24、27:25）为止。决胜局先得 15 分并同时领先对手 2 分的队获胜，当比分为 14:14时，比赛继续进行至某队领先 2 分（如 16:14、17:15）为止。

一、场地设施

排球比赛场地包括比赛场区和无障碍区，比赛场区为 18 米 ×9 米的长方形，无障碍区四周至少宽 3 米。国际排联组织的世界性大型比赛场地边线外的无障碍区至少宽 5 米，端线外至少宽 8 米，比赛场区上空的无障碍空间从地面量起至少高 12. 5 米。比赛场地的地面是浅色的，由木质或合成物质构成。比赛场区和无障碍区分别为两种不同的颜色，场区上所有的界线为白色，宽 5 厘米。

排球比赛的室内温度最高不得高于 25°C（77°F），最低不得低于 16°C（61°F）。比赛室内照明度从距比赛场地地面 1 米的高度进行测量，应为 1 000 ~1 500 勒克斯。

球网架设在中线上空，男子排球球网高度为 2. 43 米，女子排球球网高度为 2. 24 米。球网为黑色，宽 1 米，长 9. 50 ~10 米，网眼直径 10 厘米。球网上有两条宽 5 厘米、长 1 米的白色带子为标志带，分别系在球网的两端，垂直于边线。标志杆是有韧性的两根杆子，长 1. 80 米，直径 1 厘米，由玻璃纤维或类似质料制成。两根标志杆分别设置在标志带外沿球网的两侧。

排球比赛所使用的球，由柔软的皮革或合成革制成外壳，内装橡皮或类似质料制成的球胆，颜色是一色的浅色或彩色。球的圆周为 65 ~67 厘米，重量为 260 ~280 克，气压为 0. 30 ~0. 325 千克/平方厘米。

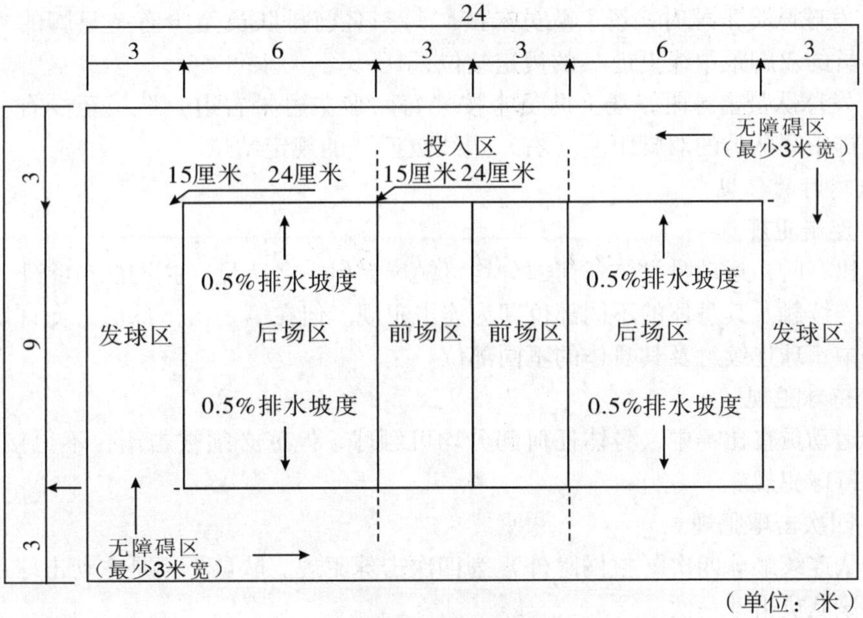

图27 排球场平面布置图

注：所有线条宽均为5厘米
无障碍区宽度最少为3米

二、比赛行为

1. 发球犯规

发球犯规包括发球击球时的犯规和发球击球后的犯规。

发球击球时的犯规：

（1）发球次序错误；

（2）发球队员在击球时或击球起跳时，踏及场区（包括端线）或发球区以外的地面；

（3）发球队员在第一裁判员鸣哨允许发球后 8 秒钟内未将球击出；

（4）球未被抛起或持球手未清楚撤离就击球；

（5）双手击球或单手将球抛出、推出；

（6）将球抛起准备发球却未击球。

发球击球后的犯规：

（1）球触及发球队其他队员或球的整体没有从过网区内通过球网的垂直平面；

（2）界外球；

（3）球越过发球掩护的个人或集体（在发球时，某一队员或两名以上队员密集站位或挥臂跳跃、移动遮挡接发球队员，且发出去的球从他或他们上空飞过，则构成个人或集体发球掩护犯规）。

2. 位置错误

排球规则规定，当发球队员击球时，如果场上队员不在其正确位置上，则构成位置错误犯规。下列情况出现任意一项均为位置错误犯规：

（1）发球队员击球时，场上其他队员未完全站在本场区内；

(2) 发球队员击球时，场上队员未按“每一名前排队员至少有一只脚的一部分比同列后排队员的双脚距中线更近”的规定站位；

(3) 发球队员击球时，场上队员未按“每一名左边（右边）队员至少有一只脚的一部分比同排中间队员的双脚距左（右）边线更近”的规定站位。

3. 击球时的犯规

(1) 连击犯规。

排球比赛时，运动员身体任何部分均可触球，但一名队员（拦网队员除外）连续击球两次或球连续触及其身体的不同部位即为连击犯规。但在第一次击球时，允许队员在同一击球动作中，球连续触及其身体的不同部位。

(2) 持球犯规。

排球运动员在比赛中，身体任何部分均可触球，但球必须被击出，不得接住或抛出，否则即为持球犯规。

(3) 四次击球犯规。

一个队连续触球四次（拦网除外）为四次击球犯规。队员不论是主动击球还是被动触及，均算该队员击球一次。

4. 队员在球网附近的犯规

队员在球网附近的犯规包括过网击球犯规、过中线犯规、触网犯规和网下穿越进入对方空间妨碍对方比赛犯规等。对方进攻性击球前或击球时，在对方空间触及球为过网击球犯规。比赛进行中，队员整只脚、手或身体其他任何部分越过中线并接触对方场区，为过中线犯规。比赛过程中，队员触网或触标志杆不是犯规，但队员在击球时或干扰比赛情况下的触网或触标志杆为犯规。队员击球后可以触及网柱、全网长以外的网绳或其他任何物体，但不得影响比赛。比赛过程中，在不妨碍比赛的情况下，允许队员在网下穿越进入对方空间，若网下穿越进入对方空间的队员妨碍了对方比赛则为犯规。

5. 同时击球

双方队员或同队队员可以同时触球。同队的两名或两名以上队员同时触到球，被计为两次或两次以上击球（拦网除外）。双方队员在网上同时击球后，如果球落入场内，应继续比赛，获得球的一方仍可击球三次。

6. 拦网犯规

拦网犯规包括过网拦网犯规、后排队员拦网犯规、拦发球犯规和从标志杆外伸入对方空间拦网犯规四种情况。在对方进攻性击球前或击球时，在对方空间拦网触球为过网拦网犯规，判断过网拦网的依据是进攻队员与拦网队员触球时间的先后；后排队员或后排自由防守队员完成拦网或参加了完成拦网的集体，为后排队员拦网犯规；拦对方发过来的球为拦发球犯规；从标志杆外伸入对方空间拦网并触球为拦网犯规。

7. 后排队员进攻性击球犯规

后排队员在前场区内或踏及进攻线（或其延长线），将整体高于球网上沿的球击过球网垂直面或触及对方拦网队员，则为后排队员进攻性击球犯规。

8. 暂停和换人

在比赛中，每队最多可以请求 2 次暂停和 6 人次换人，暂停时间限制为 30 秒钟。第 1～4局，每局另外有 2 次时间各为 60 秒钟的技术暂停，每当领先队达到 8 分和 16 分时自动执行。决胜局（第 5 局）没有技术暂停，每队在该局中可请求 2 次 30 秒钟的普通暂停。

9. 自由防守队员的有关规定

排球比赛的各队可以在最后确认的 12 名队员中选择 1 名作为自由防守队员。自由防守队员身着区别于其他队员颜色的服装。比赛前，自由防守队员必须登记在记分表上，并在旁边注明“L”字样，其号码必须登记在第一局上场阵容位置表上。自由防守队员仅作为特殊的后排队员参加比赛，在任何位置上（包括比赛场区和无障碍区）都不得将高于球网的球直接击入对方场区完成进攻性击球。自由防守队员不得发球、拦网或试图拦网。自由防守队员在前场区进行上手传球且所传球的整体高于球网上沿时，其同伴不得在高于球网处完成对该球的进攻性击球。

第八章　足　球

第一节　足球运动概述

足球运动是一项古老的运动项目。公元前，中国就有了用脚踢球的游戏——蹴鞠。16世纪以后，足球游戏在欧洲一些国家盛行起来。1857 年，英国成立了第一个足球俱乐部。1863 年，伦敦成立了第一个足球运动组织——英格兰足球协会。因此，一般都把 1863 年作为现代足球运动的开端，并且认为现代足球运动起源于英格兰。

1863 年伦敦会议后修改了《剑桥大学规则》，制定了最早的足球竞赛规则，它是现代世界足球史上的第一部统一的足球竞赛规则。

1904 年 5 月 21 日，在巴黎由法国、瑞士、瑞典、比利时、西班牙、丹麦等国发起成立了国际性的足球组织——国际足球联合会，英文缩写为“FIFA”。

1928 年，国际足联在荷兰首都阿姆斯特丹举行会议，决定每四年举行一届世界足球锦标赛（后更名为世界杯赛），并规定每届比赛与奥运会相间举行。

1934 年，我国加入了国际足联。1958 年，由于国际足联承认所谓的“中华民国足球协会”为会员，我国足协宣布退出。1979 年 10 月，国际足联决定恢复我国足协的合法权利，确认我国足协是中国的唯一代表。

现在，足球运动已经成为亿万人民喜爱的“世界第一运动”。足球运动水平不仅代表了一个国家的体育运动水平，更是一个国家物质文明和精神文明的标志之一。

第二节　足球基本技术

足球技术是运动员在足球竞赛规则条件下，运用身体的有效部位合理完成各种动作方法的总称。足球技术是运动员进行比赛活动的基本手段和能力，是完成战术配合、决定战术质量的前提和保证。

一、踢球技术

足球踢球技术是指运动员有目的地运用脚的不同部位将球击向预定的目标。踢球技术主要运用于传球和射门，其技术动作过程是由助跑、支撑、摆腿、击球和随前动作五个部分组成。

在足球踢球技术中，主要有脚内侧踢球、脚背正面踢球、脚背内侧踢球、脚背外侧踢球、脚尖踢球和脚跟踢球等方法。

1. 脚内侧踢球

脚内侧踢球是运用大趾骨、舟骨和跟骨所连成的三角部位击球。这个部位触球的面积较大，出球平稳，但力量较小，多用于短传配合和近距离的射门。

动作方法：踢球（踢地滚球）时应直线助跑，跨步支撑时眼睛要看球。脚落地时足尖应与出球方向保持一致，距球 10～15 厘米，膝关节微屈，两臂自然张开，维持好身体平衡。踢球腿以髋关节为轴由后向前摆动，在前摆过程中髋关节外展，脚翘起，脚内侧与出球方向约成 90°，以大腿带动小腿快摆击球。击球时脚跟前顶，脚腕用力绷紧，以脚内侧部位击球的后中部。击球后，踢球腿应继续保持击球时的形状随球前摆。

图 1

（1）踢反弹球。

脚内侧踢反弹球时，首先要根据来球的弧度及时、准确地迁到球的落点，身体要正对来球，支持脚的位置一般远在球侧。如来球弧度小，可偏后些，提腿击球时间及时准确地掌握在球反弹刚要离开地面的一刹那，用摆击的方法击球的后中部。

（2）踢空中球。

脚内侧踢空中球时，身体要正对来球方向，两眼准确观察球在空中飞行的路线，大腿抬起，小腿拖在后面。击球时，利用小腿的摆动平敲球的后中部，如要踢出高球，可踢球的中部。

2. 脚背正面踢球

脚背正面踢球是用脚的一、二、三楔骨和跖骨末端部分击球，这个击球部位较为坚硬。脚背正面踢球是由于腿的摆动与人的髋膝关节的自然结构相适应，其用力方向与出球方向一致，并且同人的日常走、跑动作相一致，因此便于加大摆幅和摆速，所以便于大力踢球。

图 2

（1）踢定位球。

直线助跑，随着身体与球接近，两眼要紧紧地盯住球。跨步支撑时步幅要大而积极，支持脚一般踏在球的后沿侧方 10～15 厘米处，足尖与出球方向一致，膝关节微屈。踢球腿在跨步支撑的同时大腿后引，小腿尽力后屈。在支持脚着地的同时，弓身送髋。在支撑腿由斜撑过渡到直撑的同时，以髋关节为轴，大腿带动小腿由后向前摆动，当膝盖提至接近球的后上方时，小腿加速前提。击球瞬间，脚背绷直，脚腕压紧，以脚背的正面击球的后中部。击球后，踢球腿应随球继续前摆。

（2）踢地滚球。

脚背正面在踢迎面而来或向前的地滚球时，除应正确完成踢定位球的主要方法外，还应根据球滚动的速度，调整支持脚踏地的位置，原则上支持脚在踢迎面而来的地滚球时应稍靠后些，踢向前地滚球时应稍靠前些。因为支持脚踏地时球仍然在滚动，故一定要将踢球腿前摆击球这段时间计算在内。

（3）踢反弹球。

腿背正面踢反弹球时，首先要准确判断球的落点、落地时间和反弹角度。踢球时，支持脚踏在球的侧方，当球将要落地时踢球腿小腿急剧前提，在球刚落地反弹离地时，以脚背正面击球的后中部。

（4）踢空中球。

①侧身踢凌空球：踢凌空球时，首先要判断好球运行的路线和确定好击球点。踢球时，身体侧对出球方向，支持脚跨上一步，脚尖指向出球方向，上体向支持脚一侧倾斜，踢球腿的大腿高抬接近地面平行，然后以大腿带动小腿急剧向出球方向摆动，用脚背正面踢球的后中部。在摆腿踢球的过程中身体随之向出球方向扭转，当要踢球的刹那，两眼始终注视着球，身体正对出球方向，踢球后面对出球方向。

②踢倒勾球：踢倒勾球时，支持脚先向前跨一步，膝部弯曲，上体后仰，踢球腿以髋关节为轴尽力向上方摆动。当球落在头的前上方时，用脚背正面向后倒勾踢球。

3. 脚背内侧踢球

脚背内侧踢球是运用脚的第一、二跖骨和第一、二楔骨之间的脚背部位。其特点是踢球脚易于插入球的底部，击球点多，易于控制出球的高度、旋转和落点，击球力量也较大。

图 3

（1）踢定位球。

斜线助跑，助跑方向与出球方向约成 45°，支撑脚以脚掌处着地，踏在球的侧后方

25～30 厘米处，膝关节微屈，足尖指向出球方向，身体稍向支持脚一侧倾斜。在支持脚着地的同时，身体顺势向出球方向转动，踢球腿以髋关节为轴，大腿带动小腿呈弧形由后向前摆动。当膝盖提到接近球的内侧垂直上方的刹那，小腿加速前提，脚尖稍外转，脚面绷直，脚趾扣紧，脚尖指向斜下方，以脚背内侧部位击球的后下部。踢球后，踢球腿随球继续前提。

（2）踢地滚球。

脚背内侧踢地滚球时，无论球沿什么方向滚动，正确完成踢球动作的首要条件是必须先明确出球方向，然后在助跑接近球的同时调整身体与出球方向的角度，使其保持在 45°。踢球的动作方法与踢定位球基本相同，只是支持脚踏地的位置应根据球滚动的方向稍加调整。

（3）踢过顶球。

动作方法基本与踢定位球相同。支持脚可踏在球的侧后方，踢球脚不必过于绷紧，踢球的后下部并有斜下切的动作。踢球后，脚不随球前提，使球产生向后的旋转，以控制球速，使球呈抛物线状缓慢下落。

（4）转身踢球。

助跑最后一步略带跨跳动作，支持脚的脚尖和膝关节尽可能转向出球方向，利用腰的扭转协助提腿和做踢球动作。

（5）踢弧线球。

助跑和支持脚与踢定位球的动作方法相同。用脚背内侧踢球的后外侧，摆腿用力的方向不通过球的中心。在踢球的一刹那，踝关节用力向里转，脚稍上翘，使球呈侧旋并沿一定的弧线运行。

4. 脚背外侧踢球

（1）踢定位球。

脚背外侧踢平直球时，助跑、支持脚的位置和踢球腿的摆动基本上与脚背正面踢球相同。在踢球腿的膝盖摆到接近球的垂直上方的一刹那，小腿加速前摆，脚尖内转，脚背外侧与地面垂直，脚面绷直，脚趾扣紧，以脚背外侧部位击球的后中部。踢球后，踢球腿随球继续前摆。

（2）踢地滚球。

脚背外侧踢地滚球时，根据身体和球所处的位置与出球方向可分别采用直线和斜线助跑。一般靠近踢球脚一侧来球多用直线助跑；正对踢球脚和内侧来球多用斜线助跑。直线助跑支持脚踏地位置距球较远，一般踏在球的侧后方 20～25 厘米处；斜线助跑则较近，一般为 10～15 厘米。踢球腿的动作基本上与脚背正面踢球相类似。

5. 脚尖踢球

脚尖踢球是用脚类部位接触球的一种踢球方法。其特点是脚接触球的面积小，起脚出球较快，但准确性较差。在比赛时多用于铲球。

脚尖踢球动作方法是支持脚踏在球的侧后方，击球时脚背翘起，脚趾下扣，踝关节紧张用力并保持稳定，以脚尖部位击球的后中部稍偏下的部位。脚尖捅球时，如支持脚离球过远，踢球腿要屈膝前跨，送髋，在踢球脚落地前，用脚尖捅球的后中部。

6. 脚跟踢球

脚跟踢球是用脚跟部位将球踢到身体后面的踢球方法。球在支持脚内侧时，踢球腿自然提跨到球的前方，然后以膝关节为轴，小腿突然快速后摆，踝关节紧张用力，以脚跟触球前中部把球向后踢出。球在支持脚外侧时，踢球腿先自然前提，当摆过支持脚时，立即向支持脚一侧呈交叉动作后摆，踝关节紧张用力，以脚跟击球的前中部把球向后踢出。

二、接球技术

接球是指运动员运用身体的有效部位，将运行中的球有目的地接控在所需位置上的动作方法，是运动员获得球的主要手段。接球动作的技术环节由判断选位、接球前的支撑、触球动作和接球后跟进组成。

接球的部位主要有脚底、脚内侧、脚背正面、大腿、胸部及头部等。

1. 脚底停球动作要领

根据来球落点，及时前移迎球，支撑脚站在落点侧后方，脚尖正对来球方向，球落地瞬间，用前脚掌去触球的中上部，微伸膝，用脚掌将球接在体前。

图4　脚底停球动作要领

2. 脚内侧停球动作要领

支撑脚尖正对来球，膝关节微屈，同侧肩正对来球，接球腿提膝大腿外展，脚尖微翘，脚内侧正对来球前迎，当脚内侧与球接触的一刹那迅速后撤把球停在脚下。

图5　脚内侧停球动作要领

3. 脚背正面停球动作要领

根据球的落点及时移动到位，脚背正面上迎下落的球，当球与脚面接触的一瞬间，接球脚与球下落的速度同步下撤，此时大腿膝关节、踝关节、脚趾保持适当的紧张，脚尖微翘将球接到需要的位置。

图6 脚背正面停球动作要领

4. 大腿停球动作要领

大腿接抛物线较大的下落球，面对来球方向，根据球的落点迅速移动到位，接球腿大腿抬起，当球与大腿接触的瞬间大腿下撤，将球接到需要的位置上。

图7 大腿停球动作要领

5. 胸部停球动作要领

面对来球站立（脚左右或前后开立），两膝微屈，重心置于支撑面内，上体后仰，下颌微收，两臂自然放开，维持身体平衡，接触球的瞬间，两脚蹬地，膝盖关节伸直，胸部轻托球的下部使球微弹起于胸前上方。

图8 胸部停球动作要领

三、运球技术

运球是指运动员在跑动中为将球控制在自身范围内，有目的地用脚连续推拨球的动作。采用运球方法晃过防守队员的动作称为运球过人。

1. 运球的三个阶段

我们所熟悉的运球方式一般是由支撑脚踏地后蹬、运球脚前摆触球和运球脚踏地支撑三个阶段组成。

（1）支撑脚踏地后蹬。

踏地后蹬的目的，一是推动人体重心前移；二是支撑身体平衡使运球脚能离地提起完成推拨球动作。支撑脚尽量缩短支撑时间，积极后蹬前摆，可以加快跑动速度。

（2）运球脚前摆触球。

前摆触球的目的，一是给球作用力使球产生位移；二是不断调节触球力量、部位、方向和触球时间，以更好地控制运球路线，协调其与跑动速度的关系。

（3）运球脚踏地支撑。

踏地支撑的目的，一是运球脚在完成推拨动作后，立即踏地保持身体平衡；二是运球脚由踏地支撑转换到后蹬，同样是为了使人的身体产生位移。在运球过程中，支撑脚踏地后蹬是决定跑动速度的主要环节，运球脚前摆触球是控制球运行的关键。

2. 常用的运球方法

下面为大家介绍几种常用的运球方法，分别是脚背正面运球、脚背外侧运球、脚背内侧运球和脚内侧运球。

（1）脚背正面运球。

脚背正面运球多在越过对手之后前方纵深距离较长，仍需要快速运球前进情况下使用。

图 9　脚背正面运球

动作要领：跑动时，身体自然放松，上体稍前倾，两臂自然摆动，步幅不宜过大。运球脚提起时，膝关节弯曲，脚跟提起，脚尖下指，在迈步伸脚着地前，用脚背正面向前推拨球前进。

（2）脚背外侧运球。

图 10　脚背外侧运球

动作要领：跑动时身体自然放松，上体稍前倾，两臂自然摆动，步幅要小些。运球脚提起时，膝关节弯曲，脚跟提起，脚尖稍内转，在迈步伸脚着地前，用脚背外侧向前推拨球，球直线运行，向前侧推拨球，球曲线或弧线运行。

（3）脚背内侧运球。

动作要领：跑动时身体自然放松，上体稍前倾并稍向运球方向转动，两臂自然摆动，步幅要小些。运球脚提起时，膝关节弯曲，脚跟提起，脚尖稍外转，在迈步伸脚着地前，用脚背内侧向前侧推拨球，球向前侧曲线或弧线运行。

（4）脚内侧运球。

动作要领：运球时，支持脚稍向前跨，踏在球的前侧方，膝关节稍弯曲，上体前倾并向里转。随着身体的向前移动，运球脚提起，用脚内侧推球的后中部。

四、头顶球

头顶球是指运动员有目的地用额部将球击向预定目标的动作方法。现代足球比赛是一种立体的攻防战，攻守双方不仅在地面上寸土必争，在空中的对抗也互不相让。头顶球的击球位置高，是争取时间和空间主动的重要技术手段。尤其是在罚球区附近，头顶球的争夺对攻防双方都有举足轻重的意义，是一种快速简练、适用于进攻和防守的技术手段。

头顶球是一个自下而上全身协调发力的动作过程，完成这一动作过程应包括以下几个方面：①判断与选位；②蹬地与身体摆动；③击球动作；④击球后身体的控制。

头顶球技术分前额正面头顶球与前额侧面头顶球。

（1）前额正面头顶球。

这是由额肌覆盖着的额骨正面部分去击球的一种动作方法，接触部位如图 11 中前额的阴影部分。

图 11　前额正面头顶球

①原地头顶球：身体正对来球方向，眼睛注视运动中的球，两脚左右开立或前后开立，膝关节微屈，重心置于两脚间的支撑面上或后脚上，两臂自然张开，当球运行到将垂直于地面的垂线时，两腿用力蹬地，迅速向前摆体，微收下颌，在触球瞬间颈部做爆发式振摆，用前额正面击球中部，上体随球前摆。

图 12　原地头顶球

②跑动头顶球：顶球的动作要领与原地顶球相同，只是第一环节应正对来球跑出抢点。球顶出后，由于跑动速度较快，为保持身体平衡须随球向前移动。

③原地跳起头顶球：这种技术用在本方传来或对方传来高球时运用。两膝屈，重心下降，然后两脚用力蹬地起跳，同时两臂屈肘上摆，在身体上升阶段展腹挺胸，两臂自然张

开，眼睛注视来球，身体自然成背弓。当球运行至身体额状面时，迅速收腹，上体前摆，触球瞬间颈部做爆发性振摆，用前额正面将球顶出。同时两腿向前做振摆，球顶出后两腿屈膝屈踝落地。

图 13 原地跳起头顶球

④跑动跳起头顶球：一般助跑跳起顶球时都使用单脚起跳。根据来球的速度、运行轨迹选好起跳位置，及时跑到起跳点，起跳前一步稍大些，起跳脚用力蹬地跳起，同时另一腿屈膝上摆，两臂屈肘自然上提，其余各环节与原地跳起头顶球相同。

图 14 跑动跳起头顶球

⑤鱼跃头顶球：对于离身体较远的低空球来不及移动到位处理必须抢点击球时（加抢救险球、射门等），可使用鱼跃头顶球技术。

当判断好来球的路线和选择好顶球点后，以单脚或双脚用力向前蹬地，身体接近水平状态向前跃出，同时两臂微屈前伸，手掌向下，眼睛注视来球，利用身体向前跃出的冲力，以前额正面顶球。顶球后，两手先着地，手指向前，接着胸部、腹部和大腿依次着地。

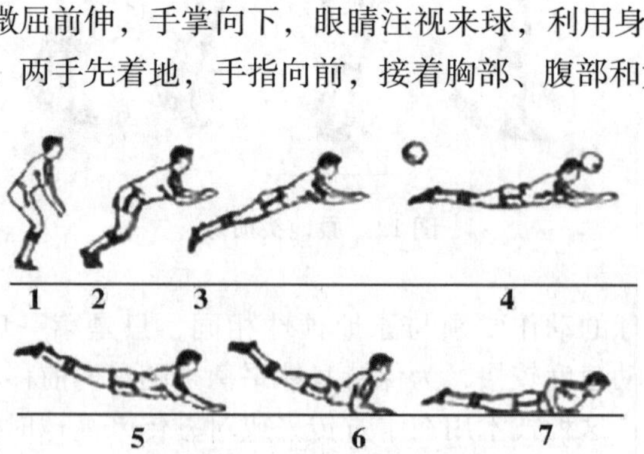

图 15 鱼跃头顶球

⑥向后蹭顶球：分原地蹭顶与跳起蹭顶。第一环节分别与原地前额正面和跳起前额正面头顶球相同。当球运行到身体上空时，挺胸、展腹、扬下颌，身体向后上方伸展，用前额正面靠上的部位用力击球的下部，将球向后上方顶出。

图 16　向后蹭顶球

（2）前额侧面头顶球。

①原地前额侧面头顶球：根据来球的运行速度、运行轨迹，及时移动到位。两脚前后开立或左右开立，出球方向的异侧脚在前，重心逐渐过渡到前脚上，眼睛注视来球，前膝微屈，两臂前后自然张开，当球运行至体前上方时，用力蹬地，前脚掌适度旋转，上体向出球方向扭摆，同时用力向击球方向甩头，以前额侧击球的后中部。

图 17　前额侧面头顶球

②跑动前额侧面头顶球：与原地前额侧面头顶球动作要领相同，不同的是此动作是在快速跑动中开始和完成的，注意完成动作后身体的平衡。

③跳起前额侧面头顶球：分为原地跳起顶球与助跑跳起顶球。起跳动作及第一环节与跳起前额正面头顶球相同。在起跳后的身体上升阶段，上体向出球的相反方向侧摆，在身体达到最高点时，上体急速向出球方向摆出，颈部扭摆甩头，用前额侧面击来球的后中部，将球击向预定的目标。

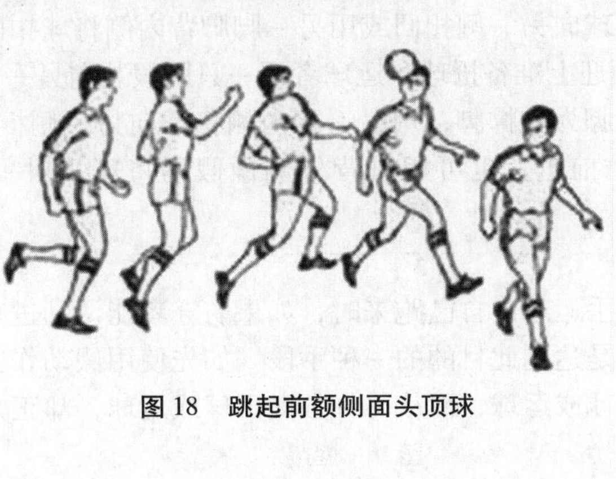

图 18　跳起前额侧面头顶球

五、假动作

假动作是指运动员在比赛中，为了隐藏自己真实动作意图，利用各种动作的假象，来调动迷惑对方，使对方对其动作产生错误的判断或失去身体重心，造成对自己有利的形势，从而取得时间、空间位置的优势，达到自己真实动作的意图。

几乎所有的技术动作及战术配合中都含有假动作。假动作渗透在各种技术中，如踢球、接球、顶球、运球、抢截球、掷界外球以及守门员技术等。

假动作技术要领：

1. 传球前的假踢

如传球前为了使堵住传球路线的对手闪开空当，可先向一方做假踢动作，当对手去堵假踢的传球路线时，突然改变踢球脚法将球从另一方向传出。

2. 接球前的假接

如对手在体侧紧逼的情况下，可先向一侧做假接球动作，当对手重心发生不适当的偏移时，突然改变向另一侧接球。

3. 接球前的假顶

接高度在胸或头部的空中来球时，对手迎面上来准备在自己接球后立即抢截，接球者可作出假顶的动作，迫使对手减速或停下，远离自己准备截获顶出之球，此时突然用头或胸将球接在自己的控制范围。

4. 顶球前的假接

面对高空来球，作出胸部接球的假动作，诱使对手逼近准备抢球，等对手逼近时，突然用头将球传出，使对手来不及去防守接球的队员。

5. 运球过人假动作

（1）运球过人时的虚晃假动作。如在控球过人时对手逼得较紧，可向一侧用身体或腿部做虚晃动作（或是身体与腿同时并用），诱使对手跟随运球虚晃动作发生重心的偏移，然后迅速用另一侧脚背外侧向同侧拨球，并转身越过对手。

（2）用减速或停顿的假动作，再突然起动的方法越过对手。快速运球时，对手在自己一侧紧追不舍，待与自己跑平时，做一个减速或停顿的假动作，使对手产生错觉，当对手也减速或停顿时突然加速推球向前甩掉对手。

（3）当对手在侧后追抢时，运球者上前用异侧脚向前从球上跨过，诱使对手堵抢，然后用同一脚脚背外侧将球向另一侧扣回或用另一脚脚背内侧将球扣回，甩掉对手。

（4）防守者从正面迎上准备抢球，运球者用一只脚假装向另一侧前方踢球，诱使对手上前堵截，此时改假踢脚为支撑脚，用另一脚内侧将球向另一侧推出或从对手胯下推过，接着迅速绕过对手运球前进。也可用脚背外侧做假踢将球从对手胯下拨过，运球继续前进。

6. 抢球假动作

作为防守者，当对手运球向自己跑来时，如果防守者能调动进攻者，就可以变被动为主动，而抢截假动作就是达到此目的的一种手段。如先使用假动作去堵截某一方向，使进攻者不敢从这一方向出球或运球，而从另一方向出球或运球，却正是抢截真动作实施的方向，从而可将球截获。

由于高速运球较难抢截，稍一错移重心就会被运球者越过，因而防守者对于高速向自己运球而来的进攻者可采取假动作前扑，当对手看到防守者猛扑时会一拨而过，但防守者假扑后立即转身将运球者拨出之球夺下来。使用这种假动作时应注意距离，离进攻者太远时对方不易上当；离进攻者太近易弄巧成拙，反被进攻者突破。

六、抢截球

抢截球技术是指运动员在规则允许的范围内，使用身体的合理部位将对手的控球权夺过来或破坏掉。

（1）正面跨步抢球：抢球者两脚前后开立，迎着运球者而站，两膝微屈，身体重心下降并置于两脚间，当运球者与抢球者间的距离缩小到一定范围（即抢球者向前跨一大步可触及球），运球者脚触球后即将落地或刚刚落地时，抢球者后脚用力蹬地并跨步向前，以脚内侧去堵截球，另一脚迅速上步，重心迅速跟上。若双方抢球脚堵住球时，抢球者应将另一脚迅速前移做支撑脚，抢球脚在不离球的情况下迅速向上提拉，使球从对手脚面滚过。

（2）侧面冲撞（合理冲撞）抢球：当与持球对手平行跑动或从侧后方追成平行跑动时，可采用侧面冲撞抢球。其动作方法是，当与对手并肩跑动时，身体重心稍下降，靠近对手一侧的手臂要紧贴自己的身体，当对手靠近自己一侧的脚离地时，用肩以下的部位冲撞对手的相应部位，使其失去平衡而离开球，抢球者同时将球控制在自己脚下继续前进。

（3）正面铲球：移动接近控球者，膝关节微屈，重心下降，在控球者触球脚触球后尚未落地时，抢球者双脚沿地面向球滑铲，并随即用手扶地做向一侧的翻滚，并尽快起身。另一种是单脚蹬地后，另一脚向前滑出，蹬地脚迅速绕髋关节摆动沿地面将球扫踢出去。

（4）侧后面铲球：一般在持球者已经越过自己来不及用其他方法抢球时，可采用从侧后面铲球动作。根据铲球脚的不同分为同侧脚与异侧脚铲球两种。

①同侧脚铲球：防守者在跑动中根据双方离球的距离作出判断，当对手不能立即触球时，用异侧脚用力蹬地，使身体向前方跃出，同侧腿沿地面向前滑出的同时向外摆踢（脚腕也应有向外的动作），用脚背外侧将球踢出或脚尖将球捅出，接着向对手一侧翻转站起。

②异侧脚铲球：防守者应根据与球的距离，同侧脚用力蹬地使身体跃出，异侧脚向前沿地面对着球滑出，用脚底将球铲出，然后小腿外侧、大腿外侧、手依次着地，或铲出球后身体向铲球腿一侧翻滚，手撑地后立即起身。

七、掷界外球

1. 原地掷界外球

动作方法：身体面对出球方向，两脚前后开立，屈膝后仰，两手自然张开，拇指相对持球的后侧部并屈肘置球于头后。掷球后，后脚用力蹬地，依次进行摆体收腹、挥臂、甩腕，迅速有力地将球掷向预定目标。整个动作可用移重心、蹬地、挺髋、挥臂、甩腕、拨指来概括。要求从蹬地开始发力，由下至上协调，动作连贯地将球掷出。

图19 掷界外球

2. 助跑掷界外球

动作方法：助跑轻松自然，垫步的同时双手持球举过头顶，当最后一步踏地时，后脚开始蹬地，并且按照原地掷界外球的方法将球掷出。

八、守门员技术

守门员技术是指守门员防守球门安全和发动进攻时所采用的动作方法的总称。

守门员技术属于一种位置技术，是守门员位置各种技术的综合体，包含多种技术要素，但就其防守行动过程可大致分成以下几个阶段：①观察判断；②移动选位；③准备姿势；④防守应答；⑤接球后的行动。

守门员的足球技术包括接球、扑球、拳击球、托球、掷球和抛踢球等动作方法。

1. 接球

（1）接地滚球：有直腿式和单腿跪撑式两种方法。直腿式接球时，两腿直膝自然并立，上体前屈，两臂自然下垂并肘，两手小指靠近，掌心向前，在手指触球的一刹那，随球后引并屈肘，屈腕，将球抱于胸前。单腿跪撑接球时，身体正对来球，两脚左右开立，一腿屈膝，另一腿内转跪撑，膝关节接近地面并靠近屈膝的脚跟，两手随球后撤并屈肘，屈腕将球抱于胸前。

（2）接平直球：平直球又分为低于胸部和齐胸高两种。接低于胸部的平直球时，首先移动使身体正对来球，两脚左右开立，上体稍前倾，两臂并肘前伸，两手小指相靠，迎球时手掌对球，当手触球的一刹那，两臂随球后撤并屈肘，顺势将球抱于胸前。接齐胸高的平直球时，先移动使身体正对来球，两脚左右开立，两臂屈肘手指向上，手指微屈，手掌对球，两拇指相靠，当手触球的一刹那，手指、手腕适当用力，随球顺势屈臂后撤，转腕将球抱于胸前。

（3）接高球：先判断球的运行轨迹，确定接球点，迅速移动并起跳，两臂上伸迎球，手掌对球，手指自然分开，两手拇指相对成“八”字形。当手触球的一刹那，手指、手腕适当用力将球接住，并顺势屈肘、下引、转腕将球抱于胸前。

图 20　接地滚球

图 21　接平直球

图 22　接高球

2. 扑球

（1）扑两侧的低球：以扑接左侧低球为例，扑接左侧低球时，右脚迅速蹬地，左腿屈膝向左侧跨出一步，身体向左侧倾倒，左脚着地后，小腿、大腿、臀部、上体和手臂的外侧随之依次着地，同时两臂向球伸出，左手掌心正对来球，右手在左手前侧上方，两拇指靠近，手腕稍向里弯，触球后把球收回胸前，然后站起。

（2）鱼跃扑地滚球：扑球时，屈膝降低重心，在身体向扑球方向侧倒的同时，同侧脚用力蹬地跃出，空中展体，两臂向球伸出，两拇指相对，手掌对球。手触球时，手指和手腕用力，以屈肘、扣腕的连续动作将球抱于胸前，同时屈膝团身。落地时以两手按球，前臂、肘、肩部、上体侧面、臀部、大腿、小腿依次着地。

（3）扑接侧面平高球：身体重心移向靠近来球一侧的脚上，该脚用力蹬地向侧面跃出，身体展开，两臂向球伸出，两拇指靠近，手指自然张开，手掌对球。当手触到球时，以扣腕动作将球接住。落地时，两手按球，前臂、肘、肩部、上体侧面和下肢依次着地，同时屈肘、转腕将球抱于胸前，并屈膝团身。

（4）扑接脚下球：当对方带球逼近球门或在近门处接球准备射门时，守门员应果断前迎，缩小对方射门角度。守门员在对方运控球时脚刚推拨球后，立即出击扑脚下球。扑球时两腿弯曲，重心降低，上体前倾，后脚用力蹬地，前脚屈膝向前跨出，使身体向侧或侧前倾倒，两臂向球伸出，两手靠近，手指自然分开接球。身体侧面着地，并屈腿团身，将球抱在胸前。

图23 扑球

3. 拳击球

当门前出现高空球并有对方队员争顶时，守门员为了避免接球脱手，可采用拳击球，一般可分为单拳击球和双拳击球两种方法。单拳击球时，先判断球的运行路线并确定击球点，助跑单脚起跳，屈肘握拳于肩前，击球前的一刹那快速出拳，以拳面击球。双拳击球时，判断来球方向并起跳，两臂屈肘握拳于胸前，两拳靠拢，拳心相对，在起跳近最高触球点的一刹那，两拳同时快速出击，以双拳拳面将球击出。该动作接触球面积较大，准确性高，击球有力，多用于正面球或高空球。

4. 托球

托球是在对付来球弧度较大且近球门横梁或力量大、角度刁的射门，守门员接球把握不大或无法直接接到球时运用。其动作方法是，起跳展体成弓背，单臂快速伸出，掌心向球，用手掌前部和手指用力向后上方或侧面托球，使球越过横梁或门柱。

5. 掷球

守门员接球后，为了争夺时间组织反击，常用手把球掷给同队队员，掷球动作快，便于改变方向，能较准确地控制球的落点。单手肩上掷球时，两脚前后屈膝开立，单手持球于肩上，身体侧转，利用后脚蹬地、转体、挥臂、甩腕的力量将球掷出。单手低手掷球时，两脚前后屈膝开立，单手持球于体侧。掷球时，持球手臂后摆，身体随之侧转成侧前屈，重心移到后脚上，利用后脚蹬地和挥臂、甩腕、手指拨球的力量向前掷出地滚球。侧身勾手掷球时，两脚前后开立，身体侧对出球方向，单手持球后引，同时重心随之移至前脚，当持球手臂由后经体侧沿弧线摆至肩上时，手腕和手指用力将球掷出，掷球手臂继续前摆，上体前倾，后脚向前迈出，以保持身体平衡。勾手掷球是掷球中力量最大的一种方法。

6. 抛踢球

抛踢球是守门员把球直接传给距离较远的同队队员的技术动作。抛踢球又分为踢自抛的下落空中球和踢自抛的反弹球两种方法。抛踢球的动作与脚背正面踢球基本相同，但要恰到好处，球向前上方飞出，保证其远度。

第三节　足球基本战术

足球战术是指在足球比赛中，为了战胜对方，根据主客观情况所采取的个人行动和集体配合的方法。它可分为进攻战术和防守战术两大类。在进攻战术和防守战术中都包含个人和集体的战术。比赛的实践已证明：成功地组织战术和巧妙地运用战术是夺取比赛胜利的重要因素。做到扬长避短才能克敌制胜。

一、比赛阵型

比赛阵型是指比赛场上队员的位置排列、攻守力量搭配和职责分工的形式。阵型的序列一般是从后卫排向前锋。守门员是固定的一员，一般不予计算。例如，“4 -3 -3” 阵型是指后卫线 4 名队员，前卫线 3 名队员，前锋线 3 名队员。

比赛阵型不是僵化的规定，它只是队员在场上活动的大体安排，可根据场上情况不断变化。目前，世界上普遍采用的阵型有“4 -3 -3” “4 -4 -2” “4 -1 -2 -3” “3 -5 -2” “1 -3 -3 -3”等。在上述阵型中，除“4 -4 -2” 阵型以防守为主外，其他均以进攻为主。尤以“3 -5 -2” 更为突出。

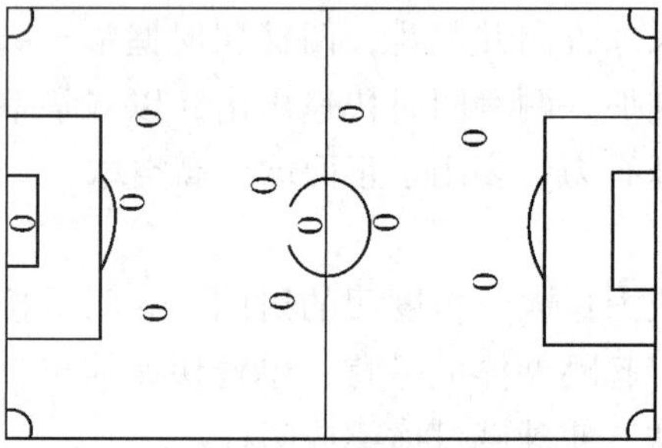
“3 -5 -2” 阵型

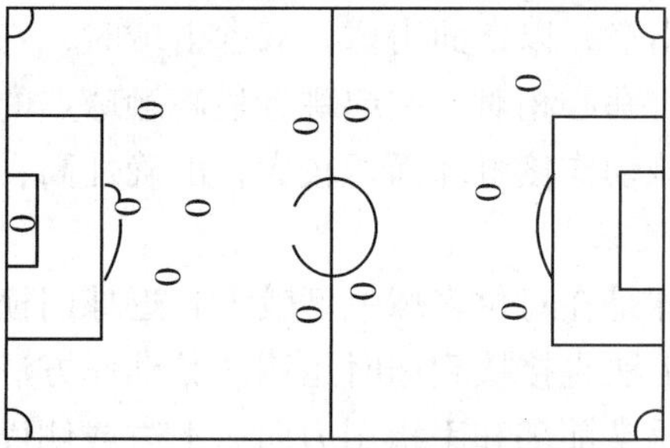
“4 -4 -3” 阵型

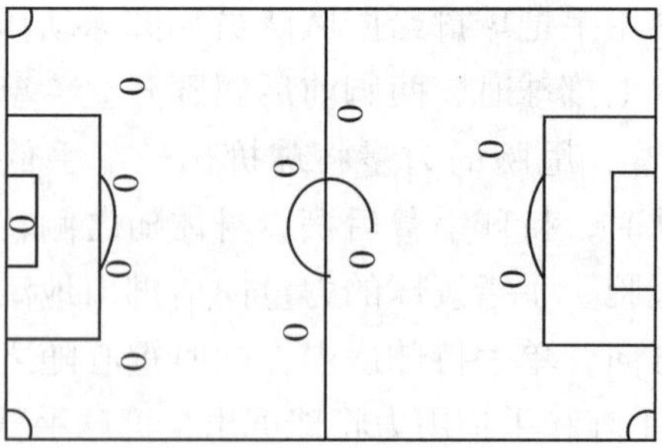
“4 -4 -2” 阵型

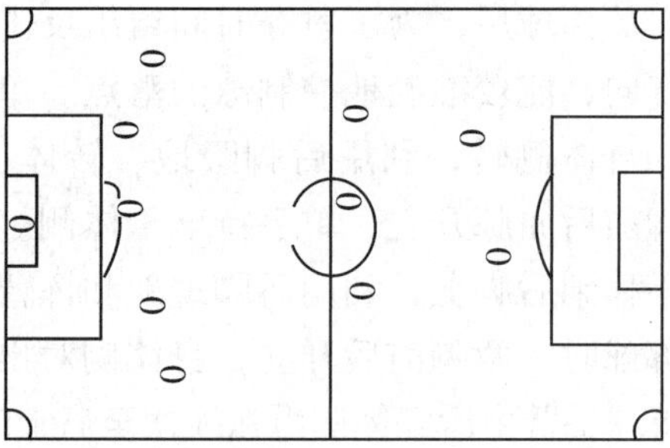
“5 -3 -2” 阵型

图 24　比赛阵型

二、进攻战术

（一）个人进攻战术

个人进攻战术是指在比赛中，为了战胜对手而采取的符合整体进攻目的的个人行动。它是构成局部和整体进攻战术的环节，其水平的高低直接影响着局部和整体进攻战术的质量。个人进攻战术包括传球、射门、运球突破和跑位。

1. 传球

传球是整体战术配合的基础，是组织进攻、变换战术、迅速逼近对方球门、创造射门机会的主要战术方法。传球是集体配合的基础，它是完成战术配合、创造射门机会的主要手段。

选择传球目标、掌握传球时机和控制传球力量是传球的主要战术内容。传球按距离可分为短传（15 米以内）、中传（15～29 米）和长传（30 米以上）；按传球的高度可分为地滚球、低平球和高空球；按传球的方向可分为直传、斜传、横传和回传。

传球的运用应注意隐蔽、时机、准确、力量、全面。

2. 射门

射门是一切进攻战术配合的最终目的，也是进攻得分的唯一手段，是进攻战术中最重要、最困难、最振奋人心的环节。在现代足球比赛中，要想在对方严密防守和紧逼拼抢的情况下有效地完成射门，必须要有强烈的射门欲望，善于抓住射门时机，选择合理的射门方法。射门突然，快速有力，出球准确，才能将球攻入对方球门。

（1）强烈的射门进球意识和欲望。

在各种级别的比赛中都可以见到，许多插上、包抄和罚球区附近的射门机会被放掉了。该射的球，却被接球或运球取代了。队员应该懂得：在该射门的位置和时机不射门是极大的错误。具有强烈的射门进球意识和欲望，捕捉一切射门的机会是进球获胜的前提。要敢于在激烈的对抗中完成射门行动，要勇于承担射不进的风险责任。

（2）射门必须准确、突然、有力。

准确是射门的前提，也是能把球射入对方球门的关键。在准确的基础上，要射得突然、有力，使对方守门员猝不及防，尤其是远射更应强调力量。

（3）尽量射低球。

（4）选择最佳射门角度。

（5）注意射门区域。

射门区域一般分为 1、2、3、4 个区（如图 25）。据统计在第 12～14 届世界杯赛中，共进了 393 个球，其中进球率 1 区占 67.4%，2 区占 22.4%，3 区占 8.7%，4 区占 1.5%。

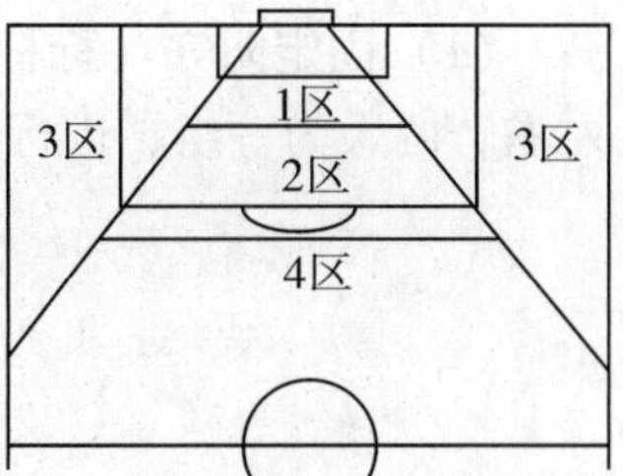

图 25 射门区域

（6）珍惜射门机会，不失时机果断起脚。

3. 运球突破

运球突破是极为重要、极有威胁性的个人进攻战术，是突破防守体系、创造以多打少的重要方法，也是制造更好的射门和传球机会的有效手段。

比赛中控球队员在下列情况可采用运球突破战术行动：

（1）控球队员在没有射门、传球可能时，可运球突破对手，创造射门、传球的机会。

（2）在攻守转换过程中，控球队员在进攻 3 区内，面对最后一名防守队员，而且防守队员身后又有较大空当，应大胆运球突破其防守射门。

（3）控球队员在对手贴身紧逼失去射、传球最佳角度时，应运球突破其逼抢，并使其后撤松动防守。

（4）对方采用制造越位战术又没有传球可能时，应采用反越位战术，果断运球突破，直接攻门。

4. 跑位

跑位是指在比赛中队员在无球的情况下，通过有意识的跑动为自己或同伴创造进攻机会的行动。

敏锐的观察、明确的目的、合理的时机和多变的行动是跑位的主要战术内容。

（二）局部进攻战术

局部进攻战术是指在局部地域两个或几个队员之间的配合方法。它是集体配合的基础，一般常用的有斜传直插二过一配合、直传斜插二过一配合、踢墙式二过一配合和三过二配合等。

两人的局部配合是集体配合的基础，常用的两人配合有斜传直插二过一配合、直传斜插二过一配合、回传反切二过一配合。

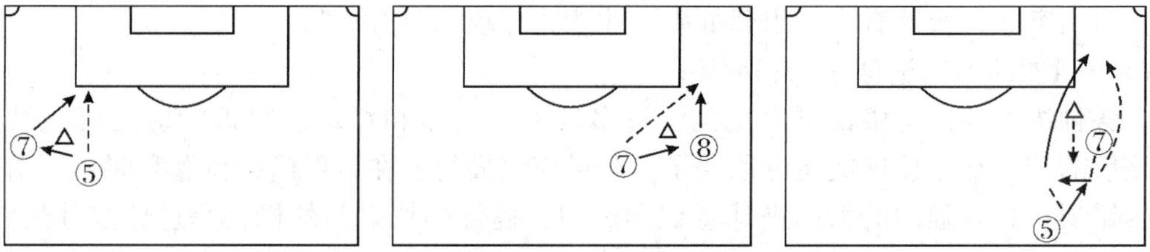

斜传直插二过一配合　　直传斜插二过一配合　　回传反切二过一配合

图 26　常用的两人配合

在练习足球二过一战术配合时，应注意对各个战术环节的完成方法。

（1）固定防守（标杆）二过一战术配合练习：每组 8 ~ 10 人，分成两队，相距 10 米左右，两人为一组，进行二过一配合练习。

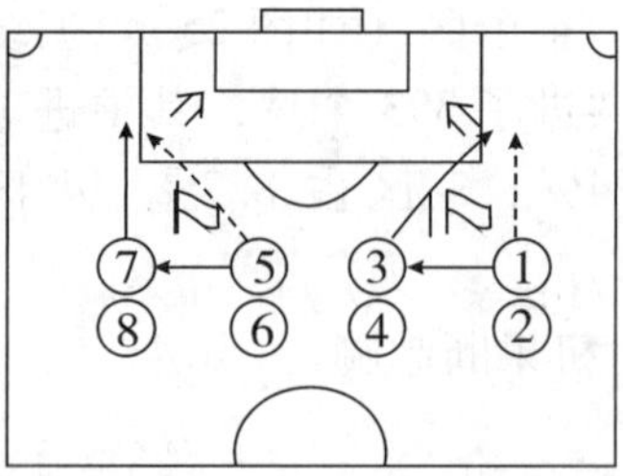

图 27　固定防守（标杆）二过一战术配合练习

（2）固定第二传球者二过一配合练习：全队分成若干组，每组固定一个第二传球者，每组同时练习一种战术配合，也可分别练习某一种战术配合，并结合射门进行练习。

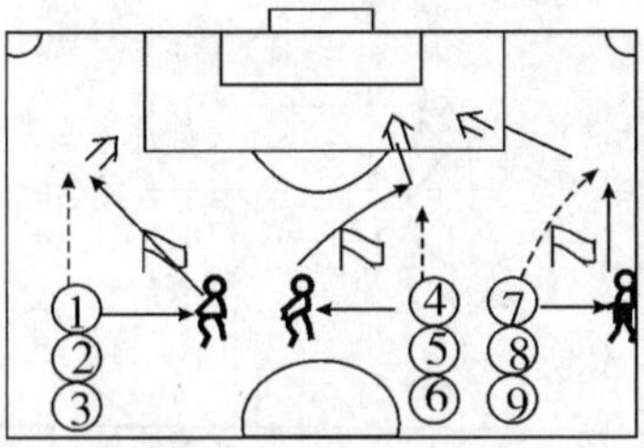

图 28　固定第二传球者二过一配合练习

（3）固定第二传球者往返二过一配合练习：每组 7 人，再分两小组，每组 3 人，相距 30 米，成纵队面对面站立，中间一人为固定传球者，①运球传给⑦，⑦直接传给①，①得球传给④，④按①的方法进行练习。

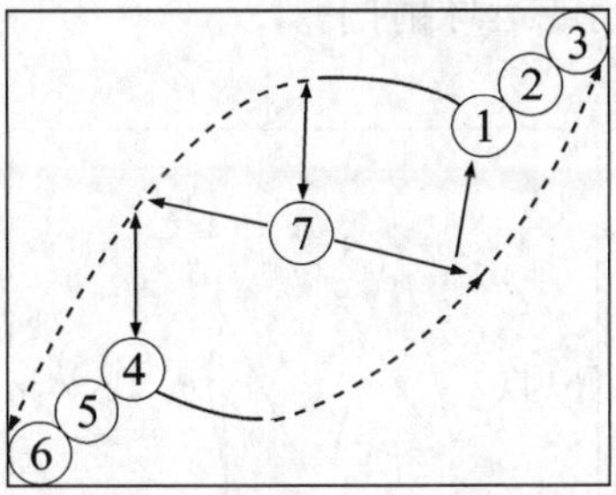

图 29　固定第二传球者往返二过一配合练习

（4）回传反切直插二过一配合练习：分两组，每组 2 人，成纵队面对面站立，相距 20 米左右，②向回扯动接①的传球，得球后回传给①后，快速反切接①传球后传给④，跑到④身后，④得球后与①做回传反切二过一配合练习。

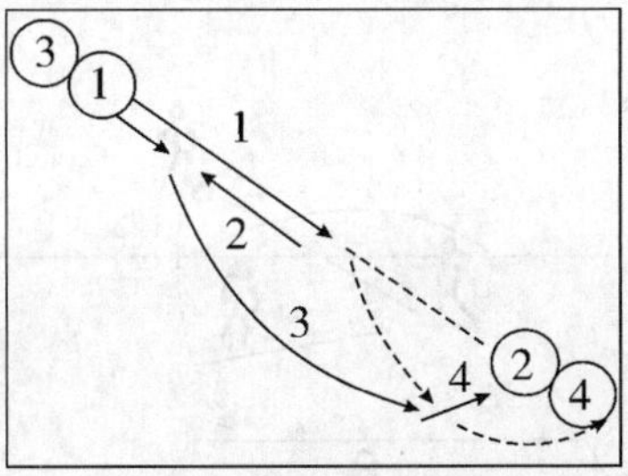

图 30　回传反切直插二过一配合练习

（5）连续二过一配合练习：每组 8 ~ 10 人，再分两小组，相距 30 米左右成纵队面对面站立。①运球，②迎球接应，①传给②，②横传给①做二过一配合，②运球，③迎球接应，②传给③，③横传给②做二过一配合，依次反复练习。

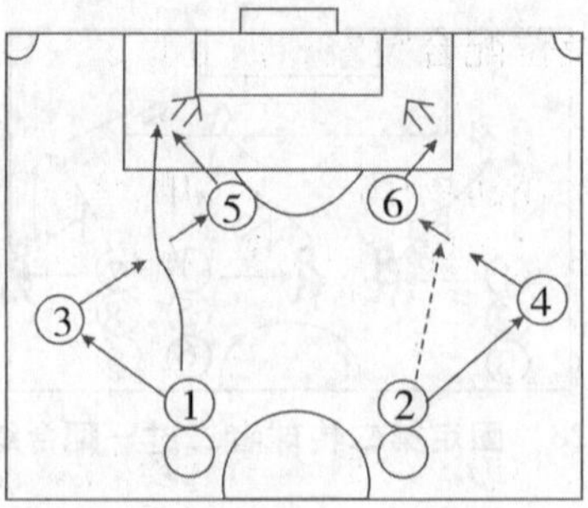

图 31　连续二过一配合练习

（6）连续二过一配合射门练习：每组 7～10 人，有两人固定（或轮流）做传球者。①和②分别传给③和④，③和④直接传给①和②，①和②接球变向，再传给⑤和⑥，⑤和⑥传给①和②，①和②直接射门或运球射门。

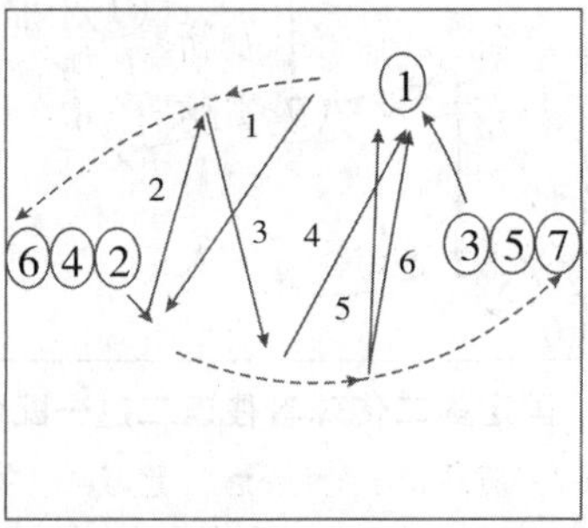

图 32　连续二过一配合射门练习

（7）有防守的二过一配合射门练习：三人一组，两人进攻一人防守，进攻者根据防守者的位置练习二过一配合射门。

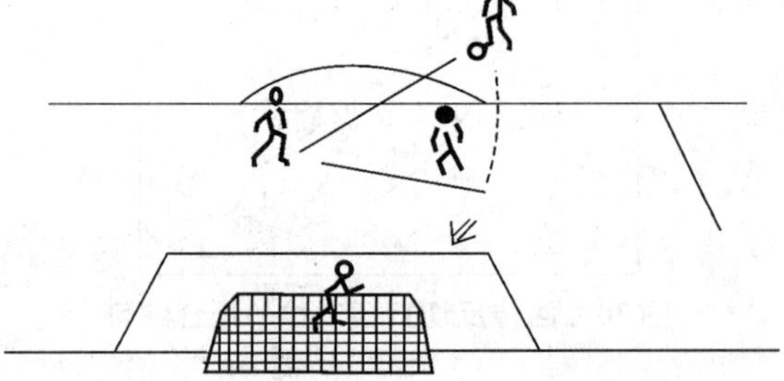

图 33　有防守的二过一配合射门练习

（三）整体进攻战术

整体进攻战术是指为了完成进攻任务所采用的全局性的配合方法。

1. 边路进攻

利用球场两侧地区发起进攻的方法叫边路进攻。边路进攻是全队进攻战术的主要形式之一，其主要特点是有利于发挥进攻速度，打破对方防线从而制造缺口。它的方式有运球突破、二过一配合突破、交叉换位配合突破和插上套边突破。

2. 中路进攻

通常是指进攻最后阶段发生在前场中间区域的配合。它能直接威胁球门，但中间防守人员密集，不易突破。因此，通过中锋、内切的边锋或插上的前卫之间的配合或个人运球过人等方法突破对方的防线。

3. 转移进攻

转移进攻是指由一个区域转向另一个区域的进攻配合。此方法是采用有效而准确的中长距离传球来实现的，以拉开对方的一边防守，达到声东击西的进攻目的。

4. 快速反击

快速反击是指防守方在获得球权后，在对方尚未形成稳固防守态势时，快速反击对方，从而创造射门机会的配合。

三、防守战术

防守战术是指比赛中为了阻止对方进攻和重新获得球权所采取的个人配合和集体配合方法，包括个人防守战术、局部防守战术和整体防守战术。

（一）个人防守战术

个人防守战术是指为了控制对手所采用的个人战术行动，是整体战术的基础。它包括选位与盯人、断球、抢球等。

1. 选位与盯人

选位是指防守队员根据位置职责和临场情况，选择适当的位置。盯人是指在正确选位的基础上，对防守的对手实施监控后严密控制其进攻行动。

选位与盯人的要素如下：及时、原则、兼顾、队形、灵活、盯人。

2. 断球

断球是指将对方的传球从途中截下来或破坏掉的战术行为。

（1）断球的要素：①正确的判断；②合理的位置；③恰当的时机。

（2）断球的注意事项：①隐藏断球意图；②顾防守全局；③断球后反击。

3. 抢球

抢球是指将对方控运的球抢过来或破坏掉的战术行动，是重要的个人战术，同时也是个人防守能力的重要标志。

（1）抢球的要素：①正确的站位；②合理的距离；③准确的时机。

（2）抢球的注意事项：①抢球首先要站稳，不要受对方假动作的迷惑；②抢球时可主动向一侧假抢，诱使对方向另一侧运球而实施真抢；③抢球动作要勇猛，既抢球又卡位；④抢球后衔接动作要快，及时控球发动进攻；⑤如果抢球不成功，要快速转身及时换位回防。

（二）局部防守战术

局部防守战术是指两个或两个以上防守队员之间的配合方法，其配合形式有保护、补位和围抢。

1. 保护

保护是指给逼抢持球队员的同伴心理和行动上的支持，使其无后顾之忧，全力以赴紧逼对手。

在运用保护战术时有以下要求：

（1）保护队员与逼抢队员的距离，根据不同场区应有所不同：后场 3 ~ 5 米；中前场 4 ~ 8 米。根据持球队员的不同特点也应有所变化，对技术型队员距离应近些，对速度型队员距离应稍远些。保护的距离是动态变化的，例如在后场保护距离一般为 3 ~ 5 米，而保护队员在观察判断同伴与对方持球队员的争夺时不断调整位置，当对方突破同伴防守的一刹那，保护队员应处在伸脚就能将球夺过来的距离和位置。

（2）保护队员与逼抢队员的角度一般应选位 45°，偏向球的一侧。另外要根据临场具体情况随时调整角度，如果同伴堵内放外，保护队员选位角度应偏向外线；如果同伴堵外放内，保护队员的选位角度应偏向内侧，以配合同伴形成夹击之势。

（3）保护队员选位时还应考虑双方人数的对比。二防一时，全力保护、夹击。二防二时，既要保护同伴防突破，又要兼顾自己应盯防的对方接应队员；二防三时，主要是延缓对方进攻速度，争取其他队员的回防时间；当对方射门时要坚决封堵。

（4）保护队员还要通过语言指挥同伴抢截和选位，同时让同伴知道自己的保护位置，使防守配合更加协调、有效。

2. 补位

补位是指防守队员弥补同伴在防守中出现漏洞时所采取的相互协助的战术配合。在比赛中，通过同伴间的相互补位，可以有效地遏制和破坏对方的进攻行动，变被动为主动。

图 34　弥补插上的卫线队员的防守空位

（1）补位形式：

① 弥补插上的卫线队员的防守空位：当前卫或后卫队员插上进攻退守不及时时，临近的队员应暂时弥补他的空位，以防对方利用这一空当进行快速反击（如图 34）。

图 35　相互补位

② 相互补位：当同伴被突破后，保护队员要及时补位防守，将球夺回来或阻断对方进攻路线。被突破的队员应立即后撤，选择适当位置转化为保护队员（如图 35）。

③守门员出击时，后卫队员要及时回撤到球门线附近选位弥补守门员的位置，防止守门员出击失误，对方突然射空门（如图 36）。

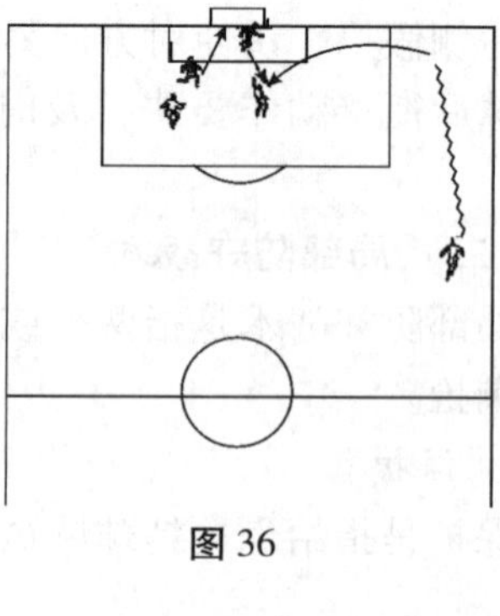

图 36

（2）补位注意事项：

① 防守队员能追上自己的对手时，一般不要交换防守和进行补位。

② 需要补位时，以邻近位置的两名队员之间进行相互补位，尽量避免牵动更多的防守队员交换位置，以免打乱防守队形。

③要保持罚球区及附近的危险区域不出现空当。

3. 围抢

围抢是指在特定场区，两个以上的防守队员突然、快速、有效地多方位夹击对方控球队员，把球抢夺回来或破坏掉的战术配合。围抢战术是防守中局部的进攻，是被动中争取主动的积极行动。

（1）围抢战术运用：

①在围抢局部地点守方人数占有优势而且距离较近时，思想统一应果断围抢。

②被围抢的队员尚未控制好球，他附近又没有接应队员和传球路线时应及时围抢。

③一般应在边、角场区，对方身体方向和观察角度较差或在守方门前接球、运球、射门时，应坚决围抢封堵。

（2）围抢的注意事项：

①务求围抢成功，不可疏漏，一旦突破会在其他区域形成以多攻少的被动局面。

②围抢时应贴身逼抢，但切不可犯规，特别是在门前，一旦犯规被罚点球将造成不可挽回的损失。

（三）整体防守战术

在足球防守战术中，整体防守战术是指全员所采取的防守战术。整体防守战术按形式分为区域盯人防守、人盯人防守和混合盯人防守；按打法分为向前逼压式打法、层次回撤式打法和快速密集式打法。这里主要介绍按形式划分的三种整体防守战术。

1. 区域盯人防守

由攻转守时，根据场上位置的分布和职责分工，每个防守队员负责防守一定区域，当对方某一队员跑入该区时，就负责盯防；离开这个区域，就不再跟踪盯防。这种防守战术较为节省体力，能防守住进入本防区的进攻队员。但是，对方可以任意交叉换位，容易造成局部地区以少防多的被动局面，并在邻近位置的结合部还容易出现漏洞。因此，目前在比赛中已很少采用这种防守方法。

2. 人盯人防守

人盯人防守是每个防守人各自都有明确的防守对象，对手跑到哪都要紧跟盯防到哪。人盯人防守分为全场人盯人、半场人盯人和后场人盯人防守。人盯人防守分工明确，责任具体，盯防效果好，但体能消耗大，防守队形、防线容易被拉乱，一旦突破，不易弥补。因此，目前比赛很少单纯采用人盯人防守方法。

3. 混合盯人防守

混合盯人防守是人盯人防守与区域盯人防守相结合的防守方法，在目前比赛中常常采用。它集中了人盯人防守和区域盯人防守的优点。对对方中场组织队员和前场攻击队员进行人盯人冻结防守，其他队员采取区域盯人防守，根据临场情况既盯人抢球又保护补位形成纵横交错的防守队形。

四、定位球战术

定位球战术是指比赛开始或比赛中出现死球后恢复比赛时所采用的战术配合方法。全攻全守的现代足球运动日趋快速、激烈，争夺的焦点集中在两个门前。统计表明，有

32% ~45% 的进球来自定位球的配合。定位球已成为比赛获胜的主要手段，越是重要的比赛，竞技水平越接近时，其胜负常取决于某一次定位球配合。因此，应当把定位球特别是前场定位球的攻守战术配合研究提高到应有的战略位置上。

定位球战术包括中点开球、任意球、角球、掷界外球、球门球和点球战术配合方法，下面将主要介绍其中四种。

1. 任意球战术

（1）任意球进攻战术。

任意球进攻，特别是前场任意球进攻，是当今足坛破门得分的最锐利的武器之一。在比赛中常用的进攻方式有直接射（直接任意球）、两人配合射、三人或三人以上配合射。

（2）任意球防守战术。

当对方在中后场发任意球时，防守队员需要很好地组织和站位。如果在前场发任意球，则必须要排人墙。排墙队员的人数取决于球所处的位置。

一般来说，球在球门正中方向，排六名队员；球与门成 70°左右，排五名队员；球与门成 40°左右，排四名队员；球与门成 20°左右，排两名队员。队员人数也可根据攻守双方队员特点和防守及场上具体情况做适宜的增减。在排排墙四名队员时，一般第一个队员应站在球与近门柱的达线上，若为防止对方弧线射门，可指定越墙的第二个队员站在此连线上。人墙的第一个队员为能精确地站位，应与守门员保持联系。

2. 角球战术

（1）角球进攻战术。

角球进攻的方式通常有四种：内弧线球至近球门柱或远球门柱，外弧线球至近球门柱或远球门柱，低平球或高吊球至近球门柱或远球门柱，短传配合。

（2）角球防守战术。

在角球防守的成败因素中，站位和盯人是重要的环节之一。对角球站位和盯人一般应掌握好以下六个原则：

①守门员站在远离端门的附近。这种选位主要是便于观察场上情况和出击。

②一名防守队员站在近端门的附近。他可以封住前角，防止进攻者发内旋球射门和限制近角附近进攻队员的战术行动。

③发角球同侧的一名边锋防守队员，应站在发角球队员的前面。他可以阻止或至少干扰对手发快速的低平球，迫使对方发高球。而高球对守方队员，包括守门员是极为有利的。

④空中争顶能力强的防守队员盯住头球好的进攻队员。

⑤一个快而运球技术好的队员站在中线边上，他的主要任务是在本方抢下球后作为“目标人”接球，趁对方防守没有组织好之前发动快速进攻。

⑥其余队员根据本队战术思想和未被盯进攻者的站位情况，分别选位和盯人。

3. 掷界外球战术

（1）掷界外球进攻战术。

掷界外球进攻战术明显效益通常表现在前场。由于掷界外球不存在越位问题，进攻者灵巧的跑位加之快速、相熟的配合，常常能造成对方防守阵脚混乱，取得良好的进攻效果。因此，在定位球战术中，掷界外球进攻战术也是人们极为重视的战术内容之一。

掷界外球进攻的方式主要有四种：接球者运球或同伴配合沉底传中；接球者长传转移或与同伴配合长传转移；接球者与同伴配合推进；发球者掷球于门前或禁区附近创造直接威胁球门的进攻配合。

（2）掷界外球防守战术。

一般说来，掷界外球一侧的防守队员应适当向中路靠近些，以便给向掷界外球一侧靠近的中路防守队员提供保护和减小相互间的空当距离。在防守中，对掷球队员附近的进攻队员和门前队员应紧盯，严格限制其自由行动，特别应防范对方向门前掷球的进攻配合，应注意安排头球好的队员盯住对方争顶空中球能力强的队员。

4. 球门球战术

球门球战术在比赛中的进攻效益不太显著，这主要是由发球区域的位置特点所决定的。

球门球战术进攻的形式通常有三种：与守门员配合后由守门员发动进攻；中短传于两翼或中路队员组织进攻；长传快攻。

球门球的防守战术：当对方发球门球时，防守的主控任务是迅速组织阵脚，每一队员要根据自己的防守任务，分别盯住对手或站好位置。在整体位置布置中，需注意的是各线间的适当距离和位置间的相互保护措施。在发球门球时，有时几个防守者也可站在禁区外附近，干扰进攻者的推进或发球配合。

第四节 足球竞赛规则介绍

一、比赛场地

1. 尺寸

比赛场地必须是长方形，边线的长度必须长于球门线的长度。长度 90～120 米（100～130 码），宽度 45～90 米（50～100 码）。标准场地长度 100～110 米（110～120 码），宽度 64～75 米（70～80 码）。国际正式比赛场地一般为 104 米×68 米或 105 米×69 米。

2. 场地标记

比赛场地是用线来标明的，这些线作为场内各个区域的边界线应包含在该区域之内。两条较长的边界线叫边线，两条较短的线叫球门线。所有线的宽度不超过 12 厘米（5 英寸）。比赛场地被中线划分为两个半场。在场地中线的中点处做一个中心标记，以距中心标记 9.15 米（10 码）为半径画一个圆圈，就是中圈。

3. 球门区

球门区在场地的两端，规定如下：从距每个球门柱内侧 5.5 米（6 码）处，画两条垂直于球门线的线。这些线伸向比赛场地内 5.5 米（6 码），并由一条与球门线平行的线相连接。由这些线和球门线组成的区域范围是球门区。

4. 罚球区

罚球区在场地的两端，规定如下：从距每个球门柱内侧 16.5 米（18 码）处，画两条垂直于球门线的线。这些线伸向比赛场地内16.5米（18码），并由一条与球门线平行的线相连接。由这些线和球门线组成的区域范围是罚球区。在每个罚球区内距球门柱之间等距离的中点11米（12码）处设置一个罚球点。在罚球区外，以距离每个罚球点9.15米（10码）为半径画一段弧，称罚球弧。

5. 旗杆

在场地每个角上各竖一根不低于1.5米（5英尺）的平顶旗杆，上系小旗一面。在中线的两端、边线以外不少于1米（1码）处，也可以设置旗杆。

6. 角球弧

在比赛场地内，以距每个角旗杆1米（1码）为半径画一个四分之一圆。

7. 球门

球门必须放置在每条球门线的中央。它们由两根距角旗杆等距离的垂直的柱子和连接其顶部的水平横梁组成。两根柱子之间的距离是7.32米（8码），从横梁的下沿至地面的距离是2.44米（8英尺）。两根球门柱和横梁具有不超过12厘米（5英寸）的相同的宽度和厚度。球门线与球门柱和横梁的宽度是相同的。球门网可以系在球门及球门后面的地上，并要适当撑起以不影响守门员。球门柱和横梁必须是白色的。

8. 安全性

球门必须牢固地固定在地上，符合这个要求才可以使用移动。

二、球

1. 质量和测量

球必须是圆形；用皮革或其他适当材料制成；圆周不长于70厘米（28英寸），不短于68厘米（27英寸）；重量在比赛开始时不多于450克（16英两），不少于410克（14英两）；压力在海平面上等于0.6~1.1个大气压（600~1 100克/平方厘米、8.5~15.6磅/平方英寸）。

2. 坏球的更换

如果球在比赛过程中破裂或损坏则应停止比赛，用更换的球在原球破裂时所在地点以坠球方式重新开始比赛。

如果球在开球、球门球、角球、任意球、罚球点球或者掷界外球等死球情况时破裂或损坏应按照相应的规定重新开始比赛。

比赛中未经裁判员的许可不得更换球。

三、队员人数

1. 队员

一场比赛应有两队参加，每队上场队员不得多于11名，其中必须有一名守门员。如果任何一队少于7人则比赛不能开始。

图 37

2. 正式比赛

在由国际足联、洲际联合会或国家协会主办的正式比赛中，每场比赛最多可以使用3名替补队员。竞赛赛程应说明可以有几名替补队员被提名，从3名到最多不超过7名。

3. 其他比赛

在国家A级比赛中，最多可以使用6名替补队员。其他所有比赛，只要符合下列条件即可增加替补队员数量：①双方关于替补人数达成一致意见；②在比赛前通知裁判员。如果比赛开始前裁判员未被通知或参赛队未达成任何协议，则可以使用的替补队员人数不得超过6名。

4. 所有的比赛

在所有的比赛中，替补队员名单必须在比赛开始前交给裁判员。未被提名的替补队员不得参加比赛。

5. 替补程序

替补队员必须遵守以下规定：①替补前应先通知裁判员；②替补队员在被替补队员离场，并得到裁判员信号后方可进入比赛场地；③替补队员只能在比赛停止时从中线处进场；④当替补队员进入比赛场地，即完成了替补程序；⑤从那时起，替补队员成为上场队员，而被替补队员终止为上场队员；⑥被替补下场的队员不得再次参加该场比赛；⑦所有替补队员无论上场与否，裁判员均有权对其行使职权。

6. 更换守门员

任何场上队员都可以与守门员互换位置，并规定：

（1）互换位置前通知裁判员；

（2）在比赛停止时互换位置。

7. 违规/判罚

如替补队员未经裁判员许可擅自进入比赛场地：①停止比赛；②对该替补队员予以警告并出示黄牌令其离开比赛场地；③在比赛停止时球所在地点由对方踢间接任意球重新开始比赛。

如果队员与守门员互换位置前未经裁判员许可：①继续比赛；②有关队员将在比赛成死球时被警告并出示黄牌。

8. 重新开始比赛

如果裁判员停止比赛执行警告，由对方队员在比赛停止时球所在地点踢间接任意球重新开始比赛。

9. 队员和替补队员被罚令出场

队员在开球前被罚令出场，只可从被提名的替补队员中选一人替换。凡被提名的替补队员被罚令出场，无论是在开球前或在比赛开始后，均不得替换。

四、队员装备

图 38

1. 安全性

队员不得使用或佩戴可能危及自己及其他队员的装备或任何物件（包括各种珠宝饰物）。

2. 基本装备

队员必需的基本装备是：运动上衣、短裤（如果穿紧身内裤，必须与短裤的主色同一颜色）、护袜、护腿板和足球鞋。

3. 护腿板

必须由护袜全部包住；由适当的材料制成（橡胶、塑料或其他类似材料）；可提供适当程度的保护。

4. 守门员

每个守门员的服装颜色必须有别于其他队员、裁判员和助理裁判员。

5. 违规/判罚

对于任何违反此规则的：

（1）比赛不需要停止；

（2）裁判员指出上场队员的装备有问题后，该队员应离开比赛场地去调整装备；

（3）除非该队员已经调整好装备，否则应在比赛停止成死球时离开比赛场地；

（4）离开比赛场地调整装备的队员在未得到裁判员许可前不得重新进场；

（5）裁判员允许队员回场前需检查队员装备；

（6）队员只有在比赛成死球时方可重新进入比赛场地；

队员因违反以上规则而离开比赛场地，在未得到裁判员同意即进入（或重新进入）比赛场地时，将被警告并出示黄牌。

五、裁判员

图 39

1. 裁判员的权力

每场比赛由一名裁判员控制，他被任命具有全部权力去执行与比赛有关的竞赛规则。

2. 权限和规则

（1）执行竞赛规则。

（2）与助理裁判员及第四官员一起控制比赛。

（3）确保任何比赛用球符合规则的要求。

（4）确保队员装备符合规则的要求。

(5) 记录比赛时间和比赛成绩。

(6) 因违反规则停止、推迟或终止比赛。

(7) 因外界干扰停止、推迟或终止比赛。

(8) 如果他认为队员受伤严重，则停止比赛，并确保将其移出比赛场地。

(9) 如果他认为队员只受轻伤，则允许比赛继续进行直到成死球。

(10) 确保队员因受伤流血时离开比赛场地。该队员经护理流血停止，在得到裁判员信号后方可重回场地。

(11) 当一个队被犯规而根据有利条款能获利时，则允许比赛继续进行。如果预期的“有利”在那一时刻没有接着发生，则判罚最初的犯规。

(12) 当队员同时出现一种以上的犯规时，则对较严重的犯规进行处罚。

(13) 裁判员不必立即向可以被警告和罚令出场的队员进行处分，但当比赛成死球时必须这样做。

(14) 向对自己行为不负责任的球队官员进行处分，并可酌情将其驱逐出比赛场地及周围地区。

(15) 对于自己没看到的情况，可根据助理裁判员的意见进行判罚。

(16) 确保未经批准的人员不得进入比赛场地。

(17) 比赛停止后重新开始比赛。

(18) 将在赛前、赛中或赛后向队员和球队官员进行的纪律处分及其他事件的情况用比赛报告提交有关部门。

3. 裁判员的决定

裁判员根据与比赛相关的事实所作出的决定是最终的。只有在比赛未重新开始前，裁判员可以根据自己的判断或助理裁判员的意见而改变确实不正确的决定。

六、助理裁判员

1. 职责

每场比赛应委派两名助理裁判员，他们的职责（由裁判员决定）应为示意：

(1) 当球的整体越出比赛场地时；

(2) 应由哪一队踢角球、球门球或掷界外球；

(3) 当处于越位位置的队员可以被判罚时；

(4) 当要求替换队员时；

(5) 当发生裁判员视线外的不正当行为或其他任何事件时。

图40

2. 协助

助理裁判员应依据竞赛规则协助裁判员控制比赛。助理裁判员如有过分干预或不合适的表现时，裁判员可解除其职责并将报告提交有关部门。

3. 第四官员

第四官员由竞赛规程指派，在其他三名比赛官员中的任何一名不能担任执法工作时上场替补。比赛开始前，组委会一定要明确在裁判员不能继续担任临场工作的情况下，是由第四官员担任比赛的裁判员，还是由第一助理裁判员担任裁判员，而第四官员担任助理裁判员。

图 41

第四官员的职责：

（1）根据裁判员的要求，负责赛前、赛中和赛后的赛场管理；

（2）负责比赛中的换人；

（3）负责比赛的换球；

（4）负责检查替补队员入场前的装备；

（5）有权将技术区域内任何人的不负责任的行为通知裁判员；

（6）第四官员应在整场比赛中全力协助裁判员进行工作；

（7）比赛结束后，第四官员应向有关负责机构提交有关裁判员和助理裁判员没有看到的任何不正当行为或其他事故报告。第四官员必须对裁判员和助理裁判员的报告提出建议。

七、比赛时间

1. 比赛时间

比赛分为上、下两个半场，每半场 45 分钟。特殊情况经裁判员和双方同意另定除外。任何改变比赛时间的协议（如因光线不足每半场减少到 40 分钟等情况）必须在比赛开始之前制定，并要符合竞赛规程。

图 42

2. 中场休息

队员有中场休息的权利。中场休息时间不得超过 15 分钟。竞赛规程必须阐明中场休息的时间。只有经裁判员同意方可改变中场休息时间。

3. 允许补充的时间

在每半场比赛中损失的下列时间应予补充：①替换队员；②对队员伤势的估计；③将受伤队员移出比赛场地进行治疗；④拖延时间；⑤任何其他原因。

应根据裁判员的判断补充损失的时间。

4. 罚球点球

在每个半场比赛或决胜期上下半场结束时，出现罚球点球的情况，则应允许延长时间执行完罚球点球。

5. 决胜期

竞赛规程可以规定再进行两个半场相等时间的比赛。规则第八部分的规定也能适用。

6. 中止的比赛

除竞赛规程另有规定外，中止的比赛应重新进行。

八、比赛开始和重新开始

图43 开球

1. 预备

通过掷币，猜中的队决定上半场比赛的进攻方向。另一队开球开始比赛。猜中的队在下半场开球开始比赛。下半场比赛两队交换比赛场地。

2. 开球

开球是比赛开始和重新开始的一种方式，出现在下列情况：①在比赛开始时；②在进球得分后；③在下半场比赛开始时；④在决胜期两个半场开始时。

开球可以直接射门得分。

3. 程序

（1）所有队员在本方半场内；

（2）开球队的对方队员，应距球至少9.15米（10码），直到比赛进行；

（3）球应放定在中心标记上；

（4）裁判员发出信号；

（5）当球被踢并向前移动时比赛即为进行；

（6）开球队员在球未经其他队员触及前不得再次触球。

某队进球得分后，由另一队开球。

4. 违规/判罚

如果开球队员在其他队员触球前再次触球，由对方队在犯规发生地点踢间接任意球。如果是在开球程序上的其他犯规，应重新开球。

5. 坠球

坠球是在比赛进行中因竞赛规则未提到的原因而需要暂停比赛之后，重新开始比赛的一种方法。

其程序是裁判员在比赛停止时在球所在地点坠球。当球触地比赛即为重新开始。

它的违规/判罚情况：如果球在接触地面前被队员触及；如果球在接触地面前未经触及而离开比赛场地，将重新坠球。

6. 球门区内的特殊情况

（1）判给守方在其球门区内的任意球，可从球门区内的任何地方踢出。

（2）判给攻方在其对方球门区内的间接任意球，从距犯规发生地点最近、与球门线平行的球门区线上踢出。

（3）坠球。比赛暂停之后，在距比赛停止时球所在的球门区内的地点最近的、与球门线平行的球门区线上坠球，重新开始比赛。

九、比赛进行及死球

1. 比赛成死球

下列情况比赛成死球：

（1）当球不论在地面或空中全部越过球门线或边线时；

（2）当比赛已被裁判员停止时。

2. 比赛进行

其他所有时间均为比赛进行中，包括：

（1）球从球门柱、横梁或角旗杆弹回比赛场地内；

（2）球从比赛场地上的裁判员或助理裁判员身上弹回场内。

图 44

图 45

十、计胜方法

（1）进球得分。当球的整体从球门柱间及横梁下越过球门线，而此前未违反竞赛规则，即为进球得分。

（2）获胜的队。在比赛中进球较多的队为胜者。如两队进球数相等或均未进球，则比赛成平局。

（3）竞赛规程。竞赛规程应说明，若比赛结束为平局，是否采用决胜期或国际足球理事会同意的其他步骤以决定比赛的胜者。

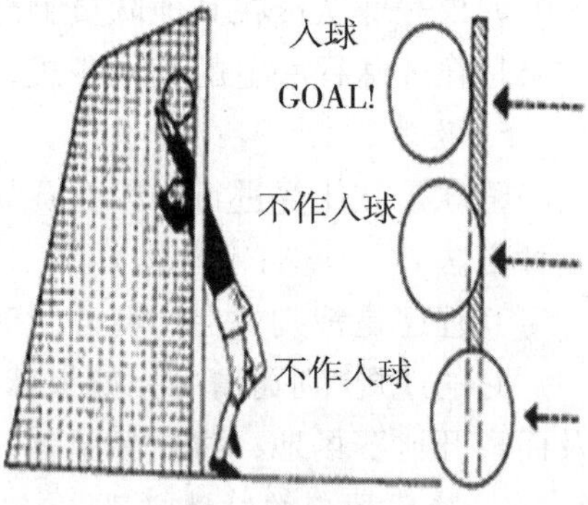

图 46　进球得分

十一、越位

1. 越位

在对方半场内，同伴向他传球的一刹那，他在球的前面，且距对方球门线之间对方队员不足二人。队员处于越位位置本身并不是犯规。

越位位置：①在对方半场内；②他在球的前面；③距对方球门线之间对方队员不足二人。三个条件缺一不可。

说明：他在球的前面是指头、躯干和脚的任何部分比球和对方最后第二名队员更接近球门线。手臂不包含在内。因为仅有手臂在前是不能获利的。

队员不处于越位位置：①他在本方半场内；②他齐平于最后第二名对方队员；③他齐平于最后两名对方队员；④他在球的后面（球在他前面）。

2. 犯规

处于越位位置的队员，在同队队员踢或触及球的一瞬间，裁判员认为其就下列情况而言“卷入”了现实比赛中时才被判为越位犯规：

（1）干扰比赛，指参与传递或触到队员传来或触到的球。

（2）干扰对方队员，指通过明显的阻挡对方视线或移动或作出裁判员认为有可能欺骗或干扰对方队员的姿势或移动，以达到阻止对方争抢球或可能争抢球的目的。

（3）获得利益，指在越位位置接到从球门横梁或立柱反弹回来的球或在越位位置接到从对方队员身上反弹回来的球。

处于越位位置的队员，如果直接从下列情况下接到球，则没有越位犯规：①球门球；②掷界外球；③角球。

下面的图 A、B、C、D 不越位，图 E、F、G 越位。

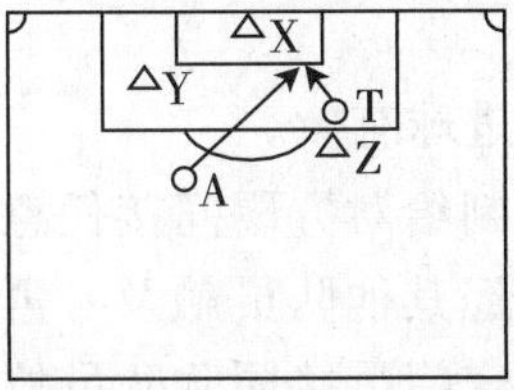

A 传球一瞬间，B 不处于越位位置，而插上接球，他不越位。

A

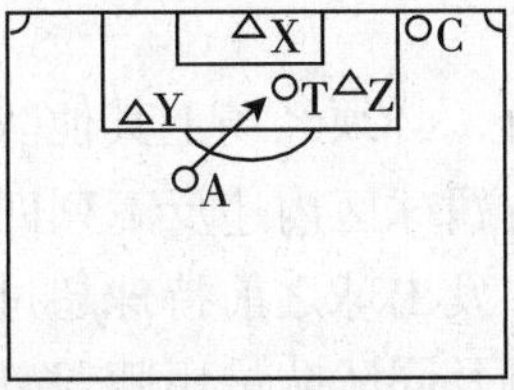

A 传球时，T 与对方倒数第二名防守队员 Z 平行不越位。C 虽然处于越位位置，但他没有主动参与比赛，也未获得利益，因此也不越位。

B

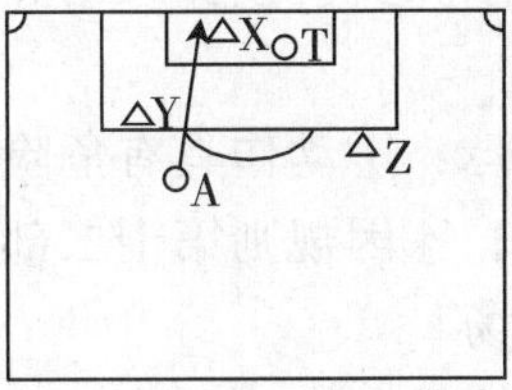

A 射门时，T 虽处于越位位置，但 A 直接射入球门，T 并尘主动参与比赛，也未干扰对方，因此他也不越位。

C

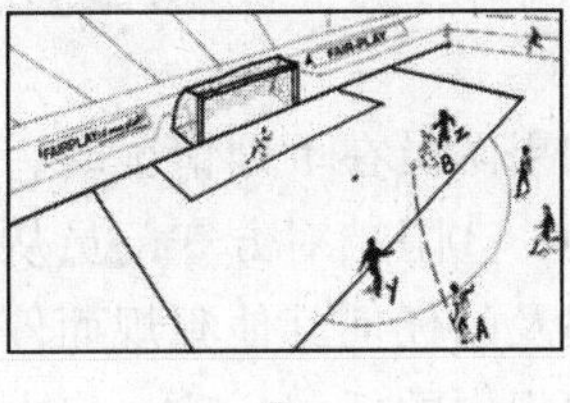

平行站位。

D

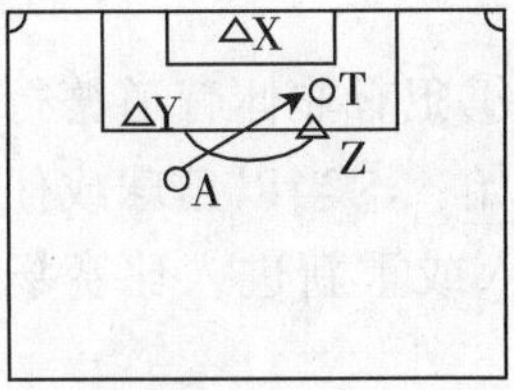

T 在对方半场，在球前，他到对方球门线之间只有 X，此时队友 A 传球给他的一瞬间，T 为越位。

E

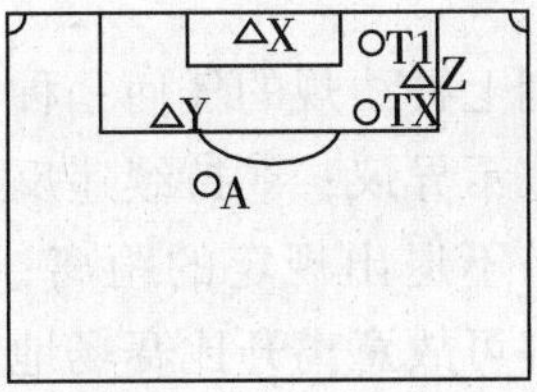

A 传球的一瞬间，T 处于越位位置，T 由 T1 跑到 TX 位置直接接得同伴 A 的球也为越位。

F

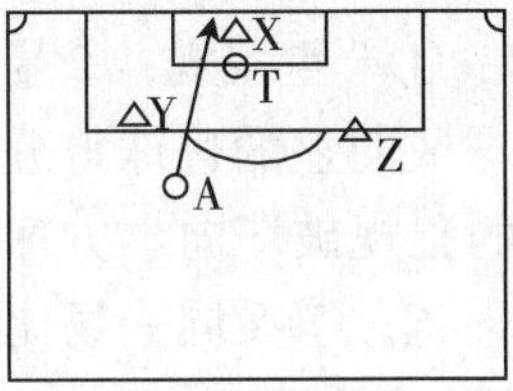

T 在 A 射门的瞬间，站在守门员 X 面前干扰对手，A 射门进球无效，T 为越位。

G

图 47 越位

十二、犯规与不正当行为

如下情况将被判罚犯规或不正当行为：

1. 直接任意球

可以直接射入对方球门得分。

裁判员认为，如果队员草率地、鲁莽地或使用过分的力量违反下列六种犯规中的任何一种，将判给对方踢直接任意球：①踢或企图踢对方队员；②绊摔或企图绊摔对方队员；③跳向对方队员；④冲撞对方队员；⑤打或企图打对方队员；⑥推对方队员。

如果队员违反下列四种犯规中的任何一种，也判给对方踢直接任意球：①为了得到对球的控制而抢截对方队员时，于触球前触及对方队员；②拉扯对方队员；③向对方队员吐唾沫；④故意手球（不包括守门员在本方罚球区内）。

出现以上十项犯规中的任何一项，将由对方在犯规发生地点踢直接任意球。

2. 罚球点球

在比赛中无论球在什么位置，如果队员在本方罚球区内违反了上述十种犯规行为中的任何一种，应被判罚球点球。

3. 间接任意球

不能直接射门得分，必须经场上其他队员触及后进入球门内才算进球有效。

如果守门员在本方罚球区内违反下列四种犯规中的任何一种，将判给对方踢间接任意球：①当手控制球后在发出球之前持球超过6秒；②在发出球之后未经其他队员触及，再次用手触球；③用手触及同队队员用膝盖以下部位故意踢给他的球（守门员接同队队员故意用脚挑起，再用膝盖以上部位踢来的球亦算违例）；④用手触及同队队员直接掷入的界外球。

裁判员认为，如果队员在下列情况时，也将判给对方踢间接任意球：①动作具有危险性；②阻挡对方队员；③阻挡对方守门员从其手中发球或冲撞守门员；④因规则第十二部分及前面各部分未提及的任何其他犯规而停止比赛，被警告或罚令出场。

出现以上八项犯规中的任何一项，将由对方在犯规发生地点踢间接任意球。

4. 可警告的犯规

如果队员违反下列七种法规的任何一种，将被警告并出示黄牌：①犯有非体育道德行为；②以语言或行动表示异议；③持续违反规则；④延误比赛重新开始；⑤当以角球或任意球重新开始比赛时，不退出规定的距离；⑥未得到裁判员许可进入或重新进入比赛场地；⑦未得到裁判员许可故意离开比赛场地。

5. 罚令出场的犯规

如果队员违反下列七种法规的任何一种，将被罚令出场并出示红牌：①严重犯规；②暴力行为；③向对方或其他任何人吐唾沫；④用故意手球破坏对方的进球或明显的进球得分机会（不包括守门员在本方罚球区内）；⑤用可判为任意球或球点球的犯规破坏向本方球门移动着的明显的进球得分机会；⑥使用无礼的、侮辱的或辱骂性的语言；⑦在同一场比赛中得到第二次黄牌警告。

被罚令出场的队员必须立即离开比赛场地附近及技术区域。

十三、任意球

1. 任意球的种类

任意球分为间接任意球和直接任意球两种。无论是直接还是间接任意球，踢球时必须将球放定，踢球队员在球未经其他队员触及前，不得再次触球。

2. 直接任意球

如果直接任意球直接踢入对方球门，判为得分；如果直接任意球直接踢入本方球门，判给对方踢角球。

3. 间接任意球

只有当球进门前触及另一名队员才可得分。如果间接任意球直接踢入对方球门，判为球门球；如果间接任意球直接踢入本方球门，判给对方踢角球。

4. 任意球的位置

罚球区内的任意球可分两种情况：

（1）属于守方的间接或直接任意球，则应：①所有对方队员距球至少 9.15 米（10 码）；②所有对方队员应站在罚球区外直到比赛进行；③当球被直接踢出罚球区比赛即为进行；④在对方球门区内获得的任意球可以在球门区内任何一点踢任意球。

（2）属于攻方的间接任意球，则应：①所有对方队员距球至少 9.15 米（10 码）直到比赛进行，除非他们已经站在本方球门柱之间的球门线上；②当球被踢并移动时比赛即为进行；③在对方球门区内踢间接任意球时，应在距犯规发生地点最近的、与球门线平行的球门区线上执行。

罚球区外的任意球，则应：①所有对方队员距球至少 9.15 米（10 码）直到比赛进行；②当球被踢并移动时比赛即为进行；③在犯规发生地点踢任意球。

5. 违规/判罚

（1）当踢任意球时，对方队员比规定距离更接近于球，应重踢。

（2）当守方在本方罚球区内踢任意球时，球未被直接踢出罚球区，应重踢。由除守门员外的队员踢任意球。

（3）如果比赛进行后，踢球队员在其他队员触球前再次触球（用手除外）：由对方在犯规发生地点踢间接任意球。

（4）如果比赛进行后，踢球队员在其他队员触球前故意用手触球：由对方在犯规发生地点踢直接任意球；如果犯规发生地点在本方罚球区内，将判罚球点球。

6. 由守门员踢任意球

（1）如果比赛进行后，守门员在其他队员触球前再次触球（用手除外）：由对方在犯规发生地点踢间接任意球。

（2）如果比赛进行后，守门员在其他队员触球前故意用手触球：如果犯规发生地点在本方罚球区外，由对方在犯规发生地点踢直接任意球；如果犯规发生地点在本方罚球区内，由对方在犯规发生地点踢间接任意球。

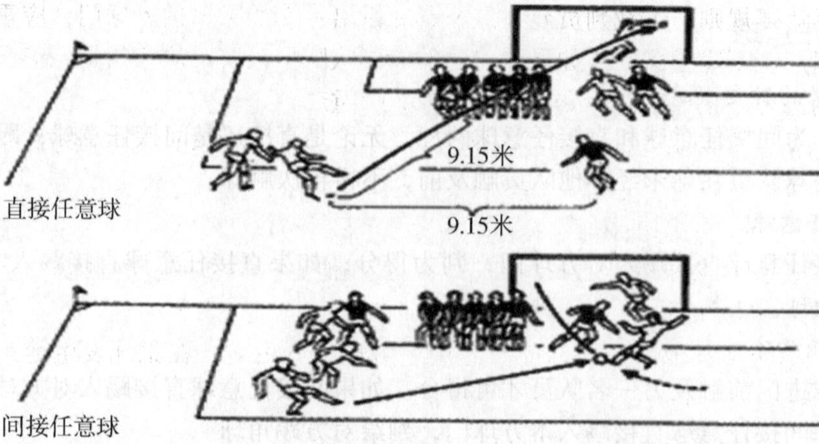

图 48　接任意球

十四、罚球点球

当比赛进行中，一个队在本方罚球区内由于违反了可判为直接任意球的十种犯规之一而被判罚的任意球，应执行罚球点球。罚球点球可以直接进球得分。

1. 球和队员的位置

球：放定在罚球点上。

主罚球点球的队员：确认由其主罚。

防守方守门员：留在本方球门柱间的球门线上，面对主罚队员，直至球被踢出。

除主罚队员和守方守门员外的其他队员应处于：比赛场地内；罚球区外；罚球点后；距罚球点至少 9. 15 米（10 码）。

2. 裁判员

应在队员处于规则规定的位置后发出执行罚球点球的信号；作出罚球点球完成后的决定。

3. 程序

（1）主罚队员向前踢出球点球；

（2）在其他队员触球前主罚队员不得再次触球；

（3）当球被踢并向前移动时比赛即为进行。

在比赛进行中，以及因上半场或全部比赛结束而延长时间执行或重新执行罚球点球时，如果球经过触及一个或连续触及两个球门柱、横梁、守门员后越过球门线，应判定得分。

图 49　罚球点球

4. 违规/判罚

如果是在球点球踢出之前，出现下列违例情况：

（1）主罚队员或主罚队员的同队队员在踢

球点球时违反竞赛规则：①裁判员允许该球点球踢出；②如果球进入球门，应重踢；③如果球未进入球门，不应重踢；④如果主罚队员的同队队员触及了从守门员、横梁或门柱弹回的球，裁判员将停止比赛，由守方以间接任意球重新开始比赛。

（2）守门员或守门员的同队队员违反竞赛规则：①裁判员允许该球点球踢出；②如果球进入球门，得分有效。

（3）攻守双方队员都违反竞赛规则，则应重踢。

（4）如果是在球点球踢出之后，主罚队员在其他队员触球前再次触球（用手除外）：由对方在犯规发生地点踢间接任意球。

（5）主罚队员在其他队员触球前故意用手触球，则由对方在犯规发生地点踢直接任意球。

（6）球被外来因素触及而影响了其向前移动时应重踢。

（7）球从守门员、横梁或球门柱弹回比赛场地内，接着被外来因素触及：①裁判员停止比赛；②在被外来因素触及的地点坠球重新开始比赛。

十五、掷界外球

掷界外球是重新开始比赛的一种方法。掷界外球不能直接进球得分。

1. 判为掷界外球

（1）当球的整体不论从地面或空中越过边线时；

（2）从球越过边线处掷界外球；

（3）判给最后触球队员的对方。

2. 程序

在掷出球的一瞬间，掷球者应：①面向比赛场地；②任何一只脚的部分站在边线上或站在边线外的地上；③使用双手；④将球从头后经头上掷出。

图 50 掷界外球

掷球队员在其他队员触球前不得再次触球。所有对方队员距掷球者所在地点不能少于 2 米。球一进入比赛场地，比赛即为进行。

3. 违规/判罚

如果对方队员不正当地阻碍掷球队员或分散其注意力：他将因非体育道德行为被警告并出示黄牌。对于其他违反此规则的，由对方掷界外球。其他一些再次触球和手触球的违例及判罚同任意球。

十六、球门球

球门球是重新开始比赛的一种方法。球门球可以直接射入对方球门得分。

1. 判为球门球

当球的整体不论在地面或空中越过球门线，而最后触球者为攻方队员，且根据规则不是进球得分时。

2. 程序

（1）由防守方从球门区内的任何一点踢球；

（2）对方应在罚球区外直至比赛进行；

（3）踢球队员在其他队员触球前不得再次触球；

（4）当球被直接踢出罚球区，比赛方为进行。

3. 违规/判罚

如果球未被直接踢出罚球区进入比赛时，应重踢。对于其他任何违反此规则的也应重踢。其他一些再次触球和手触球的违例及判罚同任意球。

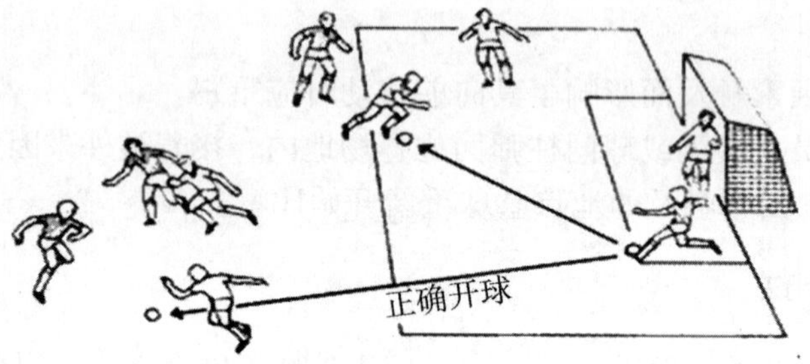

图 51　球门球

十七、角球

角球是重新开始比赛的一种方法。角球可以直接射入对方球门而得分。

1. 判为角球

当球的整体不论在地面或空中越过球门线，而最后触球者为守方队员，且根据规则不是进球得分时。

2. 程序

（1）将球放在离球出界处近的角球弧内；

（2）不得移动角旗杆；

（3）对方应在距球至少 9.15 米（10 码）以外，直至比赛进行；

（4）由攻方队员踢球；

（5）当球被踢出并移动时比赛即为进行；

（6）踢球队员在其他队员触球前不得再次触球。

3. 违规/判罚

对于其他任何违反此规则的，也应重踢。其他一些再次触球和手触球的违例及判罚同任意球。

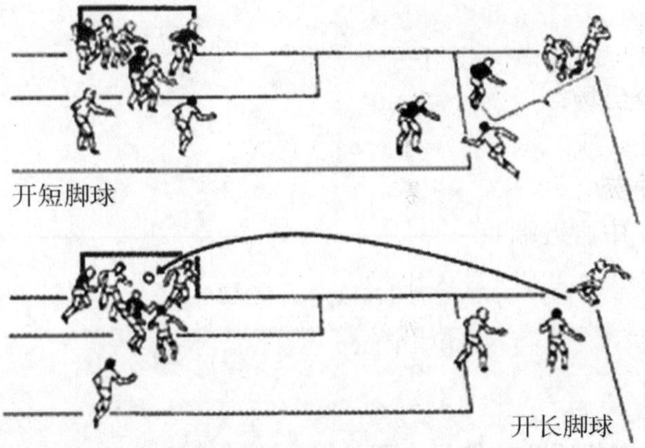

图 52 角球

十八、足球裁判法简介

1. 做好裁判工作的要素

（1）正确行使职权；

（2）裁判员工作要符合足球运动特点和具备良好的裁判意识；

（3）提高搞好裁判工作的重要能力（观察力、预见力、记忆力、判断力）；

（4）良好的耐力和速度素质是准确判罚的身体保证。

2. 裁判员临场工作的主要方法（赛前准备、赛中工作、赛后工作）

（1）赛前准备。

（2）赛中工作：①公正准确、严肃认真、尺度一致；②裁判员与助理裁判员和第四官员的配合要默契；③定位球判罚应注意的问题。

（3）赛后工作。

3. 裁判员手势

图 53 裁判员手势

（1）直接任意球；

（2）间接任意球；

（3）球点球；

（4）角球；
（5）球门球；
（6）警告或罚令出场；
（7）继续比赛。

4. 助理裁判员手势

（1）越位（远、中、近端）；
（2）掷界外球；
（3）球门球；
（4）角球；
（5）换人。

手势是给予重新恢复比赛的信号，要及时、准确、大方，防止手势不明或过分模仿队员犯规动作的情况。

5. 裁判员哨声

必须响哨的情况：比赛开始；比赛结束进球；罚球点球；犯规及因情况而暂停比赛时。其他情况一般不响哨，如球出界、发定位球、坠球等。

哨声要求及时、果断、响亮，通过哨声长短与轻重缓急的变化，使人们易于辨别场上发生的情况。

6. 对角线裁判制

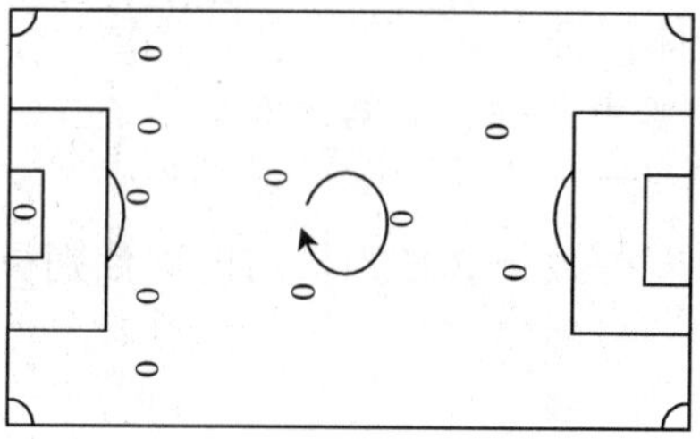

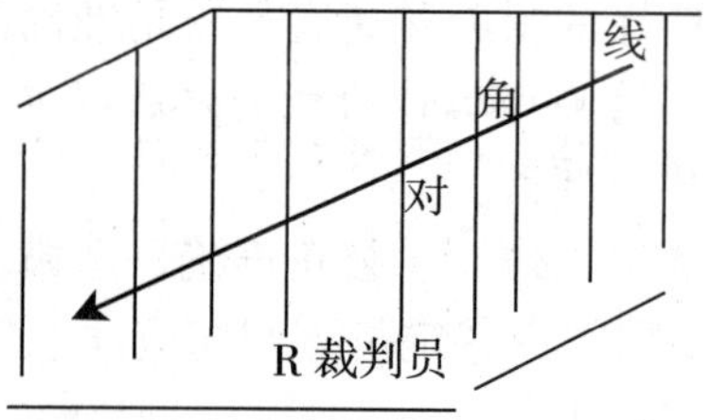

图 54　对角线裁判制

7. 裁判长的工作内容

（1）仔细研究秩序册的内容，重点放在竞赛规程的竞赛办法上；
（2）召集领队、教练员、全体裁判员联席会；
（3）检查比赛场地器材；
（4）检查各种表格是否齐全；
（5）制作比赛用的各种张贴表；
（6）组织裁判员学习和训练；
（7）开赛后，裁判长主要工作地点是现场，工作重点是保证比赛顺利进行。

8. 其他形式足球竞赛方法简介

（1）七人制足球；
（2）五人制足球；
（3）三人制足球竞赛办法；
（4）沙滩足球竞赛办法。

第九章　乒乓球

第一节　乒乓球运动概述

乒乓球运动起源于19世纪末的英国。最早有关乒乓球运动的记载是1880年伦敦出版的《体育用品推销目录手册》上与乒乓球比赛类似的插图。欧洲人至今还称乒乓球为“桌上网球”（Table Tennis），由此可知，乒乓球是由网球发展而来的。1890年，英国运动员詹姆斯·吉布从美国带回一些作为玩具的赛璐珞空心球用于乒乓球运动。这种球与球拍、球台撞击时会发出“乒”“乓”的声音，因此得名“乒乓球”。20世纪初，乒乓球运动在欧洲和亚洲各国蓬勃开展起来。20世纪80年代中后期，中国的乒乓球发展陷入低谷，来自欧洲的瑞典男队开始崛起，并在1989年、1991年和1993年连续三次夺得世界乒乓球锦球赛（世乒赛）的男团冠军。20世纪90年代末期开始，中国男乒再度崛起，在1999年和2001年重新夺回了男团斯韦思林杯。

近年来，国际乒乓球联合会（简称国际乒联）对乒乓球比赛的规则做了很大修改。“小球改大球”“21分制改11分制”“无遮挡发球”等一系列改革缩小了选手间的实力差距，增加了比赛的对抗性和偶然性。为了避免出现一个国家或地区垄断奥运会冠亚军，国际乒联规定在奥运会双打比赛中，来自同一协会的两对选手必须分在同一半区，这样出现在双打决赛赛场上的将是来自不同国家和地区的两对选手，比赛也将更具悬念。

第二节　乒乓球基本技术与战术

一、握拍方法

握拍的方法简称“握法”。不同的握法各有其优点，从而产生各种不同的打法，可以说握法决定着一个选手的特长和发挥。握法固定后，也不是说不能改变，随着水平的提高，可以自然改变。握拍的方法有两种：一种是像握笔一样的直握球拍法，简称“直拍”；另一种类型是像握手一样的横握球拍法，简称“横拍”。

图1　直握球拍法

1. 直握球拍法

用拇指和食指握住球拍拍柄与拍面的结合部位，拍柄右侧贴在食指的第三关节内侧，食指的第二关节压住球拍右肩，第一关节自然向内弯曲；拇指的第一关节压住球拍的左肩，其他三指自然弯曲斜形重叠，以中指第一指关节托于球拍背面1/3上端。

（1）直握球拍的特点：后腕比较灵活，可以较充分地运用手腕动作，台内球处理较好，侧身进攻比较灵活。

（2）直握球拍的运用：正手攻球时，拇指与中指协调用力控制好拍，食指放松，中指指尖部顶住拍背面，保证持拍的稳定和发力；推挡时，食指和中指协调用力控制拍形，拇指相对放松；发力时，以中指为主，食指和拇指在保持正确拍形的同时，辅助用力。

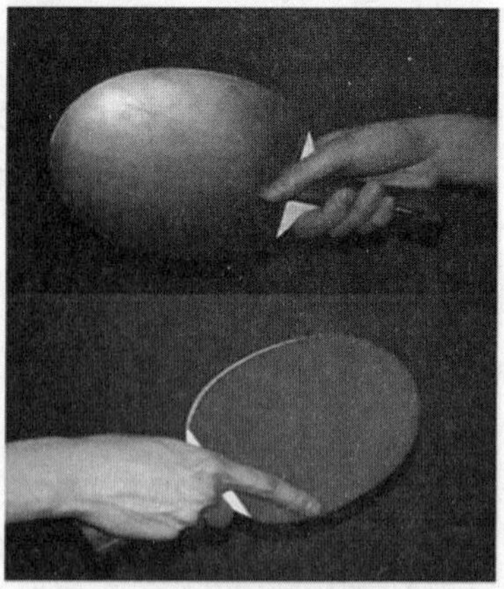
图2 横握球拍法

2. 横握球拍法

用中指、无名指和小指自然握住拍柄，拇指在球拍的正面轻贴在中指旁，食指自然伸直斜放于球拍的反手面，虎口正中央贴拍柄正侧面。如果虎口稍紧贴拍柄正侧面，可称为“深握法”；如果虎口处稍离开拍柄肩侧，可称为“浅握法”。

（1）横握球拍的特点：深握法的拍形比较容易固定，发力比较集中；浅握法的手腕相对灵活，处理台内球较容易。

（2）横握球拍的运用：正手攻球时，食指的第一关节顶住拍背面；反手攻球时，拇指顶住拍面。

二、站位

站位作为乒乓球运动中的最基本内容，却容易被人忽视。一般人认为，站在球台前就可以打球了，其实这是不正确的想法。站位，有时候决定着一个练习者的正反手转换的速度和衔接的程度，进而影响进攻能力。

一般来讲，不同打法的人，其站位方式也不同。下面按照打法的分类介绍：

1. 快攻型打法

直拍左推右攻打法、直拍两面攻打法、横拍快攻打法的站位，一般是左脚稍前于右脚，左脚位置基本处于球台左边线的延长线上。身体与球台端线的距离为40～50厘米。

2. 弧圈型打法

弧圈型打法的站位是左脚在前，右脚在后，左脚基本位于球台左边线延长线外约20厘米处。身体面向对方台面的左角，与球台左角的距离约60厘米。

横拍两面拉打法的站位，左脚靠前和在边线外的幅度可略小。

防守型打法（包括削、攻结合打法）的站位是两脚基本平行，左脚位置处于球台左边线的延长线上。身体与球台端线的距离约为1米。

站位需注意的是左脚稍前，右脚稍后（右手握拍）外，关键一点是右肩稍下沉，左肩比右肩稍高，且右腿始终是虚的，重心在左腿上，即始终保持正手攻的站位，特别是反手拨、搓时也要保持这一状态。这样做的目的是始终保持正手攻球的意识，强调正手侧身，这也是当代乒乓球技术发展的潮流。直拍的弱点也是反手，在保持正手意识的基础上，也要时刻防备反手的来球。

三、常用术语

1. 球台

端线：球台两端长 152. 5 厘米，宽 2 厘米的白线。

边线：球台两侧长 274 厘米，宽 2 厘米的白线。

中线：台面正中与边线平行的 3 毫米宽的白线。

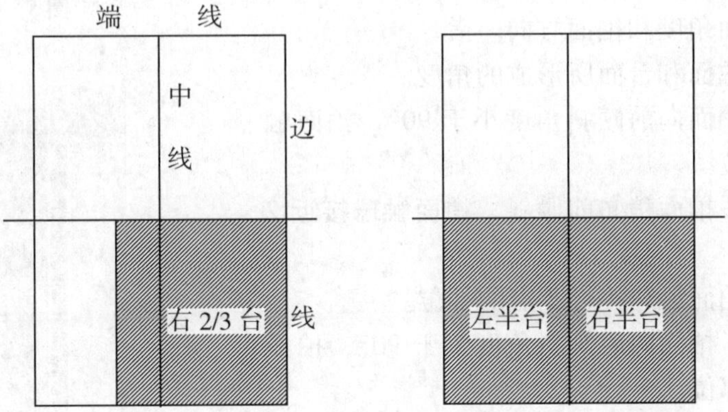

图 3　球台

2. 击球时间

对方来球着台后反弹上升至回落触击地面以前这段时间，称为击球时间。

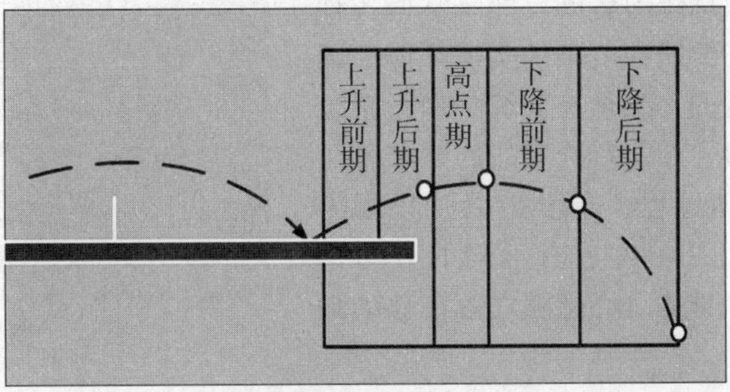

图 4　击球时间

3. 站位

近台：站位距离端线 50 厘米以内的范围。

中近台：站位距离端线 50 ~ 70 厘米以内的范围。

中远台：站位距离端线 70 ~ 100 厘米以内的范围。

远台：站位距离端线 1 米以外的范围。

4. 击球部位

击球部位是指击球时接触球的部位，按照钟表刻度可将球分为五个击球部位。

上部：接近 12 点的部位。

中上部：接近 1～2 点的部位。

中部：接近 3 点的部位。

中下部：接近 4～5 点的部位。

下部：接近 6 点的部位。

图 5　击球部位

5. 击球路线

击球点与落点之间的投影线，称为五条基本路线。

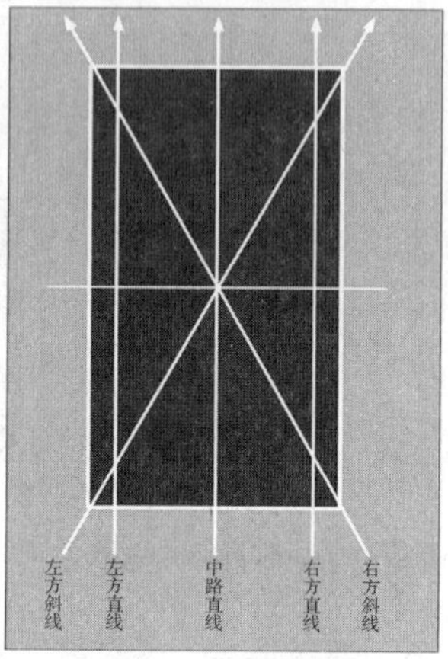

图 6　击球路线

6. 拍形

拍形包括拍面角度和拍面方向。

拍面角度：拍面和台面所形成的角度。

拍面前倾：拍面向前倾斜角度小于 90°，拍面触球接近 1 点的部位。

拍面稍前倾：拍面稍向前倾斜，拍面触球接近 2 点的部位。

拍面垂直：拍面触球接近 3 点的部位。

拍面稍后仰：拍面向后倾斜角度大于 90°，拍面触球接近 4 点的部位。

拍面后仰：拍面触球接近 5 点的部位。

拍面方向：击球时拍面所朝的方向。

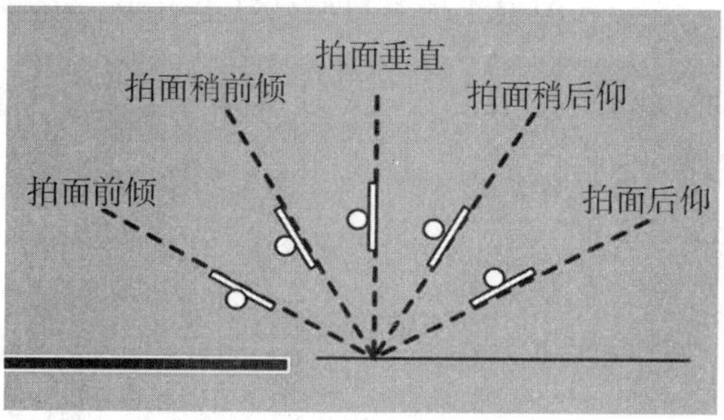

图 7　拍形

7. 基本步法

在乒乓球比赛中，击球的成功率往往取决于运动员步伐移动的速度和选择位置的准确性。在乒乓球训练中，乒乓球练习者既要熟练掌握各种步伐移动的方法，还要能在复杂的实战环境中灵活运用。要达到此目的，必须在训练中进行系统的和有针对性的练习，才能符合实战的要求。

（1）单步。移动过程：单步是以一只脚为轴，另一只脚向前、后、左、右不同的方向移动。当移步完成时，身体重心感随之落在移动脚上，然后挥臂击球。

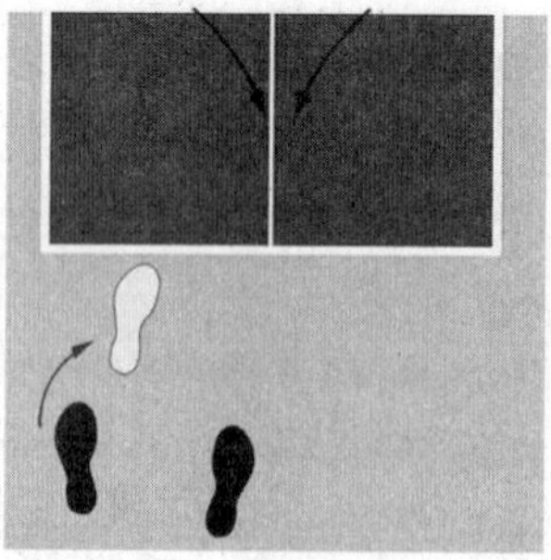

单步（一）

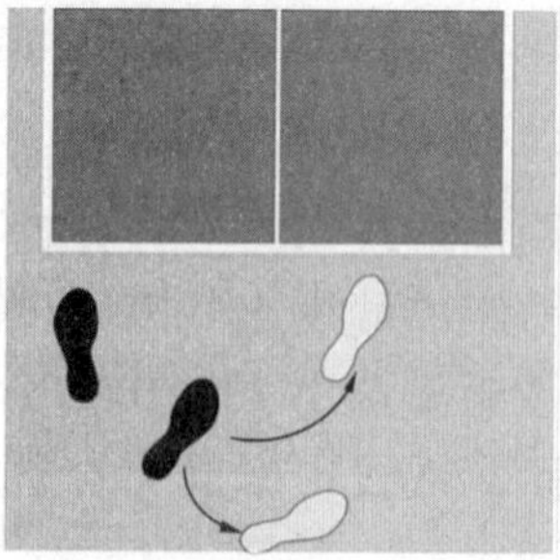

单步（二）

图 8

单步的特点和作用：动作最为简单，重心平稳，但移动范围小，在来球离身体较近时采用。

（2）跨步（跟步）。跨步是以一只脚向前、后、左、右不同方向跨出一大步，身体重心随即移到摆动脚上，而另一只脚也迅速滑动半步跟过去，然后挥拍击球。

跨步的特点和作用：移动快，移动范围较单步大，当球离身体较远时使用，多用于借力还击，不适于自己主动发力。因移动中常会降低身体重心，故不宜连续使用。

（3）跳步。跳步是以远离球的脚用力蹬地为主，使两脚同时离地，向来球方向跳动。蹬地用力大的脚先着地，另一只脚跟着落地站稳，然后挥臂击球。

跳步的特点和作用：移动范围大，重心变换快，可连续回击来球，在来球离身体较远情况下使用较多。

（4）并步。并步是先以来球异方向的脚向同方向的脚并一步，接着同方向的脚向来球方向再迈一步，然后挥臂击球。

并步的特点和作用：移动幅度介于单步和跳步之间，移动时身体不腾空，重心起伏小，常为进攻或削球打法左右移动时运用。

（5）交叉步。交叉步是先以远离球的脚迅速向左、右、前、后不同方向跨出一大步，接着支撑脚向同一方向再迈出一步，近臂击球，然后还原脚步。

交叉步的特点和作用：交叉步移动幅度比前几种都大，在左半台正手侧身进攻后，返正手位回击角度较大、速度较快的来球时，经常运用这种步法。

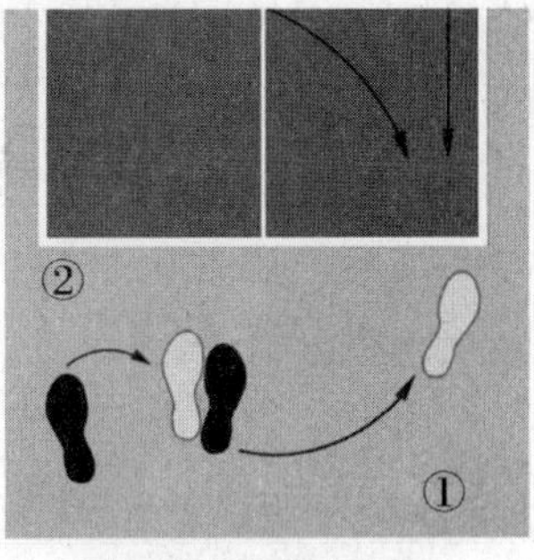

图 9　跨步

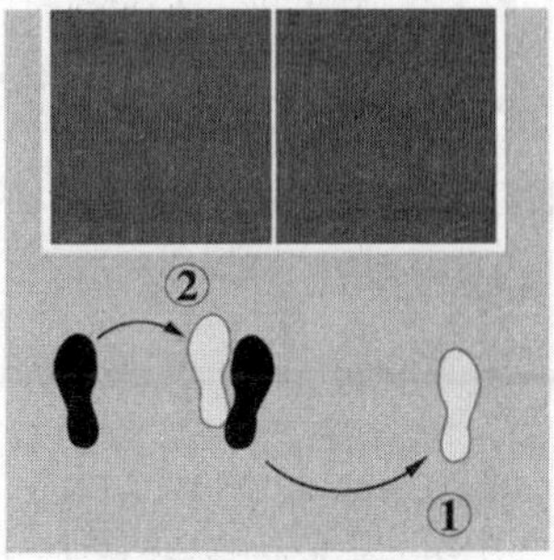

图 10　跳步

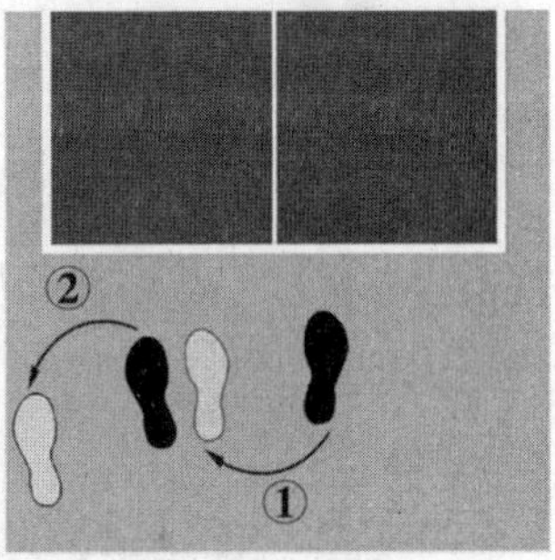

图 11　并步

四、发球与接发球

每一回合、每一局比赛都是从发球开始的，任何一种打法类型的运动员，都力求根据自己和对方的打法特点发出变化多端的球，给自己创造进攻的机会或限制对方第一板的抢攻。实践证明，发球在比赛中起着至关重要的作用，它是连接整个乒乓球技、战术的重要环节。发球有平击发球、正（反）手发急球、正手发左侧上（下）旋球、反手发右侧上（下）旋球、正手发转球与不转球等。

接发球是乒乓球技术中的一个重要组成部分，比赛中如果接发球不好，不仅会

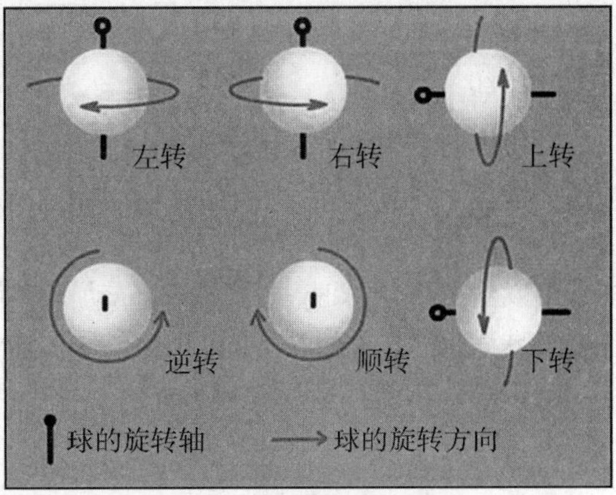

图 12　球的旋转方向

给对方制造较多的进攻机会，更重要的是常会引起自己心理上的紧张和畏惧，造成一连串的失误；反之，如果接发球接得好，不仅可以直接得分，而且还可以破坏对方的抢攻，从而为自己的进攻创造有利的条件。常用的接发球技术有挡、推挡、搓球、削球、抢攻、抢拉等。

1. 正手发左侧上（下）旋球

正手发左侧上旋球时，手臂自右上方向左下方挥拍，球拍从球的右侧中下部向左侧面摩擦，手腕迅速上勾。正手发左侧下旋球时，球拍从球的右侧中下部向左下方摩擦。

图 13　正手发侧上旋球

2. 正手发下旋球与不转球

正手发下旋球时，持拍手向前下方挥摆，击球前拍面稍平，击球时手腕发力摩擦球的底部。正手发不转球时，持拍手向前下方挥摆，击球前拍面稍竖直些，击球时不是摩擦球体而是推打球的中下部。

图 14　正手发下旋球与不转球

3. 反手发右侧上（下）旋球

持球手将球抛起时，持拍手快速向左上后方引拍，以球拍引至左肘下方外侧为宜，手腕适当内屈，拍面向左上方，待球在高点下降时，即向前击球。向前击球分两部分动作完成；从左后上方向右前下方挥摆为第一部分；从右前下方向右前上方挥摆为第二部分。这样，当发右侧下旋球时，用第一部分动作最后阶段击球，拍面从球的中下部向右侧下方摩擦，触球后仍做第二部分动作，也称假动作；当发右侧上旋球时，第一部分动作为假动作，不击球，用第二部分动作击球，触球时球拍从球的中下部向右上方摩擦。

图 15　反手发右侧上（下）旋球

4. 反手发急上旋球

发球时持球手将球向上抛起的同时，持拍手迅速向左后方引拍，拍形稍前倾，腰稍向左转，待球从高点下降到低于球网时，用前臂和手腕发力，击球的中上部，同时，腰从左侧向右侧转动。

5. 接平击发球

由于平击发球不带有旋转，故接平击发球只要采用挡、推挡或攻球技术即可。

6. 接左侧下旋球

接左侧下旋球时，球触拍后向自己的右侧下方弹出，因此，采用搓球回接时拍面应后仰，并略向左偏斜，触球时应用小臂和腕部发力，向前下方发力摩擦球。对方来球越转，回接时摩擦球的力度也应越强。

7. 接左侧上旋球

接左侧上旋球时，球触拍后向自己的右侧上方弹出，因此，采用推挡回接时拍面稍前倾并略向左偏斜，击球中上部偏右侧的部位，用力向前推挡，以抵消来球的左侧上旋力。如对方的球发到你的正手，也可采用攻球技术进行回击，拍形适当下压。

8. 接下旋球

接下旋球时可采用搓、挑技术；接旋转度较强的下旋球时，主要采用搓球技术；接来球下降期时，引拍比接一般下旋球稍高些，延长球在拍面上的摩擦时间；如果攻球回接，应注意调节拍形前倾角度，适当向上用力提拉。

五、攻球

攻球是乒乓球技术的重要组成部分，是快攻型打法最重要的技术，也是各种类型打法不可缺少的技术之一。它具有击球力量大、速度快、落点变化多的特点，能体现积极主动、快速进攻的指导思想。攻球技术丰富多样，通常分为正手攻球、反手攻球。

1. 侧身正手攻球

动作要领：首先迅速移动脚步到侧身位置，身体侧向球台，左脚在前，右脚稍后，上体略前倾并收腹。击球时，根据来球情况，可以在侧身位置用正手近台攻球、中台攻球、台内攻球、拉球和扣球等技术击球。

图 16　侧身正手攻球

2. 放短球

动作要领：身体靠近球台，击球前做攻球姿势，当球从台面弹起时，手臂前伸迎球。来球如下旋很转，拍面应后仰，触球的中下部，快搓过网；来球如不转，则拍面与台面近乎垂直，常用借力或减力触球的中部，不要求主动发力。

图 17　放短球

3. 杀高球

动作要领：两脚开立，右脚稍后，身体右转，手臂向右后方拉开，重心支撑点放在右脚。击球时，上臂从下向上做环形挥动，拍面前倾，前臂和手腕同时下压，在头与肩之间的高度击球的中上部。击球后，手臂随势下压挥拍至左侧，上体配合左转，重心支撑点移至左脚。

图 18　杀高球

4. 正手攻弧圈球

动作要领：回击加转弧圈球（快带），可在来球将着台时拉开手臂，球刚弹起即挥臂向前下方迎击，拍面前倾与台面约成60°，击球的中上部。

图19　正手攻弧圈球

5. 正手滑板球

动作要领：击球前，重心支撑点放在右脚，左脚在前，身体略向右转，球拍置于身体右侧，手臂由右向左前方挥动，在高点期触球左侧面，触球瞬间顺势向左滑拍使球左侧旋。击球后，重心支撑点移到左脚。

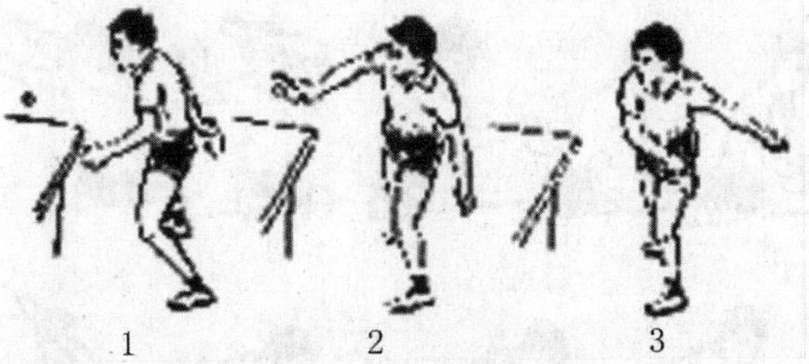

图20　正手滑板球

6. 正手近台攻球

动作要领：直拍正手近台攻球时（以下均以右手握拍为例），身体靠近球台，右脚稍后，两膝微屈，上体略前倾。击球前，引拍至身体右侧成半横状，上臂与身体约成35°，与前臂约成120°。当球从台面弹起时，手臂由右侧向左前上方迅速挥动，以前臂发力为主。击球时，食指放松，拇指压拍，使拍面前倾并结合手腕内转动作，在球的上升期击球的中上部。

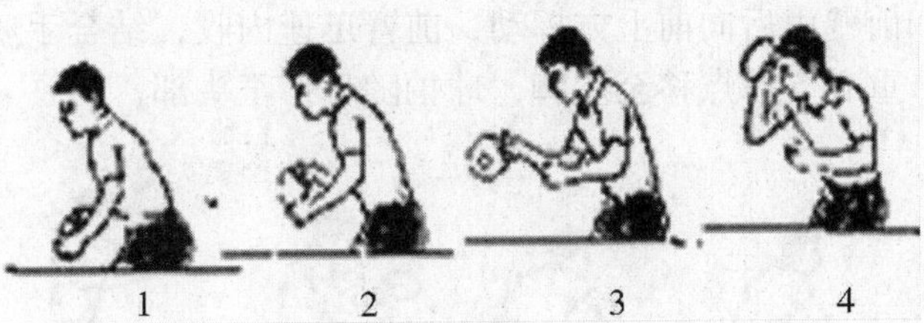

图21　正手近台攻球

横拍正手近台攻球时，前臂和手腕成直线并与台面接近平行，拍柄略朝下。击球的时间、部位、拍面角度及手臂挥动方向基本与直拍相似。

图 22　横拍正手近台攻球

7. 正手扣球

动作要领：两脚开立，右脚在后，重心支撑点在右脚。击球前，身体略向右转，引拍至右后方成半横状（直握拍拍端略朝下，横握拍拍端略朝上）。击球时，上臂带动前臂由后向前用力挥击，结合右腿蹬地和转腰的力量在高点期击球。如来球上旋，击球时拍面稍前倾，击球的中上部；如来球下旋，击球前球拍要略低于来球，击球的中部。击球后，球拍随势挥至胸前左方，重心支撑点移至左脚。

图 23　正手扣球

8. 正手拉球

动作要领：站位靠近球台，右脚稍后，重心支撑点在右脚上。击球前，引拍至身体右侧下方成半横状，拍面近乎垂直。上臂与身体约成 35°，与前臂约成 130°。当球从最高点开始下降时，上臂和前臂由后向前上方挥动，前臂迅速内收，结合手腕转动的力量摩擦球的中下部。击球后，重心支撑点移至左脚，球拍随势挥至头部。

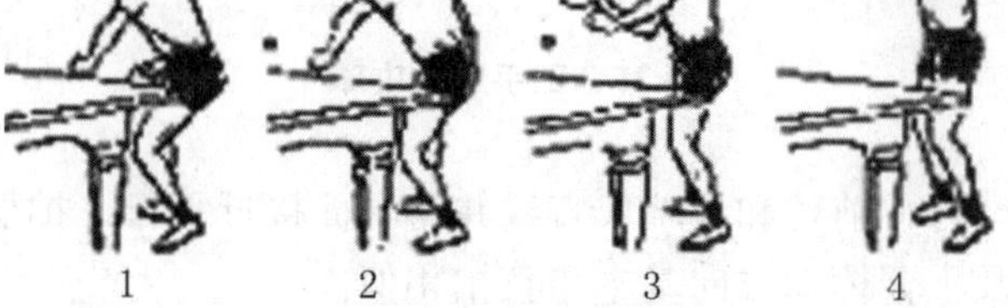

图 24　正手拉球

9. 正手台内攻球

动作要领：站位靠近球台，接右方近网短球时，右脚迅速向右前方跨出一步，上体略向前倾，球一着台就迅速将球拍伸进台内。当球跳至高点时，前臂内旋结合手腕转动进行击球。如来球上旋，食指就放松，拇指压拍，使拍面前倾，击球时前臂和手腕向前用力较多；如来球下旋，则拍面稍后仰，击球的中下部，前臂和手腕向上用力较多。

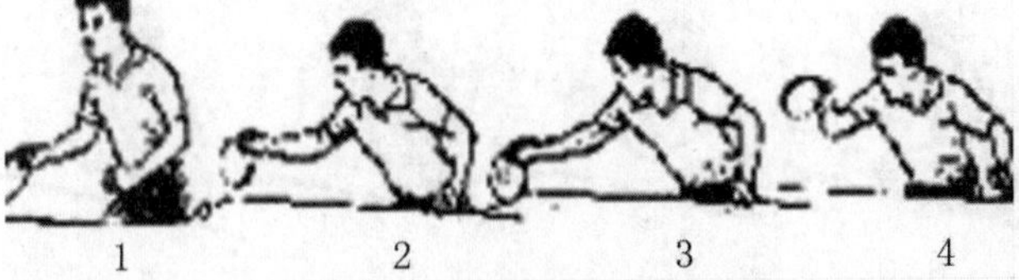

图 25　正手台内攻球

10. 正手中台攻球

动作要领：右脚在后，重心支撑点在右脚，身体离台 1 米左右。击球前的准备姿势与正手近台攻球相似。击球时以上臂发力为主，带动前臂和手腕向左前上方挥动，在球最高点或下降前段击球的中部。

图 26　正手中台攻球

11. 反手近台攻（快拨）弧圈球

动作要领：回击加转弧圈球时，上臂贴近身体，向左后方引拍，前臂高于台面，拍柄略向下。当球从台面刚一弹起，前臂即快速外旋挥拍，拍面与台面约成 60°，击球的中上部。

回击前冲弧圈球时，前臂应稍低些，右肩略微朝前下倾，拍面与台面约成 70°，向前用力击球的中上部。

图 27　反手近台攻（快拨）弧圈球

12. 反手近台攻球

动作要领：直拍反手近台攻球时，身体靠近球台，两脚平行开立。击球前，引拍到腹前左侧，肘关节略前出，上臂和前臂约成100°，拍柄稍向下。击球时，上臂贴近身体，前臂外旋向右上方挥动，配合向上的转腕动作使拍面略前倾，在上升期击球的中上部。击球后，随势将拍挥到右肩前。

图28 反手近台攻球

横拍反手近台攻球时，两脚平行开立，上体稍前倾，肘关节自然弯曲，上臂与前臂约成100°，前臂与手腕几乎成直线，拍柄稍微朝下，球拍置于腹部左前方。击球时，前臂向右前上方挥动，在上升期击球的中上部，触球时手腕向外转动。

13. 反手扣球

动作要领：两脚开立，右脚稍前。击球前，身体略向左转，并向左后方引拍，上臂贴近身体，重心支撑点在左脚。击球时，上臂带动前臂向右前方挥击，同时腰部右转，拍面前倾，拍柄略向下，在高点期击球的中上部。击球后，随势挥拍至右肩前上方，重心支撑点移至右脚。

在扣杀下旋球时，拍面稍后仰，在高点期击球的中部。手臂向右上方用力较多。

图29 反手扣球

14. 反手快拨

动作要领：两脚平行站立。击球前，肘关节自然弯曲，引拍至腹部左前侧，拍柄稍向下，肘部稍前出。击球时，前臂带动手腕向右前方挥动，拍面前倾，在上升期击球的中上部。击球后，球拍随势挥至胸前。

图30　反手快拨

15. 反手拉球

动作要领：右脚稍前或两脚平行站立。击球前，引拍至腹前偏左处，上臂与前臂约成130°，肘关节略向前，拍面近乎垂直。击球时，上臂贴近身体，前臂向右上方挥动，在下降前期击球的中下部。触球一瞬间，手腕向上转动，使拍面摩擦球。击球后，球拍随势挥至头部。

图31　反手拉球

16. 反手台内攻球

动作要领：站位靠近球台。来球在左方近网位置时，右脚立即向左前方跨出一步（如来球为左方大角度的短球，也可上左脚），上体略前倾，迅速将拍伸进台内，拍柄稍向下。当球跳至高点时，运用前臂外旋和手腕转动的力量击球。如来球上旋，击球时食指压拍使拍面前倾，击球的中上部，向前发力较多；如来球下旋，击球时拍面略后仰，击球的中下部，向上用力较多。

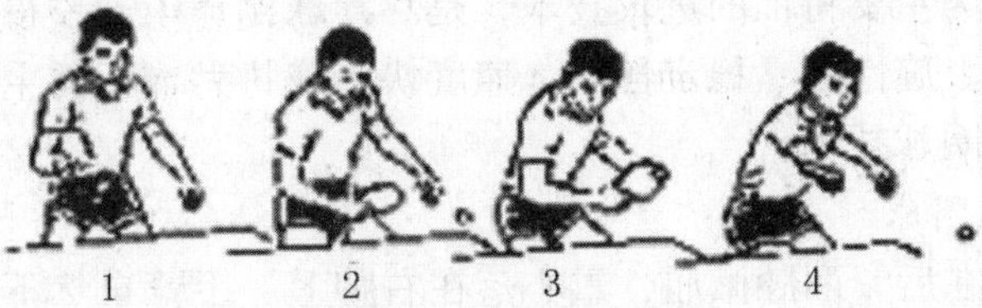

图32　反手台内攻球

17. 反手中台攻球

动作要领：右脚稍前，身体略向左转，重心支撑点放在左脚上，离台1米左右。击球前，上臂贴近身体，肘关节自然弯曲，引拍至腹部左前侧。击球时，上臂带动前臂向右前上方迅速挥动，拍面近乎垂直，在下降前期击球的中部或中下部。击球后，球拍随势挥至头部，重心支撑点移至右脚。

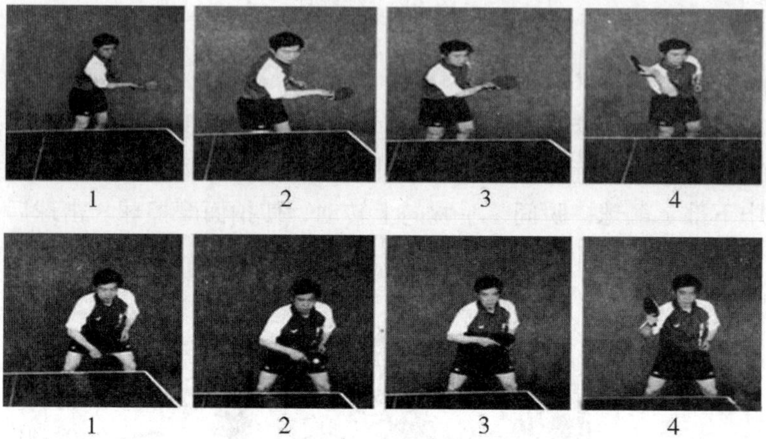

图33 反手中台攻球

六、搓球技术

搓球是近台和台内回击下旋球的一种过渡性技术，也是初学削球时必须掌握的一种技术。搓球具有旋转、速度与落点变化多、线路短、回球多在台内等特点，多用于等待、寻找或创造进攻机会。

搓球技术包括慢搓、快搓、摆短和搓侧旋球四种技术，下面以慢搓和快搓球技术为例。

1. 慢搓球

站位近台，两脚左右开立。反手搓球时，向左上方引拍，拍形稍后仰。击球时，身体重心向前移动，同时前臂作旋内转动，由上向前下挥拍，在来球的下降期摩擦球的中下部。

2. 快搓球

反手快搓球时，站位近台，引拍至身体左上方。击球时，上臂迅速前伸，前臂由上向前下方用力，手腕控制拍面稍后仰，在来球的上升期击球的中上部。

七、弧圈球技术

弧圈球是以旋转为主要特征的进攻技术，是乒乓球比赛中进攻得分的主要手段。弧圈球技术的主要特点是上旋性强、稳定性高、速度快、威胁大。下面主要介绍正手拉加转弧圈球和正手拉前冲弧圈球技术。

1. 正手拉加转弧圈球

左脚在前，右脚在后，两膝微屈，重心落在右脚上。手臂自然下垂，拍形略前倾，当来球从台面弹起时，右脚蹬地，腰部向左上方转动，带动肩、上臂、前臂和手腕发力。在来球的下降期摩擦球的中部或中上部，击球后身体重心移至左脚。

2. 正手拉前冲弧圈球

左脚在前，右脚在后，两膝微屈，重心落在右脚上。引拍手向右后方引拍，引拍位置比拉加转弧圈球稍高。击球时间在高点期或下降初期，拍面的前倾角度要比拉加转弧圈球大些，摩擦球的中上部。击球后重心移至左脚。

八、推挡球、快拨球技术

推挡球技术是推球和挡球技术的总称。挡球是初学者首先应学习的一项技术，也是入门技术。推挡技术是左推右攻类型打法的主要技术之一，同时也是其他各种类型打法必须掌握的一项技术。由于推挡球站位近、动作小、落点多变、速度快，具有一定的力量及旋转变化，所以在比赛中能主动调动和压制对方。快拨是横拍进攻型打法的基本技术之一，具有防守和进攻的双重作用。推挡和快拨技术是初学者首先学习的内容之一，对熟悉上旋球的球性，了解击球过程中的击球时间、击球点和击球的节奏感十分有益。

1. 推挡球技巧

推挡球能为正身攻和侧身攻创造机会，被动和相持时还可以起到积极防守和从相持变主动的作用。推挡球也就是直拍推挡球。

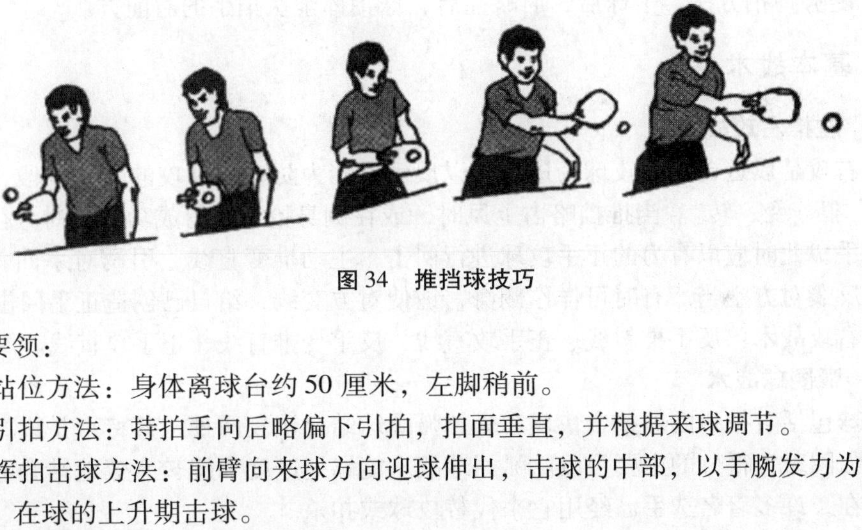

图 34　推挡球技巧

动作要领：

（1）站位方法：身体离球台约 50 厘米，左脚稍前。

（2）引拍方法：持拍手向后略偏下引拍，拍面垂直，并根据来球调节。

（3）挥拍击球方法：前臂向来球方向迎球伸出，击球的中部，以手腕发力为主，前臂用力为辅，在球的上升期击球。

（4）随势挥拍方法：击球后继续向前挥动并还原。

2. 加力推挡球技巧

加力推挡球也就是直拍反手加力推挡球。它回球力量重、球速快、落点活，稍带上旋或不转，能压制对方的攻势迫使对方离台后退并陷入被动防守局面，为自己创造机会。

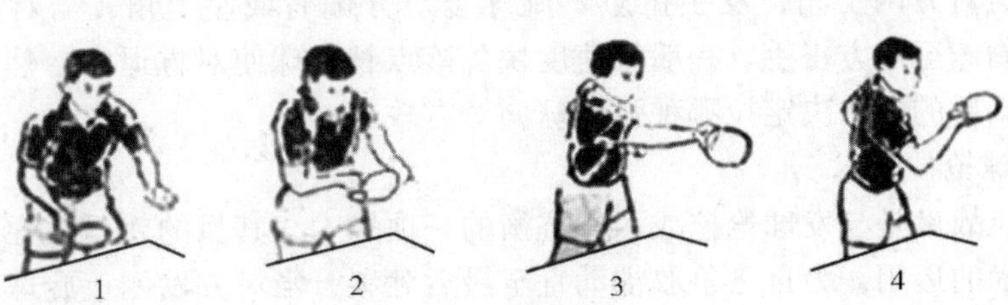

图 35　加力推挡球技巧

动作要领：

（1）站位方法：身体离球台远些，左脚站前，双腿微屈。

（2）引拍方法：持拍手引拍至腹前，稍收腹，并根据来球调整好引拍的高度和拍面角度。

（3）挥拍击球方法：迎球向前方挥拍，并逐步加速，在球拍速度最快的瞬间，于球的高点击球的中部或中部偏上。

（4）随势挥拍方法：击球后，随势挥拍，并还原。

3. 快拨球技巧

快拨球也就是横拍反手快拨球。它动作小、站位近、球速快、线路变化多、回球稳健，比赛中常用来对付弧圈球、推挡球和反手攻球，为横拍打法的常用技巧之一。

动作要领：

（1）站位方法：身体离球台约40厘米，双脚平行开立或左脚稍前，身体正对着来球方向。

（2）引拍方法：前臂自然弯曲，将球拍引至腹前。

（3）挥拍击球方法：当球从台面反弹时，前臂带动手腕向前方挥动，在球的上升期，击球中上部位，以击打为主结合摩擦球动作。

（4）随势挥拍方法：击球后，肘略往后，球拍挥至执拍手的肩前方。

九、基本战术

（一）左推右攻战术

左推右攻是以近台正手攻球为进攻，以反手推挡为防守和助攻的主要手段，其风格是"快、准、狠、变、转"。当推挡略占上风时，或在侧身抢攻获得成功后，对方往往会主动变线到正手，此时应以有力的正手攻球进行回击，主动推变直线，引诱对手回斜线，用正手攻直线反袭对方空当。有时可佯作侧身，诱使对方变线，给自己创造正手回击的机会。

左推右攻战术：反手推斜线、正手攻直线、反手变推直线、正手攻直线。

（二）弧圈球战术

弧圈球包括直拍弧圈球结合快攻和横拍弧圈球结合快攻两种，其特点是以站位中台或中近台拉弧圈球为得分的主要手段。弧圈球战术能够把速度和旋转有效地结合起来，稳健性好。现在，许多著名选手已经用它来代替攻球或扣杀。

1. 基本弧圈球战术

（1）发球抢拉战术。

正手（或侧身）发强烈的下旋球至对方左侧近网处，迫使对方以搓球回击，然后拉加转弧圈球到对方反手或中路；反手发右侧上、下旋球至对方中路偏右或偏左的地方，然后拉前冲弧圈球至对方两上角，反手拉急下旋球至对方偏右或左上角，当对方以搓球回击时，拉前冲弧圈球至对方正手。一般用速度快、落点长的球使对方退守，然后根据对方的站位和适应弧圈球的能力决定拉哪种弧圈球向对方攻击。

（2）接发球抢拉战术。

接发球抢拉战术是与发球抢拉战术相抗衡的一项战术，其目的就是攻在前面，破坏对方发球抢拉战术的运用，为自己争取主动直至最后胜利。当对方发侧上旋球和不太转的球时，用前冲弧圈球回击；当对方发侧下旋球或强烈下旋球时，用拉加转弧圈球回击。

（3）对攻相持战术。

在对付从两面进攻的打法时，应充分利用正手拉弧圈球攻其中路，再压其反手或突击正手；在对付左推右攻打法时，可先以弧圈球拉住对方左角，然后转拉中路靠右或正手，如果对方正手攻弧圈球技术较差，可连续拉冲对方正手，再转攻反手。

2. 弧圈球结合扣杀战术

用前冲弧圈球迫使对方远台回击，然后放短球，再扣杀；用拉加转弧圈球与不转球相结合，伺机扣杀。

（三）接发球战术

接发球战术与发球抢拉战术同样重要，在某种意义上讲，接发球水平可以反映运动员的实战能力以及对各项基本技术的应用程度。事实上，接发球者只是暂时处在被控制状态，如果破坏了发球者的抢攻意图或者为他制造了障碍，减弱对方抢攻的质量，也就意味着已经脱离被控制状态，变被动为主动了。

接发球战术应注意以下三点：

（1）力争积极主动，克服单纯求稳的思想，能攻的要攻，能撇的要撇，尽量少用搓球。应增强用正手侧身接发球的意识，特别是实行 11 分制和无遮挡发球后，更应强调接发球的主动性。

（2）最大限度地控制对方的发球抢攻，在此基础上，应争取为下板球（第四板）的进攻制造机会。

（3）接发球后，要有防御的准备，一旦被对方抢攻，应具备从被动转主动的意识和能力。

接发球战术包括以下五种：

（1）接发球抢攻。

这是最积极主动的接发球方法。遇对方发的小球，可用快点；遇对方发的长球或半出台球，可抢攻或抢冲。运用此战术时，一定要反应快，判断清楚对方发球的旋转和落点，并要求步法移动迅速，以保证在合适的击球点位置和击球时间击球。

（2）将第二、四板球连为一体。

11 分制的接发球，应想得更细，应把接发球这一板球与下板球连为一体。具体方法有三种：一是接发球（即第二板球）先挑或点一板，第四板球再抢攻；二是先控制一板至对方抢攻的薄弱处，争取第四板球自己抢攻；三是先控制一板，待对方拉弧圈球过来再反冲（或反带、反撕、盖一）过去。第四板球一经上手，就应树立连续进攻的意识。

（3）以摆短为主，结合劈两大角长球，争取下一板主动先上手或抢攻。

此法主要用来接对方发的强烈下旋或侧下旋短球，以及突然发至自己不擅长进攻的位置的下旋长球。对方发侧上或不转球时，不宜用搓回接，以免接过高球被对方抢攻。此外，在接对方发的近网小球时，还可运用撇一板的方法。

（4）稳健控制法。

一般为攻对削、削对攻或削对削时采用，拉、推、拱、搓、削等技术的运用都应视对方发球而定。运用这些技术虽较稳健，但需加强变化和对落点、弧线的控制，避免被对方抢攻。

（5）正手侧身接发球。

正手侧身接发球，不仅有利于发挥正手攻球的优势，而且还能在很大程度上避免对方的发球抢攻。因为人们有一种习惯，一看对方侧身就会下意识地防御，只想招架，无心进攻。具体运用方法有以下五种：

①晃接：击球瞬间利用身体的晃动，将球半推半搓至对方反手，略带侧旋。因其比搓快、比挑稳，对方往往来不及抢攻（冲），接球落点最好是对方反手的小三角及半出台的大角度。

②撇或劈长一板，迫对方拉高吊，自己反拉或攻打。

③快摆短球。过去习惯于反手快摆，现在侧身正手摆短，对方不适应，故很难抢攻。摆短弧线要低，拍形稍竖，身体前迎，手臂向下用力，不要前送。

④快点、快拉长球。强调在上升前期击球（过去是上升后期或高点期），因其速度快，故正手空当较小。

⑤抢攻（冲）半出台球，改变以往拉高吊弧圈球的保守接法。

（四）双打战术

参加双打的二人，必须互相信任、合作，在技巧、战术上应充分发挥自己的优点，攻击对方选手的弱点，掩护同伴的缺点，为同伴发挥其优点创造机会。双打是以单打为基础，但又不完全是两名选手单打技术之和。

1. 选择有利的接球次序

（1）中签时，优先选择接发球，以选择有利的发、接球次序。

①混合双打时，多选择男打女的次序。因为女选手不仅易吃男选手的发球，而且还极易被男选手攻死。但在女选手使用不同性能或非常规球拍时，亦可选择女打女的次序。因为非常规（如长胶）球拍击过去的球易被男选手抢攻，而女选手却往往易吃此球。

②在男双或女双比赛时，还可选择以强打强的次序。弱者的攻击力和控制对方的能力不如强者，我方强者便于从中寻求机会攻击对方的强者，使对方强者的攻击力难以发挥。

③还可选择接对方比较适应的一名选手的球，打另一名选手的次序。如甲 A 特别适应乙 A 的球路，甲方就应选择甲 A 接乙 A 球的次序。

（2）若我方被确定为先发球时（当对方选择了接发球或在不了解对方的情况下，我方中签选择了发球），应由我方发球技术好的选手为第一发球员，以争取开局主动。

2. 发球与发球抢攻

（1）双打发球仅限于右半台，所以对发球就提出了更高的要求。发球落点以近网或似短非短（第二跳不出台）的接近中线的球为好，适当配合近中线的急球。对于准备发球抢攻的一方来说，发球落点不宜过短。因为你短，对方回球往往也短，反而不利抢攻。若接发球方是左手执拍者，亦可发球至右方近网。如果对方站位过于近台或右手执拍选手准备用反手接发球时，可发右角奔球。双打的发球还特别要强调弧线低和出手快，以限制对方接发球抢攻，为自己抢攻制造机会。双打要从自己的右半边打到对手的右半边，要打对角线。比赛回合中，每打完一球，要和搭档交换位置。

（2）双打的发球规定对接发球方较为有利，所以双打的发球抢攻难度比单打要大。发球后，既要敢于果断地抢攻，又要有对方接发球抢攻、自己积极防御的准备。即使在抢攻时，也要有两手准备：一是发力抢攻、抢冲；二是发现对方接过来的球难以发力抢攻时，不宜盲目搏杀，应改用中等力量打对方弱点（或严密控制对方一板），为同伴制造下一板抢攻的机会。

(3) 双打的发球与抢攻是由两人完成的，所以一定要配合默契。自己发什么球，不仅要告诉同伴（在台下打手势即可），而且还要多为准备抢攻的同伴考虑。如A队员擅长发右侧旋后抢攻，但是B队员习惯于发高抛球，两人配对双打，B发球就应为A考虑要多发右侧旋球。

3. 接发球和第四板球

(1) 双打接发球的技术难度比单打小，应强调积极主动、力争抢攻或为同伴创造进攻机会。遇长球，尽量抢攻或抢冲；遇短球，以点、挑为主，配合摆短或撇一板。若对方擅长抢攻上旋球，站得又偏后，接发球则应多摆短。统计表明，国内外优秀双打选手获胜场次中，接发球和第四板球的得分率大多在50%以上。由此可见，双打对接发球的要求很高，接发球差的选手不宜配双打。

(2) 若对方发球质量极高，实在难以接发球抢攻或抢拉时，可灵活运用以下方法：

①以短对短，给对方发球抢攻制造困难，尤其是回至中路或左方小三角处，效果更好。长期以来，一直讲从右方近网找机会，目前许多人学会了攻击右方近网球的技术，但左方近网球却还未能引起人们应有的重视。

②回击对方右大角，迫使对方必须交换站位（因为发球者原来是站在右方的）才能击球。

③依据对方下次击球者的弱点，决定接发球的方式和落点。

(3) 第四板球是连接前三板和相持球的枢纽，处理得好坏将直接关系到相持段的主动与否。其击球原则为：尽量争取上手抢攻，但抢攻会不好时，不可勉强发力抢攻。若对方已抢先上手时，上策为加力推、带、反撕或反冲；中策为控制落点，不让对方从容抢攻；下策是单纯求稳，过去就行。

(4) 注意与同伴的配合。例如，著名双打组合吕林和王涛，吕林在接小球时，多用搓球，此时王涛就会多留心防御。

4. 在相持对攻中，明确谁是主攻手谁是副攻手

一般应选择战术意识强、攻击力强的运动员为主攻手，并在多数情况下由主攻手先发动进攻，力争直接得分或为同伴创造连续进攻的机会。

5. 控制强者，攻击弱者

无论对方的两人水平如何接近，其攻击力也会有所差别。正确的战术是，严密控制对方的强者，力争对其先行攻击，尽量不给或少给他主动进攻的机会，而把对方相对的弱者作为我方的突破口，力争在他身上得分或为下板球的扣杀制造机会。打对方强者时应适当凶狠些，打对方弱者时可凶中带稳。

6. 攻斜线、袭空当

以打两条斜线为主，不仅保险系数大，而且调动对方的角度也大。伺机突袭空当，极易得分。

7. 紧压一角、突袭空当或追身中路

连续攻击对方一角，迫使对方两人挤在一起，伺机打其空当或追身。若能紧压对方较弱的一面，则效果更好。

8. 攻正手、打空当

这是对付不同执拍手配对时的战术。一左一右手配对，一般是左手执拍者站位球台右侧，右手执拍者站位球台左侧，以利于发挥他们各自正手攻球的优势。由于他们过多地注意了各自的侧身位，以至于真正的正手位反倒由实变虚了。因此，攻击他们的正手位往往可以获得成功。

9. 追打击球员的身体（如甲1击球后，乙方就专门往甲1的身体方向打），促使对方两人相撞，继而攻打空当

10. 有意识地击球至对方二人各自的弱点处，寻机扣杀

11. 在对攻中，有意变化击球的速度、旋转或弧线（或落点）长短，调动对方，为扣杀创造机会

第三节　乒乓球竞赛规则介绍

一、场地和器材

1. 球

黄色或白色，直径为40毫米，重2.7克，用赛璐珞或类似的塑料制成。

2. 球拍

球拍的大小、形状或重量不限，底板厚度至少应有80%的天然木料。

3. 球台

球台应为与水平面平行的长方形，长2.74米，宽1.525米，离地面0.76米。

球台四边应有一条2厘米宽的白线。双打时，各台区应由一条3毫米宽的白色中线划分为两个相等的“半区”。

二、乒乓球竞赛通则

1. 定义

（1）握在手中的球拍或执拍手手腕以下部分触球叫做“击球”。

（2）对方击球后，球尚未触及本方台区，本方运动员即行击球叫做“拦击”。

（3）对方击球后，处于比赛状态的球尚未触及本方台区也未越过台面或其端线，即触及本方运动员或其穿戴的任何物品，叫做“阻挡”。

2. 合法发球

（1）发球时，球应放在不执拍手的手掌上，手掌张开并伸平，球应是静止的，在发球中的端线之后和比赛台面的水平面之上。

（2）发球员须用手把球几乎垂直地向上抛起，不得使球旋转，并使球在离开不执拍手的手掌之后上升不少于16厘米。

（3）当球从抛起的最高点降落时，发球员方可击球，使球首先触及本方台区，然后越过或绕过球网装置，再触及接发球员的台区。在双打中，球应先后触及发球员和接发球员的右半区。

（4）在抛球前静止的最后一瞬间到击球时，球和球拍应在比赛台面的水平面之上。

（5）运动员发球时，有责任让裁判员或副裁判员看清他是否按照合法发球的规定发球。

（6）无论是否是第一次，在任何时候，只要发球员明显没有按照合法发球的规定发球，他将被判失 1 分，无须警告。

（7）在运动员发球时，没有击中处于比赛状态的球即失 1 分。

3. 重发球

出现下述情况应判重发球：

（1）如果合法发出的球越过或绕过球网装置时，触及球网装置或触及球网装置后被接发球员或其同伴拦击或阻挡。

（2）如果接发球员未准备好，球已发出，而且接发球员或其同伴均没有企图击球。

（3）由于发生了运动员无法控制的干扰，而使运动员未能合法发球、合法还击或遵守规则。

（4）由于要纠正发球、接发球次序或方位错误。

（5）由于要实行轮换发球法。

（6）由于警告或处罚运动员。

（7）由于比赛环境受到干扰，以致该回合的结果有可能受到影响。

4. 判失 1 分

回合中出现重发球以外的下列情况，应判失 1 分。

（1）未能合法发球。

（2）未能合法还击。

（3）拦击或阻挡。

（4）连续两次击球。

（5）用不符合规定的拍面击球。

（6）运动员或其穿戴的任何物品移动了比赛台面。

（7）不执拍手触及比赛台面。

（8）运动员或其穿戴的任何物品触及球网装置。

（9）在双打中，除发球和接发球外，运动员未能按正确的次序击球。

（10）实行轮换发球法时，发球方发出和还击的球被接发球方连续十三次合法还击。

5. 交换发球次序

（1）比分到 2 分后，接发球一方即成为发球一方，依此类推，直到一场比赛结束，或直到双方的比分到 10，或直到开始采用轮换发球法。

（2）在双打中，由取得发球权的一方选出同伴发球，由对方选换同伴接发球。

（3）一局首先发球的一方，在该场下一局首先接发球。

6. 交换方位

（1）一局中站某一方位的运动员，在下一局应换到另一方位。

（2）在决胜局中，当一方先得 15 分时，即应与对方交换方位。

7. 发球、接发球的次序和方位错误

（1）一经发现运动员方位错误，应中止比赛，并按照该场开始时的次序，根据场上比分，来确定运动员应该站的方位，再继续比赛。

（2）一旦发现运动员错位或错接了球，应中断比赛，并按该场开始的次序，从场上比分开始，由应发球或接发球的运动员发球或接球。在双打中，按发现错误时那一局中有首先发球权的那一方的次序进行纠正，再继续比赛。

（3）在任何情况下，发现错误之前的所有得分均有效。

8. 双打比赛规则

（1）发球。在双打中，球应先后触及发球员和接发球员的右半区。如果裁判员对运动员发球合法性有怀疑，在一场比赛中第一次出现时，判重发球，并警告发球方。此后，若裁判员对该运动员或其双打同伴发球的合法性再次怀疑，将判接发球方得 1 分。

（2）比赛次序。在双打中，首先由发球员发，再由接发球员还击，然后由发球员的同伴还击，再由接发球员的同伴还击，此后，运动员按此次序轮流还击。

（3）计分。除被判重发球的回合，下列情况运动员得 1 分：①对方运动员未能合法发球；②对方运动员未能合法还击；③运动员在发球或还击后，对方运动员在击球前，球触及了除球网装置以外的任何东西；④对方击球后，该球越过本方端线而没有触及本方台区；⑤对方阻挡；⑥对方连击；⑦对方用不符合规定的拍面击球；⑧对方运动员或其穿戴的任何东西使球台移动；⑨对方运动员或其穿戴的任何东西触及球网装置；⑩对方运动员不执拍手触及比赛台面；⑪双打时，对方运动员击球次序错误。

（4）一局比赛。在一局比赛中，先得 11 分的一方为胜方，10 平后，先多得 2 分的一方为胜方。

（5）一场比赛。一场比赛由奇数局组成。

（6）发球、接发球和方位的次序。在获得每 2 分之后，接发球方即成为发球方，依此类推，直至该局比赛结束；或者直至双方比分都达到 10 分或实行轮换发球法，这时发球和接发球次序不变，但每人只轮发 1 分球。

（7）确定发球员在双打的第一局比赛中，先发球方确定第一发球员，再由接发球方确定第一接发球员。在以后的各局比赛中，第一发球员确定后，第一接发球员应是前一局发球给他的运动员。在双打中，每次换发球时，前面的接发员应成为发球员，前面的发球员的同伴应成为接发球员。一局中首先发球的一方，在该场下一局应首先接发球。

（8）决胜局。位置变化在双打决胜局中，当一方先得 5 分时，接发球方应交换接发球次序。一局中，在某一方位比赛的一方，在该场下一局应换到另一方位。在决胜局中，一方先得 5 分时，双方应交换方位。（双打比赛如遇到比分是 5∶1 或 5∶3 时，交换方位后，原发球员变成接发球员，原接发球员变成发球员）

（9）发球、接发球次序和方位的错误。裁判员一旦发现发球、接发球次序错误，应立即暂停比赛，并按该场比赛开始时确立的次序，按场上比分由应发球或接发球的运动员发球或接发球；在双打中，则按发现错误时那一局中首先有发球权的一方所确立的次序进行纠正，继续比赛。裁判员一旦发现运动员应交换方位而未交换时，应立即暂停比赛，并按该场比赛开始时确立的次序，按场上比分运动员应站的正确方位进行纠正，再继续

图 36　发球

比赛。

在任何情况下，发现错误之前的所有得分均有效。

9. 裁判员手势图解

（1）发球。在一局比赛中，运动员第一次发球，或下一轮发球前，裁判员在报出发球方称谓的同时，五指并拢，手臂自然伸直指向发球方，示意该运动员发球。（该手势同样适用于一局比赛或一场比赛结束后，裁判员宣布比赛结果时，手臂也应指向获胜方。）

（2）报分。当判得分时，裁判员应将靠近得分方的手臂举起，使上臂水平，前臂垂直，手握拳向上。在临场操作时，裁判员应尽量使大臂与躯体、小臂与大臂形成直角状态，握拳的虎口部分朝向头部。

图 37 报分

（3）停。比赛时，当“停止练习”“时间到”“发球犯规”“擦网”“暂停”“外界球进入场地”以及因其他因素需要裁判员暂停时，裁判员在报出“停止练习”“擦网”等临场术语的同时，五指并拢，手臂自然伸直上举。在操作时，裁判员应注意手臂尽量上举过头，避免过度前倾。

图 38 停

10. 一场比赛

一场比赛应采用三局两胜制或五局三胜制；比赛应连续进行，但在局与局之间，任何一名运动员都有权要求不超过 2 分钟的休息时间。

第十章　羽毛球

第一节　羽毛球运动概述

一、羽毛球运动的起源

14、15 世纪时，日本的球拍为木质，球是由樱桃核插上羽毛做成的，这种游戏时兴的时间不长便消失了。18 世纪时，印度的蒲那城，出现了类似今日羽毛球活动的游戏，以绒线编织成球形，插上羽毛，人手持木拍，隔网将球在空中来回对击。现代羽毛球运动诞生于英国。1873 年，在英国格拉斯哥郡的伯明顿镇有一位叫鲍弗特的公爵，在庄园里进行了一次“蒲那游戏”的表演。因这项活动极富趣味性，很快就风行开来。此后，这种室内游戏迅速传遍英国，“伯明顿”（Badminton）即成为羽毛球的英文名字。

二、羽毛球运动的发展

1875 年，世界上第一部羽毛球比赛规则出现于印度的普那。三年后，英国又制定了更趋完善和统一的规则，当时规则的不少内容至今仍无太大的改变。1893 年，英国成立了世界上第一个羽毛球协会。1899 年，该协会举办了第 1 届“全英羽毛球锦标赛”，每年举办一次，沿袭至今。羽毛球运动在 20 世纪初流传到亚洲、美洲、大洋洲，最后传到非洲。1934 年，成立了国际羽毛球联合会，总部设在伦敦。1939 年，国际羽毛球联合会通过了各会员国共同遵守的《羽毛球竞赛规则》。1981 年 5 月，国际羽毛球联合会和世界羽毛球联合会正式合并。1981 年 5 月，国际羽毛球联合会重新恢复了中国在国际羽毛球联合会的合法席位，从此揭开了国际羽坛历史上新的一页，进入了中国羽毛球选手称雄世界的辉煌时代。在 1988 年汉城奥运会上，羽毛球被列为表演项目，1992 年巴塞罗那奥运会上羽毛球被列为正式比赛项目。从此，羽毛球运动进入新的发展时期。

第二节　羽毛球基本技术

一、握拍方法

握拍方法总体分正手握拍和反手握拍两种。

1. 正手握拍

正确的握拍方法是先用左手拿住球拍杆，使拍面与地面垂直，然后张开右手，使手掌下部（小鱼际）靠在球拍的握柄底托处，虎口对着球拍柄窄的一面，小指、无名指、中指自然地并拢，食指与中指稍稍分开，自然地弯曲并贴在球拍柄上。在击球之前，握拍一定要放松、自然，在击球的一刹那才紧握球拍。

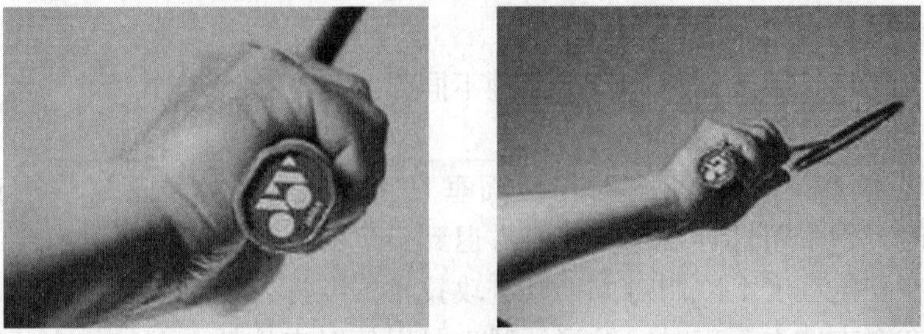

图1　正手握拍

2. 反手握拍

在正手握拍的基础上，把球拍框往外转，拇指伸直贴在拍柄的宽面上，食指、中指、无名指、小指并拢。

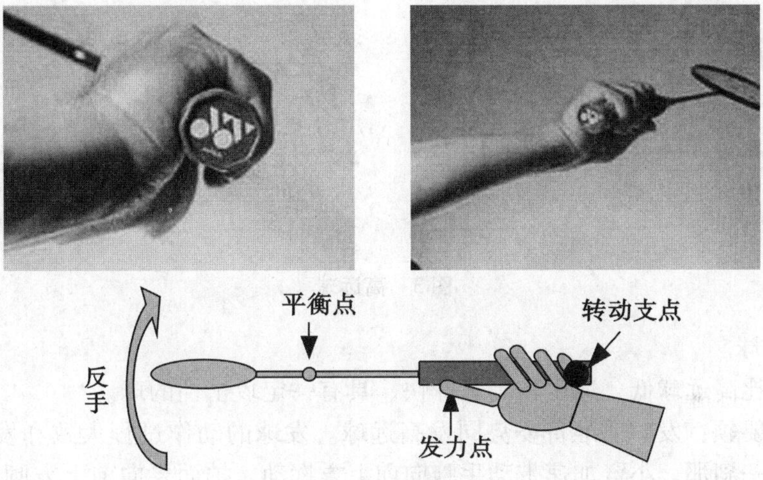

图2　反手握拍

二、发球

发球是羽毛球基本的重要技术之一。羽毛球发球虽不能像乒乓球发球那样使球产生各种旋转，但它可以通过不同的发球手法，发出不同弧度、不同落点的球来控制对方，为本方创造进攻得分的机会。因此，羽毛球的发球应引起初学者的充分重视。

发球可分为正手发球和反手发球。一般来说，发网前球、平快球、平高球均可以用正手发球或反手发球的技术来完成，而发高远球，则须采用正手发球。

1. 正手发球

发球站位：单打发球站在中线附近，离前发球线1米左右。双打发球站位可靠近前发球线。

准备姿势：身体左肩侧对球网，左脚在前，右脚在后，重心在右脚上，右手持拍向右后侧举起，肘部放松微屈，左手拇指、食指和中指夹住球，举在胸腹间。发球时，身体重心由右脚移至左脚。

用正手发球，不论是发何种弧线球，其发球前的姿势都应该一致，这样就会给对方的接发球造成判断上的困难。

下面分别介绍用正手发球动作发出四种不同弧线球的技术动作。

（1）高远球。

球的运行轨迹又高又远、下落时与地面垂直、落点在对方场区底线附近的球叫高远球。单打比赛时，常采用这种发球迫使对方退到最远的底线去接发球。如果发出的高远球质量好，就可在一定程度上限制对方一些进攻技术的发挥，使对方在接高远球时不容易马上组织进攻。在对方体力不支时，发高远球也可以使对方消耗更多的体力。

发球动作要领：发球时，左手把球举在身体的右前方并自然放下，使球下落，右手同时持拍由大臂带动小臂，从右后方沿着身体向前并向左上方挥动。当球落到右手臂向前下方伸直能触到球的一刹那，握紧球拍，并利用手腕的力量向前上方发力击球。击球之后，球拍顺势向左上方挥动缓冲。

图3　高远球

（2）平高球。

这是一种比高远球低、速度较高远球快、具有一定攻击性的球。

发球动作要领：发球前准备姿势同发高远球。发球的动作过程大致和发高远球相同，只是在击球的一刹那，小臂加速带动手腕向前上方挥动，拍面要向前上方倾斜，以向前用力为主。发平高球时要注意发出球的弧线以对方接球时伸拍打不着球的高度为宜，并应发到对方场区底线。

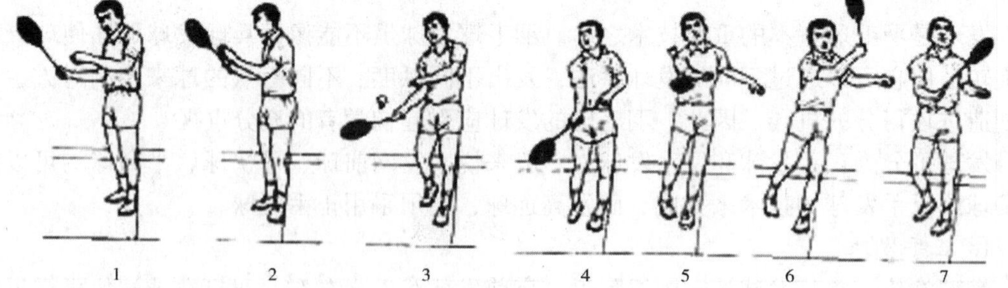

图4　平高球

（3）平快球。

这种球比平高球的弧线还要低、速度还要快。在对付反应较慢、站位较前、动作幅度较大的对手或是初学者时，效果往往很好。

发球动作要领：准备姿势亦同发高远球。站位比发平高球稍后些（防止对方很快回到本方后场），充分利用前臂带动手腕爆发力向前方用力，球直接从对方的肩稍上高度越过，直攻对方后场。发平快球的关键是出手的动作要小而快，但前期动作应和发高远球一致。发平快球时还应注意不要过手、过腰犯规。

（4）网前球。

发网前球是在双打中主要采用的发球技术。单打比赛时，如发高球，怕遭到对方球速较快的直接攻击时，或为了主动改变发球方式借以调动对方时采用。

发球动作要领：准备姿势与发高远球相同。击球时，握拍要放松，大臂动作要小，主要靠小臂带动手腕向前切送，用力要轻。发网前球时应注意手腕不能有上挑动作，另外，落点要在前发球线附近，发出的球要贴网而过，这样可免遭对方扑杀。

图5　网前球

2. 反手发球

反手发球的特点是动作小、出球快、对方不易判断。在双打比赛中多采用此发球技术。

发球站位：站在前发球线后10～50厘米及发球区中线的附近，也可以站在前发球线及场地边线附近的地方（双打比赛中，从右场区发球时可以看到）。

准备姿势：面向球网，两脚前后站立（左脚或右脚在前均可），上体稍前倾，身体重心在前脚上。右手反手握拍，左手拇指、食指和中指捏住球的两三根羽毛，球托明显朝下（避免犯规），球体与拍面平行或球托对准拍面放在拍面前方。

发球动作要领：击球时，小臂带动手腕朝前横切推送。发网前球时，用力要轻，主要靠“切”送；发平快球时，发力要突然，击球时拍面要有“反压”动作。

图6　反手发球

三、接发球

发球方想方设法发出各种不同弧线的球，以此来控制对方；接发球方则后发制人，来达到反控制的目的。羽毛球比赛就是在这种控制与反控制的争夺中给人以刺激、乐趣和启示。

图7　接发球的准备姿势

接发球的站位：不论是单打还是双打，都应选择一个合理的接发球站位。一般情况下，单打的接发球站位在前发球线约1.5米处，在右发球区应站在靠中线的位置，在左发球区则站在中间稍偏边线的位置，主要防备对方发球攻击反手部位。双打接发球时站位可靠近前发球线，因双打的后发球线距前发球线比单打短0.76米，发高远球易被扣杀。所以，双打接发球主要精力应放在对付发网前球上。

接发球的准备姿势：单打接发球应左脚在前，右脚在后，侧身对网，重心在前脚，后脚脚跟稍提起，收腹含胸，持拍于右身前，两眼注视对方；双打接发球准备姿势基本同单打，但重心可随意放在任何一只脚上，球拍高举在肩上，注意力要高度集中。

四、后场高空击球技术

后场高空击球也称后场上手击球，即在尽可能高的击球点上，还击对方向底线附近击来的高球。它具有主动性强、击球力量大等特点，可给对方造成较大的威胁，是初学者必须首先学好的技术。

1. 高远球

以较高的弧线将来球击到对方场区底线附近的方法叫击高远球。击高远球是一切上手击球动作的基础。高远球的特点是球的弧线高、滞空时间长，它的作用是逼迫对方远离中心位置退到底线去接球，一方面可减弱对方进攻的威力，为我方进攻寻找机会；另一方面在本方被动的情况下，有较多的时间来调整站位，摆脱被动局面。后场高空击高远球分为正手击高远球、反手击高远球、头顶击高远球。

（1）正手击高远球。

这是羽毛球后场高空击高远球技术中的基础。

击球前的准备动作要领：首先判断来球的方向和落点，侧身后退使球在自己右肩稍前上方的位置，左肩对网，左脚在前，右脚在后，重心在右脚上，左臂屈肘，左手自然高举，右手持拍，大小臂自然弯曲，将球拍举在右肩上方，两眼注视来球。击球时，由准备动作开始，大臂后引，随之关节上提明显高于肩部，将球拍后引至头后，自然伸腕（拳心朝上），然后在后脚蹬地、转体和腰腹的协调用力下，以肩为轴，大臂带动小臂快速向前上方甩动手腕，在手臂伸直的最高点击球。击球后，持拍手臂顺惯性往前下方挥动并收拍至体前。与此同时，左脚后撤，右脚向前迈出，身体重心由后脚移到前脚。

正手击高远球可以用不起跳或起跳进行击球。后者是为了争取高点击球，以赢得时间上的主动，但对步法技术和体力要求较高。因此，初学者一般先学不起跳正手击高远球，待熟练掌握后，再根据自己的特点和场上的情况综合运用这两种击球方式。

正手击高远球时易犯的错误：击球点选择不当，偏前或偏后，影响击球用力；击球时，不是以肩为轴挥臂，而是以肘为轴，影响大臂发力，造成用力不当；击球时不是用挥臂甩腕动作靠“爆发力”把球击出，而是将球“推”出；击球后球拍不是顺惯性朝前下方挥动并收拍至体前，而是将球拍朝下，朝右后方挥动，影响了手臂的用力；击球时全身用力不协调等。

图 8　正手击高远球

（2）反手击高远球。

当对方将球击到本方左后场内，以反手将球击回对方底线处的高远球击球法称为反手击高远球。它的特点是节省体力，对步法要求也不高。在被动情况下，可采用反手击高远球过渡，帮助自己重新调整站位。

动作要领：首先判断准对方来球的方向和落点，迅速将身体转向左后方，步法到位后，右脚前交叉跨到左侧底线，背对网，身体重心在右脚上，使球在身体的右肩上方。击球前，由正手握拍迅速换为反手握拍，并持拍于胸前，拍面朝上。击球时，以大臂带动小臂，通过手腕的闪动、自上而下的甩臂将球击出。在最后用力时，要注意拇指的侧压力与甩腕的配合，同时还要利用两腿的蹬地、转体等协调全身用力。

初学者用反手击高远球时，往往容易出现步子不到位、击球点掌握不好等问题。击球时，未用拇指的侧压力；击球霎时间用力过早或过迟，没有用在“点”上等错误。这要通过反复的练习和体会才能逐渐掌握正确的击球动作。

图 9　反手击高远球

（3）头顶击高远球。

在自己的左后场区，用正手在头顶中间部位或在左肩上方将来球击到对方底线去的高远球击球法称头顶击高远球。这种击球动作是我国运动员对羽毛球技术发展的一项贡献。它较反手击球主动性强，具有更大的攻击性，初学者应努力学好头顶击高远球技术。

动作要领：击球前的准备姿势以及击球动作同正手击高远球基本一致，不同的是头顶击高远球的击球点在左肩上方（因为球是飞向左后角的）。准备击球时，侧身（左肩对网）稍左后仰；击球时，大臂带动小臂使球绕过头顶，从左上方向前加速挥动，在用力击球时，注意发挥手腕的爆发力和充分利用蹬地以及收腹的力量；击球后，左脚在身后着地并立即回蹬，同时右脚前移，重心移至右脚。

图 10　头顶击高远球

2. 平高球

平高球的弧线较高远球低、速度较高远球快。这是一种在较为主动的情况下运用的击球技术。在实践中，质量较高的平高球常可以调动对方的站位，使其失去身体平衡，回球质量差，从而为本方创造更有力的进攻机会。在与基本技术较差、步法较慢的对手对阵时，一个突然的平高球往往会使对方后退不及而失分。

动作要领：同击高远球一样，只是在击球的一刹那，用力主要是向前方，使击出的球的弧线较低。同击高远球一样，平高球也可以用正手、反手或头顶击球的技术来完成。其动作要领与正手、反手或头顶高远球一样，不同处是最后用力主要是向前方，而不是向前上方。由于平高球弧线不高，如果使用不当，易被对方拦截。所以，在实战中不管用哪种方法击平高球都应注意：如果是打直线平高球，则弧线可低些；若打斜线，则要高些；当对方在网前被动挑高球后，由于回场步法调整一般较慢，这时可用较低弧线的平高球去袭击其后场，往往可以获得很好的效果。

3. 吊球

把对方击来的后场高球还击到对方的网前区的击球法谓之吊球。它的作用是调动对方站位，以利步法组织进攻。在后场若将吊球与高球或杀球结合起来运用，就能给对方以很大的威胁。

吊球可以用正手、反手或头顶击球技术来完成。对于初学者来说，首先要学好正手吊球技术，然后再学头顶吊球及反手吊球。吊球按球在空中飞行的弧线和击球动作的不同可分劈吊（快吊）和轻吊（拦截吊）两种。但不论哪种吊球，其击球前的准备动作与击高远球一样，都应保持动作的一致性，使对方不易判断本方打出的是什么球。

下面分别介绍正手、反手和头顶吊球的技术动作：

（1）正手吊球。

①劈吊（快吊）击球前期动作同正手击高远球。击球时，拍面正面向内倾斜，手腕做快速切削下压动作。若劈吊斜线球，则球拍切削球托的右侧，并向左下方发力；若劈吊直线，则拍面正对前方，向前下方切削。

②轻吊（拦截吊）击球前期动作同正手击高远球。击球时，一种是轻吊时的拍面变化同劈吊基本一致，但用力要更轻些；另一种是击球时，拍面正击球托或借助于来球的反弹力用

球拍轻挡，使球过网后贴网而下。后者多用于拦截对方击来的平高球和半场高球。

图 11　正手吊球

（2）反手吊球。

反手吊球击球前的动作同反手击高远球，不同处也在于触球时拍面的掌握和力量的运用。吊直线球时，用球拍反面切削球托的后中部，向对方右网前发力；吊斜线球时，用球拍反面切削球托的左侧，朝对方左网前发力。

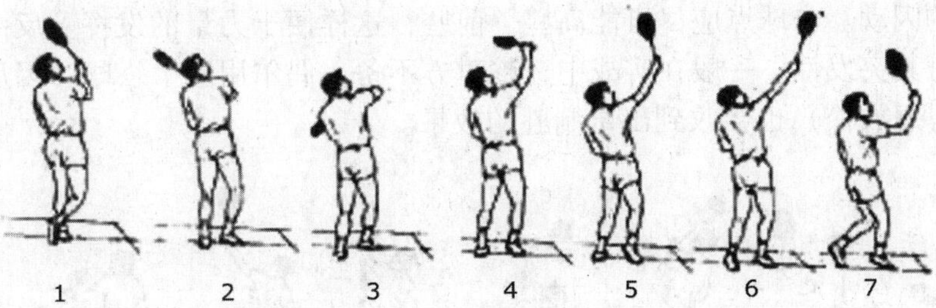

图 12　反手吊球

（3）头顶吊球。

头顶吊球也可作劈吊和轻吊，其击球前的动作同头顶击高远球一样，不同的是球拍触球时拍面变化和力量的运用。吊直线球的动作同正手吊直线球基本一致，只是击球点不同；吊斜线球时，球拍正面向外转，切削球托的左侧，朝右前下方发力。

图 13　头顶吊球

4. 杀球

把对方击来的高球全力向下扣压叫杀球。杀球的特点是力量大、速度快。它是主动进攻的重要技术。杀球分正手杀球、反手杀球和头顶杀球。下面分别进行介绍：

（1）正手杀球。

其击球前的准备姿势和击球动作与正手击高远球基本一样。不同的是最后用力的方向朝下，而且要充分利用蹬地、转体、收腹以及手臂和手腕的爆发力全力地将球向下击出，击球的一刹那要紧握球拍。

图14 正手杀球

（2）反手杀球。

其准备姿势和击球动作与反手击高球一样，但最后用力的方向朝下，而且要加快手臂和手腕朝下的闪动。击球点应尽可能高些、前些，这样便于力量的发挥。反手杀球虽然力量不大，但有其突发性。一般在实战中，趁对方不备，偶尔用反手杀球（因反手杀球威胁不大，对方思想放松）也会收到出奇制胜的效果。

图15 反手杀球

（3）头顶杀球。

准备姿势和击球动作与头顶击高球一样，不同的是击球时要充分利用腰腹力量，以大小臂带动手腕快速下扣。头顶杀球是一种重要的进攻性技术，也是我国运动员在左后场区进攻的主要手段。它弥补了反手击球力量不足的弱点。初学者如能掌握好头顶扣杀技术，便会让对方难以对付。

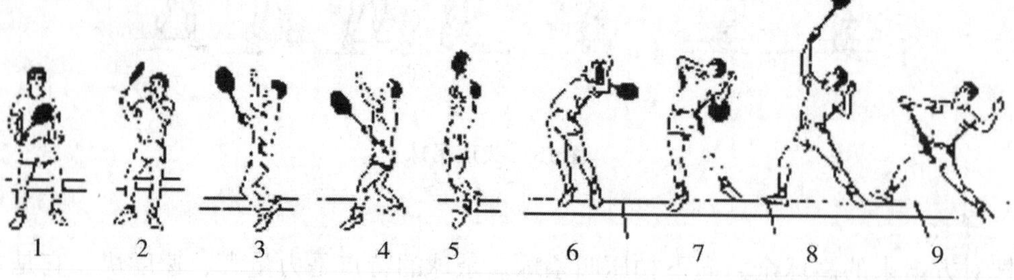

头顶扣杀对角线球

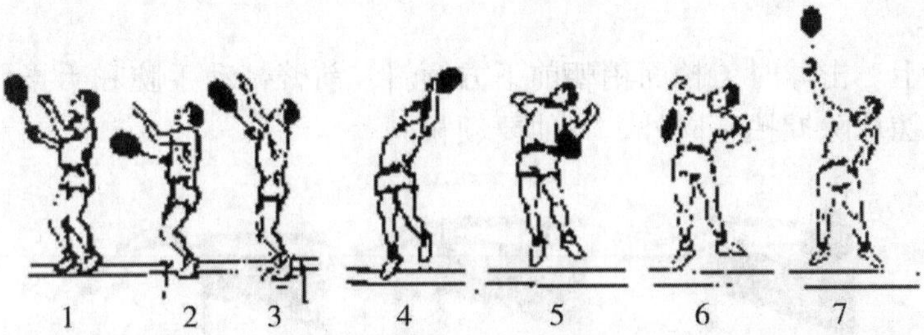

头顶扣杀直线球

图 16　头顶杀球

杀球时易出现的错误：击球点过后或过低，影响手臂发力；击球前动作过分紧张、僵硬，有劲使不出；挥臂时以肘为轴，影响大臂发力；击球时手腕下“甩”不够，往往造成杀球出界等等。

不管用哪种动作杀球均可作重杀、轻杀、长杀、深杀、直线扣杀、斜线扣杀。重杀时要全力扣压；轻杀时用力介于重杀和劈吊之间；长杀是将球杀向对方场区底线附近；深杀落点在中场附近。总之，杀球时只要通过手腕和手指控制拍面、倾斜角度、用力方向和大小，就可扣杀出不同的球。这些不同形式的杀球要根据战术的需要和对方站位的情况灵活加以运用。

初学者在平时练习和比赛中可能对打高球不感兴趣，见到高球就想扣杀，其结果是适得其反，消耗体力，达不到好的效果，还往往使自己处于被动状态。因此，初学者在学习杀球技术之后，不能在比赛中盲目滥用，而是要通过打高球和吊球来为扣杀创造机会，这样才能使杀球显出更大的威力。

五、前场网上击球

前场网上击球是调动对方、寻找战机的重要手段，并可直接得分。因它的技术动作轻松而灵巧，运用力量要求控制适度，所以在学习前场网上击球时，除了要注意动作规范之外，还应细心体会击球时手腕、手指的细小感觉。

准备姿势：侧身对网，右脚跨步成弓箭步，左脚在后自然拉开，上体略向前倾，右手持拍前伸约与肩平，肘关节微屈。注意握拍要放松。

前场网上击球有：搓球、放网前球、勾对角球、推球、扑球。

1. 搓球

击球前准备姿势同上。击球时，拍面稍前倾，利用手腕和手指的力量向前“切削”球托底部或向后“提拉”，使球击出后旋转或滚动过网。搓球一般在对方来球较靠近网上时运用。正反手搓球除握拍不同外，其他要领相同。

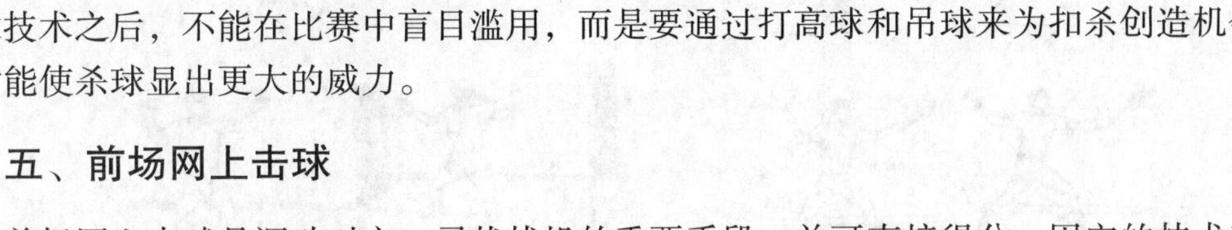

图 17　搓球

2. 放网前球

准备姿势同上。击球时，拍面稍朝前下方倾斜，前臂带动手腕和手指用前送动作击球托底部。正反手搓球除握拍不同外，其他要领相同。

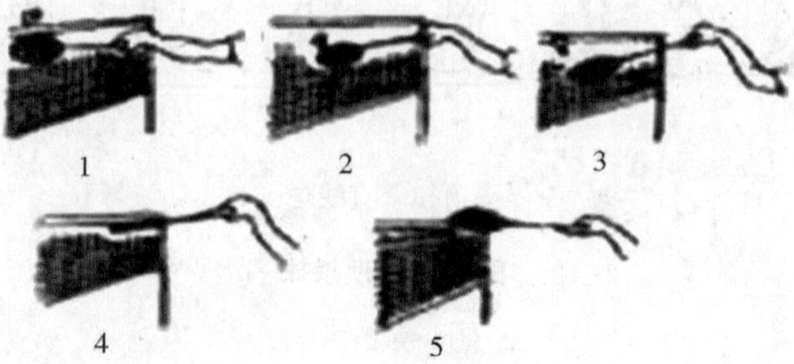

图18 放网前球

3. 勾对角球

在网前把来球回击到对角线网前叫勾对角球。准备姿势同上。击球时，拍面斜向对方右（左）网前。正手勾对角线时击球托的右侧，手腕和手指带动球拍向左内勾动；反手勾对角线时击球托的左侧，同时向右内勾动。

图19 正手勾球

图20 反手勾球

4. 推球

在网上将来球用较平的弧线快速推到对方场区底线叫推球。准备姿势同上。击球时拍面前倾几乎与网平行，利用前臂带动手腕和手指的快速闪动将球击出。正手推球多用食指的力量，反手推球多用拇指的力量。

图 21 正手推球

图 22 反手推对角线球

5. 扑球

在网上把高于网的来球迅速扑压下去叫扑球。击球时，拍面前倾，前臂带动手腕和手指的快速闪动发力，击球后立即收拍，以免触网犯规。扑球时要求判断准、上步快、抢点高、动作小。正反手均可。

图 23 正手扑球

图 24 反手扑球

六、下手击球

下手击球一般是在防守时所采用的击球技术。它虽然不像上手击球那样具有进攻性威胁，但如运用得当，往往也能起到守中有攻的效用。因此，对下手击球，不论是有较高水平的运动员还是初学者，都应引起重视。特别是初学者，往往重攻而轻守，这样就会影响技术的全面掌握和提高。

下手击球有底线抽球、挑球、接杀球。

1. 底线抽球

底线抽球主要是为了对付长杀球、平推球或对方突然回击的平高球，使自己较被动地退到底线去接球时采用的一种击球技术。它可以分正手和反手两种底线抽球。

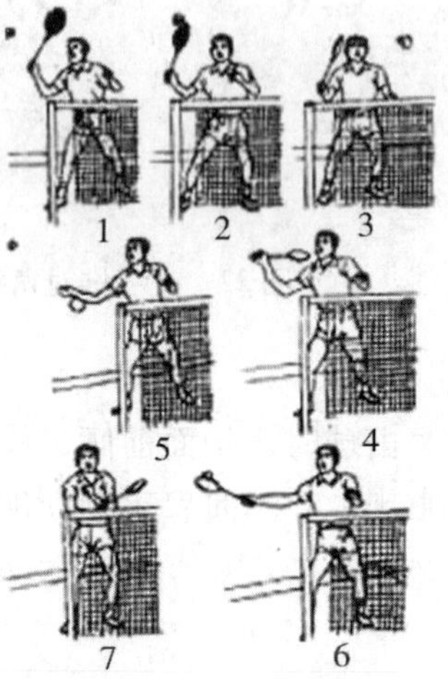

图 25　正手底线抽球

图 26　反手底线抽球

（1）正手底线抽球。

移动时，右脚先向右后场区迈一小步，身体也随之转向右后方，左脚用并步或交叉步向右后场移动一步，右脚再向右后场跨一大步并成弓箭步，重心在右脚上。在移动的同时，持拍臂往右后方拉，拍面稍后仰，击球时，以躯干为竖轴，做半圆式挥拍击球。

（2）反手底线抽球。

移动时，右脚先向左脚靠一小步，然后左脚向左后场跨一步，右脚向左后场跨一大步，身体重心在右脚上。击球前背朝网，大臂往左后方拉，击球时，利用大臂带动小臂及手腕左后方向前上方发力并利用蹬地、转腰的力量将球击出。反手底线抽球多在单打被动时或双打比赛中运用。

2. 挑球

把对方来的吊球或网前球还击到对方后场去叫挑球。它是在被动情况下为了争取回场时间而采取的一种过渡性质的击球。它虽然不能给对方造成威胁，但如果能将球挑得高、挑得远（靠近对方场地底线），就能为自己回到场地中心位置赢得时间。

动作要领：不论是正手挑球还是反手挑球，最后一步应是右脚在前。正手挑球时，以肘关节为轴，伸拍向前并以前臂带动手腕由下向上挥动；反手挑球时，以反手握拍法握拍，击球时，肘关节稍抬高，并以肘关节为轴，前臂带动手腕由下向上挥动。

图 27　正手挑球

图 28　反手挑球

3. 接杀球

把对方杀过来的球还击到对方场区去叫接杀球。接杀球看起来很被动，但当对方杀球质量不高时，接杀球如处理得当，就会为本方创造转守为攻的机会或直接还击得分。

下面主要介绍接杀近身球和接杀远身球两种技术动作。

（1）接杀近身球。

所谓接杀近身球即对方杀球的落点离身体不远，不需移动脚步而在原地即可进行还击。击球时，主要依靠前臂、手腕的发力。用力大小和拍面变化要根据对方杀球的力量大小和本方回击的不同落点而变化。一般来说，回击网前球时，用力要轻，主要依靠对方来球的反弹力，拍面正对网稍后仰，球拍触球时可做“切削”或“提拉”缓冲来球力量；回击后场时，前臂和手腕用力要大些，要有抽击动作；当对方杀球质量较差时，可用推后场还击，其用力以手腕为主稍向前上方“甩”腕。

（2）接杀远身球。

接杀远身球即对方杀球的落点离身体较远，需移动脚步进行还击。击球时，两脚急速蹬伸同时转髋，采用两侧移动步法至击球位置，上体侧向击球点，同时右手侧伸，依靠前臂、手腕的闪动发力击球。接杀远身球回击网前或后场球时的用力及拍面变化与接杀近身球相似。

接杀球时应注意：一是击球点在身体前方或侧方附近，不是在身体后方，否则会影响手腕和手指力量的自如发挥；二是击球前的预摆挥拍动作要小，因杀球速度较快，若接杀球动作幅度较大，会造成接球不及，导致失误。

以上两种接杀球技术均可用正手和反手去完成。

七、中场平击球

中场平击球主要是对付对方击来的弧线平于或稍低于网，且落点在中场附近的低平球时所采取的回击技术。在双方比赛中多采用这种技术。它的击球点在与肩同高处或在肩腰之间。因为来球的速度较快、弧线较平，所以击出的球速度也较快、弧线较平，因而中场平击球也是一种对攻的技术。它有正、反手中场平抽球，半蹲式中场平击球两种。

1. 正、反手中场平抽球

正、反手中场平抽球主要是对付对方来球中离身体较远的平球。人站位于中心附近，两脚左右开立，面对球网，两膝微屈，右手持拍于体前。击球时，判准来球方向并向右（左）侧横跨一步，同时挥拍依靠前臂和手腕的闪动发力击球。正手平抽球时，多用食指的力量向前发力；反手平抽球时，多用拇指的反压力朝前发力。此外，不论是正手中场平抽球还是反手中场平抽球，其击球点都应争取在身体侧前方，以便于手臂的发力。

2. 半蹲式中场平击球

半蹲式中场平击球主要运用在双打比赛中，这是进行对攻的一种击球技术。这种技术是将对方击来的位于肩部或面部附近的球，在半蹲姿势下还击回去。击球时，看准来球，迅速取半蹲姿势，同时举拍在正面或头顶等位置以前臂带动手腕快速闪动挥拍击球。

八、羽毛球的步法

（一）上网步法

上网步法包括跨步上网、垫步或交叉步上网、蹬跳上网。

不论用哪种步法上网，其上网前的站位及准备姿势都是一样的，即站位取中心位置，两脚左右开立（稍有前后），约同肩宽，两膝微屈，两脚前脚掌着地，后脚跟稍提起并左右微动；上体稍前倾，右手持拍于体前，两眼注视对方的来球。

1. 跨步上网

判断准对方来球后，左脚掌内侧用力蹬地并侧身向来球方向迈出，接着右脚也向前迈一大步，以脚掌外侧和脚跟先落地，再过渡到前脚掌，右膝关节弯曲并成弓箭步。紧接着左脚自然地向前脚着地方向靠上小半步。击球后，右脚蹬地用小步、交叉步或并步回到中心位置。

跨步上网时注意事项：右腿成弓箭步时，要防止因上网前冲力过大使重心越过右腿而使身体失去平衡，另外，前脚脚尖应朝着边线方向，而不应朝向内侧。

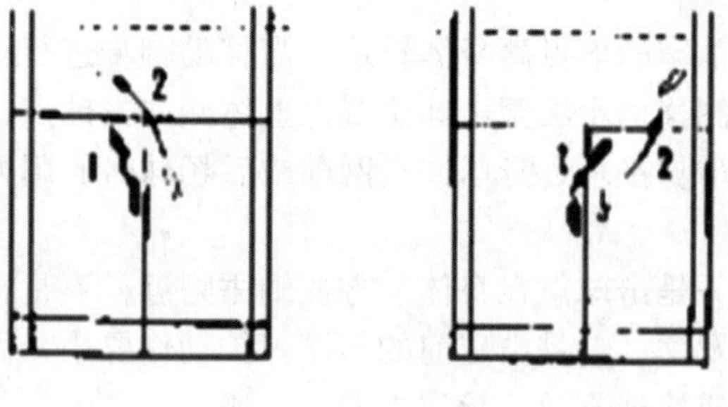

图 29　跨步上网

2. 垫步或交叉步上网

判断准对方来球后，右脚先迈出一小步，左脚立即向右脚垫一小步（或从右脚后交叉迈出一小步），左脚着地后，脚内侧用力蹬地，右脚再向网前跨一大步成弓箭步，身体重心在前脚。击球后，前脚朝后蹬地，小步、交叉步或并步退回到中心位置。

垫步或交叉步上网的优点：步子调整能力强，在被动情况下，能利用蹬力强、速度快的特点迅速调整脚步去迎击来球。垫步或交叉步上网的注意事项同跨步上网。

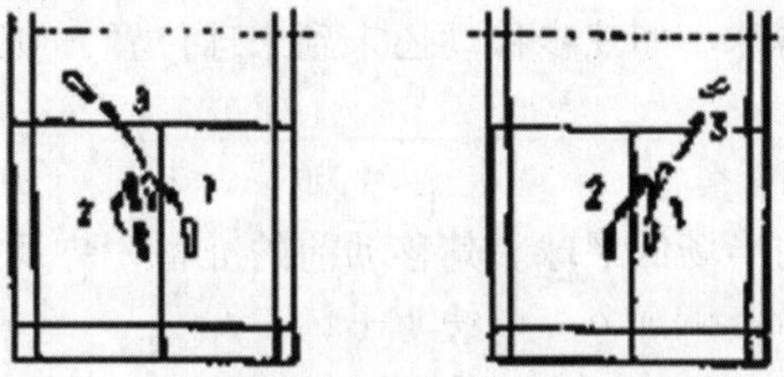

图30　垫步上网

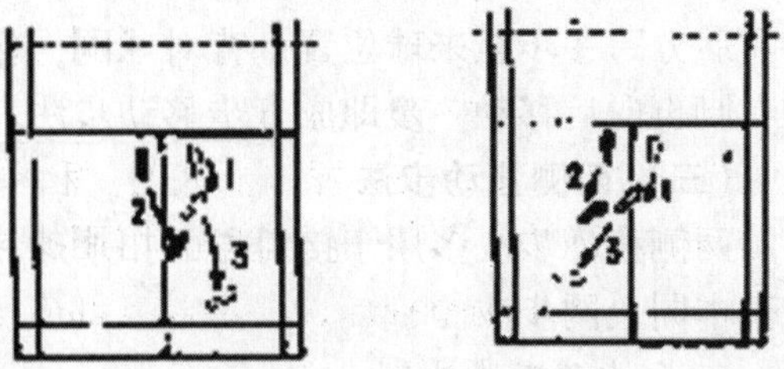

图31　交叉步上网

3. 蹬跳上网

蹬跳上网是在预先判断来球的基础上，利用脚的蹬地，迅速扑向球网，以争取在球刚越过网时立即进行还击。单打或双打中常用此步法上网扑球。其步法是站位稍靠前，对方一有打网前球的意图后，右脚稍向前刚一点地便起蹬侧身扑向网前。击球后应立即退回中心位置。

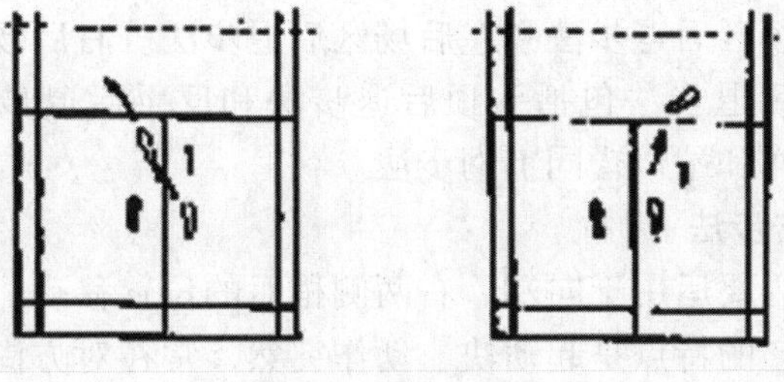

图32　蹬跳上网

（二）后退步法

1. 正手后退步法

正手后退步法包括并步和交叉步两种。实战中可根据场上情况和个人特点灵活使用。

判断准来球后，先调整重心至右脚，然后右脚蹬地迅速向右后撤一小步，同时上体右转，左肩对网，接着，左脚用并步靠近右脚（或从右脚交叉后撤一步），右脚再向后移至来球位置。在移动的同时，必须完成挥拍击球前预备动作，待球在右肩上方下落时，作正手原地或起跳击球。击球后，身体重心随右脚前移，迅速用小步跑或并步回到中心位置。

2. 头顶后退步法

头顶后退步法是对方来球向左后场区，用头顶击球技术还击时所采用的后退步法。头顶后退步法也可用并步或交叉步移动后退。

判断准来球后，右脚蹬地撤向左后方，同时，髋关节及上体向右后方转动（转动的幅度比正手后退要大些），且稍有后仰。接着，左脚用并步或交叉步后撤，右脚再退至来球位置用头顶击球技术击球。击球后，迅速回到中心位置。

3. 反手后退步法

反手后退时，应根据离球距离的远近来调整移动步子。

如离球较近，可采用两步后退步法。一种是左脚先向左后方撤一步，接着，上体左转，右脚向左后方跨一步，背对网。另一种是右脚先向左脚并一步，然后，左脚向左后方跨一步，同时上体左转，右肩对网作反手击球。如离球较远，则要采取三步或五步后退步法。三步后退时，右脚先向左脚并一步，左脚再向左后方撤一步，同时上体左转，右脚再向左后方跨一步至来球位置，背对球网，作反手击球。如三步移动还未到来球位置，则左脚右脚再向后移动一步即成五步移动步法。

（三）两侧移动步法

两侧移动步法多用于接对方的扣杀球和打来的半场低平球。其移动前的准备姿势及站位基本同上网步法。

1. 向右移动步法

判断准来球后，上体稍倾倒向左侧，用左脚掌内侧用力蹬地，右脚同时向右侧跨大步，髋关节随之右转，上体稍倾倒向右侧，重心在右脚上。若距来球较近，可采用上述动作；若距来球较远，则需左脚先向右脚垫一小步再起蹬，右脚同时向右侧跨大步。

2. 向左移动步法

判断准来球后，上体稍倾倒向右侧，用右脚掌内侧用力蹬地，左脚随髋关节的转动同时向左侧跨大步。若来球较远，左脚先向左侧移一小步，紧接着右脚往左侧方向起蹬并转身，向左跨大步。

后退步法包括右后场区后退步法和左后场区后退步法。右后场区后退步法主要是正手的后退步法；左后场区后退步法包括头顶后退步法和反手后退步法。不论是哪种后退步法，其移动前的准备动作和站位皆同上网步法。

（四）起跳腾空突击步法

起跳腾空突击步法主要运用于向左、右两侧稍后的位置移动，突然起跳拦截对方击来的弧线较低的平高球。它的特点是起动快、动作突然，常在对方尚未站稳之际，给其以袭击，使对方防不胜防。

当判断准来球飞向右侧底线且弧线较低时，右脚先向右后跨一步，接着左脚向右侧后蹬地，右脚起跳，身体向右侧后方跃起，截住来球，用正手击球技术扣杀或劈吊对方空当。当来球飞向左侧底线时，用右脚掌蹬地，左脚起跳，用特点击球技术突击对方。

在运用起跳腾空突击步法时应注意击球后落地时，要控制好身体平衡，并立即回到中心位置。

对上述羽毛球步法中最基本的几种步法，初学者在平时的练习和比赛中，应按照要求去体会和掌握，并应在比赛中不断地去摸索这些步子移动的规律，以适应比赛中瞬息万变的情况。

下面介绍的步子移动中具有规律性的一些问题，对更好地去运用步法有很大的帮助。

1. 站位

不论是单打还是双打，在步子移动前应该选择一个有利的站位，这既有利于向各个方向运动去迎击来球，又可使对方不易找到攻击的空当。在一步情况下，上网步法或后退步法，其移动前的站位应有所变化。例如：本方网前技术较好，但后退步法较慢，其站位要适当偏后。以平高球控制了对方后场之后，对方被动地回一网前球，这时本方站位应偏前，准备迎击网前球。当在网前搓出既旋转又贴网的近网球时，站位可靠前些，因对方一步不可能回出有较大威胁的球；即使对方打后场球时，也只能被动挑高球（因本方搓球的质量很高)，这时，本方有充裕的时间从网前回到后场。总之，步子移动前站位的选择不是固定不变的，合理、适当的站位常能使自己把握场上的主动权。

2. 站法

站法与双方的打法特点、来球的落点有密切的关系。一般的站法有两种：一是前后站，即右脚稍前或左脚稍前；二是平行站。防守或接两侧来球，多采用平行站法。上网或后退时，多采用前后站法。这两种站法各有利弊，但可以根据不同情况不断地变换站法。

3. 起动

起动是各种步子移动的前提，只有起动快，才能迅速到位。这不但能取得较高的击球点，争取时间的主动，还能更好地完成各种击球技术。

要做到起动快，应该注意以下要点：准备时，两脚不能站实（即以全脚掌着地)，这样不利于蹬地起动，而应稍提脚跟，并使两脚保持微动。在起动前应提高预判能力，即根据对方击球的习惯动作，提前判断来球的方向，以便及早做好起动的准备。这一点对于初学者来讲往往是不容易的。但只要在平时的练习和比赛中细心观察、分析对手的击球特点和习惯动作，就会为预判提供依据。这也是一种心理训练。在学习打羽毛球的初级阶段，如能将这种心理训练很好地和技术、战术训练结合起来，就能很快地提高水平。

4. 回动

所谓回动，就是在接球后，立即回到适当的位置（原则上同中心位置)，准备接下一个来球。如不善于立即回动，则极易暴露自己的空当而遭到对方的攻击。若在后场吊对方网前球后，匆忙地朝前场跑、在前场放了网前球后盲目往后退，这些都是回动不当的表现。要解决这些问题，第一，要增强回动意识，每击完一球后，不停留在原地，也不盲目前后跑动，而是积极调整步子，原则上回到中心位置；第二，在上网时要保持身体平衡，充分利用右脚的回蹬回动；第三，后退时，最后一步重心要在右腿上，击完球后，身体重心应随右脚前移，上体前压，协助回动；第四，不论是上网、后退，还是两侧移动，如出现脚步混乱，则应立即以小步调整成正常步子。

第三节　羽毛球基本战术

一、单打战术

1. 发球抢攻战术

从发球的第一拍起，争取控制对方，以攻杀得分。这种战术，一般为发网前低球结合平快球、平高球，争取第三拍的主动进攻。用这种战术对付应变能力较差的对手，或实施于比赛的关键时刻，效果往往很好。实施这一战术时，应有高质量的发球予以保证，否则很难成功。

2. 攻后场战术

此战术是通过击高球、重复压对方的底线两角，造成对方的被动，然后寻找机会进攻。用它来对付初学者，或后场还击能力较差，或后退步子较慢以及急于上网的对手是很有效的。

3. 攻前场战术

对付网前技术较差的对手，可运用此战术先将其吸引到网前，然后再攻击其后场。要采用此战术，自己首先要有较好的网前击球技术。

4. 打四方球战术

若对手步子较慢、体力较差、技术不全面，可以快速准确地攻击对方场区的四个角落，寻找机会向空当进攻。此战术的主要目的是通过打落点，逼迫对方前后奔跑、被动应付，并在其回球质量下降或露出破绽时乘虚而入而攻之。

5. 杀、吊上网战术

对对手打来的后场高球，本方先以杀球配合吊球把球下压，落点选在场区的两条边线附近，致使对手被动回球。若对手回网前球时，本方迅速上网搓球、勾对角球或平推球，创造在中场大力扣杀的机会。运用这种战术必须能很好地控制杀、吊球的落点，这样在使对方被动回球时，才能主动迅速上网。

6. 打对角线战术

对付身体灵活性差、转体较慢的对手，不论是进攻还是防守，均应以打对角线球为主。这样，对方会因移动困难而被动，为我方创造进攻机会。

7. 防守反击战术

在对方主动进攻、我方被动防守时，我方可高质量地接杀挡网；或抓住对方攻杀力量减弱，或落点不好的机会，以平抽底线球还击对方后场，扭转被动局面，并进行反击。

二、双打战术

双打比赛不仅仅是竞赛双方在技术、战术、体力上的较量，同时也是双打同伴相互配合程度的较量。因此，在学习双打战术之前，首先要了解两人之间站位形式上的配合。

一般情况下，有两人一前一后站位和两人分边（左、右）站位两种形式。一前一后站位即在后场的人分管后半场的球，站在前场的人则负责前半场的球。这种站位形式有利于进攻，而不利于防守，所以一般在本方进攻时多采用此站法。分边站位多在防守时采用，这样，各人分管半边场地，在防守时就没有什么空当了。

站位形式不是固定不变的，它在比赛中随着进攻与防守之间的不断转换而变化。现举两例，简单加以说明：

例一：进攻转防守时两人之间的配合。甲方 A 队员在后场杀对角线，乙方一队员将球挡至网前；甲方 B 队员由于封网不及，被动上网挑高球，然后退至左半场；A 队员迅速从后场移至右半场，呈分边站位准备防守。

例二：防守转进攻时两人之间的配合。甲方 A 队员将对方杀球挡至网前，对方被动挑后场；甲方 B 队员迅速从中场移至后场进攻；而 A 队员则移至网前准备封网，呈前后站位。

双打轮转站位多在配对选手水平相差不大时采用。如果技术水平悬殊较大，则水平高者固定站在后场，他除了主要负责后半场的来球之外，同时还兼顾中场附近或前场的球。在混双打中，这种前后固定站位形式是较普遍的（男队员站后场，女队员站前场）。

总之，双打比赛对配对之间各方面的要求较高，其配合的方法也较多，初学者要通过实战练习，才能逐步掌握其规律。

下面简单介绍双打的战术：

1. 攻人战术

集中攻击对方中有明显弱点的人，并伺机攻击另一人因疏忽而露出的空当，或对此人偷袭。双打比赛中配对选手的技术，一般总有一人好些，另一人稍差些，即便两人水平相差不多，但若能集中力量攻击其中一人，也可给其造成很大的心理压力，从而使其出现失误。

2. 攻中路战术

当对方分边站位防守时，将球攻击对方两人的中间；当对方前后站位时，可将球下压或平推两边半场。这样可使对方防守时互相争抢或互让而出现失误。

3. 攻后场战术

对方扣杀能力差，本方可采用平高球、推平球、接杀挑底线，把对方一人紧逼在底线两角移动。当对方被动还击时，则抓住机会大力扣杀。如另一对手后退支援时，即可攻网前空当。

4. 后攻前封战术

当本方处于主动进攻前后站位时，站在后场的队员见高球就杀或吊网前球，迫使对方接球挡网前，这为本方前场队员创造了封网扑杀的机会。前场队员要积极封锁网前，迫使对方被动挑高球。一旦对手挑高球达不到后场，就为本方创造了再进攻的机会。

5. 防守反攻战术

在防守中寻找反攻的机会，以便摆脱困境，转被动为主动。例如，挑底线高球，即不论对方从哪里进攻，本方都应设法把球挑到进攻者的另一边底线。如对方正手后场攻直线，就挑对角线；如对方攻对角就挑直线。这是一种较容易争得主动的防守战术，在女子双打中运用更为有效。时机有利，即可运用反抽或挡网前回击对方的杀球，从防守中反攻，争得主动权。运用此战术时，要注意挑高球一定要挑到底线，否则将会出现对方连续攻杀而本方无力反击的局面。

第四节　羽毛球竞赛规则介绍

国际羽毛球联合会对21分制作了最后修订，并从2006年2月1日起正式实施。据介绍，新规则的最大变化是取消了发球得分制，另外规定每局获胜分统一定为21分。具体规定如下：

一、单打

（1）每场比赛采取三局两胜制；

（2）率先得到21分的一方赢得当局比赛；

（3）如果双方比分打成20:20，获胜一方需超过对手2分才算取胜；

（4）如果双方比分打成29:29，则率先得到第30分的一方取胜；

（5）首局获胜的一方在接下来的一局比赛中率先发球。

二、双打

1. 每球得分、21 分制

旧规则：15 分制（女单 11 分制），获发球权者方可得分。

新规则：21 分制，任何一方只要将球打“死”在对方的有效位置，或者因为对方出现违例或失误，均可得分。

解读：取消有发球权的一方方可得分的规则后，比赛速度加快了。

2. 增加技术暂停

旧规则：球员在比赛中可向裁判提出暂停比赛，到场边擦汗、喝水或绑鞋带。

新规则：除非特殊情况（比如地板湿了，球打坏了），球员不可再提出中断比赛的要求。但是，每局一方以 11 分领先时，比赛进行 1 分钟的技术暂停，让比赛双方擦汗、喝水。

解读：以往，在一场激烈的比赛中，擦汗、喝水、绑鞋带或者换球等举动往往被球员当成一种战术。现在，新规则腾出了技术暂停时间，球员除了把技术发挥好，其他“伎俩”都难以实现。

3. 平分后的加分赛

旧规则：比赛双方打成 13 平、14 平时，先获 13 或 14 分的一方有权决定双方加打 5 分或 3 分（女单出现 9 平或 10 平时，可分别要求加打 3 分或 2 分）。

新规则：每局双方打到 20 平后，一方领先 2 分即算该局获胜；若双方打成 29 平后，一方领先 1 分，即算该局取胜。

解读：这些细则的变化对比赛整体的冲击不是太大。尽管规则要求在 20 平后，双方须有 2 分的差距，但因为取消了发球权，因此不会造成比赛的拖沓。

4. 取消第二发球

旧规则：双打赛，一方的一名球员失去发球权后，本方的另一名球员还有一次发球权。

新规则：得分者方有发球权，如果本方得单数分，从左边发球；得双数分，从右边发球。

解读：推行每球得分制后，取消双打第二发球权也是顺理成章的。从此次比赛看，双打运动员的配合因为赛制的改变面临着配合战术的改变。

5. 发球员的顺序与单打顺序一样，即以分数的单数或双数来决定

（1）只有发球方在得分时才交换发球区。得分者方有发球权，如果本方得单数分，从左边发球；得双数分，从右边发球。除此以外，运动员继续站在上一回合的各自发球区不变，以此保证发球员的交替。

（2）发球员和接发球员都必须站在斜对角线发球区内发球和接发球，脚不能触及发球区的界限；两脚必须都有一部分与地面接触，不得移动，直至将球发出。

（3）发球员的球拍必须先击中球托，与此同时整个球必须低于发球员的腰部。

（4）击球瞬间球杆应指向下放，从而使整个球框明显低于发球员的整个握拍手部。

（5）发球开始后，发球员的球拍必须连续向前挥动，直至将球发出。

（6）发出的球必须向上飞行过网，如果不受拦截，应落入接发球员的发球区。

三、羽毛球的违例

（1）发球不合法违例。

（2）发球员发球时未击中球。

（3）发球时，球过网后挂在网上或停在网顶。

（4）比赛时：

①球落在球场边线外。

②球从网孔或从网下穿过。

③球不过网。

④球碰到屋顶、天花板或四周墙壁。

⑤球碰到运动员的身体或衣服。

⑥球碰到场地外其他人或物体（由于建筑物的结构问题，必要时地方羽毛球组织可以制定羽毛球触及建筑物的临时规定，但其国家组织有否决权）。

（5）比赛时，球拍或球的最初接触点不在击球者网的这一方（击球者击球后，球拍可以随球过网）。

（6）比赛进行中：

①运动员球拍、身体或衣服触及网或网的支持物。

②运动员的球拍或身体，以任何程度侵入对方场区。

③妨碍对手，如阻挡对方紧靠球网的合法击球。

（7）比赛时，运动员故意分散对方注意力的任何举动，如喊叫、故作姿态等。

（8）比赛时：

①击球时，球夹在或停滞在拍上紧接着又被拖带。

②同一运动员两次挥拍连续击中球两次。

③同一方两名运动员连续各击中球一次。

④球碰球拍继续向后场飞行。

（9）运动员违反比赛连续性的规定。

（10）运动员行为不端。

四、重发球

（1）不能预见或意外的情况，应重发球。

（2）除发球外，球挂在网上或停在网顶，应重发球。

（3）发球时，发球员和接发球员同时违例，应重发球。

（4）发球员在接发球员未做好准备时发球，应重发球。

（5）比赛进行中，球托与球的其他部分完全分离，应重发球。

（6）司线员未看清球的落点，裁判员也不能作出决定时，应重发球。

（7）“重发球”时，最后一次发球无效，原发球员重发球。

五、死球

（1）球撞网并挂在网上，或停在网顶上。

（2）球撞网或网柱后开始在击球这一方落向地面。

（3）球触及地面。

（4）“违例”或“重发球”。

六、发球区错误

（1）发球顺序错误。

（2）在错误的发球区发球。

（3）在错误的发球区准备接发球，且对方球已发出。

七、发球区错误的裁判方法

（1）如果错误在下一次发球击出前发现，应重发球；只有一方错误并输了这一回合，则错误不予纠正。

（2）如果错误在下一次发球击出前未被发现，则错误不予纠正。

（3）如果因发球区错误而“重发球”，则该回合无效，纠正错误重发球。

（4）如果发球区错误未被纠正，比赛也应继续进行，并且不改变运动员的新发球区和新发球顺序。

第十一章 网 球

进入21世纪以来，随着我国经济的不断发展和人们生活水平的不断提高，人们在物质生活得到满足的同时，逐渐把重心转向了精神追求，开始关注自身的健康与生活质量的提升，而网球运动作为世界四大绅士运动之一也逐渐在中国盛行，并开始走入人们的生活。随着中国网球公开赛的日益昌盛和上海“大师杯”影响力的提升，人们对网球的了解越来越深入，通过网球运动，大家在锻炼身体、增强体质的同时，还可以接触到网球文化带来的一系列人文气息和视觉享受。打网球对于青少年、中年和老年人来说都是一项十分适宜的运动。

第一节 网球运动概述

网球运动属于隔网对抗性球类项目，它是比赛双方在中间隔着一网的场地上用球拍往返击打一个橡胶小球的运动，可以在两个人或四个人之间进行，其目的是把球打过网，使其落地不出界，并要尽量使你的对手不能再把球击回你所在的半场。

打网球是人们普遍喜爱的一项体育运动，与打高尔夫球、打保龄球、打桌球并称为世界四大绅士运动。网球运动有着悠久的历史，其起源与发展可以用四句话来概括：孕育在法国，诞生在英国，发展在美国，盛行在全世界。

新中国成立后，网球运动在起点低、基础差、交往少的情况下逐渐发展。它在中国兴起后，各大城市相继出现的网球会和俱乐部组织都是由一些社会团体和网球爱好者自发组成的。

20世纪80年代以来，我国的网球运动水平提高幅度较快。1986年第10届汉城亚洲运动会网球比赛，我国选手李心意获女子单打冠军。1990年第11届北京亚洲运动会网球比赛，我国运动员获得男子团体冠军、男子单打冠军和男子双打冠军，分别夺取三块金牌、三块银牌和一块铜牌。运动员们又在2009年中国网球公开赛中获得了女单八强、女双冠军的好成绩；在第11届全运会上连夺四金，荣获“夺金王”。中国的网球运动无论在职业赛场上还是在全民健身方面都取得了可喜的成绩，有着光明的发展前景。

第二节 网球场地介绍

一、网球场地

网球场地呈长方形，长为23.77米，单打场地宽为8.23米，双打场地为10.97米。场地两端的长线为边线，两端的短线为端线。场地中央用球网把场地分隔为两个面积相等的半场。每块半场靠近球网处有两处面积相等的发球区，规格为 6.40 米 ×4.15 米，从端线至发球区的长度为 5.485 米。

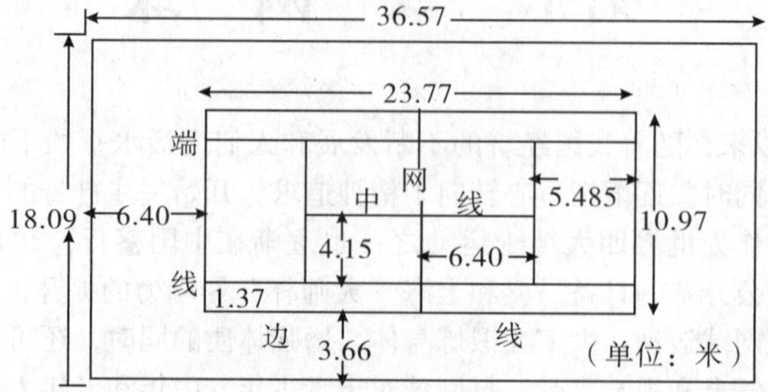

图 1　网球场地规格图

二、网球场地限制空地与线宽

1. 限制空地

网球联赛规定，端线以后至少有 6.40 米的空地，边线以外必须要有 3.66 米的空地。

2. 线宽

全场除端线可宽至 10 厘米外，其余各线宽度不得超过 5 厘米且不得少于 2.5 厘米。除中线外，其他各线的丈量均从各线的外沿开始计算。

三、球柱与球网

1. 球柱

网柱是球场中央两端的圆柱，直径不得超过 15 厘米，其中心距边线外沿 0.914 米，网绳和钢丝绳的顶部距地面 1.07 米。

2. 球网

球网采用深色蜡线或尼龙绳纺织而成，球网应充分展开，完全填满网球柱间的空隙，网孔大小以不让球通过为标准。网顶的绳和钢丝绳当用边宽为 5 ~6.30 厘米的白色网边布缝。球网中央顶端距离地面 0.914 米，并用不超过 5 厘米宽的白色中心带束于地面。

四、球拍与球

1. 球拍

球拍没有具体的重量限定，但不能长于 73.66 厘米、宽于 31.75 厘米。

2. 球

网球标准尺寸：直径在 6.541 ~6.858 厘米之间，重量在 56.7 ~58.5 克之间。当球从 254 厘米的高处落在水泥地上时，应该能够反弹到 134.62 ~147.32 厘米之间。

第三节 网球基本技术

网球技术主要有正手或反手击球技术、正手或反手削球技术、发球、截击球、高压球、反弹球、放小球等，在具体技术分析中还包括很多细化的技术要点及击球方式。掌握好基本技术对于学好网球有着重要的基础性影响。

一、握拍法

1. 东方式握拍法（以右手为例）

东方式正手握拍法：左手先握住球拍颈部，使球拍面与地面垂直；右手如同与拍柄握手一样，使大拇指与食指形成的“V”形虎口对准正拍柄右侧斜面，拇指环绕球拍柄至与中指接触，食指应向上一些与中指分开，无名指和小指俯于拍柄上面（如图2）。

图2 东方式正手握拍

2. 大陆式握拍法（以右手为例）

大陆式握拍法介于东方式握拍法的正手握法与反手握法之间。由拇指与食指形成“V”形后，虎口放在拍把手的上半面与左上斜面的交界线上，手掌根部贴住上平面，与拍柄底平面对齐；食指与其余三个手指稍分开，食指下关节紧贴在右上斜面上。在正手和反手击球时，握拍方式是不需要转动的，这种握法对于发球上网型选手来说是比较适合的（如图3）。

图3 大陆式握拍法

3. 半西方式握拍法（以右手为例）

半西方式握拍法是左手握拍，拍面与地面平行，把“V”形虎口对准拍柄右侧斜面与右垂直面交界线上，拇指直伸压住拍柄上平面，食指第三指节贴住右上斜面。目前，对于男子世界职业网坛来说，半西方式握拍是最为普遍的一种握拍方法，对平击球、上旋球都能够轻易处理，如网坛天王费德勒就是半西方式握拍（如图4）。

图4 半西方式握拍法

4. 双手反拍握拍法

双手反拍握拍方法，右手是东方式反手握拍法，握在球拍拍柄的底部，手掌根与拍柄对齐，左手呈半西方式正手握拍法（如图5）。

图5 双手反拍握拍法

网球双手反拍动作要点：

（1）注视来球，而不是看对手。

（2）迅速移动到击球位置，并正确做好后摆。

（3）击球时，前臂保持伸直，手腕要绷紧，重心前移，以产生足够的力量。

（4）当球离开球拍时，重心要落在前脚上。

（5）挥拍稍向上，球拍随球送出，在身体另一侧的高处结束挥拍动作。

二、正手击球

图6 正手击球

1. 动作要点（如图6）

（1）握拍法。

网球正手击球可采用大陆式、东方式、半西方式或西方式握拍法，对于初学者来说，一般采用东方式正手握拍法，但目前半西方式正手握拍法较为流行。正手击球动作技术由准备姿势、后摆引拍、挥拍击球和随挥跟进4个环节组成。

（2）准备姿势。

图7 准备姿势

面对球网，两脚分开与肩同宽，上体稍前倾，双膝微屈，重心落在两前脚掌上，右手握拍，左手轻托拍颈，双臂稍屈，持拍于体前，拍面垂直地面并指向对方，做好击球准备（如图7）。

（3）转体引拍。

当判断对方击球朝正拍来时，转髋的同时转动双肩，身体侧向球网，持拍手臂带动球拍向后方弧线引拍，做后摆动作。肘关节弯曲并稍抬起（注意手臂不要伸直），拍头指向后方，拍底正对着球网；与此同时，左手向前伸出，以保持身体平衡，两眼注视来球。

（4）击球步法。

击球步法分为“关闭式”和“开放式”两种，“开放式”又可分为“全开放式”和“半开放式”两种。“关闭式”步法是在球拍做后摆动作的同时右脚向右转，约与底线平行，左脚向右斜前方做45°迈出，身体侧对球网，重心前移。“全开放式”步法是在球拍向后引做后摆动作的同时，双脚基本与底线平行，主要靠腰腹及转体的力量带动上体击球；而“半开放式”步法是位于“全开放式”和“关闭式”之间的站位方式，左脚位于左侧45°，击球时，结合转体、腰腹和上体的力量进行击球。

对于这三种击球站位来说，它们击球前的重心都在右脚上，随着击球和动作的随挥，重心逐渐前移，依靠身体的力量带动手臂进行击球。

（5）挥拍击球。

击球时应用力蹬地、转动身体，以肩关节为轴，手腕固定，用大臂挥动带动小臂，沿着来球的轨迹挥出去。人们一般在左脚右侧前方与腰齐高的高度击球：当来球较高时就快速后退；来球较低时应上前并屈膝，始终保持在与腰齐高的高度击球。击球时，应紧握球拍固定手腕，肘关节微屈，击球点在轴心脚的侧前方，击球过程中握拍力度要适中，给予球拍一定的握压就可以，切忌抓得太紧。

（6）随挥跟进。

击球后，球拍沿着球飞行的方向继续向上挥动，肘关节向前上方跟进前伸，转体动作也由后摆时的侧身对网转向正面对网，拍子随挥至左肩上方结束，重心前移到左脚上，动作放松。在击球结束后，球员应该立即准备下一拍的击球，随后马上还原到准备回击下一次来球的状态。

2. 正手击球的种类

（1）平击球。

纯粹的平击球是没有的，只是旋转相对较少。平击球的特点是速度快、球落地后前冲力大、球的飞行路线较直；在击球过程中球拍几乎是水平运动，但其准确性和控制力较差。在底线对拉相持中或在对攻中，如果对方出现半场浅球，利用快而平的平击球，不仅可以为下一拍进攻创造条件，而且常常能够创造制胜分。

平击球的动作要点：首先，击打平击球时，眼睛要注视着来球，脚步提前移动到位，转体引拍、判断位置，拍柄对着对面球网方向；其次，当向前挥拍击球时，击球点在左脚右侧前方与腰齐高的位置，球拍触球时手腕要绷紧，拍面与地面基本垂直，击球过程中往前多送球；最后，击球后必须要有随挥动作，使球拍挥至左肩前方，肘关节向前，重心移至前脚上，随之回位准备下一拍的击球，进入新的准备状态。

（2）上旋球。

上旋球是由于球拍向上摩擦球体，使球产生上旋而得名的。上旋球特点是球的飞行弧线较高，过网后下降快，落地反弹较高，前冲力大。优点是便于加力控制。上旋球是最基本、最重要的底线技术。

上旋球的动作要点：面对球网，两脚自然开立，重心稍前移，落在前脚掌上，左手扶住拍颈，注意对方来球；当来球时，迅速向后引拍，向来球方向迈出前脚，侧对球网，屈膝降低重心；向前挥拍时，重心移向前脚，在前脚右侧前方击球，拍面稍后仰，球拍从下向上、向前擦击球的后上部，击球后要有完整的随挥动作，重心全部落在前脚上，球拍挥到左前上方。

（3）下旋球（削球）。

在正式比赛中，利用正拍打下旋球是比较少的。一般在回接对方大力发球或回接对方第二发球上网以及随击球上网的过程中，利用正拍下旋球（推切球），可以做到在对方来球落地弹起后的上升期击球，所以回球速度快，另外，可以改变场上比赛节奏，缩短对方连续回击球的准备时间，为争取主动创造条件。

下旋球的动作要点：当来球时，要引拍转体，左肩对球网，重心落在右脚上，拍头高于击球点，锁紧手腕；左脚向右前方跨出的同时，左手指向前面来球，以保持身体的平衡，由后上方向前下方挥拍，击球点在左脚右侧前方，击球的后上部，用球拍把球包住，使球有在拍上滑动的感觉；身体重心移至前脚，击球后拍头应随球挥至身体左侧；完成随挥动作后，身体恢复到准备姿势。

三、反手击球

对于网球运动来说，反手是相对困难的击球技术，反拍击球有击打上旋球、平击球与下旋球三种，另有单手握拍击球和双手握拍击球之分。一般来说，很多运动员包括职业运动员及世界顶尖高手，都是反手相对较弱的。但如果拥有致命的反手，比赛将变得非常容易，典型的使用反拍击球的有马拉特·萨芬、德尔波特罗等。

反手击球动作技术由准备姿势、后摆引拍、挥拍击球和随挥跟进4个环节组成。

图8　单手反拍击球

（1）反拍上旋球击球（单手反拍）。

反拍上旋球击球，击球后该球在空中的运行特点、落地后的弹跳特点与底线正拍上旋球相似。如果运动员能熟练地掌握底线反拍上旋球技术，就能在比赛中相峙对拉时争得主动，给对手以出其不意的进攻，为下一级进攻得分创造有利条件。

当判断出对方来球飞向你的反拍时，要迅速转肩转体，扶拍颈的左手帮助右手正手握拍换成反手握拍；向后引拍，重心移向左脚，屈膝降低重心，右脚向左侧前方跨一步，在右脚的左侧前方击球，拍面稍向后倾斜。

（2）反手平击球（单手反拍）。

反手平击球与正手平击球相似，球的飞行优点同样是速度快、飞行路线平直、落地后的前冲力量大；弱点就是稳定性差，易造成下网或出界。

当判断出来球飞向反拍位时，要立刻转肩转体并引拍，同时右脚向左前方跨出，扶拍颈的左手帮助右手换握成反手握拍并将拍拉向身体的左后方，重心移向左脚；球拍触球时，手腕绷紧，挥拍击球的路线是从后向前上方比较平缓地挥击，左臂自然展开，保持身体的平衡；击球过程中要保证击球点位于球的下方，否则容易造成使球下网等失误。

（3）反拍下旋球击球（单手反拍）。

反拍下旋球即“削球”。削球容易学习，且比较安全，为大多数初学者和中等水平者所掌握。如果技术掌握得好，削球也能成为进攻的武器。在很多世界大赛中，优秀运动员也会利用削球改变比赛节奏。

对于反手削球技术，很多业余运动员动作不标准，在做削球动作时，总是有往下

“砍”的动作，或者由于对拍面的把握不好，极易造成不必要的失误。因此，按照正确的击球方法，当来球飞向你的反手时，要迅速转体引拍，引拍要比上旋反拍要高，球拍要远离身体，拍头向上高于手腕，拍面稍后仰；右脚向左前方跨出，扶住拍颈的左手放开，右手向前下方挥拍，在右脚左侧前方与腰齐高处触球，手腕绷紧；在击球过程中，一定要保证球与拍的接触时间尽量长，并往前送拍，保证球与拍有足够的接触与旋转。

（4）双手反拍击球。

图9　双手反拍击球

由于双手反拍击球可以同底线正拍击球一样，能打出高质量、高难度的进攻球，因此也受到不少运动员的青睐。双手反拍击球，不论来球高低，都便于对球施加上旋，发力击球也比较容易，能够弥补反拍击球力量不足的弱点。如马拉特·萨芬，他的反手能够打出上旋球，也能打出速度极快的平击球和难以想象的小角度回球，总是给对手造成极大的压力。

反拍双手握拍击球，两手都是东方式握拍法。如果是右手握拍者，右手以东方式反手握法握拍，手掌根靠近球拍柄的端部，左手以东方式正手握法握在右手的上方。侧身转肩背朝球网，向后充分引拍，以获得足够的击球力量，右脚向前跨出，身体重心在右脚，后引动作靠近身体腰部；击球时回身扭腰，球拍由后下向前上方挥出，拍面垂直，击球的中部或中部偏下，使球产生上旋，击球点在右脚侧前方，利用双臂的伸展来增加击球的力量，身体重心移向右脚；击球后面向球网，随挥动作由后下向前上越球而过，动作在肩部结束。

四、发球

1. 网络发球基本技术

网球发球基本技术包括握拍法、准备姿势、抛球与后摆动作、击球动作和随挥动作。

图10　发球

（1）握拍法。

握拍法有大陆式握拍法或东方式反手握拍法。

（2）准备姿势（以右手为例）。

全身放松，侧身站立在端线外中场标记旁边，左肩对着左边网柱，面向右边网柱，两脚分开约同肩宽，左脚与端线约成45°，右脚约与端线平行，重心在左脚上。左手持球轻托球拍在腰部，拍头指向前方。

（3）抛球与后摆动作。

抛球与后摆拉拍动作是同步开始的，持球手拇指、食指和中指三指轻轻托住球，掌心向上。当球拍向下向后引拍时，持球手同时下降至右腿处，紧接着当球拍从身后向头上方做大弧度摆动，身体做转体、屈膝、展肩时，持球手柔和地在身前左脚前上举，直至伸高及头顶。抛球动作要协调、平稳，球送至最高点再离开手指抛向空中。此时右肘向后外展约同肩高，拍头指向天空，左侧腰、胯成弓形状，身体重心随着抛球开始先移向右脚，然后平稳地开始前移。此时肩与球网成直角。

（4）击球动作（以右手握拍为例）。

右手握拍柄，左手持球，两手扶拍于体前，左手以拇指、食指和中指轻轻握住球在食指根部，无名指和小指扶球，然后两手同时动作，左手离开球拍经体前下落后，伸直上臂再向前向上徐徐将球抛出。手腕领先，将球抛至预定位置上，右臂自然下落经体侧后引，当拍子与肩同高时，屈肘收拍，同时向右转体45°至50°，身体重心由前脚移至后脚，左膝向前弓出，右膝亦弓，下颏抬起。此刻，身体形成最大限度的背弓，借弓背下沉之势迅速蹬地转体、转肩，身体重心移至前脚，肘部抬起，带动臂膊上举球拍，大小臂协调配合，以小臂的旋内动作和强力的扣腕将球击打出去。

（5）随挥动作。

球发出后，身体向场内倾斜，保持连续、完整的向前上方伸展的随挥动作。球拍挥至身体的左侧时，重心移向前方，做到完全自然地跟进并保持身体平衡。

2. 发球的种类

发球基本分三种：平击发球、切削发球和侧上旋发球。每一种发球都有自己的特点和用途，好的发球具有相当大的攻击力，并且发出的球在速度、力量和落点方面均有变化。

（1）平击发球。

发平击球时的击球点应在身体的右眼前上方，以拍面中心平直对准球，击球的后中上部。因此手腕的向前拌甩和前臂的“旋内鞭打”非常重要，身体要充分向上、向前伸展，以获得最高击球点，提高发球命中率。

（2）切削发球。

发球时把球抛到右侧斜上方，球拍快速从右侧中上方至左下方挥动。击球部位在球的中部偏右侧，使球产生右侧旋转。

（3）侧上旋发球。

发上旋球时把球抛到头后偏左的位置，击球时身体尽量后仰成弓形，利用杠杆力量对球加旋转；球拍快速从左向右上方挥动，从下向上擦击球的背面，并向右带出，使球产生右侧上旋。

五、接发球

接发球分正拍接球和反拍接球两种接法，可以打出上旋、下旋和平击等球。根据战术的需要，除了用不同的回击力量和落点变化外，还可以直接放小球，或挑高球，也可以接发球上网和接发球破网。

(1) 站位与准备姿势。

接发球的准备姿势是两脚自然开立，两膝微屈，上体稍前倾，两臂屈肘，两手持拍置于腹前，要将拍头向上翘起，拍面垂直于地面或稍开放些，拍头上缘与眼的高度平齐，身体重心放在两前脚掌上，并要不停轻轻地跳动或微微晃动身体，使自己处于待发的机动状态，随时可以向任何方向起动。

(2) 握拍。

网拍接触球的一刹那开始要紧紧握住网拍，特别是拇指、食指和无名指要用力抓拍。加之手腕固定保证拍面稳定，即使不能有力还击对手凶猛的来球，也可用牢固的拍面顶住来球，或者以合适的拍面角度控制还击的方向。

(3) 击球。

接球时的击球动作与正常击球动作基本相同，只是没有明显的后引，特别是对于快速的来球，回球时多数是采用阻挡式动作，即和截击球打法相似，不要做过大的挥动。当判断来球迅速移动、向预测击球点及时起动时，双肩与身体重心同时移动，并向击球方向踏出异侧脚，转肩时注意要使肘部离开身体，持拍臂腋下大约能有一个球的空隙。向前挥击时尽管拍子的运行轨迹也是由高向下再向上，但上下幅度很小。击球点是在体前（稍侧些）略高于胸的位置。击球后很少有随挥动作，拍头竖起，打势结束在较高处。身体重心停在前脚掌上，后脚可以略微抬起，一般不要离开地面，以便迅速复位准备还击来球。

六、截击球

截击球是在网前进行的一种攻击性击球方法，其方法是当球在落地之前将来球击回对方场区，可以在网前截击，也可以在场内任何地方截击。截击球技术包括正手截击和反手截击。截击球时的正反手握拍均采用东方式反手握拍法或大陆式握拍法。

1. 正手截击

图11　正手截击

(1) 准备姿势。

两脚自然开立约同肩宽，重心放在前脚掌上，足跟提起，两手持拍置于胸前，拍头竖起在眼前，两肘要离开身体，左肘高于右肘，上体微前倾，两眼注视来球，成为一种可向任何方向起动的待发状态。

（2）网前截击的站位。

应该说网前截击愈前愈好，因为愈靠近网，控制的角度愈大，愈能使对手被动，但是在完成截击动作时还要向前跨步，还要侧身对网并向前送拍击球，因此又必须留有一定的活动范围，不可能完全贴在网上，一般来说根据自己身高臂长距网 1 ~ 2 米即可，最远也不能超过 3 米，再远就变成中场截击球了。

（3）动作方法。

截击球是一个短暂的撞击动作，网拍后引动作要小，不要超过肩，大小臂之间不要大于 90°，后引时要使肘领先于小臂和拍子。击球点要处理在身前。如果落在体侧或身后，就变成挡球了，也就完全失去了控制球的能力；若击球点太靠前，势必要去够球，结果是使拍子向前下方挥动，从而造成击球下网或失掉重心。击球点的高度应以眼的高度为最佳。

（4）动作要领。

手腕略竖起，拍头高于手腕。拉拍动作要小，要用举拍转肩、转体来带动上臂，肘要离开身体，不要夹臂。击球时以肘为轴，肩关节固定，随身体的转动向前转动，封闭腕关节，使手掌、网拍和球在同一条直线上，击球的一刹那要屏住呼吸；击球后的随挥动作很小，身体重心移动也不大，所以身体较平稳。

2. 反手截击

图 12　反手截击

准备姿势：球拍执于身前，拍头指向前上方；两脚分开站立比肩稍宽，双膝微屈，身体稍成蹲伏状。

挥拍击球：当球来时，用非执拍手将球拍稍向后拉，双膝弯曲，身体重心前移；执拍手手腕向上、拍头上翘，眼睛始终盯住球；截击时手腕绷紧，手臂伸直；拍头与手臂向前下方作短截击球时要和谐一致。

3. 截击球技术要点

（1）眼睛始终盯球。

（2）握紧球拍，绷紧手腕。

（3）在身体前面击球。

（4）保持拍头向上。

（5）用较短的控或推击动作击球。

七、高压球

高压球是指在头上用扣压的动作完成的一种击球方法，是对付对方挑高球的一项进攻技术。

图 13 正手高压球

1. 动作要领

（1）准备姿势。

高压球的动作与发球动作相似，握拍也与发球握拍相同。当对方挑高球时，应立即侧身转体并用短促的垫步向后退，同时持拍手上举至头部向后引拍，重心在两脚前脚掌上，后腿弯曲，随时准备扣杀。

（2）击球动作。

准备击球时，非持拍手上举指向来球的方向和高度，碎步调整位置。击球动作与发球一样，击球点在右眼前上方。如果跳起高压，用后脚起跳，转体、收腹，击球后用左脚着地，同时右脚向前跨，准备再上网截击。

2. 高压球类型

（1）近网高压。

对方挑高球落点位于发球线之前，就可迎上去大力扣杀直接置对方于死地。这种高压球的击球点可偏前，以便击球时向下扣压。

（2）后场高压。

对方挑高球落点位于发球线之后，此时要大胆果断，就像打正常的高压球一样，击球点可稍后些，步法及时移动到位，迅速跳起给予猛击。击球后的跟进动作要长些，向前向下扣压。

（3）落地高压。

当对方挑出直上直下的高球时，可等球落地弹起后再打。这样可增加打高压球的把握和信心。一般这种高球落地后跳起弧线是直线向上的，所以步法移动要迅速。我方退至球的后面，调整好击球点的位置，然后向前还击球，像发球一样向前、向下击球，落点对准发球线与底线之间，这样才能提高击球的成功率。

（4）反手高压。

由于反手高压不容易发力，且易失误，故在比赛中运用较少，一般都及时侧身后退，打头顶高压。当对方挑高球至左侧场边线、需被迫使用反手高压球时，我方应及时向左侧身，提肩抬肘，拍子低于手腕与肘关节，击球点在左上侧。击球时前臂和手腕迅速向上挥起，手腕紧固，盯准球进行高压动作。一般反手高压的威力很小，一定要注意回位，防止对手下一拍的进攻。

八、挑高球

图 14　挑高球

挑高球技术主要是当对手上网、试图上网或者被调动到网前时，所采用的穿越技术，一般来说挑高球技术主要是运用于业余比赛中，运动员处理球的能力较差，容易失误；在世界高水平比赛中，很少出现挑高球，大多都是被迫挑高，而非战术安排。因为职业运动员的击球能力及预判意识都能给予对手致命的攻击。挑高球分为进攻性挑高球和防守性挑高球。

1. 进攻性挑高球

准备姿势：与正、反手击球动作一样，尽可能使挑高球的突然性增大，获得最佳效果。击球过程中精力高度集中，忘掉对方在网前的威胁。

挥拍击球：击球过程中手腕绷紧，球面应在球底部后 1/4 处，并把球向上击出，使之越过对方的球拍和头部。

随挥动作：击球后，球拍应充分送出，以保证球能越过对方球拍，继续做随挥动作。

2. 防守性挑高球

准备姿势：向球的方向跑动时，就应把球拍举起放在后面，充分地引拍，动作与抽球时动作一样。

挥拍击球：击球过程中，保持手腕绷紧，紧握球拍，尽可能地向上、向外延长击球时间。发力要恰到好处，使球落在对方场地端线附近。

随挥动作：随挥动作是把球挑到足够高度的关键。因此，应加长击球时间，顺着球的飞行路线向上做推送动作，拍头尽可能送远，在身体前面的高处结束随挥动作。（如图 14）

九、放短球

图 15　放短球

放短球的动作方法与长抽球几乎是同样的，所以对手不易鉴别你是长抽还是短打。放短球时，动作要尽可能隐蔽以使对方无法判断，后摆和前挥动作都跟正、反拍侧旋球完全一样，球拍在高球的飞行路线上及早地向后摆起。虽然放短球的后摆动作不必很大，但要给对方一个错觉，似乎你准备打一个深球。不管是打斜线球还是直线球，准备动作都是一样的。放短球是在网拍接触的一刹那放松手腕，用拍面轻轻地削击球的侧下部，拍面大约以45°的开角从球的侧下方向下滑动，使球产生侧下旋，似乎是把球铲过网去摆放在网前。击球后没有随挥动作，球落地后弹起很低、很短。

在一般的情况下不放短球，只有在以下情况才考虑放短球：

（1）对手被迫退到底线后还击，回球慢而浅。

（2）当对手还击时身体重心失去平衡，尚未得以恢复或重心倾向场地某一侧时，可向对手的另一侧放短球。

（3）当拦网或抢截网前球时，对手在底线附近或更后、更远的地方。

（4）当处理一个较慢的脚下球时，为了缓解一下被动局面也可放一个近网短球。

第四节　网球基本战术

网球比赛战术分为单打比赛战术和双打比赛战术。

一、网球单打比赛战术

一般分为发球战术、接发球战术、上网战术、底线结合上网战术和底线战术五种。

（一）发球战术

发球不受对方支配，可通过力量、速度和准确性达到得分目的；针对对方弱点，攻其薄弱环节；利用不同的发球方式，随球上网截击；运用相似手法，发不同性能的球，使对方不易捉摸；利用外界自然条件（如风向、阳光、硬地和草地等）发球，给对方接球制造困难。

1. 发球站位

发第一区时，尽量接近中点线，发直线球逼住对方反拍；发第二区时，站位可距中点线稍远，便于以更大斜线发到对方反拍区，扩大自己正拍防守区域。

2. 第一次发球

多用大力平击发球使对方造成接球失误，或用切削发球、上旋发球打落点，将球发至对方防守较差的地区。

3. 第二次发球

重点在发球准确，力求凶狠，打落点，多用切削发球或上旋发球。

4. 上网的发球

上网的发球分为大力平击发球后上网和上旋发球后上网。但大力平击发球后，对方回球快，而且身体不易掌握平衡，常来不及上网，故利用上旋发球后上网的居多。

（二）接发球战术

接发球一般处于被动地位，但处理得好可减少被动，甚至能化被动为主动。

1. 接发球站位

站在对方可能把球发到的角度的角分线上。当对方发向外或向内旋转的球时，要靠近旋转方向一点。此外，应尽量站在底线内半米左右处，压制对方，自己上网。

2. 接发球击球方法

一般采用平击抽球，将球回击到对方底线两角；也可运用旋转使球旋向两边线外，造成对方左右奔跑；或运用切削球打到近网两角；或运用挑高球挑过发球上网者头顶等。

（三）上网战术

上网战术是指在发球或接发球后，冲到离网较近的位置，不等对方回击的球落地便进行空中截击或高压的一种战术。上网型打法就是依靠上网截击的优势主动得分的战术。当然运动员首先必须具备良好的发球和网前的技术，然后还要敢于冒险。上网型打法最大的好处在于能够使对手始终处于一种受压状态。上网型打法可分发球上网、接发球上网、随球上网、偷袭上网、伺机上网、放小球上网等战术。

1. 上网时机

多用于第一次发球。发上旋球后，借球在空中飞行时间长，对方难以回击之机上网截击。若抽击球后上网，则出球要斜、深、重，或接近中央地带。

2. 上网站位

尽可能站到距离网约 2 米处。近网则进攻威胁性大，封网角度小，防守控制面积大。此时，站位应在对方可能的击球角度的分角线上。

（四）底线结合上网战术

底线结合上网战术是全面运用各种技术进行攻防的打法。这种打法对运动员的技术和战术水平具有较高要求，包括既能在底线来回击球，又能创造或不失网前得分的机会；在对方上网时，能击落地球破网；对方击球较浅时，又能随击上网。因此，快速反应能力、灵活多变的战术、全面熟练的技术是取胜的关键。这种打法对运动员提出如下要求：

（1）底线正反拍必须具有进攻性和较大威胁。

（2）用凶狠抽击球（如上旋球）拉开对方，及时上网。

（3）具有较好的预测、判断能力，击球果断、有力，随之上网。

（4）底线抽击球在斜、深、重的情况下使对方被动，紧跟着上步作抽杀。

（5）既要考虑积极上网，又要提防对方的破网打法。

（6）上网击球主要采用截击球和高压球，此时还要熟练掌握反弹球，以落点为主，应付被动情况，争取第二次截击。

（五）底线战术

底线战术把进攻型打法作为前提，以快速、力量、准确、凶狠取胜对方，使看来是防守性的打法具有攻击性。常用的有逼右攻左、逼左攻右，攻击对方弱点或打对方不擅长打的球。双方运动员均在底线进行抽击。一般要达到逼角、逼深，采用逼左攻右、逼右攻左的打法，并不规则地交替运用旋转球、平击球等技术，使对方产生失误或处于被动之中。用此种打法，双方来回击球可达几十次，因此要求运动员要有良好的耐力、敏捷的步法和准确的击球落点。底线型打法主要有对攻战术、拉攻战术、侧身攻战术、紧逼战术、防守反击战术。

二、网球双打比赛战术

双打比赛，站位一般是正拍好的站右边，反拍好的站左边，理想的是一个右手握拍，一个左手握拍。双打有其特定的战术，不能用单打战术代替。

（一）发球战术

双打的发球以旋转和落点为主，因为相对单打每个人需要控制的面积缩小，不容易接发球抢攻直接得分，所以不必死拼发球。发球前要让同伴了解自己发球的落点，以便同伴有备于抢网。在双打比赛中发球技术好的球员应作为每队的第一个发球员，每次发球比单打更注重一发成功率，落点以内角和中路居多，以使对手无法击出大角度的回球，有利于同伴抢网得分。

1. 发球站位

发球者站在底线后面的中线与边线之间的一半处，比单打站位稍靠边线，因为另一边有同伴防守，同时可使发出的斜线球角度更大。

2. 第一发球

第一发球应大力、凶狠、准确，掌握上网主动权。常用大力上旋球发对方反手区，压制其进攻力量和回击角度，也可用大力平击发球，迫使对方回击高球，以便上网扣杀。

3. 同伴站位

在离网 2 ~ 3 米，离边线 3 米左右处，把守半边场区，伺机截击或高压击球。

（二）接发球战术

接发球最好的选择是打斜线球。如果发球方抢网很凶的话，可通过拍击直线抑制对手抢网；当发觉对手已形成双上网的态势时，最佳选择就是将球击向对手中路的脚下，这是最令双上网者头疼的地方。

1. 接发球站位

指站在对方可能把球发到的角度的分角线上。

2. 回击方法

回击方法指平击、切削、旋转三种交替运用，使对方捉摸不定的方法。球要过网低、角度斜、落点深。压制对方上网，寻找时机自己上网。

3. 同伴站位

应站在发球线附近，比发球者站得稍后一些，随时注意场上变化。

（三）网前比赛战术

当四人均上网时，短兵相接，要求双方反应灵敏、动作迅速、技术水平较高。

1. 站位

上网位置在离网 2 ~ 3 米处，两人各站半场中间稍靠中线位置。这样站位便于进退和防“中间球”。

2. 同伴之间配合原则

来球在两人之间，由正拍击球者回击；球在两人之间，又是斜线球时，由距离近的运动员迎击；挑高球在两人之间，由正拍击球者进行高压；对方接发球回击过来的是中场球，由上网运动员争取截击，发球运动员随时准备补漏；情况复杂时，通过呼叫“我的”“你的”互相照应；上网运动员左右移动时，底线同伴要移动补位。

3. 协同防守

如果同伴出现十分被动的局面，要给予支持和援助。当同伴被迫挑高球时，自己要立刻后退，使自己一方处于被动的防守位置。退回底线虽然被动了，但一旦出现浅球，两人可马上一块上网，回到网前。

如果同伴被拉出边线，自己要立即向同伴靠近，给同伴以支援。否则，在自己与同伴之间会留下很大的空当，对手很容易打出破网球，同时根据被动的局面，我方要适当后退，等待机会。

4. 抢网战术

（1）发球前要作出是否抢网的决定：抢网是指网前者横向或向斜前方移动，拦截对方打过来的斜线球。它要求网前者有敏捷的思维、准确的判断及快速的步法，所以是否抢网两人要事先商定。一些双打配对队员喜欢用暗号，例如，网前人把手放在背后，用握拳或张开手指的方式向发球员表示他抢不抢网，但最好要有口头上的交流，但需要注意的是，千万不能让对方猜透你的意图或听见你们的交流，一旦作出决定就要坚决执行。

（2）防守空当区域：当网前者抢网时，很容易造成他的那半块场地空出，无人防守，所以发球员发球之后，不应直接向前冲，而应向前跑几步，然后向同伴留下的那半场跑去，并继续向网前移动。抢网的球员在拦截之后要进入发球员的场区，两人交叉换位，防守对方可能还击的直线球。

（3）抢网时机：抢网时，需要在对方球员击球的一瞬间起动，而不要在接球员击球之前移动，把自己的行动意图暴露给对方，否则对方击出直线球便很有可能得分；同时也不能起动得过晚，否则便抢不到球。

（4）抢网击球路线：如果能够抢到，最佳的击球路线是对方网前者的脚下，因为这样的球使对手接球十分困难，经常能直接置对手于死地，至少可使对手无法发动进攻。如果抢网的同时，对手的接发球员仍在底线，那么接发球方网前球员的背后也是他们的“死穴”；对于手感很好的网前者也可截击至接发球者一面的小斜线，如果接发球者上网很快，那么他们的中路则是最薄弱的地方，是攻击的重点。

5. 扣杀高压球

无论对方是进攻性挑高球还是防守性挑高球，网前者都要尽力不让球落地，在空中将球扣杀过网。因为双打有两人进行防守，所以经常出现一两板高压球也不能得分的状况，这时不能着急，要紧紧地把握住网前优势。高压球的打法与打落地球不同，要尽量压斜线球才有威胁，而不要像打落地球那样攻击对手中路。

6. 底线比赛战术

双打应争取机会上网，一旦被压在底线，就只能考虑防守，伺机反攻，或诱使对方失误。可用挑高球，回击短而低的球，或打平直线球快速穿过对方中央场区，或运用侧旋直线球打对方两侧。

第五节　网球基本规则

一、网球的单打规则

比赛开始前，双方用掷钱币或旋转球拍的方法进行挑边，得胜者有权选择发球或选择场地。选择发球或接发球者，应让对方选择场区；选择场地者，应让对方选择发球或接发球。

1. 发球动作

发球员在发球前，应先站在底线后中点和边线的假定延长线之间的区域里，然后用手将球向空中任何方向抛起，在球接触地面以前用球拍击球。只要球拍与球接触，就算完成了球的发送。发球时，发球员不得向上抛起两个或两个以上的球，否则判重发。如果是故意的，应判失分。

2. 发球时间

发球员须待接球员准备后，才能发球。接球员做还击姿势虽已做准备，但若接球员在发球员作出击球动作后又表示尚未准备好，这时即使发球员所发的球没有落到发球区内，也不判为发球失误。

3. 发球位置

每局比赛开始发球时，发球员应先从右区端线后发球。得或失一分后，应换到左区发球。如果发球位置出现错误而未被察觉，比分仍然有效。一旦察觉，应立即纠正。

4. 发球次序

第一局比赛终了，接球员成为发球员，发球员成为接球员。以后每局终了，双方均依次互相交换发球直到比赛结束。

如发球顺序发生错误，发觉后应立即纠正，由此轮发球的球员发球，发觉错误前双方所得的分数都有效。如果发觉前已有一次发球失误，则不予计算；如一局终了才发觉次序错误，则以后的发球顺序就以该局为始，按规定轮换。

5. 交换场地

双方应在每盘的第一、三、五等单数局结束后，以及每盘结束双方局数之和为单数时，交换场地（如果一盘结束时，双方局数之和为双数则不交换场地，须等下一盘第一局结束后再进行交换）。如果发生未按正常顺序交换场地的错误，一经发现应立即纠正，并按原来顺序进行比赛。

6. 发球失误

发球时如果出现发球脚误、击球未中、发出的球在落地前触及固定物等现象，均判失误。

（1）脚误。

发球员在发球动作中，两脚只准站在端线后中点和边线的假定延长线之间，不能触及其他区域，不得通过行走或跑动改变原站的位置（发球员发球时如两脚轻微移动而未变更原位，不算行走或跑动）；否则，就会被判为脚误。

（2）击球未中。

发球员在发球时由于用力过猛、动作不协调等原因未击中抛出的球称为“击球未中”。

如果发球员在向上抛球准备发球时，又决定不击球而将球接住，这不算失误，判重发。

（3）触及固定物。

单打比赛在双打场地上进行时，使用了单打支柱。发出的球如果触及单打支柱后落入了规定的发球区内，应判失误，因为单打支柱、双打支柱以及其间的球网、网边白布均系固定物。

7. 发球无效

当合法的发球触及球网、中心带、网边白布后，仍落到对方发球区内时；当合法的发球触及球网、中心带、网边白布后，在落地前又触及接球员的身体或其正在作准备时，无论发出的球成功还是失败，均判发球无效。重发球时，前次发球不予计算，但原先的第一次发球失误不予取消。

8. 失分

在网球规则中，如果出现以下情况均判失分：在球第二次着地前未能还击过网；还击的球触及对方场区界线以外的地面、固定物或其他物件；还击空中球失败；在比赛进行中，运动员故意用球拍拖带或接住球，或故意用球拍触球超过一次；“活球”期，运动员的身体、球拍（不论是否握在手中）或穿戴的其他物件触及球网、网柱、单打支柱、绳或银丝绳、中心带、网边白布或对方场区以内的地面；来球尚未过网即在空中还击，算过网击球；除握在手中的球拍外，运动员的身体或穿戴的物件触球；抛出手中的球拍击球；比赛进行中，运动员故意改变其球拍形状。

（1）活球期。

自球发出时起（除失误或重发外），至该分胜负判定时止，为活球期。

（2）触网。

在双打比赛中甲乙一队、丙丁一队，甲发球给丁，丙在球着地前触网，而后球落在发球区外。这时应判丙与丁失分，因为球落在发球区外之前丙先触网。

在比赛中造成失分的情况还有很多：发球时，球拍从发球员手中飞出，在球触地面前触网，应判发球员失分（因为在活球期球拍触网）；发球时，球拍从发球员手中飞出，在球接触发球区以外地面后触网，应判发球失误（因为当球拍触网时，已成死球）；运动员在活球期跳过球网到对方场地，应判该运动员失分；站在发球区外的运动员，在对方发来的球落地前被击中，应判他失分；运动员站在场区外还击界外的空中球或用手接住球（除非他还击空中球为有效还击，比赛继续进行）判他失分。

9. 第二发球

网球比赛规则规定，发球员有两次发球权。第一次发球失误后，应在原发球位置进行第二次发球。如第一次发球失误后，发觉发球位置错误，则应按规定改在另外一区发球，但只能再发一次球。

10. 压线球

压线球是指落在比赛线上的球，算界内球。

二、网球的双打规则

单打规则均适用于双打，但双打规则也有自己的特殊的规定。

1. 发球次序

应在每盘开始之前决定发球次序，即每盘第一局开始时，由发球方决定由何人首先发球；对方则同样地在第二局开始时决定由何人首先发球；第三局时由第一局未发球方的球员发球；第四局由第二局未发球的球员发球。以下各局均按此次序轮换发球。

2. 接球次序

与发球次序一样在每盘开始之前要决定接球次序，即先接球的一方应在第一局开始时，决定何人先接发球，并在这盘单数局继续先接发球；对方同样应在第二局开始时决定何人先接发球，并在这盘双数局继续先接发球。他们的同伴应在每局中轮流接发球。

3. 发球次序错误与接球次序错误

发球次序错误应在发觉时立即纠正，但已得的分数或已成的失误都有效。如发觉时全局已经终了，此后发球次序就以该局为准轮流发球。

如果接球次序错误，那么发觉后仍应按已错误的次序进行，等到下一节球局再行纠正。

三、网球比赛计分方法

1. 胜 1 局

(1) 每胜 1 球得 1 分，先得 4 分者胜 1 局。

(2) 双方各得 3 分时为“平分”，平分后，净胜两分为胜 1 局。

2. 胜 1 盘

(1) 一方先胜 6 局为胜 1 盘。

(2) 双方各胜 5 局时，一方净胜两局为胜 1 盘。

3. 决胜局计分制

在每盘的局数为 6 平时，有以下两种计分制：

(1) 长盘制：一方净胜两局为胜 1 盘。

(2) 短盘制：决胜盘除外，除非赛前另有规定，一般应按以下办法执行。

①先得 7 分者为胜该局及该盘（若分数为 6 平时，一方须净得 2 分）。

②首先发球员发第 1 分球，对方发第 2、3 分球，然后轮流发 2 分球，直到比赛结束。

③第 1 分球在右区发；第 2 分球在左区发；第 3 分球在右区发。

④每 6 分球和决胜局结束都要交换场地。

4. 短盘制的计分

(1) 第 1 个球（0:0），发球员 A 发 1 分球，1 分球之后换发球。

(2) 第 2、3 个球（报 1:0 或 0:1，不报 15:0 或 0:15），由 B 发球，B 连发两分球后换发球，先从左区发球。

(3) 第 4、5 个球（报 3:0 或 1:2，2:1，不报 40:0 或 15:30，30:15），由 A 发球，A 连发两球后换发球，先从左区发球。

(4) 第 6、7 个球（报 3:3 或 2:4，4:2 或 1:5，5:1 或 6:0，0:6），由 B 发 1 分球之后交换场地，若比赛未结束，B 继续发第 7 个球。

(5) 比分打到 5:5，6:6，7:7，8:8……时，需连胜 2 分才能决定谁为胜方，但在记分表上则统一写为 7:6。

(6) 决胜局打完之后，双方队员交换场地。

第十二章 游 泳

第一节 游泳概述

一、游泳的起源与发展

游泳是一种凭借肢体动作和水的作用力，在水中行动的技能活动。人类的游泳活动是一种有意识的活动。游泳的起源与发展是与人类社会的生产劳动、生活娱乐及战争等活动紧密联系的，它是在人类征服自然、改造自然的生产劳动中产生的，在满足人们的娱乐、竞争的需要中发展起来的。由于生存的需要，人们发展了走、跑步、跳跃、爬山、游水、投掷等技能。人类不可避免地要与水打交道，当水挡住道路时，当水中有鱼要捕食时，游泳技能就产生了。开始时，人们只是模仿水栖动物的姿势与动作，在水中移动，久而久之，便积累了在水中行动的技能，学会了漂浮、游动和潜水，产生了各种游泳姿势。我国古代的游泳可概括为三种形式，即涉——在浅水中行走；浮——在水中漂浮；没——在水下潜泳。之后，劳动人民在长期的实践中，创造和发展了不少的泅水方法和游泳技术，至今尚在民间流传，如狗爬式、寒鸭浮水、扎猛子（潜水）、大爬式、扁担浮（踩水）等。

二、游泳的分类

游泳运动包括游泳、水球、花样游泳和跳水四个项目，它们都在国际游泳联合会的管理之下。随着项目的发展，它们都各自发展成为独立的四个竞赛项目，本章只是介绍游泳项目。

随着人类社会的发展，游泳逐渐被用于军事、娱乐、竞赛、健身和体疗。游泳的姿势也发展变化为多种多样，根据目的和功能来分，可分为竞技游泳、实用游泳、大众游泳三类。

（一）竞技游泳

竞技游泳是指有特定技术要求，按游泳竞赛规则进行比赛的游泳运动项目。随着游泳运动的发展，竞技游泳可分为游泳池比赛和公开水域比赛两大类。

（二）实用游泳

实用游泳是指直接为生产、军事、生活服务的游泳活动，包括踩水、侧泳、反蛙泳、潜泳、水上救护、着装泅渡等非竞技游泳。

（三）大众游泳

大众游泳是以健身和娱乐为主要目的的游泳活动，如水中游戏、康复游泳、健身游泳和冬泳等。

三、游泳的作用

1. 增强心肌机能

游泳作为全身性的活动，在水中运动时，各器官都参与其中，耗能多，血液循环也随之加快，给身体各部分提供了足够的氧气和营养。而保持血液循环的加快，就需要增加心脏的有力搏动，促进血液更快捷、更好地流到全身各处，因此，游泳能够增强心肌功能，利于身体保养和锻炼。

2. 完善人体免疫系统

游泳是在水中进行运动的形式，一般来说，游泳池的水温常为26℃～28℃，低于人体的体温，因此，人体会为了满足体温的需要，增大能量的消耗，促进身体各部分、各系统的工作，保持冷热平衡。而人体体温调节功能改善，就不容易伤风感冒，还能增强人体内分泌功能，从而提高人体在针对冷热的不同条件下对疾病的抵抗力，完善人体免疫系统。

3. 塑造形体

人在游泳时，通常会利用水的浮力俯卧或仰卧于水中，全身松弛而舒展，使身体得到全面、匀称、协调的发展，使肌肉线条流畅。由于在水中运动减少了地面运动时重力对骨骼的冲击性，降低了骨骼的老损概率，所以骨关节也不易变形。

4. 增强呼吸功能

人体运动时需要大量的氧气，而呼吸过程主要是靠呼吸肌来完成的。据测定，游泳时人的胸部要受到12～15公斤的压力，加上冷水刺激肌肉紧缩，呼吸感到困难，迫使人用力呼吸，加大呼吸深度，这样吸入的氧气量才能满足机体的需求。为此，经常游泳会增强人体的呼吸肌的机能，促使人体更加健康。

5. 对人体皮肤的作用

在游泳过程中，由于水温的刺激，机体为了保证足够的温度，必须调动皮肤血管参与热量调节。冷水的刺激能使皮肤血管收缩，以防热量扩散到体外。同时身体又加紧产生热量，使皮肤血管扩张，改善对皮肤血管的供血，这样长期的坚持锻炼能使皮肤的血液循环得到加强。

第二节 熟悉水性

熟悉水性是游泳教学中的一个重要环节，是初学者必须首先经过的一个阶段。其目的是让初学者体会与了解水的浮力、压力、阻力等特性，逐步适应水的环境，消除怕水心理，培养对游泳的兴趣，并掌握一些学游泳的最基本的动作，如呼吸、浮体、滑行等，为以后学习各种游泳技术打下基础。

熟悉水性教学的手段与方法多种多样，在运用这些手段与方法时，如果能与水中游戏结合，寓教于乐，其效果会更好。这里只介绍几种典型的熟悉水性的练习方法。

（一）水中行走

水中行走练习的目的主要是体会水的阻力，掌握在水中站立和行走时维持身体平衡的方法，消除怕水心理。

练习方法：

（1）扶池边向前、向后、向两侧行走。

（2）集体拉手向前、向后、向两侧行走。

（3）各种方向的走、跑、转身及跃起。

2. 教法提示

水中行走宜在齐腰深的水中进行，练习时应提醒学生相互注意，以防止因滑倒而呛水或发生溺水事故。

（二）呼吸

呼吸练习的目的在于初步掌握游泳时的呼吸方法、呼吸过程和呼吸节奏，适应头浸入水中的刺激，消除怕水心理。

练习方法：

（1）闭气练习：面对池壁，两手扶池边站立。练习时用口吸气后闭气，然后低头，将面部和头没入水中，在水中停留片刻后起立，在水面上呼气和吸气。在水中闭气的时间，可随练习次数的增加而逐渐延长，但须控制在学生能力范围之内。

（2）呼气练习：同上练习，当面部和头没入水中稍闭气后，用口或口和鼻缓慢而均匀地呼气，但不要把气呼完，在呼气的后部分，一边呼气一边抬头，当口出水面时用力将气呼完。然后起立在水面上用口吸气。（如图 1）

（3）连续呼吸练习：同上练习，但要求练习动作连贯。如此反复，直到能连续做 20 ~ 30 次。

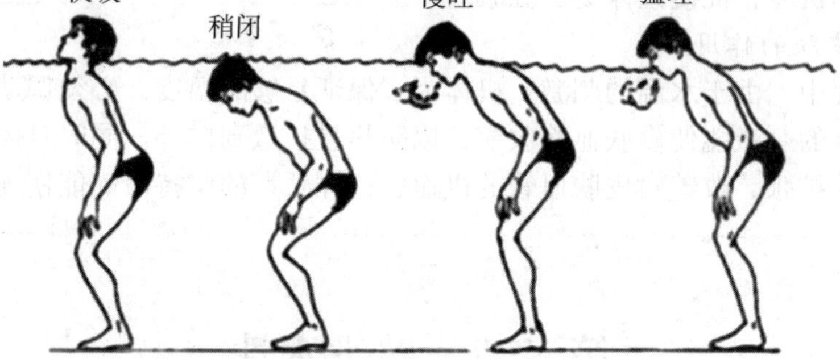

图 1

（三）浮体与站立

浮体与站立练习的目的是体会水的浮力，掌握在水中浮体、维持身体平衡和由浮体到站立的方法，能进一步消除怕水心理。

练习方法：

（1）抱膝浮体：站立在齐胸深水中，深吸气后闭气，下蹲低头抱膝团身，使身体自然漂浮于水中。站立时，松手，向前伸两臂，然后轻轻下压使头抬起，同时两腿下伸，脚触池底站立，两手臂在体侧拨水维持身体平衡（如图 2a）。

（2）展体浮体：站立在齐胸深水中，两臂放松前伸。深吸气后，屈膝下蹲，身体前倾并低头，两脚轻蹬池底，两腿放松上浮成俯卧展体姿势漂浮于水中（如图 2b）。站立时，收腹、屈膝、收腿，两臂向下轻轻压水并抬头，同时两腿下伸，脚触池底站立，两手臂在体侧拨水维持身体平衡。

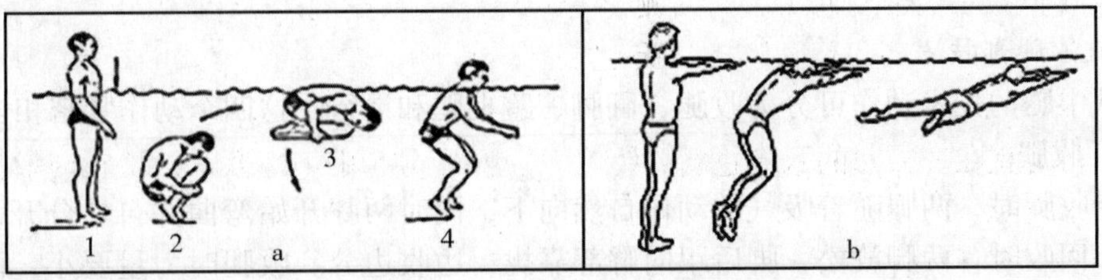

图2

（四）滑行

滑行练习的目的是使学生在体会和掌握游泳时身体的水平位置与流线型姿势，提高学生在水中控制身体的能力，为学习各种泳式打好基础。

练习方法：

（1）蹬池底滑行：两脚前后开立于齐胸深水中，两臂前伸，两手并拢。深吸气后上体前倾并屈膝，当头和肩没入水中时，前脚掌用力向后下蹬离池底，随后两腿并拢，使身体呈流线型向前滑行（如图3a）。

（2）蹬池壁滑行：背对池壁，一手扶池边，一臂前伸，一脚在池底站立，另一脚蹬在池壁上。深吸气后低头，上体在水中前倾成俯卧姿势。然后提臀向上收支撑腿，两脚贴于池壁，臀部后移，两臂前伸并拢，头夹于两臂之间，两脚用力蹬池壁，使身体呈流线型姿势向前滑行（如图3b）。

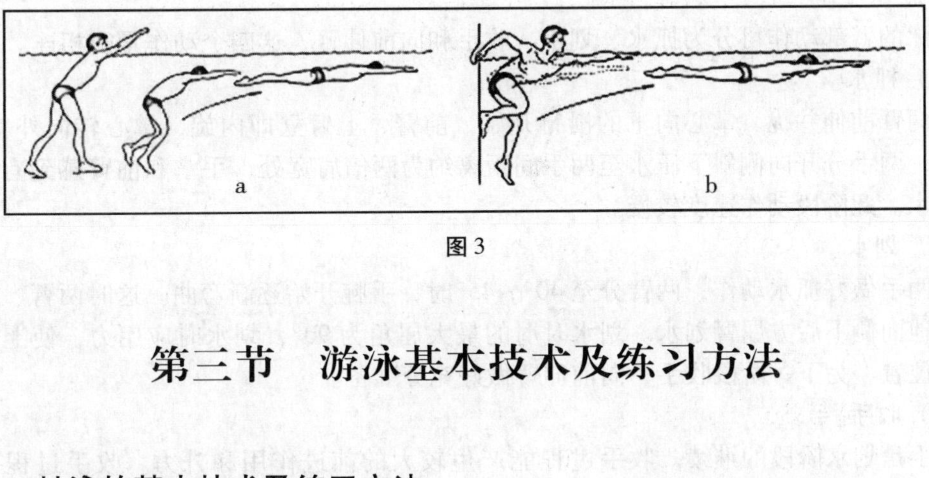

图3

第三节　游泳基本技术及练习方法

一、蛙泳的基本技术及练习方法

（一）蛙泳技术要点

蛙泳相对于其他竞技游泳姿势来说虽速度较慢，但动作平稳，容易掌握，呼吸便利，适于长距离游泳，便于观察和掌握方向，实用价值较大，是救护、潜泳和泅渡江河湖泊的常用姿势。

1. 蛙泳身体姿势

蛙泳在游进之中，身体不是固定在一个位置上，而是随着手、腿的动作在不断变化。

当一个动作周期结束后，身体应展胸、稍收腹、微塌腰，两腿并拢，两臂尽量伸直，颈部稍紧张，头置于两臂之间，眼睛注视前下方。整个身体应以身体的横轴为轴做上下起伏的动作。

2. 蛙泳腿部技术

蛙泳中腿的技术动作可分为收腿、翻脚、蹬夹腿和滑行，这四个动作紧密相连。

（1）收腿。

开始收腿时，两腿随着吸气的动作自然向下，同时两膝开始弯曲并自然分开，小腿向前回收。回收时，两脚放松，脚后跟向臀部靠拢，边收边分。收腿时力量要小，两脚和小腿回收时，要收在大腿的投影截面内。收腿结束时大腿与躯干成130°～140°，两膝内侧与髋关节同宽，为翻脚和蹬夹腿做准备。

（2）翻脚。

收腿将结束时，脚仍向臀部靠近。这时大腿内旋，膝关节稍内，同时两脚向外侧翻开，勾脚尖，使脚和小腿内侧对好蹬水方向，腿在蹬夹时有一个良好的对水面。

（3）蹬夹腿。

翻脚后，立即以腰腹和大腿同时发力向后蹬水。先伸髋，再伸膝，以大腿、小腿内侧和脚掌向后做急速而有力的蹬夹动作。在蹬夹腿过程中，当两腿并拢时略向下压，以形成前后鞭打动作。该动作是推动身体前进的重要动力来源。

（4）滑行。

蹬腿结束后，腿处于较低的位置，脚距离水面为30～40厘米。此时，两腿迅速并拢伸直，身体适度紧张，呈流线型，做短暂滑行，准备开始下一个腿部动作周期。

3. 臂部动作

蛙泳的臂部动作可分为抓水、划水、收手和向前伸臂，这四个动作紧密相连。

（1）抓水。

从两臂前伸并拢、掌心向下的滑行开始，前臂、上臂立即内旋，掌心转向外斜下方，略屈腕，两手分开向侧斜下压水至两手间距离约为两倍肩宽处，手掌和前臂感到有压力便开始划水。此阶段动作速度较慢。

（2）划水。

当两手做好抓水动作，两臂分至40°～45°时，手腕开始逐渐弯曲。这时两臂、两手逐渐积极地向侧下后方屈臂划水。划水时肘的最大屈角为90°，划水时应用力，使上体上升到较高位置，为下一阶段收手、向前伸臂做好充分准备。

（3）收手。

收手是划水阶段的继续。收手过程能产生较大的前进作用和升力。收手过程手臂向里、向上收到头前下方。这时，前臂与肘几乎同时做动作。收手时不应降低划水速度，而是以更快的速度积极完成。收手结束时，肘关节低于手，大小臂成锐角。

（4）向前伸臂。

伸臂动作是由肘关节、肩关节来完成的，掌心由朝上逐渐转成向下，手指朝前，同时迅速低头，将头夹于两臂之间。动作完成时，两臂伸直并拢充分伸肩，掌心向下，呈良好的流线型向前滑行。

4. 蛙泳的完整配合技术

现代蛙泳完整配合技术多采用一个动作周期呼吸一次的“晚吸气”配合。其技术特点是头部起伏大且位置较高，高肘划水，蹬腿技术也随之变窄、变快，划水幅度小而快，整个动作频率快。在抓水过程中，随着头、肩的上升，嘴露出水面将气吐尽，两腿保持稍紧张的伸直姿势；当划水结束时，头、肩向前上方升至最高位置时快速吸气，同时两膝开始弯曲；当收手并开始向前伸臂时迅速低头闭气，迅速收腿；滑行时在水中呼气。整个动作要协调连贯，使游速更加均匀。

（二）蛙泳技术练习方法

1. 腿部动作

（1）动作要领。

两腿从并拢伸直开始，大腿放松，膝下沉，小腿跟在大腿后面向前收，边收边分，当大腿收到与躯干成120°~140°时，两膝与髋同宽，两脚尽量靠近臀部，小腿与水面垂直，脚底朝上。接着，两脚勾脚外翻，使脚内侧和小腿内侧对准后方。然后，大腿发力，小腿和脚加速向后做弧形蹬夹水，蹬夹动作同时结束，两腿并拢伸直呈流线型向前滑行。

（2）练习方法和步骤。

①坐撑模仿：坐在池边或凳子上，上体稍后仰，两手后撑，按口令做蛙泳腿部动作（如图4）。练习时，先按“收”“翻”“蹬”“停”四拍进行，再过渡到“收、翻”“蹬、停”两拍，最后是一拍的完整练习。

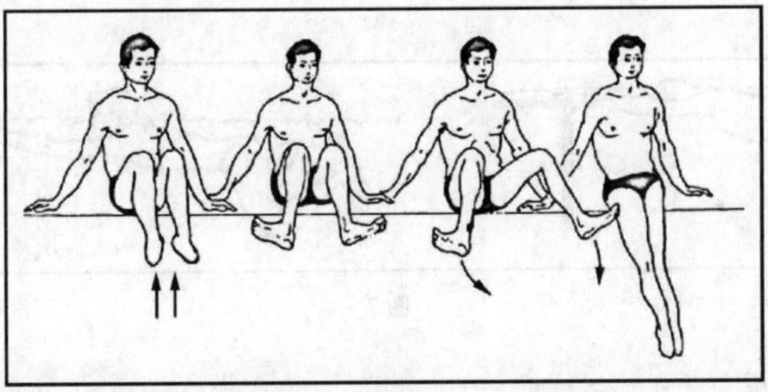

图4

②池边俯卧模仿：趴在池边，下肢置于水中，按同上的口令做蛙泳腿部动作（如图5）。

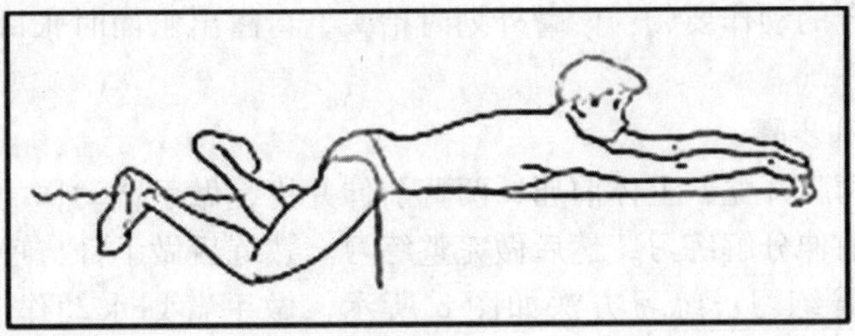

图5

③池边垂直蹬腿：面对池壁，双手扶池边将身体撑起呈直立悬垂姿势（如图6a），手臂力量弱者则可手抓池边（如图6b），做蹬腿练习。因手臂支撑时间有限，每次练习做3~6次蹬腿为宜。

图6

④水中蹬腿练习：双手扶池边，憋气后身体呈俯卧姿势平卧水中，做蹬腿练习（如图7a），每次练习3~6次。

⑤滑行蹬腿：在蹬边滑行的基础上，两手臂不动，两腿做蛙泳腿动作练习。

⑥扶板蹬腿：两臂伸直，两手扶浮板俯卧于水中，两腿做蛙泳腿动作练习（如图7b）。

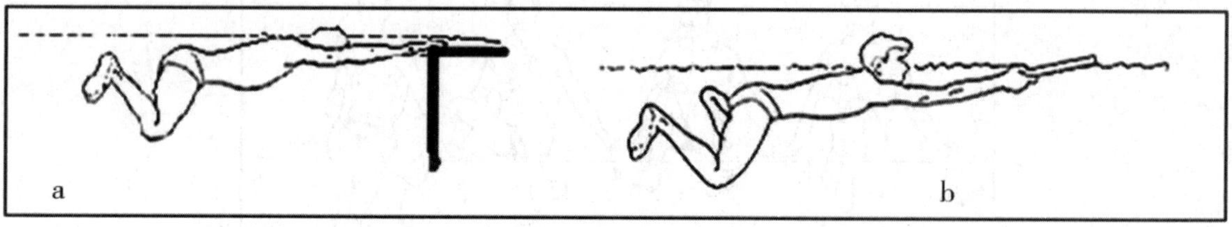

图7

2. 手臂和手臂与呼吸配合

（1）动作要领。

手臂的动作要领：两臂从并拢前伸开始，前臂内旋，稍屈腕，掌心朝外斜对后下方，两手外划至比肩宽时，边划边屈肘，形成高肘姿势转向内划，划至颌下两手靠拢向前伸，掌心转向下方。整个划水过程要加速进行。

手臂与呼吸配合的动作要领：两臂外划时抬头，口露出水面时张口快吸气，内划时闭气，臂前伸滑行时呼气。

（2）练习方法和步骤。

①站立模仿：两脚开立，上体前屈，两臂前伸并拢，做手臂动作的模仿练习。先按口令做外划、内划、前伸分解练习，然后做完整练习。熟练后做手臂与呼吸配合练习。

②俯卧池边划臂练习：练习方法如图8所示，做手臂划水动作和手臂与呼吸配合练习。

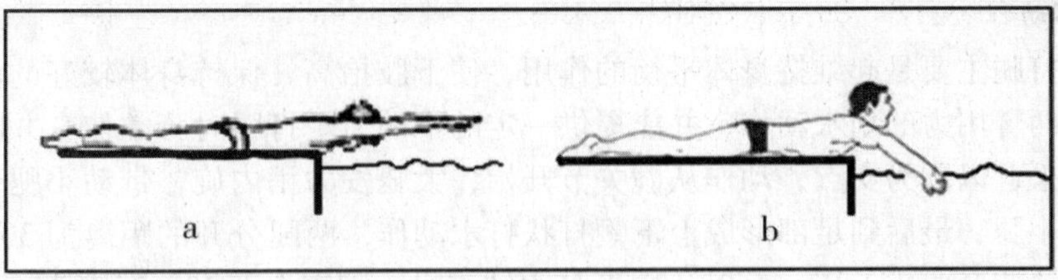

图 8

③水中站立划臂：站在齐腰深的水中，上体前屈，两臂前伸并拢，先做手臂划水练习，然后做手臂与呼吸配合练习（如图 9）。

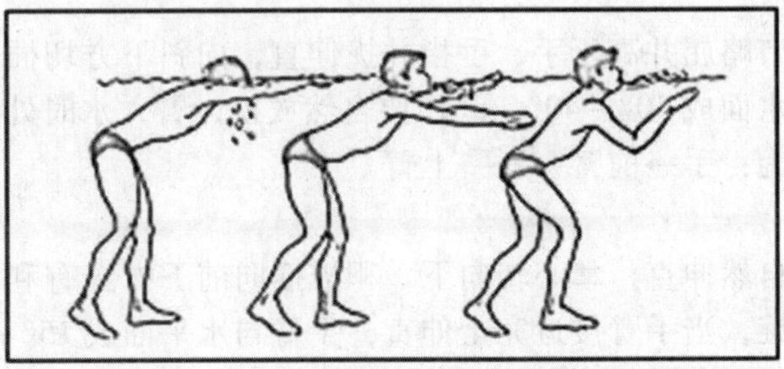

图 9

④行进间手臂和手臂与呼吸配合：站在齐腰深的水中，上体前屈，两臂前伸并拢，边向前慢慢行走边做手臂动作（抬头不呼吸），熟练后做手臂与呼吸配合练习。

⑤夹板手臂与呼吸配合练习：将浮板靠近臀部夹于两大腿之间，俯卧水中做手臂与呼吸配合练习（如图 10）。

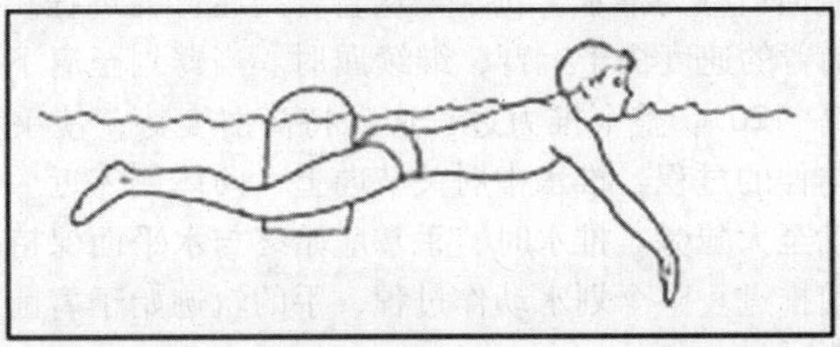

图 10

⑥滑行蹬腿手臂与呼吸配合：滑行蹬腿两次，手臂与呼吸配合一次。

二、自由泳的基本技术及练习方法

（一）自由泳技术要点

1. 身体姿势

游自由泳时身体要保持几乎水平的俯卧姿势，躯干肌肉适度紧张，呈较好的流线型，身体纵轴与水平面成 3°～5°。头部应自然地向颈后屈，两眼注视前下方，头的 1/3 露出水面，水平面接近发际。为了争取好的动作效果，允许双腿暂下沉。游进中身体可以围绕身体纵轴有节奏地转动，这种转动一般在 35°～45°。

2. 腿部动作

自由泳打腿主要是起维持身体平衡的作用，使下肢抬高，保持身体较好的流线型，以及协调配合两臂用力的划水动作，并能提供一定的推动力。打腿时脚掌伸直并略内转，踝关节自然放松，以髋为支点，动作从髋关节开始，大腿发力稍内旋，带动小腿，力量通过大腿、膝、小腿，最后到足部形成上下鞭打状打水动作，两腿分开的距离为 30 ~ 40 厘米，向上打水膝关节弯曲成 140° ~ 160°，向下打水结束时，脚离水面 30 ~ 35 厘米。

3. 臂部动作

臂划水是自由泳推动身体前进的主要动力。臂的一个划水周期可分为入水、抱水、划水、出水、空中移臂五个部分。

（1）入水。

臂入水时，肘关节略屈并高于手，手指并拢伸直，向斜下方切插入水，或掌心转向外侧切入水中，手掌与水面成 30° ~ 40°。动作要自然放松，臂入水时处在身体中线与延长线中间。臂的入水顺序为：手→前臂→肘→上臂。

（2）抱水。

臂入水后，手腕自然伸直，掌心转向下，积极插向前下方至有利于抱水的位置。此时前臂和上臂应积极外旋，当手臂接近完全伸直，手臂与水平面成 15° ~ 20°时，手腕向下弯曲，同时开始屈肘，使肘高于手。上臂划至与水平面成 30°时，手和前臂已经接近垂直水平面，肘关节屈至 150°左右，手和前臂以较大的横截面积对准划水面，整个手臂像抱着一个大圆球，为划水做准备。

（3）划水。

划水是指手臂在前与水平面成 40°时起，向后划至与水平面成 150° ~ 200°的动作过程，是产生推进力的主要阶段。这个阶段又分为两个部分，从整个臂部划至肩下方与水面垂直之前称为拉水，过垂直面后称为推水。拉水是从直臂到屈臂的过程。抱水结束时，屈肘为 150°左右。拉水时，前臂的速度快于上臂，继续屈肘。当臂划至肩下方时，手在体下靠近身体中线，屈肘成 90° ~ 120°。整个推力过程应保持高肘姿势，使手和前臂能更好地向后划水。推水是手臂屈与伸的过程，推水中肘关节向上，向体侧靠近。手在拉水结束后即从肩下中线处向后侧划动至大腿旁。推水时，手掌应始终与水平面保持垂直，这有利于推水时产生反作用力而向前推进。整个划水动作过程，手的轨迹始于肩前，继之到腋下，最后到大腿旁，呈“S”形。

（4）出水。

在划水结束后，臂由于惯性动作而很快地靠近水面。出水时，手臂放松，微屈肘，肘部向上方提起带动前臂出水面，掌心转向上方。手臂出水动作必须迅速、柔和、放松而不停顿。

（5）空中移臂。

臂在空中前移的动作是手臂出水的继续。移臂开始时，手掌几乎完全向后提肘向上，手腕放松，手落后于肘关节。当手前摆过肩时，应与肘成一直线。这时手和前臂逐渐向前伸出，掌心也从后上方转向前下方，接着做准备入水的动作。

4. 臂、腿与呼吸配合的完整动作

自由泳采用转头吸气的方法。这里以向右吸气为例，右手入水后，嘴与鼻慢慢呼气。

右臂划水至肩下时，头向右侧转，呼气量增大。右臂推水快结束时，用力呼气，直至嘴出水面。右臂出水时吸气，移臂至与肩齐平时吸气结束。随着臂继续向前移动，转头还原闭气。自由泳的呼吸与臂、腿的配合是呼吸 1 次、臂划 2 次、腿打 6 次，即 1:2:6，但也有 1:2:4 或 1:2:2 的配合。

（二）自由泳练习方法和步骤

1. 腿部技术

（1）陆上模仿练习。

①坐撑打腿：坐在地上或池边，两手后撑，眼看稍内旋的两腿动作，做直腿打腿练习（如坐在池边，可将腿放入水中打水）。

②俯卧打腿：俯卧于池边或屈臂撑地，下肢放于水中，做自由泳打腿动作（如图 11a）。

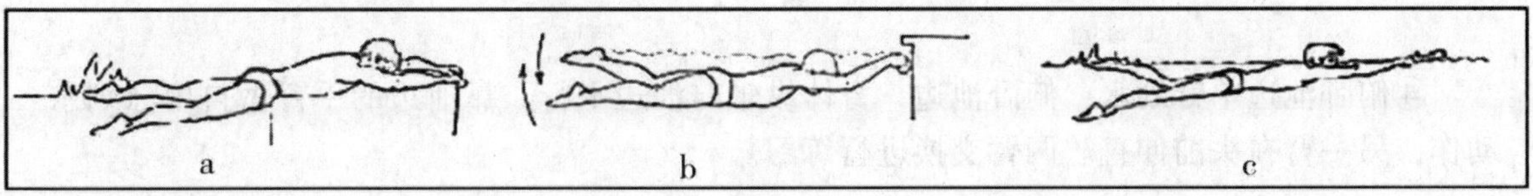

图 11

（2）水中练习。

①扶池边打腿：手扶池边或水槽，身体平卧于水中，深吸气后闭气，将脸没入水中，两腿上下交替打水（如图 11b）。

②滑行打腿：在蹬边滑行的基础上做自由泳打腿练习。

③扶板打腿：两臂伸直，两手扶浮板，身体平卧于水中做自由泳打腿练习（如图 11c）。

④打腿与呼吸结合练习：采用双手或单手扶板打腿与呼吸结合练习。单手扶板打腿时，一手臂伸直手扶板，另一手臂置于体侧，向非扶板臂一侧吸气。动作熟练后，单手扶板练习可改为单臂徒手打腿结合呼吸的练习。

2. 手臂和手臂与呼吸配合

（1）陆上模仿练习。

①站立单臂模仿：两脚左右开立，上体前屈，一手扶在同侧膝关节上或在头前扶支撑物，另一臂做自由泳划水模仿练习（如图 12a）。单臂练习可结合两臂轮流交替做自由泳划水模仿练习（如图 12b）。先做分解练习，即一臂做完后再做另一臂，然后过渡到两臂按动作要领进行配合。

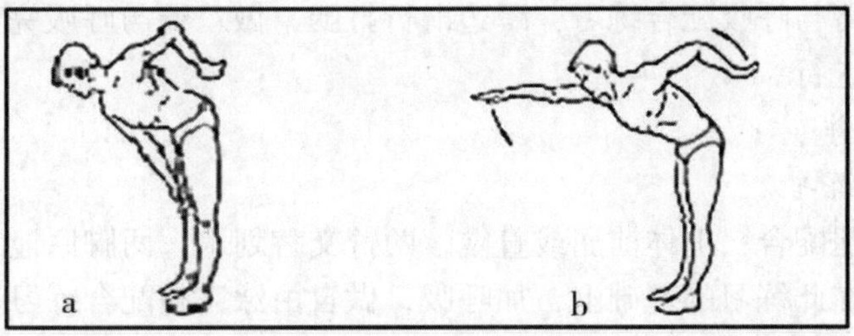

图 12

②转头吸气练习：两脚左右开立，上体前屈，两手扶膝或扶支撑物，做向侧转头吸气练习（如图 13a）。

③臂与呼吸配合练习：两脚左右开立，上体前屈，做手臂与呼吸的配合练习（如图 13b）。开始可先做单臂与呼吸的配合练习，然后做双臂与呼吸的配合练习。

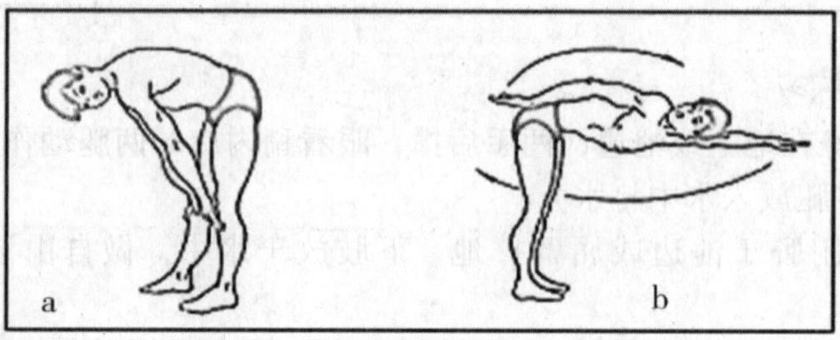

图 13

④俯卧池边单臂划水：俯卧池边，身体纵轴与池边平行，靠池边的手臂做自由泳划水动作，另一臂在头前伸直。两臂交换进行练习。

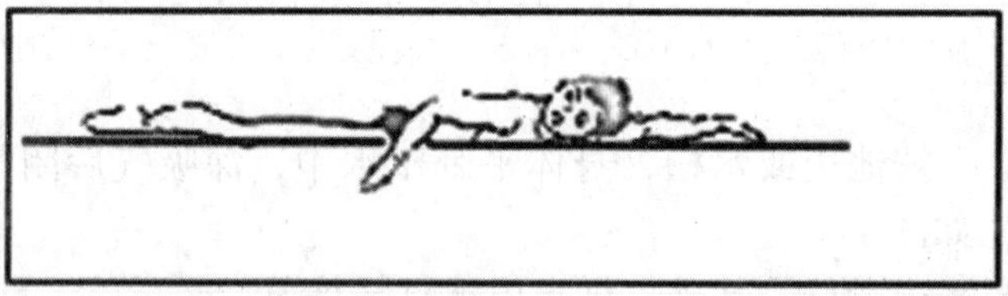

图 14

（2）水中练习。

①站立划水：站在齐腰深的水中，上体前屈，做自由泳手臂动作练习。开始时可做单臂练习，然后两臂按动作要领进行练习。

②站立做臂与呼吸配合练习：站在齐腰深的水中，上体前屈，两手扶膝或支撑物，做向侧转头吸气练习。

③滑行打腿单臂划水练习：蹬边滑行打腿，一臂在前伸直，另一臂做划水动作。先采用闭气方式练习手臂动作，再做手臂与呼吸配合的练习。练习时可扶板或徒手进行。

④滑行打腿两臂划水练习：在蹬边滑行打腿的基础上，两臂分别做划水练习，即一臂做完动作后另一臂再做，两臂交替进行。练习时先闭气练习两臂动作，然后呼吸分别与划水臂配合。练习可扶板或徒手进行。

⑤滑行打腿双臂与呼吸配合练习：蹬边滑行打腿，做双臂与呼吸完整配合的练习。练习时可扶板或徒手进行。

3. 完整配合动作

（1）陆上模仿练习。

原地踏步做臂腿配合：上体前屈或直立，两臂交替划水，两脚原地踏步（表示打腿），做臂腿配合练习。在此练习的基础上，加呼吸，做自由泳完整配合练习。

（2）水中练习。

①蹬边滑行做臂腿配合：蹬边滑行，先打腿，然后加划臂，闭气进行练习。

②扶板做单臂配合呼吸练习：一手臂在头前伸直扶板并打腿，另一臂做与呼吸的配合练习（如图15）。在此练习的基础上，可进行两臂交替划水的配合练习。也可徒手进行练习。

图15

③完整配合：蹬边滑行，先打腿，然后按要领做自由泳完整配合练习。

三、仰泳的基本技术及练习方法

（一）仰泳腿部动作

1. 动作要领

两腿自然伸直，脚稍内旋，以髋关节为轴，大腿发力带动小腿和脚做上下交替的鞭状打水。上打时屈腿，脚背向后上方用力踢水；下打时直腿下压。两脚打水幅度为40～50厘米。

2. 练习方法和步骤

（1）陆上模仿练习。

池边坐撑打水：坐在池边，两手后撑，上体后仰，两腿放于水中，做上下交替打水动作。

（2）水中练习。

①助浮打腿：仰卧水中，将浮板置于腹上或头下，借助浮板的浮力帮助身体上浮，做打腿练习（如图16a、图16b）。

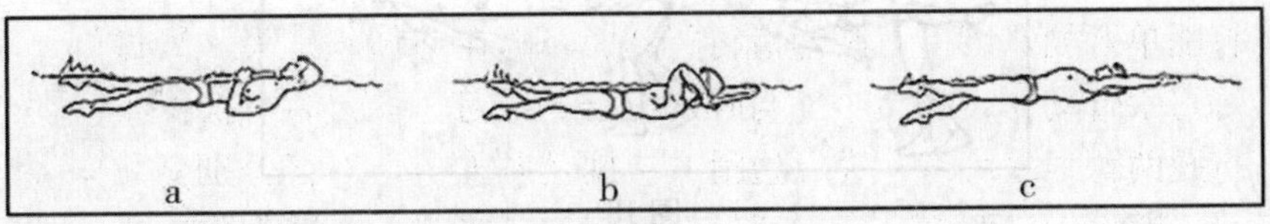

图16

②徒手打腿：仰卧水中，两手臂在头侧伸直并拢或两手放于体侧，两腿做打腿练习（如图16c）。开始时可将两手放于体侧，轻轻拨水，帮助身体上浮。然后过渡到两手臂在头侧伸直并拢的打腿练习。

（二）手臂和手臂与呼吸配合

1. 动作要领

两臂轮流在各该侧肩前直臂入水，向前、向下、向外屈腕抓水，屈臂、高肘在体侧向后做“S”形曲线加速划水，至大腿旁鞭状下压，提肩直臂出水，沿垂直面经肩的上方直臂前移再入水。当一臂入水时，另一臂划水结束。仰泳呼吸是一臂移臂时呼气，另一臂移臂时吸气。

2. 练习方法和步骤

（1）陆上模仿练习。

①手臂动作模仿练习：两脚并拢站立，做仰泳手臂动作模仿练习（如图 17）。练习时，先做单臂，后做两臂配合。先要求直臂划水，后逐渐过渡到屈臂划水。熟练后手臂练习应与呼吸配合。

图 17

②仰卧模仿：仰卧在池边（身体纵轴与池边平行），单臂做在水中划水并经空中移臂的模仿练习。

（2）水中练习

①助力划臂：在浅水中，由同伴抱住双腿或握住脚踝，仰卧水中做仰泳手臂动作练习（如图 18）。

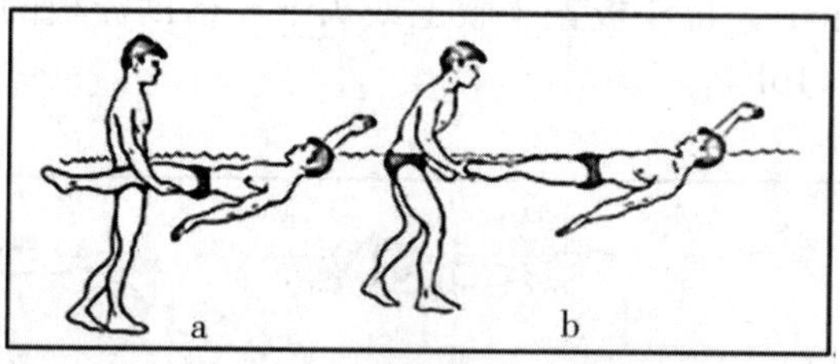

图 18

②夹板划水：将浮板夹于两大腿之间，身体仰卧水中，做仰泳手臂动作练习（如图 19）。

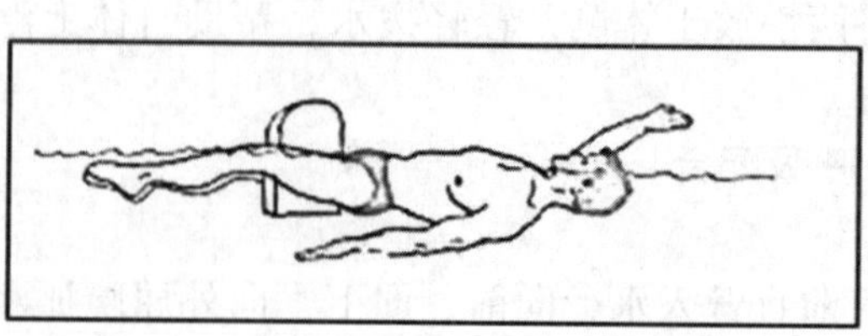

图 19

（三）完整配合动作

1. 动作要领

身体平直地仰卧水面，两臂交替划水时，两脚不停地交替打水，打水 6 次，划臂 2 次，呼吸 1 次，即 6∶2∶1 配合方式。呼吸与手臂的配合动作为：一臂移臂时呼气，另一臂移臂时吸气。

2. 练习方法和步骤

（1）陆上模仿练习。

踏步配合：两脚并拢站立，原地踏步（表示打腿）做仰泳完整配合模仿练习。

（2）水中练习。

①单臂配合：仰卧滑行打腿，一臂前伸（置于体侧），另一臂做与腿的配合练习。

②双臂分解配合：仰卧滑行打腿，一臂划水并移臂入水后，另一臂再做动作，两臂交替进行。

③完整配合：仰卧滑行打腿，加手臂动作做仰泳完整配合练习。

四、蝶泳的基本技术及练习方法

（一）躯干与腿部动作

1. 动作要领

两腿自然伸直并拢，脚稍内旋，由腰部发力，带动臀部、大腿、小腿和脚做上下鞭状打水。下打时提臀伸膝，足背向后下方用力；上打时挺腹，腿部自然伸直。脚打水幅度为 40～50 厘米。

2. 练习方法和步骤

（1）陆上模仿练习。

站立模仿：两脚并拢站立，两臂伸直并拢上举，做打腿模仿练习（如图 20）。开始按挺腹、屈膝、提臀伸膝 3 拍进行练习，然后把 3 拍连起来进行练习。

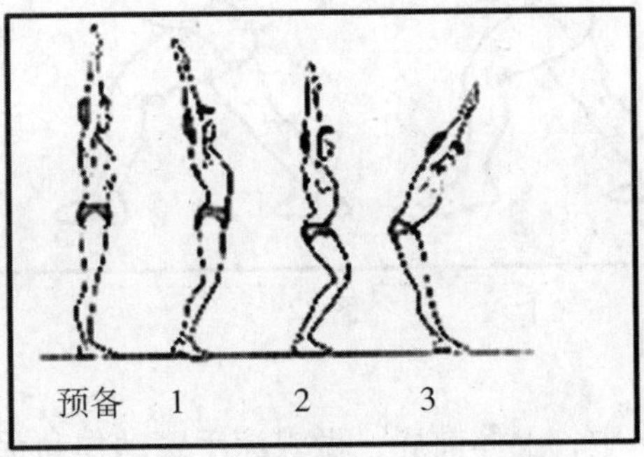

图 20

（2）水中练习。

①潜泳打腿：蹬边潜入水中，身体呈俯卧或侧卧姿势，两手置于体侧或在头前伸直并拢，做蝶泳打腿练习（如图 21a）。

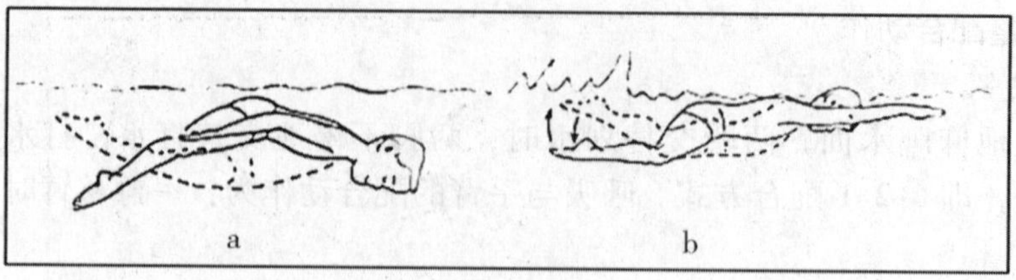

图 21

②滑行打腿：蹬边滑行，闭气做蝶泳打腿练习（如图 21b）。

③扶板打腿：双手扶板做蝶泳打腿练习。开始先低头闭气进行练习，基本掌握后再将头抬起。

（二）手臂和手臂与呼吸配合

1. 动作要领

蝶泳泳臂的动作要领：两臂同时对称地在肩前入水，向外下后方屈臂转腕抓水后，在身体下方保持屈臂高肘向内、向后、向外做双“S”形加速划水，划至大腿旁提肘出水，经空中前移再入水。

臂与呼吸配合的动作要领：手臂开始划水时开始呼气，随着划水的进行，肩部位置逐渐升高并逐渐抬头，当两手划至腹部下方时，口露出水面并快速吸气，手臂出水移臂时低头闭气。

2. 练习方法和步骤

（1）陆上模仿练习。

手臂动作模仿：两脚前后开立，上体前屈，做蝶泳手臂动作和手臂与呼吸配合模仿练习（如图 22）。

图 22

（2）水中练习。

①原地划水：站在浅水中，上体前屈，做蝶泳手臂动作和手臂与呼吸配合练习。

②跳跃配合：站在浅水中，身体前倾，屈膝后两脚蹬离池底，身体向前上方跃起，两臂同时向后划水并呼气，身体跃出水面时抬头吸气。下落时，两臂迅速摆动前移，身体前扑，低头闭气入水，滑行后收腿站立。（如图 23）。

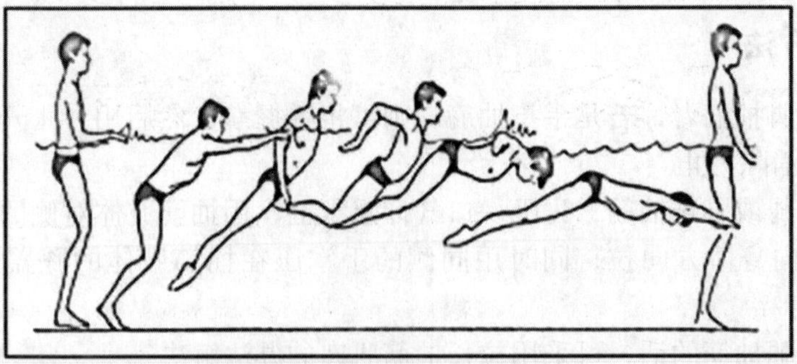

图 23

③滑行划水：蹬边或蹬池底滑行后做一次手臂动作，反复进行练习。

④夹板划水：俯卧水中，将浮板靠近臀部夹于两大腿之间，做手臂与呼吸配合练习。

（三）完整配合动作

1. 动作要领

一般采用腿打 2 次、臂划 1 次、呼吸 1 次的配合方式，即两臂入水前伸时打第一次腿，开始划水时开始呼气，推水时打第二次腿并抬头吸气，空中移臂时闭气。

2. 练习方法和步骤

（1）陆上模仿练习。

①臂腿配合：一腿支撑站立，另一腿向后伸直，身体前倾，两臂与单腿做臂腿配合模仿练习。

②完整配合：在上一练习的基础上，加呼吸进行完整配合模仿练习。

③利用游泳练习凳作模仿：俯卧于游泳练习凳上，作蝶泳完整配合练习。

（2）水中练习。

①单臂配合：一臂前伸（可扶板或徒手）或置于体侧，另一臂与腿、呼吸做配合练习。臂入水时打第 1 次腿，推水时打第 2 次腿，同时侧向吸气。

②两臂交替配合：两臂交替与腿配合，如左臂与腿配合三次，然后右臂与腿配合三次，依次进行；再如左三次右三次，完整配合三次等，通过改变单双臂配合次数，可组成许多练习方法。非练习手臂可前伸（可扶板或徒手），也可置于体侧。

③完整配合：在水中作完整配合动作练习，即作 2∶1∶1 的配合练习。

第四节　游泳安全防范及自救

一、如何预防游泳时抽筋

（1）游泳前一定要做好暖身运动。

（2）游泳前应考虑身体状况，太饱、太饿或过度疲劳时，不要游泳。

（3）游泳前先在四肢撩些水，然后再跳入水中，不要立刻跳入水中。

（4）游泳时如胸痛，可用力压胸口，等到稍好时再上岸。

（5）腹部疼痛时，应上岸，最好喝一些热的饮料或热汤，以保持身体温度。

二、急救方法

（1）对于手脚抽筋者，若是手指抽筋，则可将手握拳，然后用力张开，迅速反复多做几次，直到抽筋消除为止。

（2）若是小腿或脚趾抽筋，先吸一口气仰浮水上，用抽筋肢体对侧的手握住抽筋肢体的脚趾，并用力向身体方向拉，同时用同侧的手掌压在抽筋肢体的膝盖上，帮助抽筋腿伸直。

（3）要是大腿抽筋的话，可采用拉长抽筋肌肉的办法解决。

三、排出耳内积水方法

（1）吸水法。即将头偏向有水耳朵的一侧，用手掌压紧有水的耳朵，屏住呼吸，迅速把手拿开，反复做几次把水吸出来。或在河滩上觅一小圆柱体干石子，轻轻塞入耳内将水吸出。

（2）跳空法。上岸后将头偏向有水耳朵的一侧，用同侧脚原地跳动几下使水从耳内流出。

（3）侧卧法。上岸后，将有水的耳朵的一侧侧卧在石板或床上躺一会，积水也会排出。如眼睛感觉不舒服，上岸后用洁净水洗一下，再滴上氯霉素眼药水，防止眼病发生。

四、水中自救

（1）水中自救之基本原则：保持体力；以最少体力，而在水中维持最长时间。

（2）自救法：除呼救外，取仰卧位，头部向后，使鼻部可露出水面呼吸。呼气要浅，吸气要深。

水中求生之基本原则：利用身上或身旁任何可增加浮力的物体，使身体浮在水上，以待救援。

五、对他人急救

若溺水者不省人事，可用手抓住溺水者的下巴，游回岸边，并积极进行陆上抢救：

（1）若溺水者口鼻有淤泥、杂草和呕吐物，首先应清除，保持呼吸道的通畅。

（2）溺水者若已喝了大量的水，救护者可一腿跪着，另一腿屈膝，将溺水者腹部放在屈膝的大腿上，一手扶着溺水者的头，将他的嘴向下，另一手压在背部，使水排出。

（3）人工呼吸。若是溺水者已昏迷，呼吸很弱或停止呼吸，做完上述处理外，要进行人工呼吸。可使溺水者仰卧，救护者在身旁用一手捏住溺水者的鼻子，另一手托着他的下颌，吸一口气，然后用嘴对着溺水者的嘴将气吹入。吹完一口气后，离开溺水者的嘴，同时松开捏鼻子的手，并用手压一下溺水者的胸部，帮助他呼气。如此有规律地反复进行，每分钟做14～20次，开始时可稍慢，以后可适当加快。

人工呼吸注意要点：

①保持病人呼吸道通畅，松解衣服，防止用力过猛。

②倒水：将其腹部放在急救者肩上，一手托其下颌快步奔跑使积水倒出，或救护者一腿跪，另一腿屈膝，将溺水者腹部放在屈膝的腿上，一手抓住头发，使其头上抬一点，一

手用力下压背、腹部，使水排出。

③如有胸肋骨骨折或其他情况不宜做人工呼吸时，应立即采取其他急救措施。

（4）胸部按压。让伤员仰卧（背部垫一块硬板），头低稍后仰，急救者位于伤员一侧，面对伤员，右手掌平放在其胸骨下段，左手放在右手背上，借急救者身体的重量缓缓用力，不能用力太猛，以防骨折，下压要慢，放松时要快，将胸骨压下 3～4 厘米，然后松手腕（手不离开胸骨）使胸骨复原，反复有节奏地（每分钟 80～100 次）进行，直到心跳恢复为止。

若呼吸心跳均已停止，心脏按压与人工呼吸应互相协调操作，最好由二人进行，心脏按压与人工呼吸操作之比为 5∶1，如一人施行，则心脏按压与人工呼吸之比为 15∶2。

第十三章　二十四式太极拳

第一节　二十四式太极拳概述

二十四式太极拳也叫“简化太极拳”，是国家体委（现为国家体育总局）于 1956 年组织太极拳专家汲取杨式太极拳之精华编串而成的。尽管它只有 24 个动作，但相比传统的太极拳套路来讲，其内容更显精练，动作也更显规范，并且也更能充分体现太极拳的运动特点。

演练太极拳要注意以下四点：

（1）心静体松。所谓“心静”，就是在练习太极拳时，思想上应排除一切杂念，不受外界干扰；所谓“体松”，不是全身松懈疲沓，而是指在练拳时保持身体姿势正确的基础上，有意识地让全身关节、肌肉以及内脏等达到最大限度的放松状态。

（2）圆活连贯。“心静体松”是对太极拳练习的基本要求，而能否做到“圆活连贯”才是衡量一个人功夫深浅的主要依据。太极拳练习所要求的“连贯”是多方面的：其一是指肢体的连贯，即所谓的“节节贯穿”。肢体的连贯是以腰为枢纽的。在动作转换过程中要求：对下肢，是以腰带跨，以跨带膝，以膝带足；对上肢，是以腰带背，以背带肩，以肩带肘，再以肘带手。其二是动作与动作之间的衔接，即“势势相连”。前一动作的结束就是下一个动作的开始，各势之间没有间断和停顿。而“圆活”是在连贯基础上的进一步要求，意指活顺、自然。

（3）虚实分明。要做到“运动如抽丝，迈步似猫行”，首先要注意虚实变换适当，是指肢体各部在运动中没有丝毫不稳定的现象。若不能维持平衡，就根本谈不上什么“迈步似猫行”了。一般来说，下肢以主要支撑体重的腿为实，辅助支撑或移动换步的腿为虚；上肢以体现动作主要内容的手臂为实，辅助配合的手臂为虚。总之，虚实不但要互相渗透，还需在意识指导下灵活变化。

（4）呼吸自然。太极拳联系的呼吸方法有自然呼吸、腹式顺呼吸、腹式逆呼吸和拳势呼吸。以上几种呼吸方法，不论采用哪一种，都应做到自然、匀细，徐徐吞吐，要与动作自然配合。初学者宜采用自然呼吸。

第二节　二十四式太极拳动作名称

1. 起势	2. （左右）野马分鬃	3. 白鹤亮翅	4. （左右）搂膝拗步
5. 手挥琵琶	6. （左右）倒卷肱	7. 左揽雀尾	8. 右揽雀尾
9. 单鞭	10. 云手	11. 单鞭	12. 高探马

13. 右蹬脚 14. 双峰贯耳 15. 左蹬脚 16. 左下势独立
17. 右下势独立 18. 左右穿梭 19. 海底针 20. 闪通臂
21. 转身搬拦捶 22. 如封似闭 23. 十字手 24. 收势

第三节 二十四式太极拳技术图解

一、第一段

（一）起势

（1）两脚并拢，身体自然直立，头颈正直；两臂自然下垂，两手指尖轻贴大腿侧；眼向前平视（如图1）。

图1

图2

（2）左脚向左慢慢开步，与肩同宽，脚尖向前（如图2）。

（3）两臂慢慢向前平举，两手高与肩平，与肩同宽，手心向下（如图3、图4）。

图3

图4

图5

（4）上体保持正直，两腿屈膝下蹲；同时两掌轻轻下按至腹前，两肘下垂与膝相对；眼平视前方（如图5）。

要点：头颈端正，下颌要微向后收，头顶用力向上徐徐引颈。颈部不要松弛，不可仰头或低头。身体直立或下蹲时，要敛臀收腹，躯干正直，不可挺胸凸肚突臀；左脚开步时，重心先移向右腿，左脚跟先离地，随之前脚掌再离地，轻轻提起全脚，高不过右踝；向左开步落脚时，前脚掌先着地，随之全脚掌逐渐踏实。这种重心转换的做法，体现了太极拳运动“轻起轻落，点起点落”这一重要的步法规律。两手臂向前平举时，手起肘随臂举起，肘关节微屈，保持沉肩垂肘的要领，不要掀肘耸肩；屈蹲下按掌时，两掌要随屈膝主动下按，协调一致，掌心下按到终点（腹前）定势时，须舒指展掌，不要坐腕向上翅指。

教法提示：①并脚直立；②开步站立；③两臂前举；④屈膝下按。

（二）（左右）野马分鬃

（1）上体微向右转，身体重心移至右腿上；同时右臂收在胸前平屈，手心向下，左手经体前向右下划弧放在右手下，手心向上，两手心相对成抱球状；左脚随即收到右脚内侧，脚尖点地；眼视右手（如图6、图7）。

图6

图7

图8

图9

（2）上体微向左转，左脚向左前方迈出，同时左右手随转体慢慢分别向左上、右下错开；眼视左手（如图8）。

（3）上体继续左转，右脚跟后蹬，右腿自然伸直成左弓步；左右手随转体继续向左上、右下分开，左手高与眼平，手心斜向上，肘微屈；右手落在右胯旁，肘也微屈，手心向下，指尖向前；眼视左手（如图9）。

（4）上体慢慢后坐，身体重心移至右腿，左脚尖翘起，微向外撇（45°～60°），同时两手准备抱球（如图10）。

（5）左脚掌慢慢踏实，左腿慢慢前弓，身体左转，身体重心再移至左腿；同时左手翻转向下，左臂收在胸前平屈，右手向左上划弧放在左手下，两手心相对成抱球状；右脚随即收到左脚内侧，脚尖点地；眼视左手（如图11、图12）。

（6）上体微右转，右腿向右前方迈出，同时左右手随转体慢慢分别向左下、右上错开；眼视右手（如图13）。

图10

图11

图12

图13

（7）左腿自然伸直成右弓步，同时上体继续右转，左右手继续随转体分别慢慢向左下、右上分开，右手高与眼平，手心斜向上，肘微屈；左手落在左胯旁，肘也微屈，手心向下，指尖向前；眼视右手（如图14）。

（8）与（4）解同，唯左右相反（如图15）。

图14

图15

(9) 与 (5) 解同，唯左右相反（如图16、图17）。

(10) 与 (6) 解同，唯左右相反（如图18）。

(11) 与 (7) 解同，唯左右相反（如图19）。

图16

图17

图18

图19

要点：上体不可前俯后仰，脚部必须宽松舒展。两臂分开时要保持弧形。身体转动时要以腰为轴。弓步动作与分手的速度要均匀一致。做弓步时，迈出的脚先是脚跟着地，然后脚掌慢慢踏实，脚尖向前；膝盖不要超过脚尖；后腿自然伸直；前后脚夹角成45°~60°（需要时后脚脚跟可以向后蹬碾）；野马分鬃式的弓步，前后脚的脚跟要分在中轴线的两侧，它们之间的横向距离（以动作行进的中线为纵轴，其两侧的垂直距离为横向）应保持在10~30厘米。

教法提示：①抱球收脚；②上步错手；③弓步分手；④轻体撇脚；⑤抱球收脚；⑥上步错手；⑦弓步分手；⑧转体撇脚；⑨抱球收脚；⑩上步错手；⑪弓步分手。

（三）白鹤亮翅

(1) 上体微向左转，左手翻掌向下，左臂平屈胸前；右手向左上划弧，手心转向上，与左手相对成抱球状；眼视左手（如图20）。

(2) 右脚跟进半步，上体后坐，身体重心移至右腿；上体先向右转，面向右前方，眼视右手；然后左脚稍向前移，脚尖点地，成左虚步；同时上体再微向左转，面向前方，两手随转体慢慢向左下、右上分开；右手上提停于右额前，手心向左后方；左手落于左胯前，手心向下，指尖向前；眼平视前方（如图21、图22）。

图20

图21

图22

要点：完成姿势时，胸部不要挺出，两臂上下都要保持半圆形，左膝要微屈；身体重心后移和右手上提、左手下按要协调一致。

教法提示：①转体抱手；②虚步分掌。

（四）（左右）搂膝拗步

（1）右手从体前下落，由下向后上方划弧举至右肩外侧，肘微屈，手与耳同高，手心斜向上；左手由左下向上，向右下方划弧至右胸前，手心斜向下；同时上体先微向左再向右转：左脚收至右脚内侧，脚尖点地；眼视右手（如图23、图24）。

图23

图24

图25

图26

（2）上体左转，左脚向前（偏左）迈出成左弓步；同时右手屈回由耳侧向前推出，高与鼻尖平，左手向下由左膝前搂过落于左胯旁，指尖向前；眼视右手（如图25、图26）。

（3）右腿慢慢屈膝，上体后坐，重心移至右腿，左脚尖翘起微向外撇，随后脚掌慢慢踏实，左腿前弓，身体左转，重心移至左腿，右脚收到左脚内侧，脚尖点地；同时左手向外翻掌由左后向上划弧至左肩外侧，肘微屈，手与耳同高，手心斜向上；右手随转体向上、向左下划弧落于左脚前，手心斜向下；眼视左手（如图27至图29）。

图27

图28

图29

（4）与（2）解同，唯左右相反（如图30、31）。

（5）与（3）解同，唯左右相反（如图32至图34）。

（6）与（2）解同（如图35、图36）。

图30

图31

图32

图 33

图 34

图 35

图 36

要点：前手推出时，身体不可前俯后仰，要松腰松胯，推掌时要沉肩垂肘，坐腕舒掌，同时须与松腰、弓腿上下协调一致；搂膝拗步成弓步时，两脚跟的横向距离约 30 厘米。

教法提示：①举手收脚；②弓步搂推；③举手收脚；④弓步搂推；⑤举手收脚；⑥弓步搂推。

（五）手挥琵琶

（1）右脚跟进半步，上体后坐，重心移至右腿上，上体半面向右转（如图 37）。

（2）左脚略提起稍向前移，变成左虚步，脚跟着地，脚尖翘起，膝部微屈；同时左手由左下向上挑至与鼻尖平，掌心向右，臂微屈；右手收回放在左臂肘部里侧，掌心向左；两手成侧立掌合于体前；眼视左手食指（如图 38、图 39）。

图 37

图 38

图 39

要点：身体要平稳自然，沉肩垂肘，胸部放松，左手上起；肘不要直向上挑，要由左向上、向前，微带弧形；右脚跟进时，脚掌先着地，再全脚踏实；身体重心后移和左手上起、右手回收要协调一致。

教法提示：①跟步后坐；②虚步合手。

二、第二段

（六）（左右）倒卷肱

（1）上体右转，右手翻掌（手心向上）经腹前由下向后上方划弧平举，臂微屈，左手随即翻掌向上；眼的视线随着向右转体先右视，再转向前方视左手（如图 40、图 41）。

图 40

图 41

（2）右臂屈肘折向前，右手由耳侧，向前推出，手心向前，左臂屈肘后撤，手心向上，撤至左肋外侧；同时左腿轻轻提起向后（偏左）退一步，脚掌先着地，然后全脚慢慢踏实，身体重心移到左腿上，成右虚步，右脚随转体以脚掌为轴扭正；眼视右手（如图 42、图 43）。

图 42

图 43

图 44

图 45

（3）上体微向左转，同时左手随转体向后上方划弧平举，手心向上，右手随即翻掌，掌心向上；眼随转体先左视，再转向前方视右手（如图 44、图 45）。

（4）与（2）解同，唯左右相反（如图 46、图 47）。

图 46

图 47

（5）与（3）解同，唯左右相反（如图 48、图 49）。

（6）与（1）解同，唯左右相反（如图 50、图 51）。

（7）与（3）解同（如图 51、图 52）。

图 48

图 49

图 50

（8）与（2）解同，唯左右相反（如图 53、图 54）

图 51

图 52

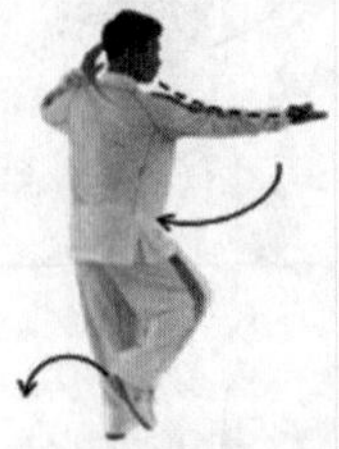
图 53

图 54

要点：前推的手不要伸直，后撤的手也不可直向回抽，随转体仍走弧线。前推时要转腰松胯，两手的速度要一致，避免僵硬；退步时，脚掌先着地，再慢慢全脚踏实；同时前脚随转体以脚掌为轴扭正，退左脚略向左后斜，退右脚略向右后斜，避免使两脚落在一条直线上；后退时，眼神随转体动作先向左（右）视，然后再转视前手；最后退右脚时，脚尖外撇的角度略大些，便于接做“左揽雀尾”的动作。

教法提示：①转体举手；②退步卷肱；③转体举手；④退步卷肱；⑤转体举手；⑥退步卷肱；⑦转体举手；⑧退步卷肱。

（七）左揽雀尾

（1）上体微向右转，同时右手随转体向后上方划弧平举，手心向上，左手放松，手心向下；眼视左手（如图 55）。

（2）身体继续向右转，左手自然下落，逐渐翻掌经腹前划弧至右肋前，手心向上；右臂屈肘，手心转向下，收至右胸前，两手相对成抱球状；同时身体重心落在右腿上，左脚收至右脚内侧，脚尖点地；眼视右手（如图 56）。

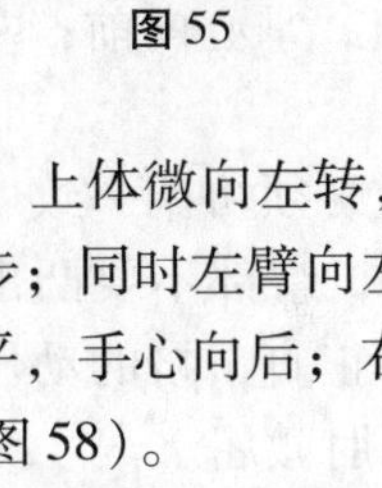
图 55

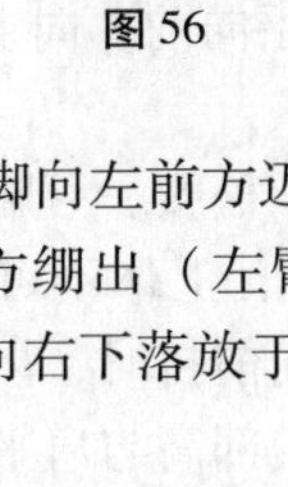
图 56

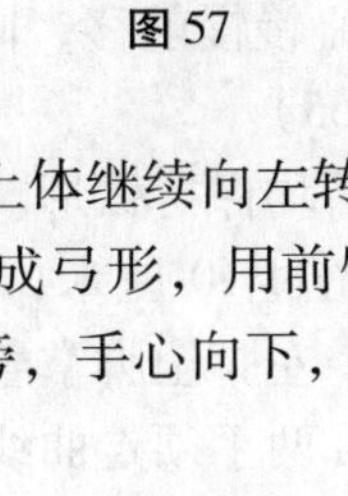
图 57

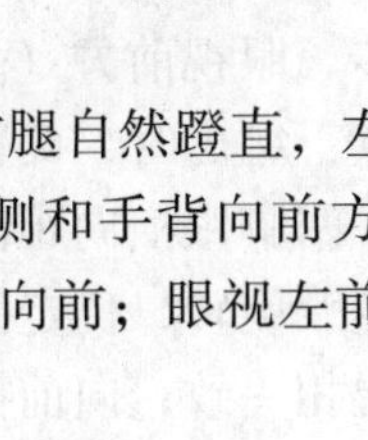
图 58

（3）上体微向左转，左脚向左前方迈出；上体继续向左转，右腿自然蹬直，左腿屈膝成左弓步；同时左臂向左前方绷出（左臂平屈成弓形，用前臂外侧和手背向前方推出），高与肩平，手心向后；右手向右下落放于右胯旁，手心向下，指尖向前；眼视左前臂（如图 57、图 58）。

（4）身体微向左转，左手随即前伸翻掌向下，右手翻掌向上，经腹前向上、向前伸至左前臂下方；然后两手下捋，即上体向右转，两手经腹前向右后上方划弧，直至右手心向上，高与肩平，左臂平屈于胸前，手心向后；同时身体重心移至右腿，眼视右手（如图 59、图 60）。

图 59

图 60

（5）上体微向左转，右臂屈肘折回，右手附于左手腕里侧（相距约 1 厘米）；上体继续向左转，双手同时向前慢慢挤出，左手心向后，右手心向前，左前臂要保持半圆；同时身体重心逐渐前移变成左弓步；眼视左手腕部（如图 61、图 62）。

图 61

图 62

（6）左手翻掌，手心向下，右手经左腕上方向前，向右伸出，高与左手齐，手心向下，两手左右分开，宽与肩同；然后右腿屈膝，上体慢慢后坐，身体重心移至右腿上，左脚尖翘起；同时两手屈肘回收至腹前，手心均向前下方，眼向前平视（如图 63、图 64）。

图 63

图 64

图 65

（7）上式不停，身体重心慢慢前移，同时两手向前、向上按出，掌心向前；左腿前弓成左弓步，眼视前方（如图 65）。

要点：绷出时，两臂前后均保持弧形。分手、松腰、弓腿三者必须协调一致。揽雀尾弓步时，两脚跟横向距离不超过 10 厘米；下捋时，上体不可前倾，臀部不要凸出，两臂下捋须随腰旋转，仍走弧线。左脚全脚掌着地。向前挤时，上体要正直，挤的动作要与松腰、弓腿相一致；向前按时，两手须走曲线，手腕部高与肩平，两肘微屈。

教法提示：①转体举手；②收脚抱球；③弓步绷臂；④转体下捋；⑤弓步前挤；⑥后坐收手；⑦弓步前按。

（八）右揽雀尾

（1）上体后坐并向右转，身体重心移至右腿，左脚尖里扣；右手向右平行划弧至右侧，然后由右下经腹前向左上划弧至左肋前，手心向上；左臂平屈至胸前，左手掌向下与右手成抱球状；同时身体重心再移到左腿上，右脚收到左脚内侧，脚尖点地，眼视左手（如图 66 至图 68）。

（2）与“左揽雀尾”（3）解同，唯左右相反（如图 69、图 70）。

（3）与“左揽雀尾”（4）解同，唯左右相反（如图 71、图 72）。

图 66

图 67

图 68

图 69

图 70

图 71

图 72

（4）与“左揽雀尾”（5）解同，唯左右相反（如图 73、图 74）。

（5）与“左揽雀尾”（6）解同，唯左右相反（如图 75、图 76）。

（6）与“左揽雀尾”（7）解同，唯左右相反（如图 77）。

图 73

图 74

图 75

图 76

图 77

要点：与“左揽雀尾”的要点相同，唯左右相反。

教法提示：①收脚抱球；②弓步绷臂；③转体下捋；④弓步前挤；⑤后坐收手；⑥弓步前按。

（九）单鞭

（1）上体后坐，重心逐渐移至左腿，右脚尖里扣；同时上体左转，两手（左高右低）向左弧形运转，右手经腹前继续划弧，上体再右转，右手直至右肩前，左手划弧至左腰前，眼视右手（如图78、图79）。

图78

图79

（2）重心再渐渐移至右腿上，左脚向右脚靠拢，脚尖点地；同时右手向右划弧，手心由里转向外，右手变勾手，臂与肩平；左手向下经腹前向右上划弧停于右肩前，手心向里；眼视左手（如图80、图81）。

（3）上体微向左转，左脚向左前方迈出，右脚跟后蹬，成左弓步；在身体重心移向左腿的同时，左掌随上体的继续左转慢慢翻转向前推出，手心向前，手指与眼齐平，臂微屈，眼视左手（如图82）。

图80

图81

图82

要点：上体保持正直，松腰。完成式时，右臂肘部稍下垂，左肘与左膝上下相对，两肩下垂；左手向外翻转掌前推时，要随转体边翻边推出，不要翻转太快或最后突然翻掌。全部过渡上下要协调一致，如面向南起势，单鞭的方向（左脚尖）动作应向东偏北约15°。

教法提示：①转体运臂；②勾手收脚；③弓步推掌。

三、第三段

（十）云手

（1）重心移至右腿上，身体渐向右转，左脚尖里扣；左手经腹前向右上划弧至右肩前，手心斜向后，同时右手松勾变掌，手心向右前，眼视右手（如图83）。

（2）上体慢慢左转，重心随之逐渐左移；左手由脸前向左侧运转，手心渐渐转向左方；右手由右下经腹前向左上划弧，至左肩前，手心斜向后；同时右脚靠近左脚，成小开立步（两脚距离为10~20厘米），眼视左手（如图84、图85）。

（3）上体再向右转，同时左手经腹前向右上划弧至右肩前，手心斜向后；右手向右侧运转，手心翻转向右；随之左腿向左横跨一步，眼视右手（如图86）。

图83

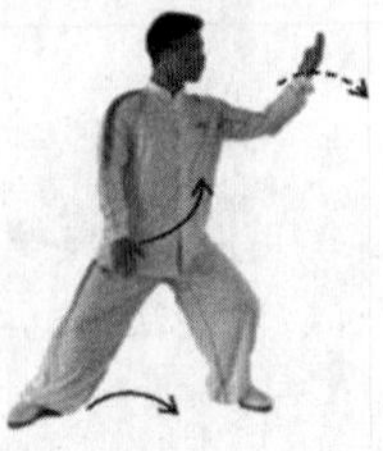

图84

图85

图86

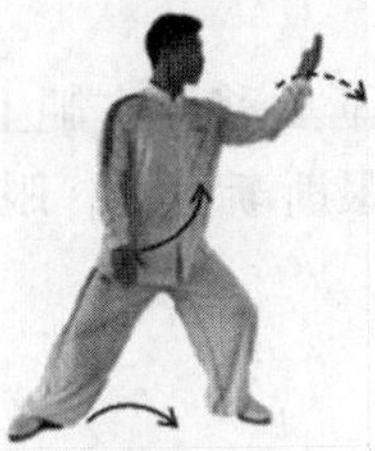

图87

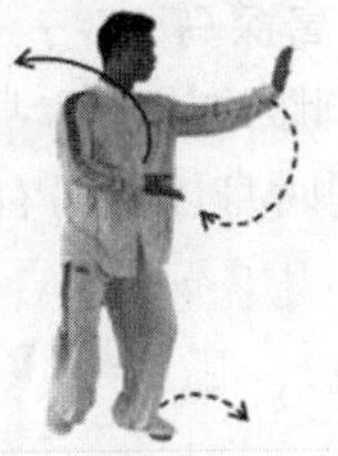

图88

（4）与（2）解同（如图87、图88）。

（5）与（3）解同（如图89）。

（6）与（2）解同（如图90、图91）。

图89

图90

图91

要点：身体转动要以腰脊为轴，松腰，松胯，不可忽高忽低。两臂随腰的转动而运转，要自然圆活，速度要缓慢均匀。下肢移动时，身体重心要稳定，两脚掌先着地再踏实，脚尖向前。眼的视线随左右手移动。第三个“云手”，右脚最后跟步时，脚尖微向里扣，便于接“单鞭”动作。

教法提示：①转体松勾；②云手收脚；③云手开步；④云手收脚；⑤云手开步；⑥云手收脚。

（十一）单鞭

（1）上体向右转，右手随之向右运转，至右侧方时变成勾手；左手经腹前向右划弧至右肩前，手心向内；重心落在右腿上，左脚尖点地；眼视左手（如图92、图93）。

（2）上体微向左转，左脚向左前侧方迈出，右脚跟后蹬，成左弓步；在身体重心移向左腿的同时，上体继续左转，左掌慢慢翻转向前推出，成“单鞭”式（如图94）。

图92

图93

图94

要点：与前“单鞭”式相同。

教法提示：①转体勾手；②弓步推举。

（十二）高探马

（1）右脚跟进半步，身体重心逐渐后移至右腿上；右勾手变成掌，两手心翻转向上，两肘微屈；同时身体微向右转，左脚跟渐渐离地，眼视右方（如图95）。

图95

图96

（2）上体微向左转，面向左前方，右掌经右身旁向前推出，手心向前，手指与眼同高；左手收至左侧腰前，手心向上；同时左脚微向前移，脚尖点地，成左虚步，眼视右手（如图96）。

要点：上体自然正直，双肩要下沉，右肘微下垂。跟步移换重心时，身体不要有起伏。

教法提示：①跟步翻掌；②虚步推掌。

（十三）右蹬脚

（1）左手手心向上，前伸至右手腕背面，两手相互交叉，随即向两侧分开并向下划弧，手心斜向下；同时左脚提起向左前侧方进步（脚尖稍外撇）；身体重心前移；右腿自然蹬直，成左弓步，眼视前方（如图97）。

（2）两手由外圈向里圈划弧，两手交叉合抱于胸前，右手在外，手心均向后；同时右脚向左脚靠拢，脚尖点地，眼平视右前方（如图98）。

（3）两手臂左右划弧分开平举，肘部微屈，手心均向外；同时右腿屈膝提起，右脚向右前方慢慢蹬出，眼视右手（如图99、图100）。

要点：身体要稳定，不可前俯后仰。两手分开时，腕部与肩齐平；蹬脚时，左腿微屈，右脚尖回勾，力点在脚跟，分手与蹬脚须协调一致，右臂和腿上下相对。如面向南起势，蹬脚方向应为正东偏南约 90°。

图 97

图 98

图 99

图 100

教法提示：①弓步分手；②抱手收脚；③分手蹬脚。

（十四）双峰贯耳

（1）右腿收回，屈膝平举；左手由后向上、向前下落至体前；两手心均翻转向上，两手同时向下划弧，分落于右膝盖两侧，眼视前方（如图 101）。

（2）右脚向右前方落下，重心渐渐前移，成右弓步，面向右前方；同时两手下落，慢慢变拳，分别从两侧向上、向前划弧贯拳至面部前方，成钳形状，两拳相对，高与耳齐，拳跟都斜向内下（两拳中间距离为 10～20 厘米），眼视右拳（如图 102、图 103）。

图 101

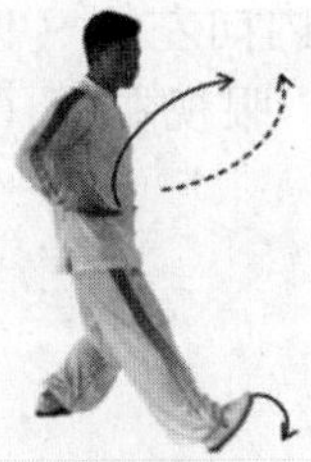

图 102

图 103

要点：完成式时，头顶正直，松腰松胯，两拳松握，沉肩垂肘，两臂均保持弧形；双峰贯耳式的弓步和身体方向与右蹬脚方向相同。弓步的两脚跟横向距离为 10～20 厘米。

教法提示：①屈膝落手；②弓步贯拳。

四、第四段

（十五）左蹬脚

（1）左腿屈膝后坐，身体重心移至左腿，上体左转，右脚尖里扣；同时两拳变掌，由上向左右划弧分开平举，手心向前，眼视左手（如图 104）。

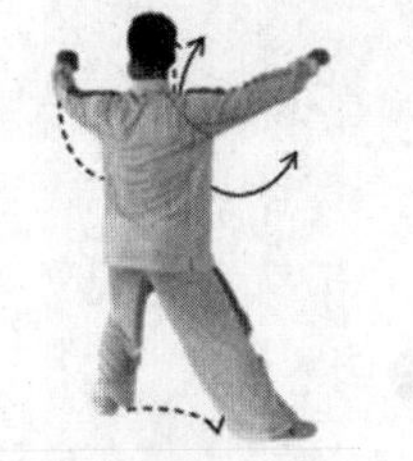

图 104

图 105

（2）身体重心再移至右腿，左脚收到右脚内侧，脚尖点地；同时两手由外圈向里圈划弧合抱于胸前，左手在外，手心均向后，眼平视左方（如图 105）。

（3）两手臂左右划弧分开平举，肘部微屈，手心均向外；同时左腿屈膝提起，左脚向左前方慢慢蹬出，眼视左手（如图 106、图 107）。

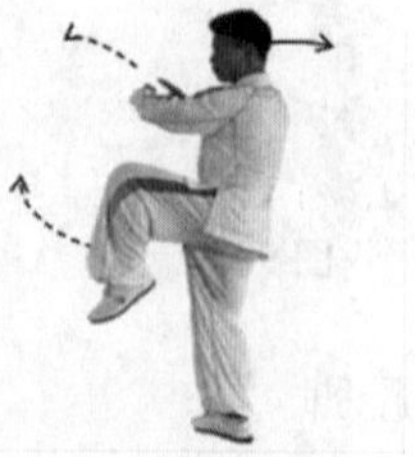
图 106

图 107

要点：与“右蹬脚”式相同，唯左右相反。左蹬脚方向应为正西偏南约 90°。

教法提示：①转身分掌；②收脚抱手；③分手蹬脚。

（十六）左下势独立

（1）左腿收回平屈，上体右转；右掌变成勾手，左掌向上、向右划弧下落，立于右肩前，掌心斜向后，眼视右手（如图 108）。

（2）右腿慢慢屈膝下蹲，左腿由内向左侧（偏后）伸出，成左仆步；左手下落（掌心向外）向左下顺左腿内侧向前穿出；眼视左手（如图 109）。

图 108

图 109

（3）身体重心前移，左脚跟为轴，脚尖尽量向外撇，左腿前弓；右腿后蹬，右脚尖里扣，上体微向左转并向前起身；同时左臂继续向前伸出（立掌），掌心向右，右勾手下落，勾尖向后；眼视左手（如图 110）。

（4）右腿慢慢提起平屈，成左独立式；同时右勾手变掌，并由后下方顺右腿外侧向前弧形上挑，屈臂立于右腿上方，肘与膝相对，手心向左；左手落于左胯旁，手心向下，指尖向前，眼视右手（如图 111、图 112）。

图 110

图 111

图 112

要点：右腿全蹲时，上体不要过于前倾；左腿伸直，左脚尖须向里扣，两脚脚掌全部着地；左脚尖与右脚跟踏在中轴线上，上体要立直，独立的腿要微屈，右腿提起时脚尖自然下垂。

教法提示：①收腿勾手；②仆步穿掌；③弓腿起身；④独立挑掌。

（十七）右下势独立

（1）右脚下落，左脚向前，脚尖着地，然后左脚前掌为轴，脚跟转动，身体随之左转，同时左手向后平举变成勾手，右掌随着转体向左侧划弧，立于左肩前，掌心斜向后；眼视左手（如图113、图114）。

图113

图114

（2）与“左下势独立”（2）解同，唯左右相反（如图115）。

（3）与“左下势独立”（3）解同，唯左右相反（如图116）。

（4）与“左下势独立”（4）解同，唯左右相反（如图117）。

图115

图116

图117

要点：右脚触地后必须稍微提起，然后再向下仆腿。其他均与“左下势独立”相同，唯左右相反。

教法提示：①落脚勾手；②仆步穿掌；③弓腿起身；④独立挑掌。

（十八）左右穿梭

（1）身体微向左转，左腿向前落地，脚尖外撇；右脚跟离地，两腿屈膝半坐成半坐盘式；同时两手在左胸前成抱球状（左上右下）；然后右脚收到左脚内侧，脚尖点地，眼视左前臂（如图118、图119）。

图 118

图 119

（2）身体右转，右脚向右前方迈出，屈膝弓腿成右弓步；同时右手由脸前向上举并翻掌停架在右额前，手心斜向下；左手先向左下，再经体前向前推出，高与鼻尖平；手心向前，眼视左手（如图 120 至图 122）。

图 120

图 121

图 122

（3）身体重心略向后移，右脚尖稍向外撇，随即身体重心再移到右腿，左脚跟进，停于右脚内侧，脚尖点地；同时两手在胸前成抱球状（右上左下），眼视右前臂（如图 123、图 124）。

图 123

图 124

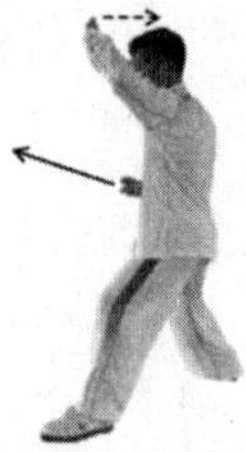
图 125

图 126

（4）与（2）解同，唯左右相反（如图 125、图 126）。

要点：完成姿势面向斜前方（如面向南起势，左右穿梭方向分别为正西偏北和正西偏南，均约 30°）。手推出后，上体不可前俯；手向上举时，防止引肩上耸；一手上举一手前推要与弓腿松腰上下协调一致；做弓步时，两脚跟的横向距离在 30 厘米左右。

教法提示：①落脚抱球；②弓步架推；③跟步抱球；④弓步架推。

（十九）海底针

（1）右脚向前跟进，身体重心移至右腿，左脚稍向前移举步；右手下落经体前向后、向上提抽至肩上耳旁，左手下落至体前侧（如图 127）。

（2）左脚尖点地成左虚点；同时身体稍向右转；右手再随身体左转，由右耳旁斜向前下方插出，掌心向左，指尖斜向下；与此同时，左手向前、向下划弧落于左胯旁，手心向下，指尖向前，眼视前下方（如图 128）。

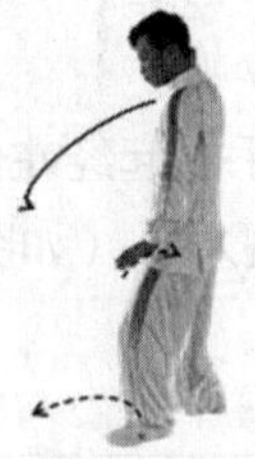

图 127

图 128

要点：身体要先向右转，再向左转；完成姿势，面向正西；上体不可太前倾；不要低头和臀部凸出；左腿要微屈。

教法提示：①后脚跟步；②虚步插掌。

（二十）闪通臂

（1）上体稍向右转，左脚微回收举步；同时两手上提，眼视前方（如图 129）。

（2）左脚向前迈出，脚跟着地；重心前移，左腿屈膝弓成左弓步；同时右手屈臂上举，停于右额前上方，掌心翻转斜向上，拇指朝下；左手由胸前随重心前移慢慢向前推出，高与鼻尖平，手心向前；眼视左手（如图 130）。

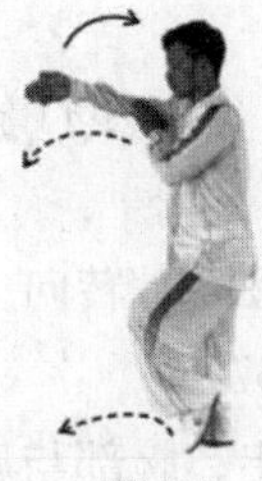

图 129

图 130

要点：完成姿势上体自然正直，松腰松胯；左臂不要完全伸直，背肌要伸展开；推掌、举手和弓腿的动作要协调一致。弓步时，两脚跟横间距离不超过 10 厘米。

教法提示：①提手收脚；②上步分手；③弓步架推。

（二十一）转身搬拦捶

（1）上体后坐，身体重心移至右腿上，左脚尖里扣；身体向右后转，然后身体重心再移至左腿上；与此同时，右手随着转体向右，向下（变拳）经腹前划弧至左肋旁，拳心向下；左掌上举于头前，掌心斜向上，眼视前方（如图 131）。

图 131

图 132

（2）向右转体，右拳经胸前向前翻转撇出，拳心向上；左手落于左胯旁，掌心向下，指尖向前；同时右脚收回后（不要停顿或脚尖点地）即向前迈出，脚尖外撇，眼视右拳（如图 132）。

（3）身体重心移至右腿上，左腿向前迈出一步；左手上起经左侧向前上划弧拦出，掌心向前下方；同时右拳向右划弧收到右腰旁，掌心向上，眼视左手（如图 133、图 134）。

图 133

图 134

图 135

（4）左腿前弓成左弓步，同时右拳向前打出，拳眼向上，高与胸平，左手附于右前臂里侧，眼视右拳（如图 135）。

要点：右拳不要推得太紧，回收时前臂要慢慢内旋划弧，然后再外旋停于右腰旁，拳心向上；向前打拳时，右胸随拳略向前引伸，沉肩垂肘，右臂要微屈；弓步时，两脚横向距离在 10 厘米左右。

教法提示：①转身握掌；②上步撇拳；③上步拦掌；④弓步打拳。

（二十二）如封似闭

（1）左手由右腕下向前伸出，右拳变掌，两手手心逐渐翻转向上并慢慢分开回收；同时身体后坐，身体重心移至右腿，眼视前方（如图 136、图 137）。

（2）两手在胸前翻掌，向下经腹前再向上、向前推出；腕部与肩平，手心向前；同时左腿前弓成左弓步，眼视前方（如图 138 至图 140）。

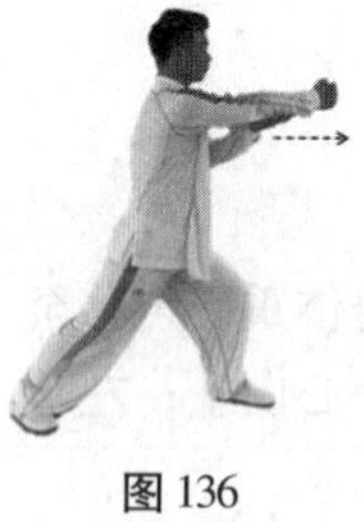
图 136

图 137

图 138

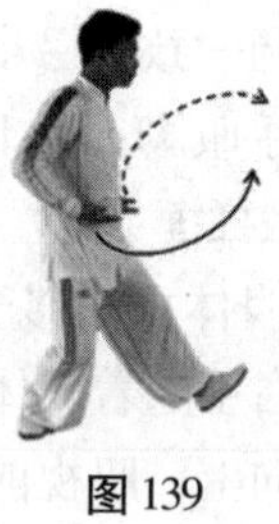
图 139

图 140

要点：身体后坐时，避免后仰，臀部不可凸出；两臂随身体回收时，肩、肘部略向外松开，不要直着抽回，两手推出宽度不要超过两胸。

教法提示：①后坐收掌；②弓步推掌。

（二十三）十字手

（1）屈膝后坐，身体重心移向右腿，左脚尖里扣，向右转体；右手随着转体动作向右平摆划弧，与左手成两臂侧平举，掌心向前，肘部微屈；同时右脚尖随着转体稍向外撇，成右侧弓步，眼视右手（如图 141）。

（2）身体重心慢慢移至左腿，右脚尖里扣，随即向左收回，两脚距离与肩同宽，两腿逐渐蹬直，成开立步；同时两手向下经腹前向上划弧交叉合抱于胸前，两臂撑圆，腕高与肩平，右手在外，成十字手，手心均向后，眼视前方（如图 142、图 143）。

图 141

图 142

图 143

要点：两手分开和合抱时，上体不要前俯。站起时，身体自然正直，头要微向上顶，下颏稍向后收；两臂环抱时须圆满舒适，沉肩垂肘。

教法提示：①转身摆掌；②收脚合抱。

（二十四）收势

（1）两手向外翻掌，手心向下，两臂慢慢下落，停于腹前；眼视前方（如图 144、图 145）。

（2）两腿缓缓蹬直，同时两掌慢慢下落至大腿侧，然后收左脚成并步直立，眼视前方（如图 146、图 147）。

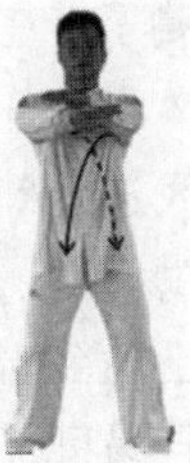
图 144

图 145

图 146

图 147

要点：两手左右分开下落时，要注意全身放松，同时气也徐徐下沉（呼气略加长）。呼吸平稳后，再收左脚做走动休息。

教法提示：①翻掌下落；②并步直立。

第十四章 毽 球

第一节 毽球概述

踢毽子，在我国是一项历史悠久、流传很广的民族体育运动。经常进行这项运动可以活动筋骨，促进健康。在古都北京，踢毽子还有个富有诗意的名字——翔翎。踢毽子起源于什么时候？又是何人首创？这早就是我国体育专家们非常感兴趣的问题。有一种传说认为，毽“创自辕黄帝”，当时叫“毱”，不叫“毽”，是训练武士的一种器具。但现在，“毱”在《中华大字典》中解释为“皮毛丸”，显然，“皮毛丸”与毽是两种不同的东西。另一种传说认为：“创自岳武穆，用箭之翎，配以金石之质，抛足而戏，以释军闷。”此种传说没有可靠的佐证，而且“箭”与“毽”又不相同，也是不足为信的。

据历史文献和出土文物证明，踢毽子起源于我国汉代，盛行于六朝、隋、唐。唐《续高僧传》二集卷十六《魏嵩岳少林寺天竺僧　佛陀》中记载：有一个叫跋陀（佛陀）的人到洛阳去，在路上遇到了12岁的慧光在天门街井栏上反踢毽子，连续踢了500次，观众赞叹不已。跋陀（467—499年）是南北朝时北魏人，为河南嵩山少林寺的祖师，他非常喜欢慧光，便将他收为弟子，慧光便成了少林寺的小和尚。宋朝高承在《事物纪原》一书中，对踢毽子有较详细的记载：“今时小儿以铅锡为钱，装以鸡羽，呼为毽子，三四成群走踢，有里外廉、拖抢、耸膝、突肚、佛顶珠等各色。”

明清时期，踢毽子得到进一步发展，关于踢毽子的记载也就更多了。明代进士、著名的散文家刘侗在《帝京景物略》中写道：“杨柳儿青，放空钟，杨柳儿死，踢毽子。”踢毽子已成为民谚的内容，而且发展为数人同踢的技巧运动。至清末，踢毽子已达到鼎盛时期，参加的人越来越多，不仅把踢毽子作为养生之道用来锻炼身体，而且把踢毽子和书画、下棋、放风筝、养花鸟、唱二黄等并提，一些人以会踢毽子自荣。因此，踢毽子的活动更加广泛，当时就有这样的童谣：“一个毽儿，踢两半儿，打花鼓，绕花线儿，里踢外拐，八仙过海，九十九，一百。”说明踢毽子已经到了相当普及的程度。民间踢毽爱好者更是用功苦练，以口传身授的方法代代相传。以北京为例，每遇城乡庙会，各路能手，步行相聚，观摩，比赛，培养新手，甚是热闹。

到了20世纪30年代，各地涌现出一批全国闻名的踢毽子能手。如北京的谭俊川、金幼申、溥子衡、林少庵，上海的周柱国、陈鸿泰，河北的杨介人，浙江的谢叔安，河南的路锦城，等等，数不胜数。踢毽技术在普及的基础上得到了提高，各种踢法丰富多彩，高难翻新的动作层出不穷，不同风格争奇斗胜，使观赏者眼花缭乱，惊叹不已。我国传统的踢毽运动，日趋完善。

此后，踢毽子运动却衰落了，直到新中国成立后，这项民族体育运动才又逐渐得到了恢复和发展。1950年，北京市吸收在街头靠踢毽子糊口的艺人加入杂技团，专设了“踢毽子”节目，并出国进行表演，受到了国外观众的热烈欢迎。在北方冰城哈尔滨市，参加踢毽子活动的人数逐年增加，全市半数以上的中小学，35 万余名中、小学生参加了踢毽子活动。在我国著名的“毽乡”之一的河北承德，也出现了新气象：家家有毽，人人善踢，逢年过节更是热闹非常，街头巷尾，随处都可以看到踢毽的活动，为节日增添了独特的喜庆气氛。

第二节　毽球基本技术

一、准备姿势

准备姿势是运动员在场上未接球时身体的一种等待状态。保持良好的姿势是使身体能随时在瞬间由静变动、由被动状态变为主动状态的关键。准备姿势一般分两种：①左右开位站势；②前后开位站势。

二、起球技术

1. 脚内侧起球

膝关节向外张，大腿向外转动，稍有上摆，但幅度不要过大，髋关节和膝关节放松，小腿向上摆，踢毽时踝关节发力，脚放平，用内足弓部位踢球。在运用上主要多用在传接球方面，因此要想成为一名出色的球员，无论是一传手、二传手还是攻球手，都必须熟练、稳定地掌握好脚内侧球。

2. 脚外侧起球

要稍侧身，向体侧甩踢小腿，勾脚尖，用脚外侧踢球。注意要想获得较低的托球点，必须使支撑脚做适当的弯曲，还要注意身体重心应放在支撑脚上。

3. 脚背起球

用脚背踢球，一般用正脚背，要注意绷脚尖和抖动脚腕发力击球。此踢球的技术是相对其他基本技术中难度较大的一种，主要动作不但要求快，还要有一定的准度。抖动脚腕发力击球的节奏过快或过慢会影响完成踢球的质量好坏。

4. 腿部起球

在身体膝关节以上部位的踢球都叫触球。它可以分为大腿触踢球、腹部触踢球、胸部触踢球、头部触踢球。大腿触踢球时，要注意抬大腿迎球，放松小腿，用大腿正面前段击球。腹部触踢球、胸部触踢球、头部触踢球，都要注意触球时将腹部、胸部或头部稍微向前去主动迎接球，并控制球落在自己的前方，然后用脚将球踢出。

三、发球技术

发球动作一般有三种：脚内侧发球、脚正背发球、脚外侧发球。脚内侧发球的时候要抬大腿带小腿，用内足弓部位向前上方送髋推踢，其特点是既稳又准、破坏性强；脚正背发球时要注意绷脚尖，用正脚背向前上方发力挑踢，它的特点是平、快、准；脚外侧发球时要注意稍侧身站位，绷脚尖，用脚外侧发力扫踢，其发球的特点是既快又狠、攻击力强。

四、攻球技术

攻球技术是指将高于网沿的球直接攻入对方场区的一种击球动作。

1. 头攻球技术

头攻球时，一般是从限制区外助跑起跳，靠腰部、颈部发力在空中用额头的正面、侧面或头发击球。这种攻球的特点是力量大、速度快、变向多，如果能熟练运用也能给对方防守带来一定难度。

2. 脚踏攻球技术

脚踏攻球是向上抬腿后，向下发力，用前脚掌部位推压击球。脚踏攻球的特点是视野开阔、目的性强、球速快、变化多，既可以压踏前场，又可以推踏后场，还可以抹吊近网。由于脚踏球与倒勾球力量方面相比相对较弱，因此必须充分发挥其快、刁的特点，攻其不备才能给对方防守带来较大的威胁，令其防不胜防。

3. 倒勾攻球技术

倒勾攻球的要点是以大腿带动小腿向上摆动、加速发力，其特点是击球点高、球速快、力量大、易控制、变化多。在通常情况下，可根据对方不同的阵型攻出直线、斜线、外摆、内扫、轻吊和凌空等不同特性的球，能给对方造成很大的威胁。斜线攻球，可以用站位方向的变化和脚尖内扣来达到变线攻球的目的；外摆攻球，要注意击球瞬间外翻脚腕，用转体和向外摆动腿来控制球的力量和落点；内扫攻球时应用脚尖部位或脚内侧向异侧腿前上方边转体边扫踢击球；轻吊攻球的起跳动作和发力倒勾攻球一样，只是在击球瞬间改用前脚掌部位，将球轻轻推托过网；凌空攻球是现有攻球技术中难度最大的一种，它要求运动员要有较好的制空能力、弹跳力与协调性，并且注意落地时运动员的自我保护。

第三节　毽球基本战术

一、进攻战术

1. “一、二”和“二、一”配备

“一、二”阵容配备就是在三个上场队员当中有一个是主攻手，两个是二传手。运用此阵容配备时，主攻手一般不参与接发球，两个二传手交替接发球和做二传。这种战术的进攻特点是分工明确、稳而不乱，尤其适用于有高大主攻手善打中一二和两次攻等高举高打的打法。“二、一”阵容配备是在上场三个队员中有一个主攻手、一个副攻手和一个二传手。“二、一”阵容配备中，主攻手一般也不参加接发球，由副攻手、二传手互换接做二传。这种战术的特点是攻球变化多又可以互相掩护，适用于交叉、插上、掩护等进攻战术。

2. “三、三”配备

“三、三”阵容配备就是在上场三个队员中三个既是攻球手又是二传手。“三、三”阵容配备场中队员接球站位一般成倒三角形，任何一个队员接到球后随时都可以组织两人以上同时参与进攻的战术打法。这种阵容可采用掩护、交叉战术，并可打出快攻、背溜、双快一掩护等较复杂多变的战术进攻球。

二、防守战术

1. “弧形防”

“弧形防”就是三名队员在中场成小弧形的站位防守。“弧形防”阵型是在对方的攻球威力不大时采用。这种区域联防的特点是防守视线清楚、分工明确。

2. “一拦二防”

“一拦二防”是在场上三个队员中，一人在网前拦网，另两名队员分别在其两侧分区防守。“一拦二防”这种封线分防的特点是有两道防线，网上拦网封线路，网下中场防落点，拦防结合，利于反击。

3. “二拦一防”

“二拦一防”阵型就是在场上三个队员有两人在网前拦网，另一名队员在其中后方防守。“二拦一防”这种封线补防的特点是网上拦网封线路，网下中场补空缺，具有明显的网上拦网优势。

4. “拦—堵—防”

“拦—堵—防”阵型就是一人在网前拦网，一人在侧面往后堵击，另一人在中后场防守。“拦—堵—防”这种封堵联防阵型构成三道防线，具有拦、堵、防结合，既可以互相补缺，又可以灵活机动应变的特点，是目前比较理想的防守阵型。

第四节　毽球竞赛规则介绍

第一条　场地

第一款　场地面积

比赛场地采用羽毛场双打场地，长 11.88 米，宽 6.1 米。场地上空 6 米以内（由地面计算）和场地四周 2 米以内不得有障碍物。

第二款　界线

比赛场地应按平面图（如图 1）画出清晰的界限，线宽 4 厘米，线的宽度包括在场地面积之内。较长的两条边界叫边线；较短的叫端线；连接场地两边线的中点与端线平行的线叫中线。中线将场地分为均等的两个场区。在中线两侧各画一条与中线平行的线叫限制线（此线包括在限制区内）。中线至限制线的距离为 2 米。

第三款　发球区

距两端线中点两侧各 1 米处向场外各画一条长 20 厘米与端线垂直的短线叫发球区线（此线不包括在发球区内）。发球区线向后无限延长的区域叫发球区。

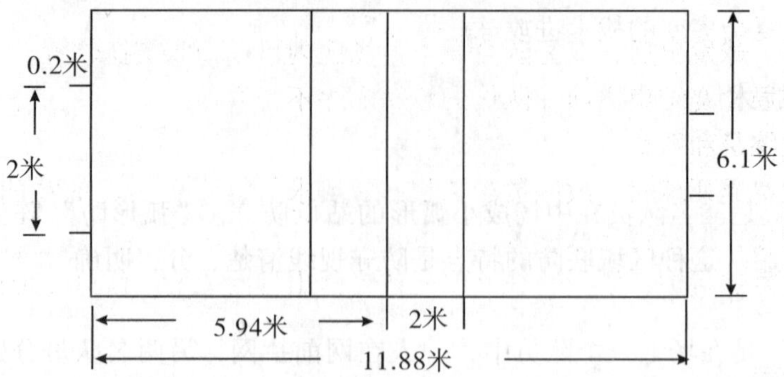

图 1

第二条　球网

第一款　球网的规格

球网长 7 米，宽 76 厘米，网孔 2 厘米见方。球网上沿缝有 4 厘米宽的双层白布，用绳穿起，将球网张挂在网柱上。球网必须挂在中线的垂直上空。球网为深绿色。网柱安在中线以外，距边线 50 厘米处。

第二款　球网的高度

球网的中部顶端距地面垂直高度为男子 1.6 米、女子 1.5 米。网的两端距地面的垂直高度必须相等，两端的高度与中间的高度相差不得超过 2 厘米。

第三款　标志杆与标志带

在球网的两端，垂直于边线和中线交接处，各系有一条宽 4 厘米、长 76 厘米的白色带子，叫标志带；在球网上连接标志带外侧应系有两根有韧性的杆，叫标志杆。两杆内侧相距 6 米。标志杆长 1.2 米，直径 1 厘米，用玻璃纤维或类似的材料制成。标志杆应高出球网上沿 44 厘米，并用鲜明对比的颜色画上 10 厘米长的格纹。

第三条　毽球

毽球由毽毛、毽垫等构成。毽毛为四支白色或彩色鹅羽成十字形插在毛管内，每支羽毛宽 3.2 ~ 3.5 厘米；毽垫直径 3.8 ~ 4 厘米，厚 1.3 ~ 1.5 厘米。毛管高 2.5 厘米。毽球的高度为 13 ~ 15 厘米；重量为 13 ~ 15 克。

第四条　比赛队员的组成

第一款　比赛队由 6 人组成，上场队员 3 人，其中队长 1 人（左臂应佩带明显标志）。比赛前，各队应将参赛队员（包括替补队员）的姓名、号码登记在记分表上。未登记的队员不得参加比赛。

第二款　也可因时、因地、因人制宜，增加单人、双人毽球赛，规则与 3 人制大体相同，记分可采取直接得分法。

第三款　教练员和替补队员应坐在指定的位置上。

第五条　队员的场上位置

第一款　双方队员必须站在本方场区内。站在靠近球网的两名队员从左至右分别为 3 号位和 2 号位队员，靠近端线的队员为 1 号队员。场上队员的位置必须与登记的轮转顺序相符合。

第二款　发球的位置。发球的一方，2、3 号位的队员在发球队员的前方，彼此间相距不得少于2米。球发出后，双方队员在本方场区内可以任意交换位置。

第三款 每局比赛结束之前，队员的轮转顺序不得调换。

第六条 教练员和队长

第一款 比赛成死球时，教练员和队长有权要求暂停或换人。在暂停时间内，教练员可以进行场外指导，但不得进入场区。

第二款 比赛进行中，场上队长有权向裁判提出询问或要求解释，但必须服从裁判的最终判决。

第七条 服装

第一款 比赛队员应穿着整齐划一的运动服和毽球鞋或运动鞋。

第二款 场上队员上衣的前后须有明显的号码，号码颜色须一致，并与上衣颜色有明显的区别。号码应清晰可见，背后的号码至少高20厘米，胸前的号码至少高10厘米，笔画至少宽2厘米，同队队员不得使用重复号码。队员不得穿戴任何危及其他队员的服饰。

第八条 比赛局数和场区选择

第一款 比赛采用三局两胜制，第三局采取每球得分制。

第二款 比赛前选择场区或发球权，第一局结束后双方交换场地和发球权。

第三款 决胜局开始前，正裁判员召集双方队长重新选择场区或发球权。决胜局比赛中，任何一队先得8分时两队应交换场地。交换时，不得进行场外指导。交换场区后，双方队员的轮转位置不得变换。经记录员查对后，由原发球队员继续发球。如未及时交换场区，一旦裁判员或一方队长发现时，应立即交换，比分不变。

第九条 暂停

第一款 比赛成死球时，教练员或队长可以向裁判员要求暂停。

第二款 暂停时，教练员可以在场地外进行指导，但场上队员不得出场，也不得与场外其他任何人讲话，场外人员不得进入场内。

第三款 每局比赛中，每队可以要求两次暂停，每次暂停时间不得超过30秒钟。若某队在一局中请求第三次暂停，应判该队失发球权或对方得1分。

第十条 换人

第一款 在比赛中成死球时，教练员或队长可以向裁判员要求换人。换人时，场外人员不得向队员进行指导，场内队员不得离开场地。

第二款 每个队员在每一局比赛中换人不得超过三人次。

第三款 替补队员在上场前，应在记录台附近做好准备，换人时间不得超过15秒钟，否则判该队一次暂停。如该队在该局已暂停过两次，则判该队失发球权或对方得一分。

第四款 教练员或队长要求换人时，应向裁判员报告下场和上场队员的号码。

第五款 比赛中因故被取消比赛资格的队员，不能继续参加该场比赛，可由替补队员替换。如该队在该局已换人三次，或场外无人替换时，则判为负局。

第十一条 局间间隙

一局比赛结束、下局比赛开始前，中间最多可有2分钟时间，供两队交换场地、换人和记录员登记号码，双方教练员在不影响上述工作的情况下，可以进行场外指导。

第十二条 发球

第一款 发球。

发球队员须站在本方发球区内，用手持球，将球抛起，用脚踢向对方场区，使比赛进行。发球队员必须在发球区内发球，在球发出后才能进入场区。发球时2、3号队员不得有任何掩护动作；否则，判由对方发球。

第二款　发球失误。

发生下列情况之一时，即判为发球失误：

（1）队员发球时，踏及端线或发球区线及其延长线；

（2）球未过网、触网或触及标志杆；

（3）球从网下穿过；

（4）球从标志及其延长高度以外过网；

（5）球触及任何障碍物，或在进入对方场区前触及本队队员；

（6）球落在界外；

（7）发球延误时间超过5秒钟；

（8）裁判员鸣哨后球坠落在地上。

第三款　当发球队失误时，应判失发球权，由对方发球。

第四款　重发球发生下列情况之一时，须重发球：

（1）在比赛进行中，球挂在网上（最后一次击球挂网除外）；

（2）在比赛进行中，毽毛和毽垫在飞行时脱离；

（3）在裁判员鸣哨之前发球；

（4）在比赛进行中，其他人或物品进入场区。

第五款　发球次序错误。当球发出后，裁判员发现发球队发球次序错误，则判该队失发球权，并恢复正确位置。如犯规队已得分，应取消该队因该次发球次序错误所得的分数。

第十三条　轮转顺序

第一款　某队取得发球权时，应先按顺时针方向轮转一个位置，然后由轮转到1号位队员发球。

第二款　新的一局开始前，可以变换本队队员的轮转顺序，并填好位置表交给记录员。

第十四条　比赛进行中的击球与附加动作

第一款　每队在将球踢入对方场区前，在本方场区最多只能有三人次共击球四次。

第二款　每个队员可以连续击球两次。

第三款　不得用手、臂触球。但防守队员在手臂下垂、不离开躯干的前提下，拦网时手触球不判违例。

第四款　球不得明显地停留在队员身体的任何部位。

［罚则］违反第十四条第一至四款均为违例，判由对方发球或得1分。

第十五条　网上球

在比赛进行中球触及两标志杆以内的球网为好球，球触标志杆则为失误。

第十六条　触网

第一款　比赛进行中，队员身体任何部位触及两标志杆以内的球网，均为触网违例。

第二款　队员击球后，触及标志杆或标志杆以外的球网、网柱、网绳或其他物体，不为违例。

第十七条 进入对方场区和空间

第一款 过网击球为犯规。

第二款 比赛进行中，身体任何部位不得进入对方场区的空间。

第三款 队员若用头攻球时，必须在限制线以外，但落地时两脚可落在限制线以内。防守队员在限制区内，头部无意识触球过网不判违例。

第四款 在比赛进行中，除脚以外，身体任何部位不得触及中线。脚不得完全越过中线。

第十八条 死球与中断比赛

第一款 球触地及违例为死球。

第二款 中断比赛：其他人或物品进入比赛场区；更换损坏的器材；运动员发生意外事故等。发生以上情况，裁判员应鸣哨，中断比赛和恢复比赛。

第十九条 计胜方法

第一款 接发球队失误，应判对方得1分；发球队失误，则判由对方发球。

第二款 某队得15分并至少比对方队多得2分时，则为胜一局。如比分是14比14，比赛应继续进行，直至某队领先2分，方为胜一局。

第二十条 判定和申诉

第一款 一场比赛中，正裁判员的判定是最终判决。

第二款 只有场上队长可以对裁判员的判罚当场提出询问或要求解释，正裁判员应及时予以解释。

第三款 申述比赛队对裁判员的判罚有争议，比赛时必须服从裁判员的裁判，比赛后可向仲裁委员会提出书面申诉。正裁判员亦应向仲裁委员会提出书面报告。

图2 踢毽子图例

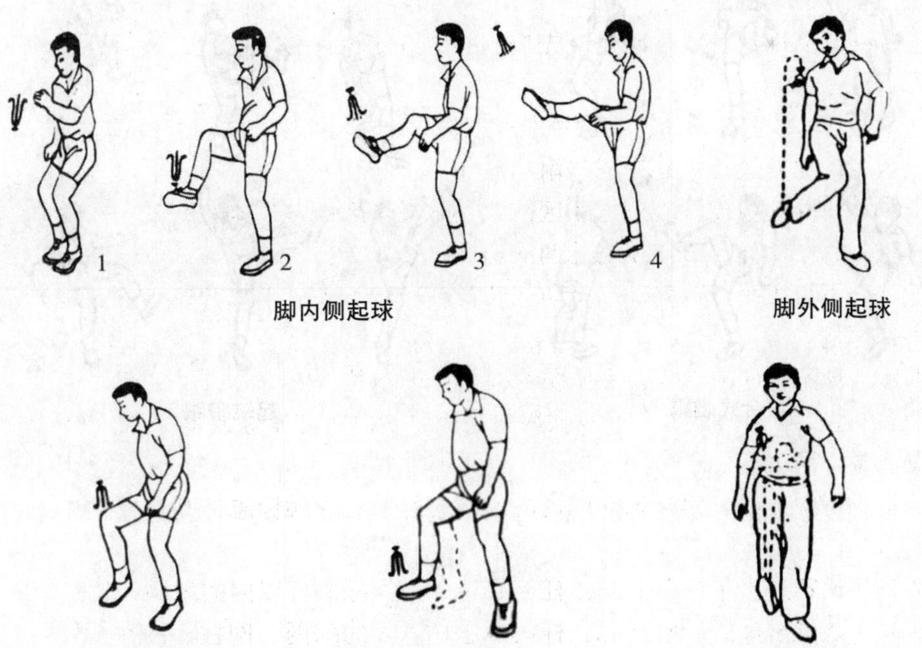

脚内侧踢球

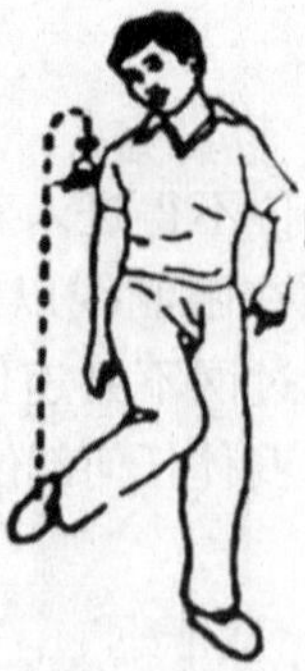

脚外侧踢球

腿部踢球

脚背踢球

脚内侧勾踢

里合式蹬踢

起跳蹬踢

勾球式后踢

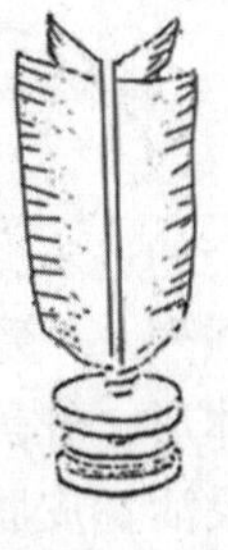

毽球

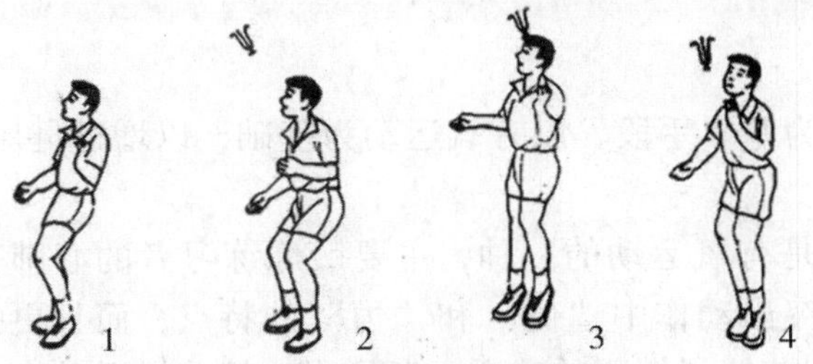

头部顶球

头部进攻

腿内摆勾球

腿外摆勾球 1

腿外摆勾球 2

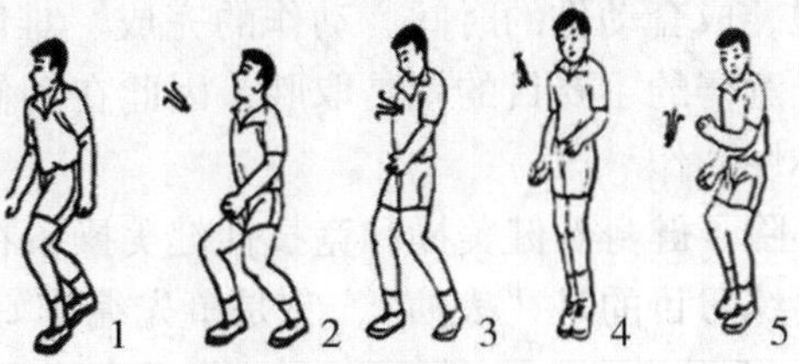

胸部接球

第十五章　健美操

随着社会的进步，生活水平的提高，人们的审美观也在不断地发生变化，对形体美的追求越来越强烈。“爱美之心，人皆有之”，爱美是人类的天性，谁都想有一个健康的身体、优美的体形。健美操可以使人体各个部位得到协调发展，从而使人的形体匀称、肌肉结实、关节灵活、皮肤光洁，使人充满朝气。生命在于运动，运动健美人体。健与美是相辅相成的，健是美的基础，美是健的客观反映。

第一节　健美操概述

一、健美操概述

健美操是在音乐伴奏下，以身体练习为基本手段、以有氧运动为基础，以增进健康、塑造形体和娱乐为目的的一项体育运动。

健美操起源于传统的有氧健身运动，是有氧运动的一种，主要锻炼练习者的心肺功能，是有氧耐力素质的基础。健美操不仅突出动作中“健”和“力”的特点，而且更强调“美”。随着现代物质文明的提高，人们花钱买健康的观念不断增强，健美操运动在我国越来越受到欢迎，已成为人们现代文明生活不可缺少的组成部分。

1. 健身性健美操

健身性健美操练习的主要目的是“锻炼身体、保持健康”。健身性健美操的动作简单，实用性强，音乐速度也较慢，且为了保证一定的运动负荷和锻炼的全面性，动作多有重复，并均以对称的形式出现。健身性健美操的练习时间可长可短，在练习的要求上也可以根据个体情况而变化，在保证安全的基础上，达到锻炼身体的目的。

健身性健美操按练习形式可分为徒手健美操、轻器械健美操和特殊场地健美操三大类。

2. 竞技性健美操

竞技性健美操是在健身性健美操的基础上发展而产生的。竞技性健美操的主要目的是“竞赛”，其比赛项目有男单、女单、混双、三人和六人。竞技性健美操在参赛人数、比赛场地、成套动作的时间、动作的完成、难度动作的数量等方面都必须严格按照规则进行。由于竞赛的主要目的就是取胜，因此在动作的设计上更加多样化，并严格避免重复动作和对称性动作。

除了健身性健美操和竞技性健美操，在我国还有一种表演性健美操。表演性健美操的主要练习目的是“表演”，它是事先编排好的、专为表演而设计的成套健美操，时间一般为 2 ~ 5 分钟。

二、健美操的发展

（一）世界健美操运动的发展

健美操是一项新兴的体育运动项目，其发展历史只有20多年，作为一项独立的体育运动项目兴起的时间是20世纪70年代末。现代健美操运动的发展人之一简·方达根据自己的体育实践编著了《简·方达健美操》一书并配有录像带，自1981年出版以来被翻译成20多种文字，在世界30多个国家出售，并掀起了世界性的健美操热，她也因之成为20世纪80年代风靡世界的健美操运动杰出代表。

健美操的发展和人们追求健康有关。社会发展，科学进步，人们的体力活动减少，脑力工作增加，生活水平提高，但同时也带来了一系列的健康危机，比如压力增加引起的各种心理问题等，这使人们逐渐认识到健康的重要性。人们也开始通过多样的健身方式来维护身心健康，如跑步、打球、骑自行车等，健美操正是在这种大环境下产生并发展的。

健美操本身的项目特点促进了健美操运动的发展。健美操动作具有健、力、美的特征，动作丰富、变化多样，还包含着较高的艺术因素，不仅健身效果好，还能够满足人们的爱美心理，其强烈的音乐节奏令人兴奋，催人奋进，使人们在轻松、欢快的气氛中达到锻炼身体的目的。另外，健美操锻炼所需的场地器材简单、练习形式多样，适合各年龄层次人群参与。

（二）我国健美操运动的发展

世界性的健美操热传到我国是在20世纪80年代初。1981年至1983年，在健美操传入我国初期，不少高校教师陆续在报纸杂志上刊登了一些介绍健美操、探讨美育的文章，并编排了一些健美操成套动作，如“女青年健美操”“哑铃健美操”“形体健美操”等。

为了推动全国大学生健身性健美操的开展，中国大学生体协健美操艺术体操分会决定从1993年开始，每年在大学生中推广一套由协会审定的健身性健美操。

与此同时，表演性健美操和竞技性健美操也开始在学校中出现，而高校良好的师资和场馆条件又为竞技性健美操的普及奠定了基础。每年不少高校都组织参加各种形式的全国健美操比赛。如今，高等院校已成为我国竞技性健美操发展的重要基地。

1997年，随着健美操协会并入体操中心，我国更重视健美操与国际的交往，分别派队参加了4月份在日本举行的LAF世界杯赛、5月份在意大利举行的第四届世界锦标赛和7月份在美国举行的ANAC世界锦标赛。1997年和1998年，我国还先后派人参加了FIG组织的国际裁判培训班和国际教练员培训班。2000年我国开始采用国际规则，宣布我国健美操正式与国际接轨。

第二节　健美操术语

一、术语的概念

术语是指各门学科的专门用语。健美操术语即描述健美操动作的专门用语。

（1）动作方法术语：立、蹲、弓步、点地、踢腿、吸腿、平衡、举、屈、伸、摆动、振、绕、绕环、跪、坐、卧、撑。

（2）肢体关系术语：同侧、异侧、同面、异面、同时、依次、双侧、单侧、对称、不对称。

（3）移动术语：移动（Travel）、向前（Forward）、向后（Backward）、向侧（Lateral）、原地（On the Spot）、转体（Turn）、绕圆（Circle）。

二、基本概念术语

1. 有氧操概念术语

有氧练习（Aerobic Exercise）：以人体有氧系统供能的，任何运用大肌肉群的、持续的和有节奏的练习。如有氧操、游泳、骑自行车等。

冲击力（Impact）：人体运动时对地面产生一定的作用力，而地面同时也给予人体相应的反作用力，即“冲击力”。这种冲击力随着每一个动作自下而上通过人体向上传递并逐渐消失。

无冲击力动作（Non-Impact Moves）：两只脚都接触地面的动作，或不支撑体重的动作。如双腿半蹲、弓步，以及垫上动作、划船机和自行车练习等。

低冲击力动作（Low-Impact Moves）：总有一只脚接触地面的动作。如踏步、侧交叉步等。

高冲击力动作（High-Impact Moves）：两只脚都离开地面，即有腾空的动作。如开合跳、吸腿跳等。

2. 力量练习概念术语

肌肉力量（Muscular Strength）：肌肉收缩抵抗阻力的能力。一次可举起的最大重量为最大肌肉力量。

肌肉耐力（Muscular Endurance）：肌肉长时间保持工作的能力。

阻力练习（Resistance Training）：运用负荷限制正常的动作，使肌肉克服一定阻力的练习。常被用于发展肌肉的力量和耐力。

主动肌（Agonist）：在某一动作中直接收缩的主要用力肌群。

协同肌（Synergist）：在某一动作中协助主动肌用力的肌群。

对抗肌（Antagonist）：和主动肌作用相反的肌群，通常在动作中是放松或伸展的。

固定肌（Fixator）：固定主动肌一端附着点所在的肌肉群。固定肌使主动肌的拉力方向保持一定。另外，固定肌收缩抵抗重力的作用，使练习时身体保持稳定。

向心收缩（Concentric Contraction）：肌肉收缩时克服重力的作用，并引起肌纤维长度缩短。

离心收缩（Eccentric Contraction）：肌肉收缩时借助重力的作用，有控制地伸展肌肉，造成肌纤维逐渐伸长。

动力性收缩（Isotonic Contraction）：肌肉在一定范围内收缩，肌纤维交替缩短和伸长，即交替做向心收缩和离心收缩。

静力性收缩（Isometric Contraction）：肌肉收缩，但肌纤维长度保持不变。静力性收缩练习对加强肌肉在某一位置上的力量非常有效，因此对保持身体姿态和损伤后的恢复具有重要意义。

三、基本动作名称术语

（一）基本步伐名称术语

表 1

踏步	March	走步	Walk
一字步	Easy Walk	V 字步	V-step
漫步	Mambo	交叉步	Grapevine
并步	Step Touch	吸腿	Knee Lift（up）
后屈腿	Leg Curl	摆腿	Leg Lift
踢腿	Kick	双脚跳	Jump
开合跳	Jump Jack	单腿跳	Hop
弹踢腿跳	Flick	半蹲	Squat
弓步	Lunge	跑	Jog
点地	Tap Touch		

（二）上肢动作名称术语

（1）常用手型：①掌型：Blade；②拳型：Fist；③五指张开型：Jazz。

（2）常用上肢动作：

表 2

屈臂	Bicep Curl	伸臂	Tricep Kickback
侧举	Lateral Raise	前举	Front Raise
低摆	Low Row	上提	Upright Row
胸前推	Chest Press	下拉	Putdown
肩上推	Shoulder Press	冲拳	Punch
绕	Scoop	绕环	Circle
摆动	Swing	交叉	Cross

第三节 健美操基本动作

一、健美操基本动作

1. 上肢动作

（1）手型。

①五指并拢式：五指伸直并拢，大拇指微屈（如图 1）。

②五指分开式：五指用力伸直张开（如图 2）。

③立掌式：五指伸直并拢，手掌用力上翘（如图3）。

④屈指掌式：五指自然弯曲张开，手掌用力上翘（如图4）。

⑤拳式：握拳，大拇指在外，指关节弯曲并紧贴食指和中指（如图5）。

⑥西班牙舞手式：五指用力张开，小指、无名指、中指自掌指关节处依次弯曲，大拇指稍内扣（如图6）。

⑦一指式：握拳，食指伸直或拇指伸直。

⑧响指式：拇指和中指摩擦与食指打响，无名指、小指屈指。

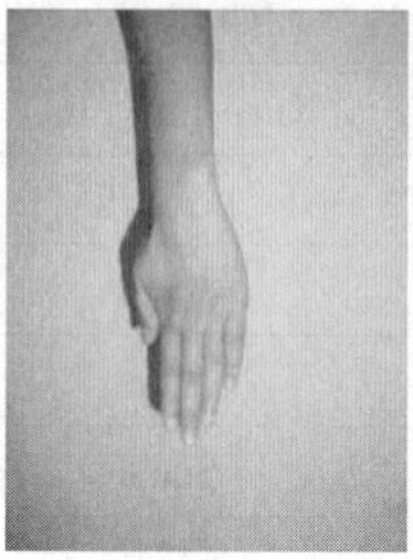
图1

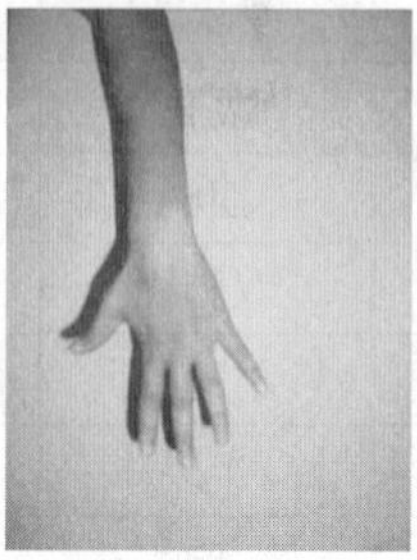
图2

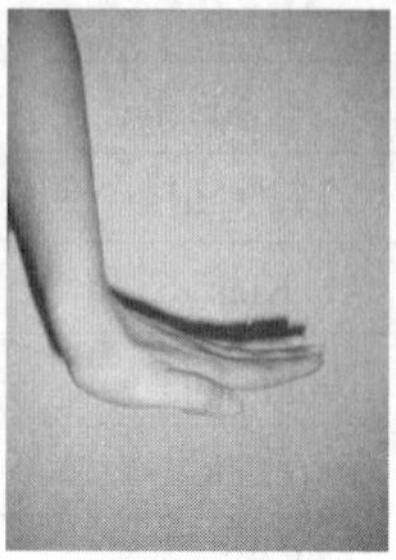
图3

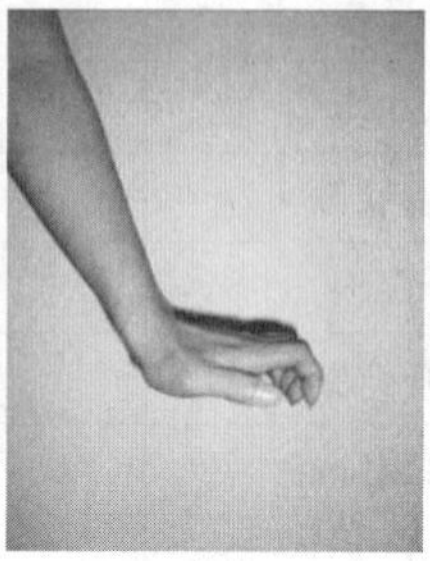
图4

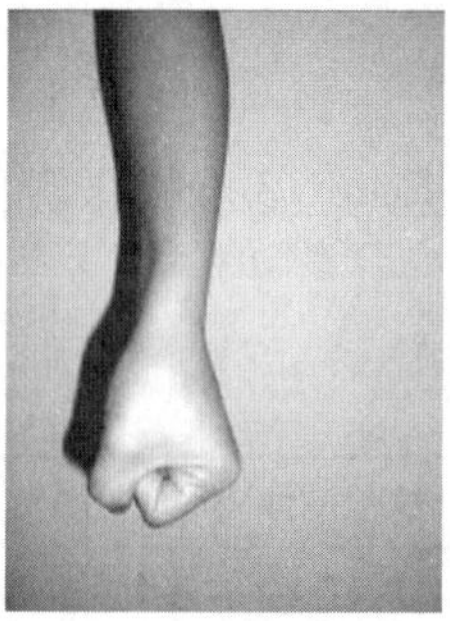
图5

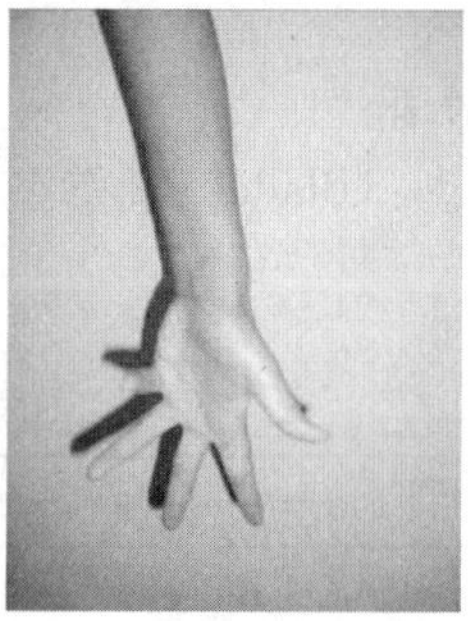
图6

（2）手臂动作。

①自然摆动：屈肘前后摆动（如图7）。大、小臂折叠角度不变，以肩关节为轴摆动。

②臂屈伸：上臂固定，肘屈伸（如图8）。臂屈伸快速、有力，肩关节固定。

③屈臂提拉：臂由下提至胸前平屈（如图9）。臂屈伸快速、手臂平。

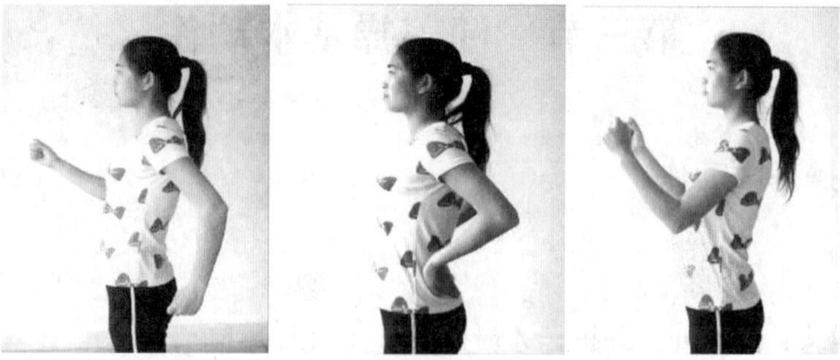
图7

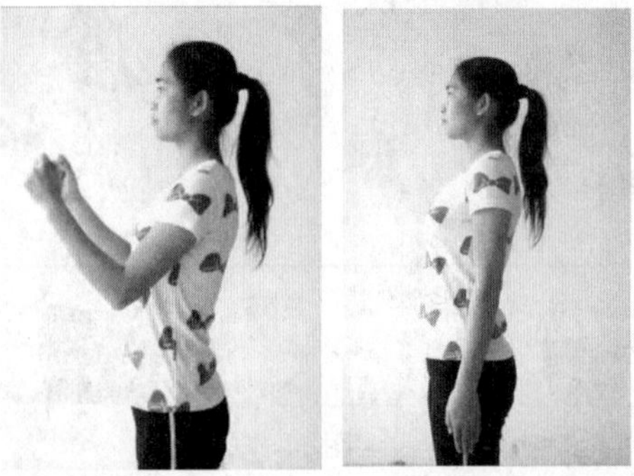

图 8

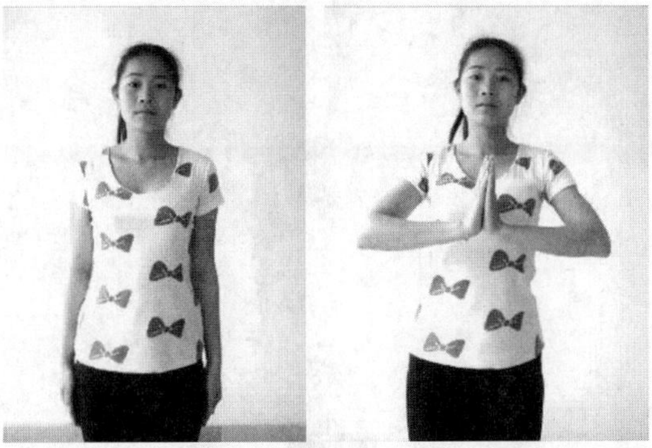

图 9

④直臂提拉：臂由下提至前平举或侧平举（如图 10）。手臂提拉速度快，手臂平。

⑤胸推：屈臂由胸部向前、侧推成直臂（如图 11）。手臂推时速度快，掌根用力。

⑥肩上推：屈臂，由肩侧向上推成直臂（如图 12）。手臂推时速度快，掌根用力。

⑦冲拳：屈臂握拳，由腰间向前或向上用力伸臂（如图 13）。肩关节固定，冲拳速度快。

图 10

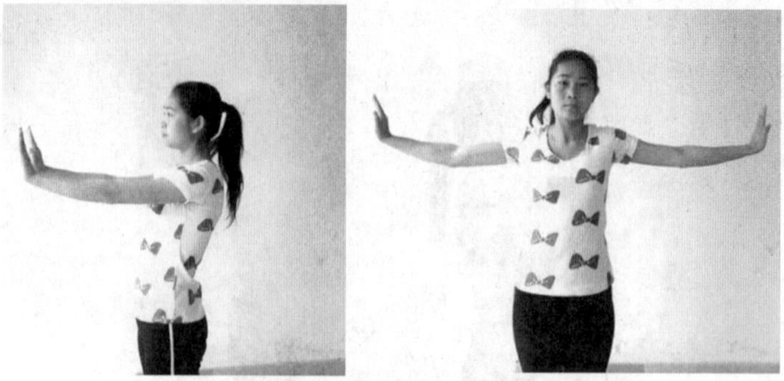

图 11

图 12

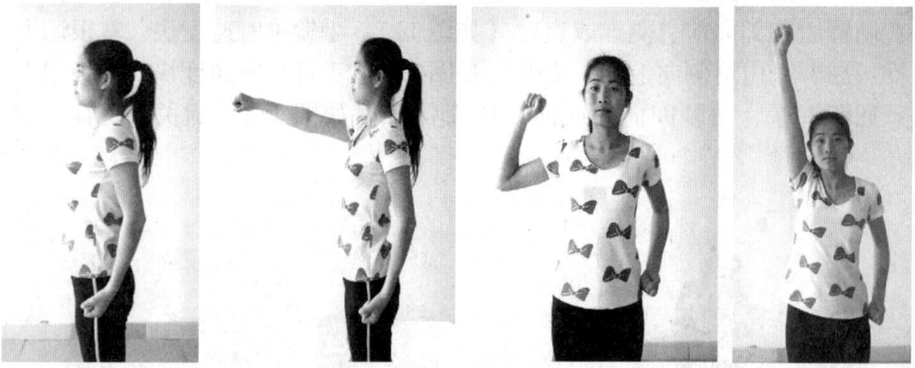

图 13

2. 下肢动作

健美操运动的基本步法体现了健美操练习者下肢的基本姿态。根据动作的特点及运动强度差异，下面介绍一些在健美操中比较常用的基本步法。

（1）无强度动作。

①半蹲：向侧一次，向侧两次，转体。两腿并拢或分开稍大于肩宽，脚尖稍外开，同时屈指（如图 14）。膝关节弯曲的角度不超过 90°，屈膝时，膝关节与脚尖同方向，并且膝关节的垂线不得超过脚尖，臀部向后，上体稍前倾。

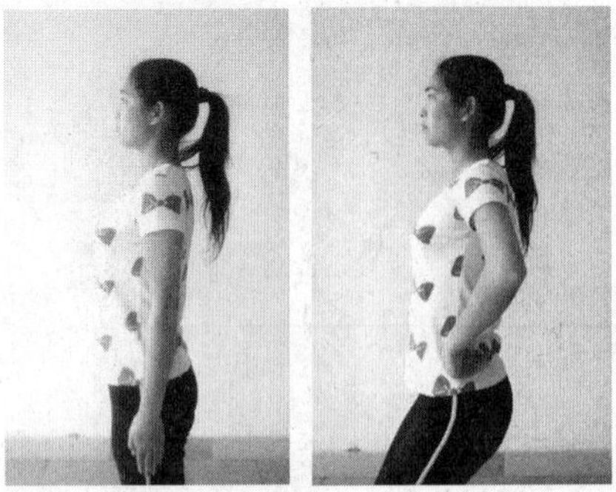

图 14

图 15

②弓步：向左向右的弓步、移重心的弓步、移动的弓步、转体的弓步、跳的弓步。一腿屈膝，一腿伸直。身体重心在两腿之间，膝关节弯曲的角度不超过90°，并且该关节的垂线不得超过脚尖。

（2）低强度动作。

①踏步：原位踏步、移动踏步，转体踏步。两脚依次抬起，依次落地（如图15）。在落地时，踝、膝关节有弹性地缓冲。

②走步：向前走步、斜前45°的走步，弧形走步。向前踏步时，脚跟先落地，然后过渡到全脚掌；向后踏步时相反（如图16）。基本上同踏步。

③一字步：向前一字步、斜前45°一字步。向前一步，后脚并前脚，然后向后一步，前脚并后脚（如图17）。前后都要有并腿的过程，两膝始终有弹性地缓冲。

④V字步：有平移的、转体的和小幅度跳的正“V”字步和倒“V”字步。一脚向斜前方迈一步，另一脚随之向另一斜前方迈一步，成一条平线，两脚开立，然后再依次收回（如图18）。两脚之间的距离略比肩宽，屈膝，身体重心在两腿之间。

⑤并步：原位的并步、移动的并步（“之”字并步）、转体的并步。一脚向侧迈一步移重心；另一脚随之并拢，屈膝点地。两膝自然屈伸，有一定的弹性，身体重心随之移动。

⑥点地：原地点地、移动点地、转体点地。一腿伸出，脚尖或脚跟着地，另一腿稍屈膝站立（如图19）。点地时，有弹性地点地，腿自然伸直。

⑦吸腿：原地吸腿、移动吸腿跳、转体的吸腿跳。一腿屈膝上抬；另一腿稍屈膝站立（如图20）。大腿与地面平行；小腿自然下垂；主力腿屈膝缓冲；背部挺直。

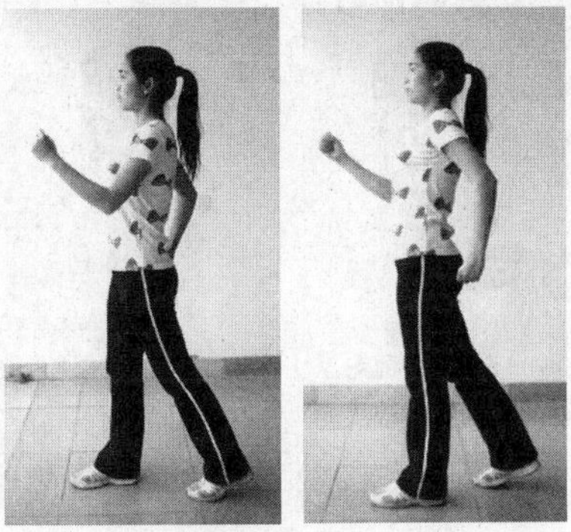

图 16

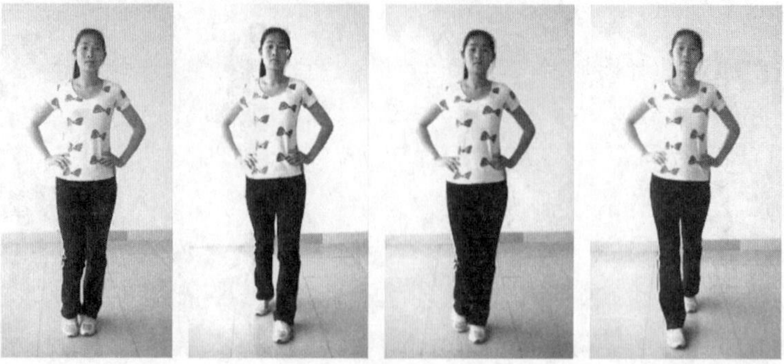

图 17

图 18

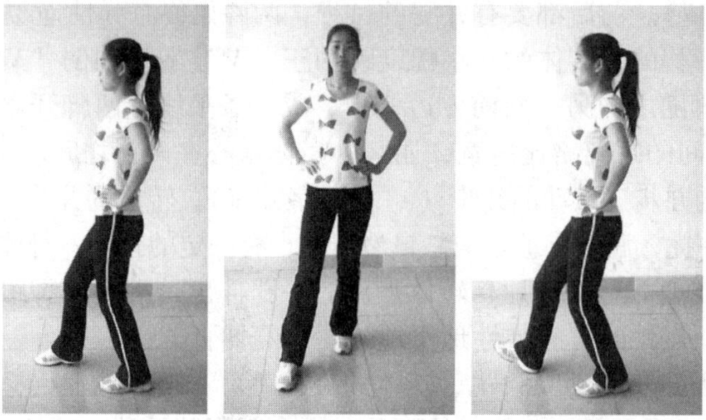

图 19

图 20

（3）高强度动作。

①弹踢腿跳：原地的弹踢腿跳、移动的弹踢腿跳、转体的弹踢腿跳。一腿跳起；另一腿经屈膝向前下方伸直（如图21）。弹踢腿不用很高，但要有控制。

②后踢腿跳：原地的后踢腿跳、移动的后踢腿跳、转体的后踢跳。两腿依次经过腾空，一腿落地缓冲，另一腿后屈上抬，两臂前后自然摆动（如图22）。落地时，踝、膝关节有弹性地缓冲，脚后跟着地。

③开合跳：原地的开合跳、移动的开合跳、转体的开台跳。由并腿跳起成左右分腿落地，再由分腿跳起成并腿落地（如图23）。分腿时，两脚尖外开，膝关节沿脚尖方向弯曲；并腿时，屈膝缓冲。

图21

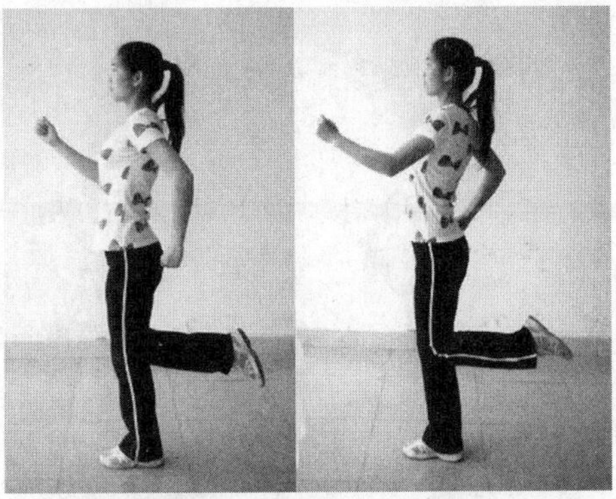
图22

图23

二、学习提高阶段

1. 躯干基本动作

（1）胸部动作。含胸、展胸、振臂胸。练习时收腹、立腰。

（2）腰部动作。屈、转、绕和绕环。腰前屈、转时，上体立直；腰绕和绕环时，速度放慢。

（3）髋部动作。顶髋、提髋、摆髋、绕、绕环髋、正髋行进、反髋行进。髋部练习时，上体放松。

2. 基本步伐

（1）低强度动作。

①交叉步：平移的交叉步、转体的交叉步和幅度跳的交叉步。一脚向侧迈一步，另一脚在其后交叉，随之一脚再向侧迈一步，另一脚并拢；重心随之移动（如图 24）。脚落地同时屈膝缓冲，身体重心随着脚的迈出而移动。

②漫步：向前的漫步，转体的漫步。一脚向前迈出，重心随之前移，另一脚稍抬起后落下，重心后移，前脚随之后撤落地，重心继续后移，另一脚稍抬起后落下；身体重心随动作灵活地前后移动。

③后屈腿：迈步后屈腿、转体后屈腿。一腿站立，另一腿后屈，然后还原（如图 25）。主力腿有弹性地屈伸，后屈腿的脚后跟尽量靠近臀部。

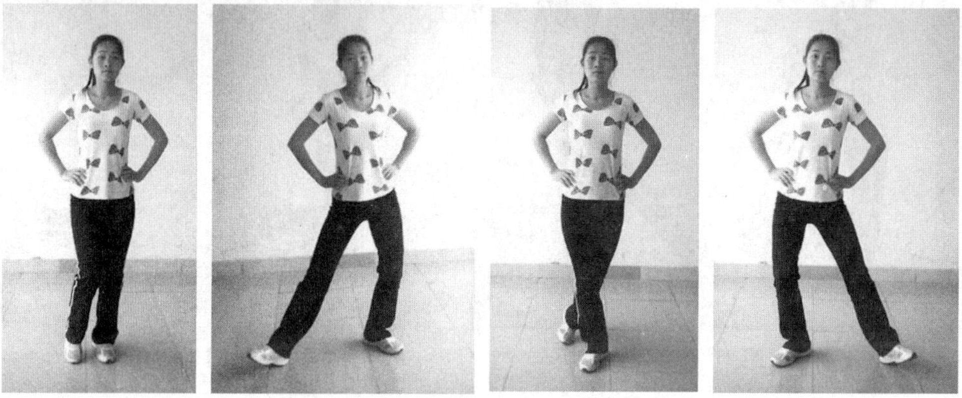

图 24

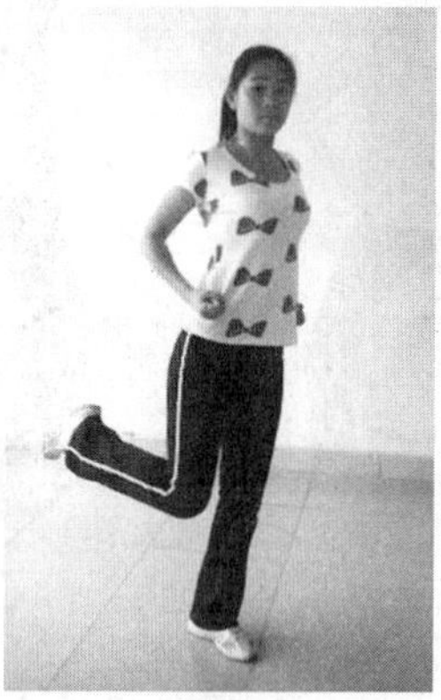

图 25

④吸腿类：原地吸腿、移动吸腿跳、转体吸腿跳。一腿屈膝上抬；另一腿稍屈膝站立（如图 26）。大腿与地面平行，小腿自然下垂，主力腿屈膝缓冲，背部挺直。

⑤踢腿类：原地（弹）踢腿跳，移动（弹）踢腿跳，转体（弹）易腿跳。一腿站立，另一腿加速上摆（如图 27）。主力腿稍屈膝缓冲，脚后跟紧贴地面，摆动腿直膝上摆，背部挺直。

（2）高强度动作。

①弹踢腿跳：原地弹踢腿跳、移动弹踢腿跳、转体弹踢腿跳。一腿跳起，经屈膝向前下方伸直（如图28）。弹踢腿不用很高，但要有控制。

②点跳：原地点跳、移动点跳、转体点跳。一腿向侧小跳一次，另一脚随之并拢，两腿垫步跳一次（如图29）。两脚轻快起跳落地，身体重心随之平稳移动。

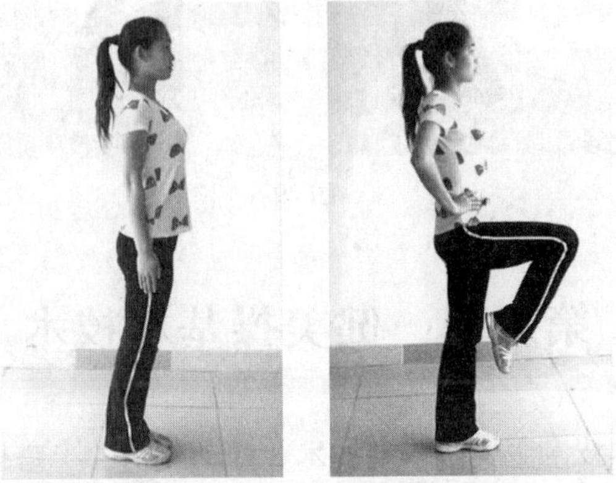

图26

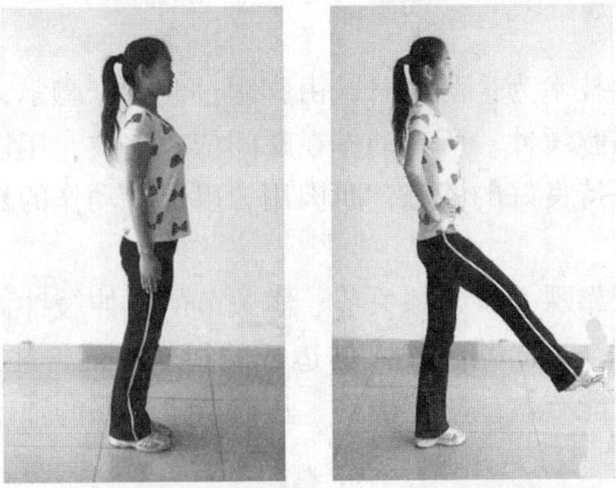

图27

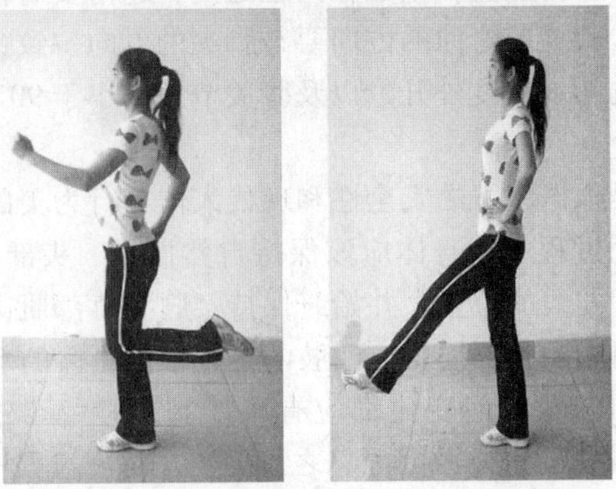

图28

图 29

第四节　健美操基本技术

健身性健美操的基本技术主要有落地技术、弹动技术、半蹲技术和身体控制技术。所有这些技术要求都是从保证练习安全性的角度出发的。其中，落地技术、弹动技术和半蹲技术实际上是紧密联系在一起的。

1. 落地技术

健身性健美操的落地技术为：落地时，由脚跟过渡到全脚掌，或由前脚掌过渡到全脚掌，然后迅速屈膝——屈髋缓冲。所有动作在瞬间依次完成，用以分解地面对人体的冲击力。同时，躯干与手臂保持良好的姿态，肌肉用力以保持动作的稳定与控制。

2. 弹动技术

健美操的弹动主要依靠踝关节、膝关节、髋关节的屈伸缓冲而产生，它的主要作用是减少运动对关节的冲击力，从而减少对人体造成的损伤。值得注意的是在屈伸的过程中，腿部的肌肉要协调用力才能有效地防止损伤，从而产生流畅的弹动动作。

3. 半蹲技术

半蹲时，身体重心下降，臀部向后下 45°方向用力，膝关节不应超过脚尖，腰腹、臀部和大腿肌肉收缩，上体保持正直，重心在两腿之间，起落要有控制。分腿半蹲时，脚尖自然外开。应特别注意：膝关节弯曲的方向要与脚尖的方向一致，保持自然关节的正确位置，避免脚尖或膝关节内扣或过度外开，以及膝关节角度小于 90°的“深蹲”。

4. 身体控制技术

健美操的身体姿态是根据练习的安全性和现代人体与行为美的标准而建立的。首先在整个非特殊条件下的运动过程中，身体应该保持自然挺拔、头部稍稍昂起的姿态，颈椎、胸椎、腰椎处于正常生理曲线的位置，并始终保持腰腹和背部肌肉收缩，避免因腰腹部位的摆动和无控制而可能引起的腰部损伤。四肢的位置根据具体的动作要求和练习者的个体情况而定，但无论肢体的位置如何变化都应有所控制，避免“过伸”，尤其是无控制的“过伸”，这是造成运动损伤的重要原因。总之，健美操练习过程中的身体姿态取决于肌肉用力的感觉和程度，总的动作感觉应是有控制但不僵硬、松弛但不松懈。

第五节　健美操套路实践

一、青少年有氧健身操

有氧健身操是健身性健美操的一种，它通过长时间（15 分钟以上）在有氧代谢状态下持续的运动，不仅使心肺功能增强，还能锻炼大肌肉群。

下面给大家介绍的这套青少年有氧健身操动作，全套动作总长度为 12 个 8 拍，其动作强度适中，在使用中可以循环进行，具有很好的锻炼价值。经过中国大学生健美操艺术体操协会健美操专项委员会审定，作为《中国学生健美操（水晶级）规定套路》向全国中学生进行推广和普及。

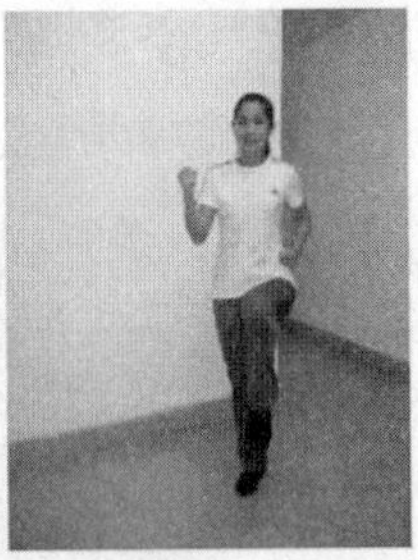

图 30　第 1 个 8 拍

第 1 个 8 拍

节　拍	动作说明
1 ~ 8	原地踏步，双手握拳自然摆动。

第 2 个 8 拍

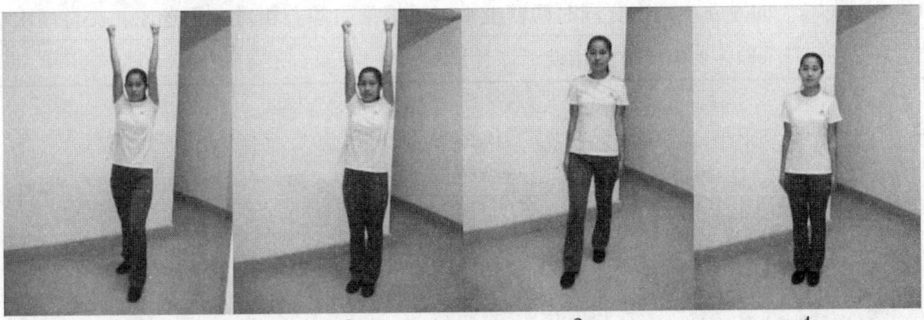

1　2　3　4

图 31　第 2 个 8 拍

节　拍	动作说明
1 ~ 4	左腿开始的一字步，两臂上举（双手握拳，拳心相对）；3 ~ 4 拍还原。
5 ~ 8	同 1 ~ 4 拍。

第 3 个 8 拍

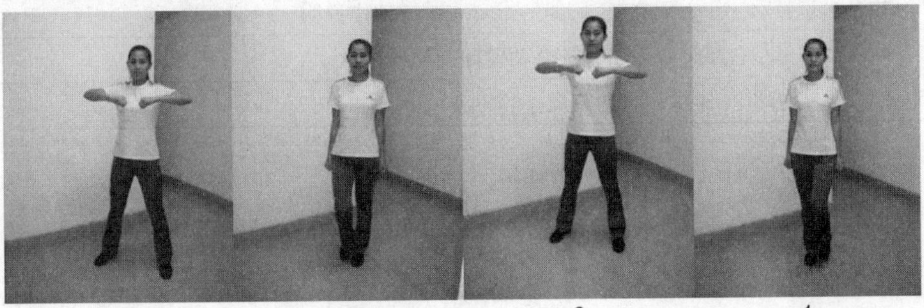

1　2　3　4

图 32　第 3 个 8 拍

节　拍	动作说明
1～4	左右交替并步两次，同时两臂胸前平屈（双手握拳，拳心向下）后再还原，交替两次。
5～8	同1～4拍。

第4个8拍

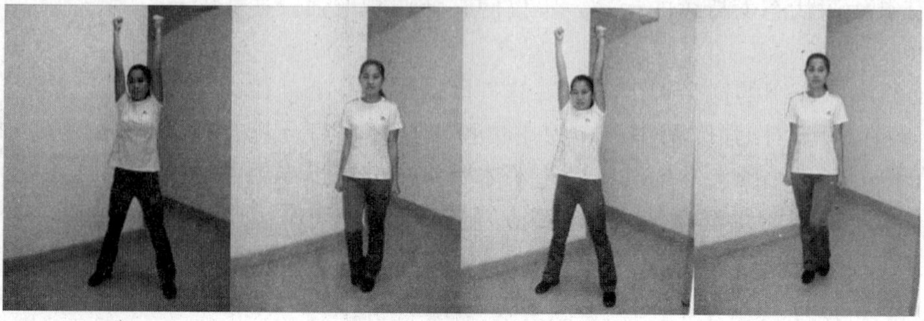

1　　2　　3　　4

图33　第4个8拍

节　拍	动作说明
1～4	向左并步两次，同时两臂上举（手握拳，拳心相对）再还原，交替两次。
5～8	同1～4拍，方向相反。

第5个8拍

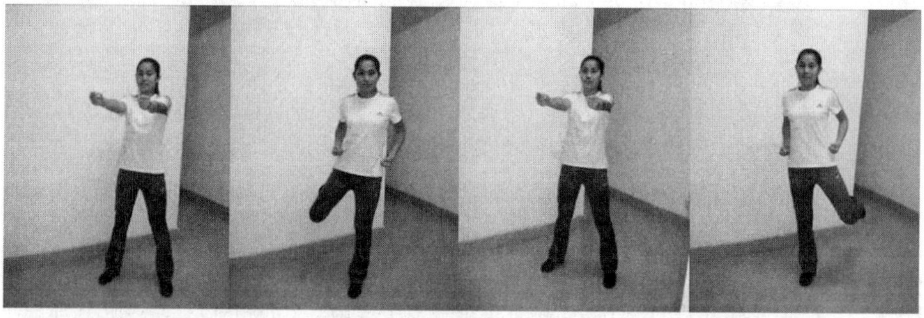

1　　2　　3　　4

图34　第5个8拍

节　拍	动作说明
1～4	左右腿交替后屈；同时两臂向前屈伸两次。
5～8	同1～4拍，方向相反。

第 6 个 8 拍

1　　2　　3　　4

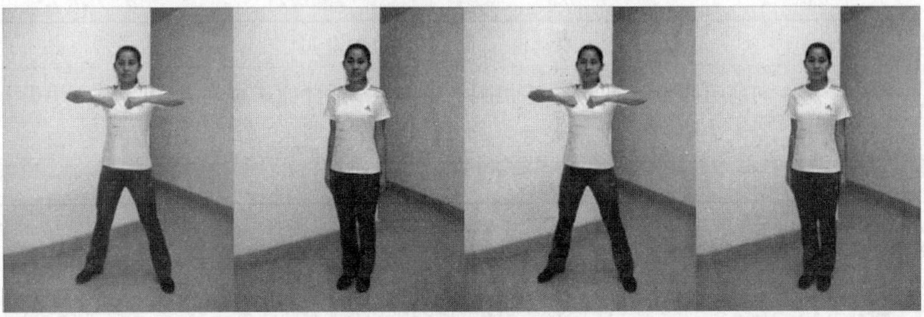

5　　6　　7　　8

图35　第 6 个 8 拍

节　拍	动作说明
1～4	左脚开始 V 字步，同时 1～2 拍两臂上举（双手合掌），第 3 拍双臂侧平举，第 4 拍还原。
5～8	左右交替并步两次；同时两臂胸前平屈（双手握拳，拳心向下）后还原，交替两次。

第 7 个 8 拍

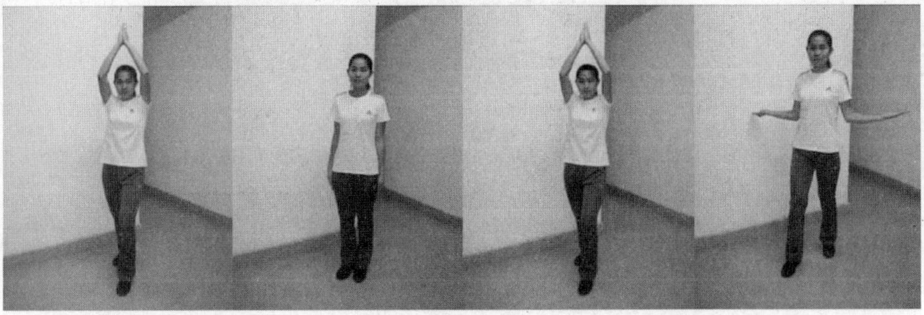

1　　2　　3　　4

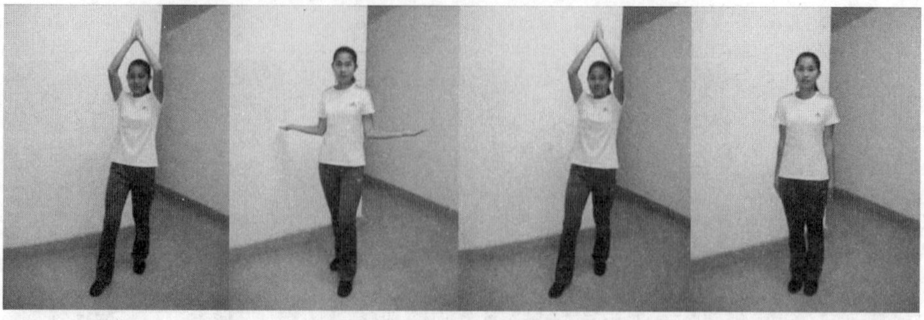

5 6 7 8

图36　第7个8拍

节　拍	动作说明
1~4	向前走四步，同时1~2拍两手头上击掌后还原于腰间，3~4拍两手头上击掌还原于体侧。
5~8	后退四步，手臂动作同1~4拍。

第8个8拍

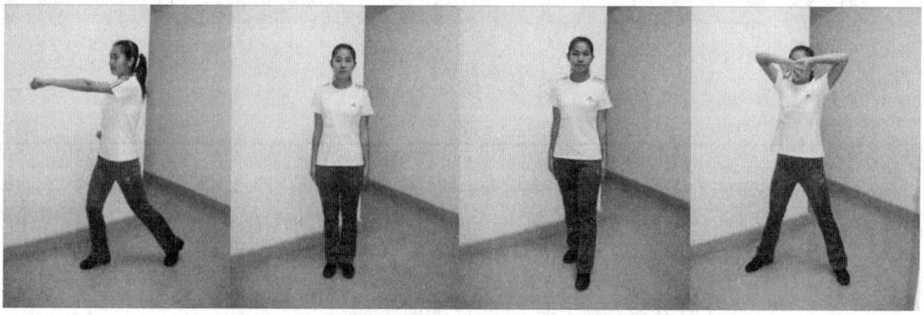

1 2 5 6

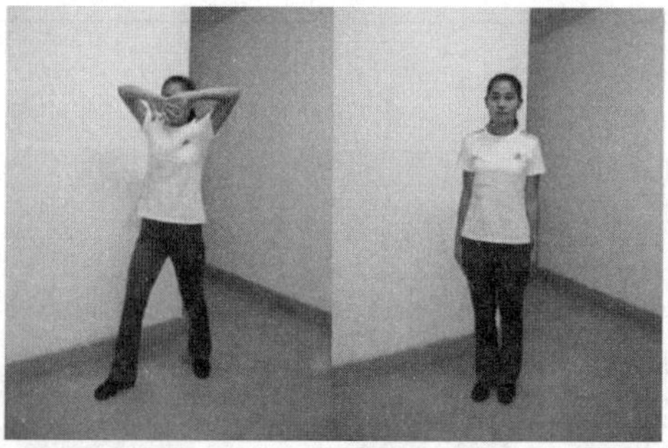

7 8

图37　第8个8拍

节　拍	动作说明
1 ~ 2	第 1 拍左腿侧出成右弓步，同时左手向右前 45°方向冲拳，右手握拳置于腰间；第 2 拍还原。
3 ~ 4	同 1 ~ 2 拍，方向相反。
5 ~ 8	V 字步，同时 6 ~ 7 拍两手置于头前，第 8 拍还原。

第 9 个 8 拍

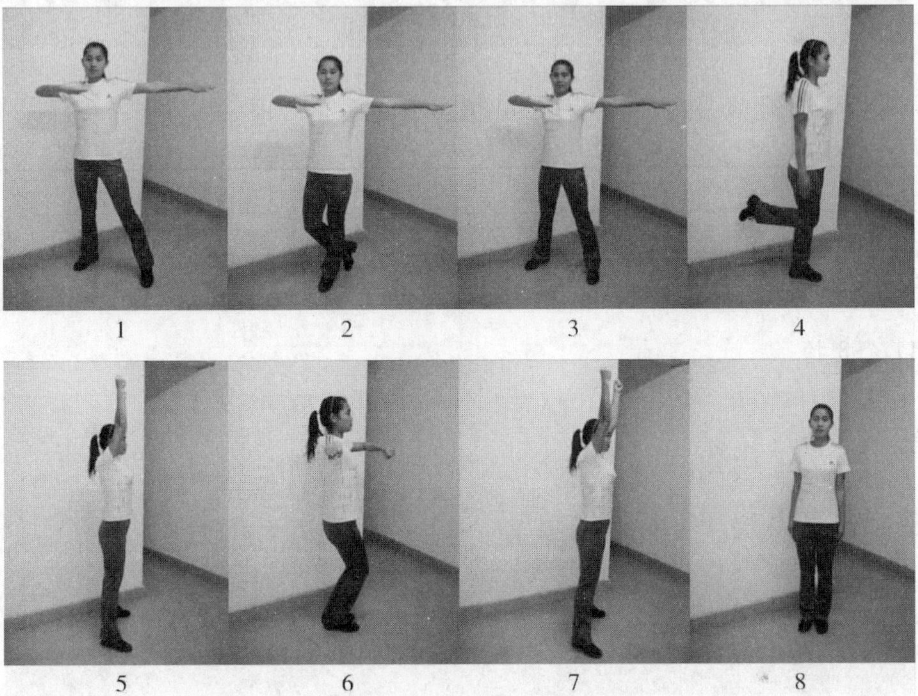

图 38　第 9 个 8 拍

节　拍	动作说明
1 ~ 4	1 ~ 3 拍后交叉步，第 4 拍向左转体 90°并屈右腿；同时 1 ~ 3 拍左臂侧平举，右臂胸前平屈，第 4 拍两臂还原于体侧。
5 ~ 8	左右交替并步两次；同时第 5 拍两臂上举，第 6 拍并脚方向同侧手臂侧平举，异侧胸前侧平屈，第 7 拍双臂上举，第 8 拍还原。

第 10 个 8 拍

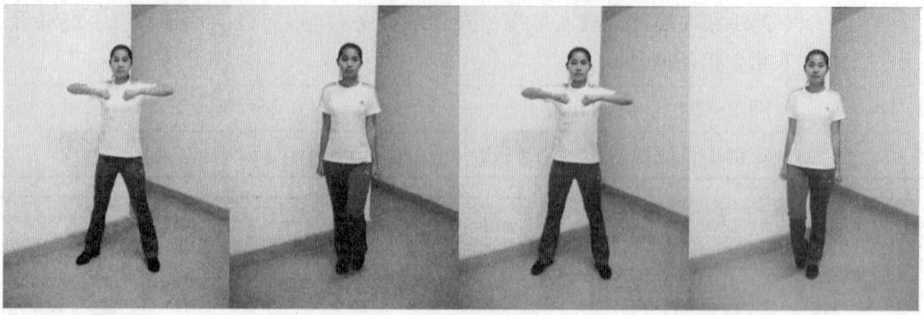

1　2　3　4

图 39　第 10 个 8 拍

节　拍	动作说明
1 ~4	左右交替并步两次，同时两臂胸前平屈后还原（双手握拳，拳心向下）做两次。
5 ~8	同 1 ~4 拍，方向相反。

第 11 个 8 拍

1　2　3　4

5　6　7　8

图 40　第 11 个 8 拍

节　拍	动作说明
1～2	1～2拍左前上步吸右腿；同时第1拍左臂斜上举，右臂胸前屈，第2拍左臂胸前屈，右臂斜下摆。
3～4	第3拍右脚点地，第4拍吸右腿；同时手臂动作同1～2拍。
5～8	同1～4拍，方向相反。

第12个8拍

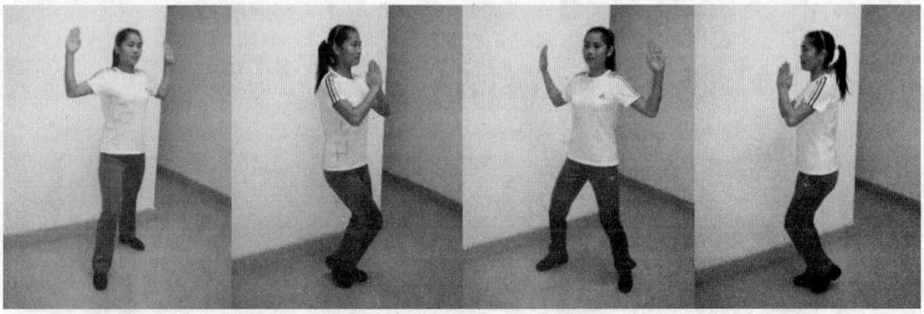

1　2　3　4

图41　第12个8拍

节　拍	动作说明
1～8	向后左右交替并步四次；同时由屈臂扩胸至胸前击掌做四次。

结束动作

图42　结束动作

节　拍	动作说明
1	出右脚成右弓步，同时右臂上举（掌心向前），左前举（掌心向上）。

二、大学生健康活力健身操

下面给大家介绍的这套大学生健身操动作，总长度为12个8拍。其动作强度适中，具有很好的锻炼价值，可作为学校健身课内容使用，经过中国大学生健美操艺术体操协会健美操专项委员会审定，作为《中国学生健美操（黄金级）规定套路》向全国大学生推广和普及。

第 1 个 8 拍

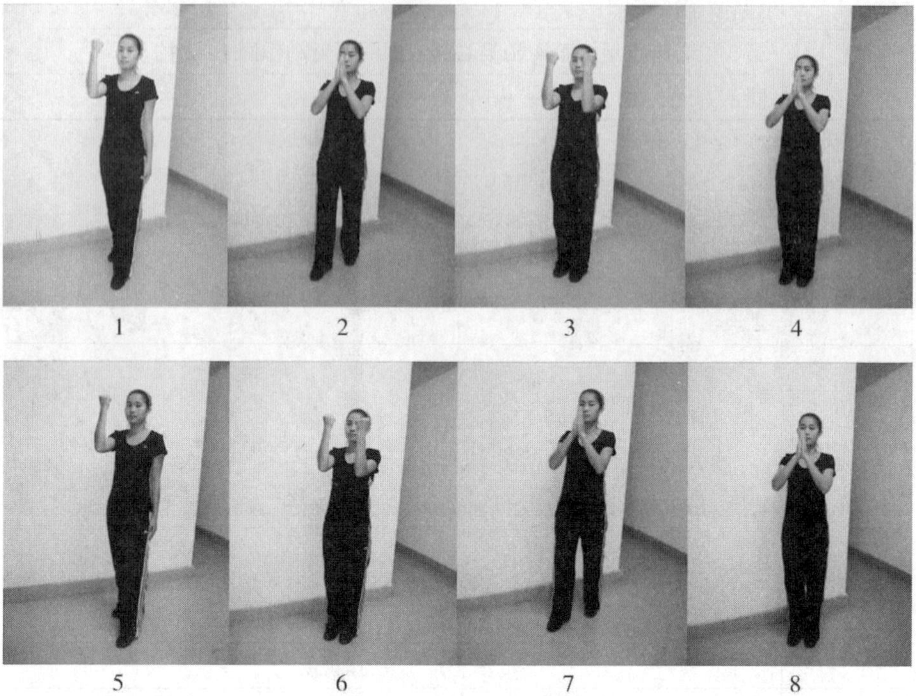

图43　第 1 个 8 拍

节　拍	动作说明
1～2	第 1 拍左脚向前一步，同时右臂前屈（握拳）；第 2 拍右脚向前并步，左臂前屈（握拳）。
3～4	左脚向后一步，右脚向后并步；同时两手胸前击掌两次。
5～8	同 1～4 拍动作。

第 2 个 8 拍

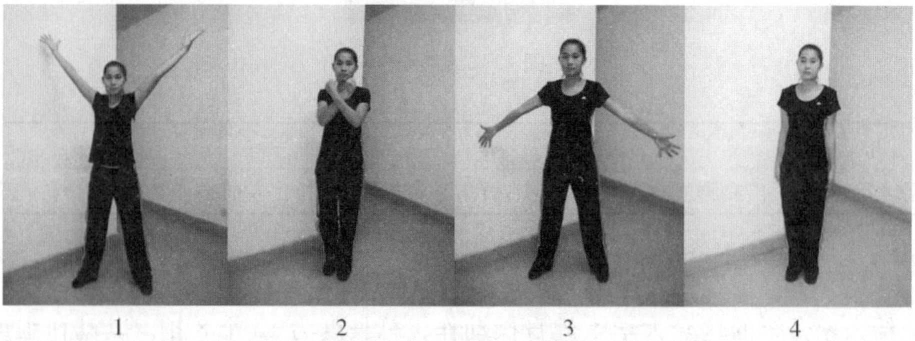

图44　第 2 个 8 拍

节　拍	动作说明
1～2	左并步；第 1 拍两臂侧上举（掌心相对），第 2 拍两臂胸前交叉。
3～4	右并步；第 3 拍两臂侧下举（掌心相前），第 4 拍还原。
5～8	同 1～4 拍。

第 3 个 8 拍

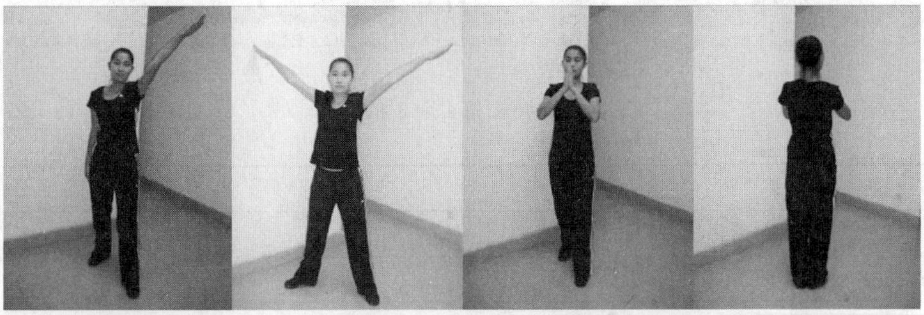

1　2　3　4

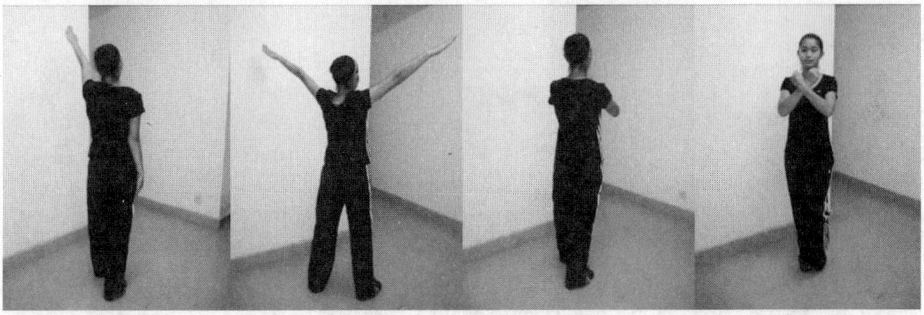

5　6　7　8

图 45　第 3 个 8 拍

节　拍	动作说明
1～2	迈左脚 V 字步，同时左右臂依次侧上举。
3～4	两手胸前击掌两次，同时转体 180°。
5～8	同 1～4 拍。

第 4 个 8 拍

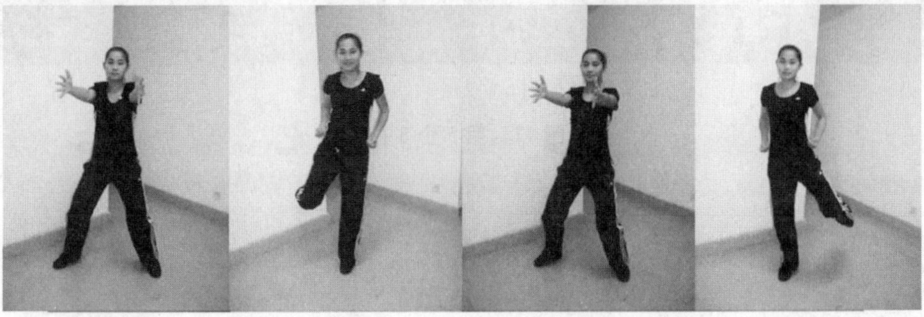

1　2　3　4

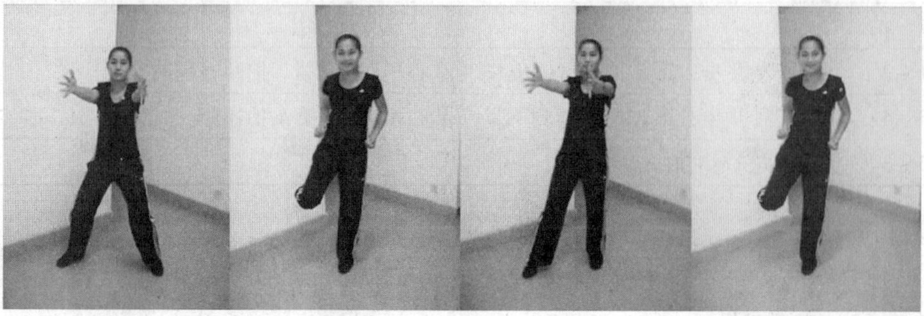
5 6 7 8

图46 第4个8拍

节 拍	动作说明
1~2	左迈步屈腿；同时两臂伸屈一次。
3~4	同1~2拍，方向相反。
5~8	同1~4拍，方向相反。

第5个8拍

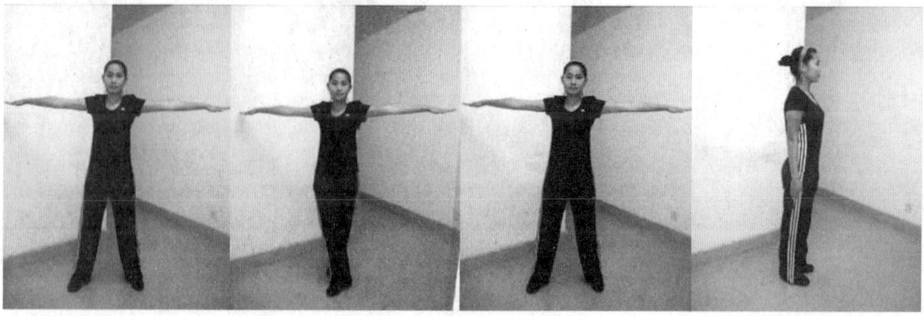
1 2 3 4

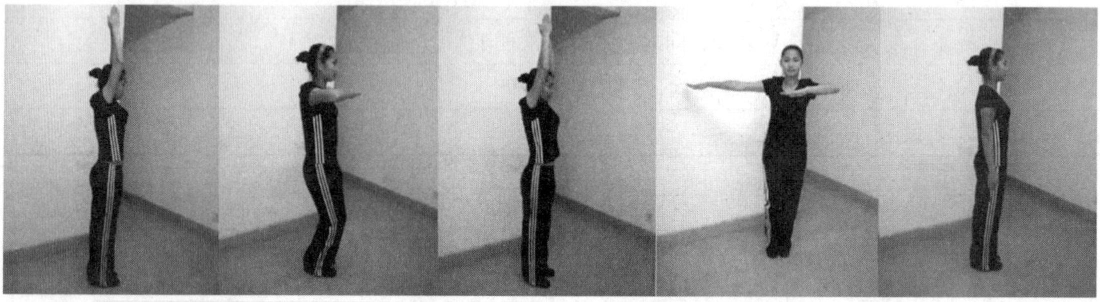
5 6 7 8

图47 第5个8拍

节　拍	动作说明
1～4	右后交叉步；同时1～3拍两臂侧平举（掌心向下），第4拍向右转体成立正姿势。
5	右脚向右一步，两臂经侧上举击掌。
6	左脚并右脚，左臂侧平举，右臂胸前平屈，头左转。
7～8	同5～6拍，方向相反，且第8拍还原成立正姿势。

第6个8拍

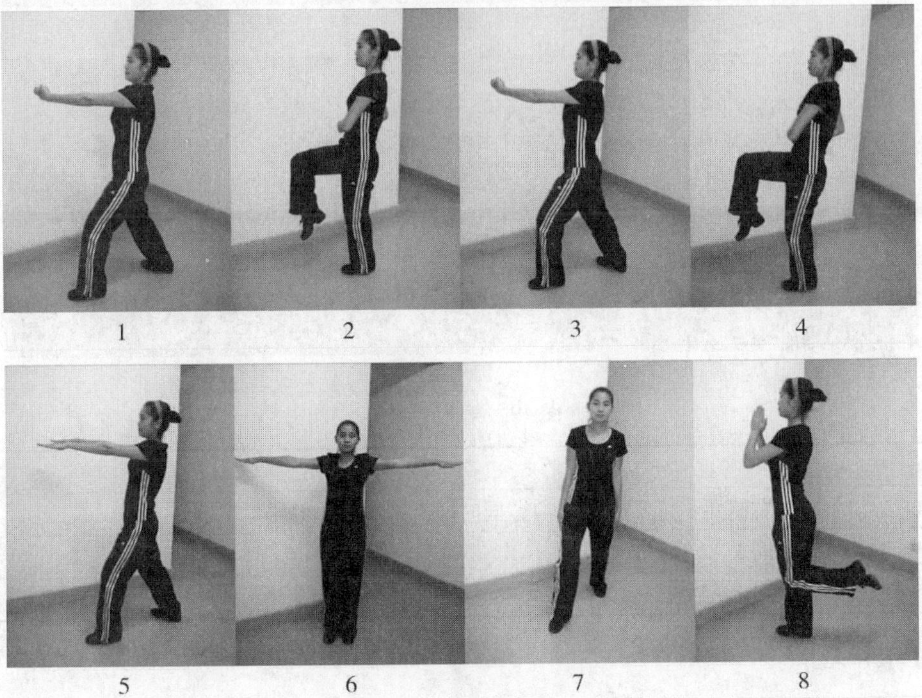

图48　第6个8拍

节　拍	动作说明
1～2	左脚向45°方向迈步后吸右腿；同时第1拍两臂前举（握掌），第2拍向右收臂。
3～4	同1～2拍，唯第3拍右腿后伸（前脚掌着地）。
5～6	退步还原成立正姿势，同时双臂经右至左摆成两臂侧举姿势。
7～8	击掌两次，第7拍90°左弓步；第8拍后屈腿。

第 7 个 8 拍

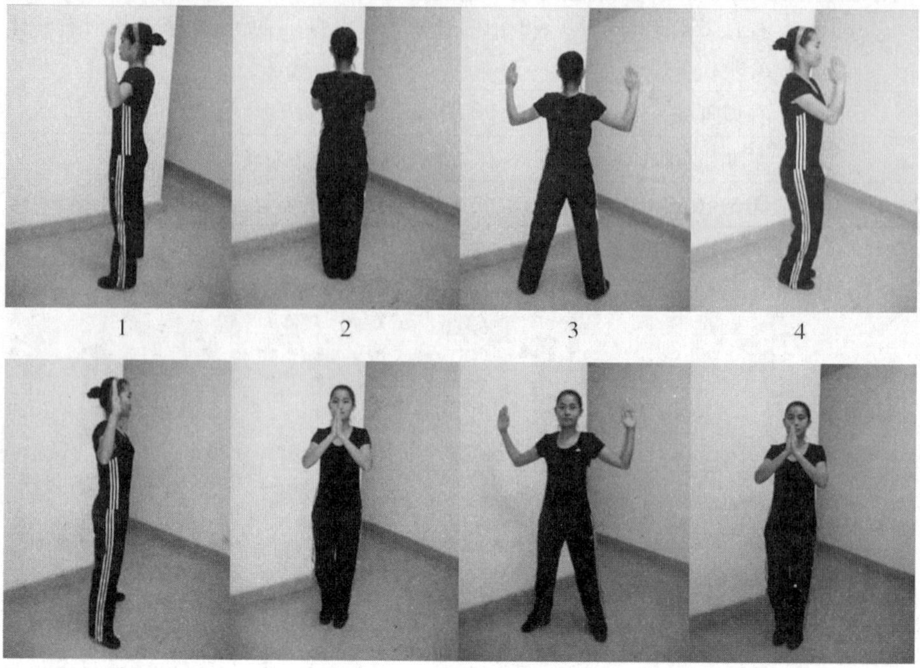

1 2 3 4

5 6 7 8

图 49 第 7 个 8 拍

节 拍	动作说明
1～2	右侧并步（2 转体 90°），同时屈臂扩胸含胸并击掌一次。
3～4	同 1～2 拍。
5～8	同 1～4 拍。

第 8 个 8 拍

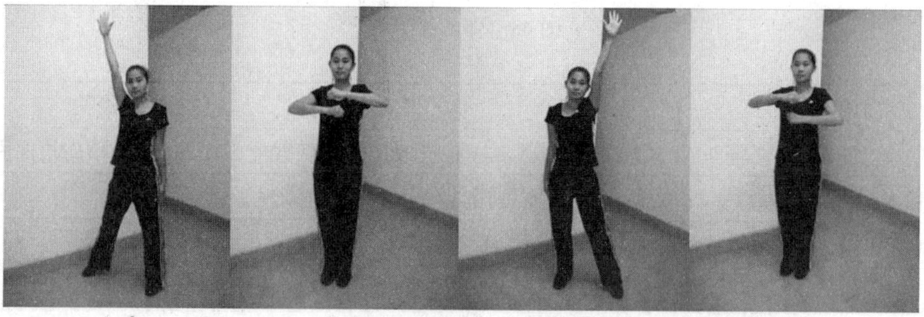

1~2 3~4 5~6 7~8

图 50 第 8 个 8 拍

节 拍	动作说明
1～2	右脚点地，同手臂上举（开掌，掌心向前）。
3～4	右腿收回，两臂胸前平屈外绕（握拳）。
5～8	同 1～4 拍，方向相反。

第 9 个 8 拍

1　　2　　5　　6

图 51　第 9 个 8 拍

节　拍	动作说明
1～2	向右转体，右脚向前迈一步吸左腿；同时第 1 拍两臂前举（拳心相对），第 2 拍屈臂，两手收置腰间（拳心向上）。
3～4	还原。
5～6	左脚向前迈步吸右腿，手的动作同 1～2 拍。
7～8	还原。

第 10 个 8 拍

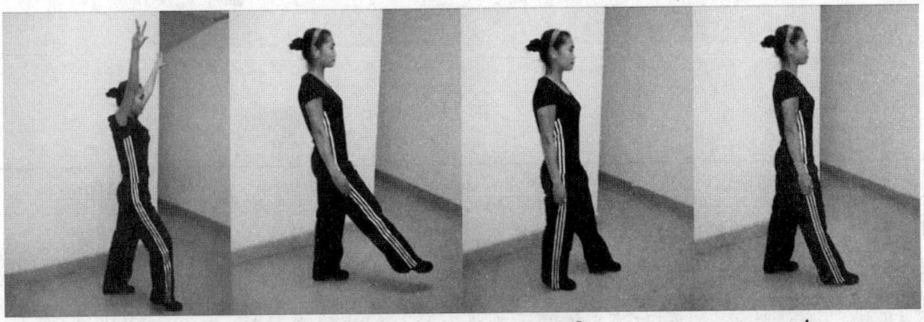

1　　2　　3　　4

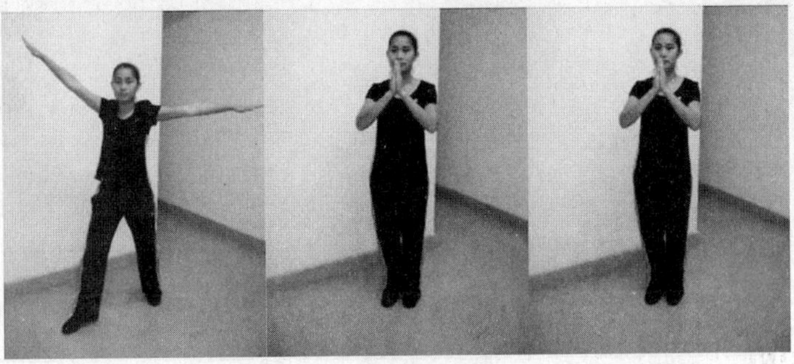

5~6　　7　　8

图 52　第 10 个 8 拍

节　拍	动作说明
1 ~ 4	迈右脚做漫步接转体 180°，同时第 1 拍手臂侧上举（花掌），3 ~ 4 拍还原。
5 ~ 6	向左迈步成左弓步侧，同时右臂侧上举，左臂侧举。
7 ~ 8	还原，击掌两次。

第 11 个 8 拍

1　　2　　3　　4

5　　6　　7~8

图 53　第 11 个 8 拍

节　拍	动作说明
1 ~ 2	出右脚做前并步跳；同时两臂侧举。
3 ~ 4	同 1 ~ 2 拍，方向相反。
5 ~ 8	十字步；同时第 5 拍两手抱头，第 6 拍两臂侧下举，7 ~ 8 拍两臂还原。

第 12 个 8 拍

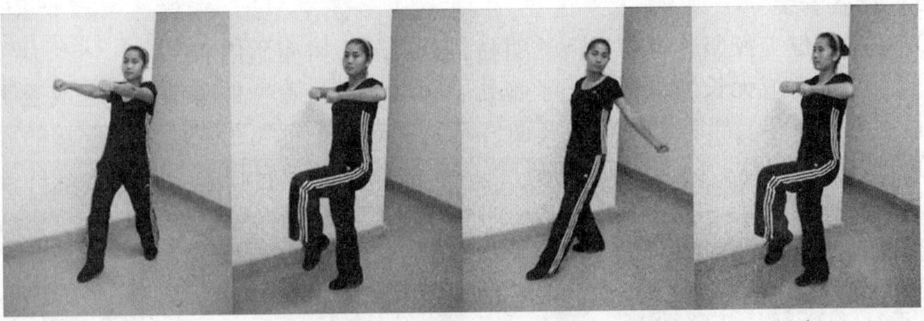

1　　2　　3　　4

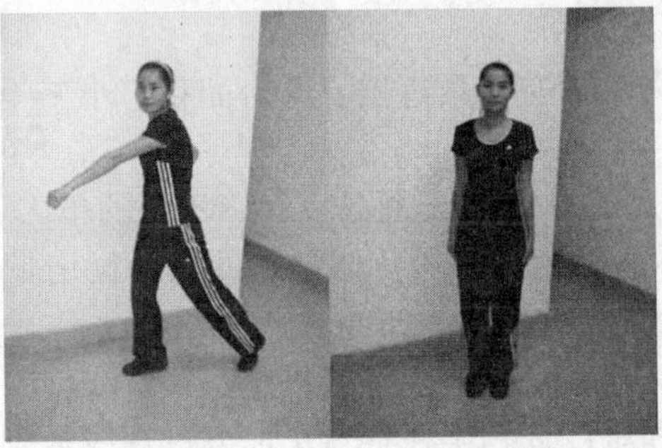

5~6　　7~8

图 54　第 12 个 8 拍

节　拍	动作说明
1	右脚向右前方迈一步；同时两臂前举（拳心向下）。
2	吸左腿；同时两臂胸前平屈。
3	右腿屈，左腿向右前方伸（左脚前掌点地），同时身体后倒，两臂斜下举。
4	同第 2 拍。
5 ~ 6	左脚后点地成右弓步，同时身体稍右转前倾，左臂右斜下举。
7 ~ 8	还原。

第六节　健美操竞赛规则介绍

根据 2005—2008 年国际体操联合会竞赛规则，结合我国近年来竞技比赛的实际，现将竞技健美操比赛的一般规定简介如下。

（一）比赛项目

男子单人、女子单人、混合双人、三人（性别任选）、六人（性别任选）。

（二）比赛时间

成套动作的时间为 1 分 45 秒，有加减 5 秒的宽容度。

（三）比赛音乐

必须配合音乐完整地表演成套动作。任何适合竞技健美操运动的音乐风格，均可被采用。比赛速度在24拍/10秒以上；音乐前奏不得超过2个8拍（国内）。

（四）比赛着装

（1）正确的健美操服装不含任何透明材料且着装不得露出内衣。

（2）女装可有或无长袖，袖口止于腕处。女运动员身着一件套带有肉色或透明连裤袜的比赛服，不允许穿上部躯干分离的（两件套）服装或上部躯干仅用绳带连接的服装。前后领口的开口必须得体，前面不低于胸骨中部，后面不低于肩胛骨。腿部上缘的开口必须在腰部以下并遮住髂骨。

（3）男装只允许特定的男装式样。

（4）禁止穿有描绘战争、暴力、宗教信仰为主题的服装。

（五）比赛场地

1. 赛台

赛台高80～140厘米，后面有背景遮挡。赛台面积不小于14米×14米。

2. 竞赛地板和竞赛区

地板必须是12米×12米，并清楚地标出7米×7米的单人、混双、三人的比赛场地，以及10米×10米的集体六人场地，并用5厘米宽的黑色标记带做边线（该带宽度包括在比赛场内）。

3. 座位区

艺术裁判、完成裁判和难度裁判坐在赛台正前方；视线裁判座位安排在赛台的两个对角；高级裁判组和裁判长坐在艺术裁判、完成裁判和难度裁判正后方的高台上。

（六）裁判

1. 裁判组成

世界与洲际健美操锦标赛的裁判组由14人组成（我国各级各类竞技健美操可参照）：艺术裁判4人，完成裁判4人，难度裁判2人，视线裁判2人，计时裁判1人，裁判长1人。

2. 职责

（1）艺术裁判：评价成套动作的创编评分（评价标准有5项，每项2分，总分10分）。

（2）完成裁判：完成情况的评分，包括技术技巧、合拍与一致性。10分评起。

（3）难度裁判：使用NC官方速记符号记录全部成套动作的难度动作。数出难度动作的数量。

（七）评分

（1）艺术分：4名艺术裁判去掉最高分与最低分，所剩分数的平均分为最后完成分（两个中间分有允许的分数范围）。

（2）完成分：4名完成裁判去掉最高分与最低分，所剩分数的平均分为最后完成分（两个中间分有允许的分数范围）。

（3）难度分：2名难度裁判一致同意的分数为最后得分，若意见分歧则取平均分。

（4）总分：艺术分＋完成分＋难度分＝总分

（5）最后得分：从总分中减去难度裁判、视线裁判与裁判长的减分为最后得分。

（八）队形

各项比赛的队形变化次数要求是：混双最低3次，三人最低5次，六人最低6次。

第十六章 体育舞蹈

第一节 体育舞蹈概述

体育舞蹈也称“国际标准舞”，简称“国标”，它的前身是交际舞。交际舞的起源可以追溯到公元10世纪以前，从欧洲古老的民间舞发展演变而来。部落成员最初跳集体舞，且男女同性别的集合在一起跳舞，以后逐渐发展成为男女圈舞，即男跳外圈、女跳内圈的转圈集体舞；在男女求偶、婚礼喜庆等活动中，逐渐发展成男女拍手舞、异性对舞。真正蕴含着交际舞意识形态的男女对舞是最早出现在欧洲的农民舞蹈，如“低舞”（1350—1550年）和“孔雀舞”（1450—1650年），这两种舞都是由男女成对配合跳的。16世纪，在英国被称为“乡村舞”的队列舞盛行。17世纪，在法国“小步舞”受到广泛的欢迎。18世纪中期，华尔兹舞在维也纳郊区和奥地利高山地区产生。到了18世纪末，这种古老的奥地利农民舞蹈逐渐被上流社会接受，在法国流行起来，法国革命后，资产阶级立即全面地接受了华尔兹舞。19世纪初，华尔兹舞出现了近距离的握抱形式，这种男女舞伴“近距离搂抱”的舞蹈猛烈抨击了传统的交际舞观念，使交际舞发生了革命性的变化。稍后，同是“近距离搂抱”的“波尔卡”接踵而来，这种舞成了当时的流行舞。进入20世纪后，又出现了狐步舞、探戈舞等交际舞。这样现代交际舞的内涵也逐渐明晰起来，它是指舞伴距离较近的，在舞厅中活动的交际舞蹈。

体育舞蹈是以人自身的形体动作为物质手段，通过充满生命活力的韵律，抒发人内心情感的身体活动，其内涵集体育、音乐、舞蹈于一体，具有健身、竞技、消遣、娱乐、审美文化等价值。

体育舞蹈包含标准舞（摩登舞）和拉丁舞两大类共10个舞种，标准舞中有华尔兹舞、探戈舞、狐步舞、快步舞和维也纳华尔兹舞；拉丁舞有伦巴舞、恰恰恰舞、桑巴舞、斗牛舞和牛仔舞。每个舞种均有各自的舞曲、舞步及风格。

一、标准舞（Standard Dancing）

标准舞，又称“摩登舞”，起源于欧洲。其特点是由贴身握抱的姿势开始，沿着舞程线逆时针方向绕场行进，舞步规范严谨，上体和胯部保持相对稳定、挺拔的姿态，以其特有的流畅、飘逸、轻柔、洒脱的舞姿，表现出一种庄重典雅、华丽富贵、细腻严谨的风格。标准舞的音乐节奏清晰，舞蹈富于技巧性，服饰雍容华贵，一般来说，男士身着燕尾服，女士穿过膝蓬松长裙。

1. 华尔兹舞（Waltz）

华尔兹舞亦称“圆舞”，是现代舞中历史最悠久、生命力最强的舞蹈形式。“华尔兹”一词最初来自古德文“walzel”，意思是滚动、旋转或滑动。华尔兹被誉为“欧洲宫廷舞之王”，其风格特点是庄重典雅，华丽多彩。其动作流畅起伏，婉转多变；舞姿飘逸优美，文静柔和。舞蹈时，男伴似王子般气宇轩昂，女伴似公主般温文尔雅、雍容大方。华尔兹音乐为3/4节拍，节奏中等，每分钟28～30小节。

2. 探戈舞（Tango）

探戈舞起源于非洲中西部的民间舞蹈“探戈诺舞”。16世纪末至17世纪初，这种舞蹈随着被贩卖的黑奴进入美洲，融合了拉美民间舞蹈风格，形成了舞姿优雅洒脱的“墨西哥探戈”和舞姿挺拔、舞步豪放健美的“阿根廷探戈”。随后传入欧洲，融会欧洲民间舞蹈，尤其是受西班牙民间舞蹈的影响，在原有豪放洒脱的基础上渗入了幽雅含蓄的情趣，形成了“西班牙探戈”“意大利探戈”和“英国皇家式探戈”。现在流行的探戈被称为“欧洲闪式探戈”。探戈舞步独树一帜、斜行横进、步步为营，俗称“蟹行猫步”。探戈动作刚劲锐利、欲进又退、欲退还进、动静结合、错落有致，沉稳中见奔放，闪烁中显顿挫。探戈音乐速度中庸、气氛肃穆，以切分为主，听之铿锵有声、振奋精神。

3. 狐步舞（Slow Foxtrot）

狐步舞起源于美国黑人舞蹈。1914年夏，美国演员哈利·福克斯模仿马在慢步行走时的动作设计了这种舞蹈形式，这种舞蹈迅速在全美风行，人们因此称狐步舞为“福克斯”。现在国际上跳的狐步舞是英国的约瑟芬·宾莉改编的。狐步舞的风格特点除了具有华尔兹的典雅大方、舒展流畅和轻盈飘逸之外，更具有自己独有的平稳大方、悠闲自在、从容恬适的韵味。狐步舞的舞步轻柔、圆滑、流畅，方位多变且不并步，在动作衔接中呈现出降中有升、升中有降的线行流动状。狐步舞音乐为4/4拍，速度中庸，节奏明快，基本节奏与探戈相反，是慢快快（SQQ）。

4. 快步舞（Quick Step）

快步舞是由美国民间舞“P、E、E、P BODY”改编而成，早期快步舞吸收了快狐步动作，后又引入芭蕾的小跳动作，使动作更显轻快灵巧。现在普遍流行的是英国式的快步舞。快步舞的风格特点是轻快活泼、富于激情；舞步洒脱自由，饱含动力感和表现力。快步舞音乐为4/4拍，每分钟50小节，基本节奏是慢慢快快（SSQQ）、慢快快慢（SQQS）。

5. 维也纳华尔兹舞（Viennese Waltz）

维也纳华尔兹舞是起源于奥地利北部山区的农民舞，是历史最悠久的一种舞蹈。它的风格特点是动作舒展大方，节奏清晰，旋律活泼，舞步轻快流畅，旋转性强。维也纳华尔兹舞的音乐是3/4拍，每分钟60小节。在比赛中常放在第五个舞种进行，要求选手有充沛的体力才能从容地完成。舞步丰富多变，其强烈的扭摆和连续快速的旋转，常使人眼花缭乱、情绪亢奋热烈。

二、拉丁舞（Latin American Dancing）

拉丁舞起源于非洲和拉丁美洲，具有热情、奔放、浪漫的风格特点。这类舞蹈动作豪放粗犷、速度多变，手势和脚步内容丰富、充满激情，音乐节奏鲜明强烈，尤为中青年人所喜爱。

1. 桑巴舞（Samba）

桑巴舞是从巴西农村的摇摆舞传入城市演变而来的。1932年在里约热内卢狂欢节上公开表演后，它以微妙的节奏和强烈的感情倾倒了无数巴西人，逐渐成为巴西的民族舞，是巴西音乐和舞蹈的灵魂。二十世纪二三十年代传入欧美。其风格特点是动作粗犷、起伏强烈，舞步奔放、敏捷，富有强烈的感染力。由于它在移动时沿舞程线绕场进行，因此它是拉丁舞中“行进中的舞蹈”。桑巴舞音乐为2/4拍，每分钟48～56小节。

2. 恰恰恰舞（Cha—Cha—Cha）

恰恰恰舞由非洲传入拉美后，在古巴获得很大发展，它是模仿企鹅姿态创编的一种舞蹈。在动作编排上，恰恰恰舞一反男子领舞的习惯，男女动作不求统一整齐，且多半是男子随后。恰恰恰舞的音乐曲调欢快有趣，节奏为4/4拍，每分钟29～32小节。4拍跳5步（SSQQS，2、3、4&1）。恰恰恰舞由于节奏欢快易记，邦伐斯鼓和沙球的声音与动作相吻合，舞蹈又有诙谐、花哨的风格，所以备受欢迎，是拉丁舞中最流行的舞蹈。

3. 伦巴舞（Rumba）

现代伦巴舞是由古巴舞蹈吸收非洲黑人舞蹈和西班牙“波莱罗”舞蹈逐渐完善而来的。舞蹈动作曾受雄鸡走路启发，其音乐缠绵、浪漫，舞蹈风格柔媚、抒情，是表现爱情的舞蹈。与其他拉丁舞不同的是，伦巴舞在舞步运行中髋部要富有魅力地扭摆，上身自由舒展，在抑扬的韵律节奏下具有文静、含蓄、柔媚的风格，更加展示了女性婀娜多姿的美感。伦巴舞因在拉丁舞中历史悠久、舞型成熟，具有异国情调的独特风格，被誉为“拉丁舞之魂”。伦巴舞音乐为4/4拍，4拍跳3步，每分钟27～29小节。

4. 帕索多布累舞（Paso Doble）（斗牛舞）

帕索多布累舞起源于西班牙，是模仿西班牙斗牛士动作、有西班牙风格进行曲伴奏的一种拉丁舞。其特色鲜明，风格迷人。在舞蹈中，男士象征斗牛士，女士象征斗牛士的斗篷，因此舞蹈应表现出男子强壮英武和豪迈昂扬的气概。斗牛舞音乐为2/4拍，每分钟60小节，1拍跳1步。

5. 牛仔舞（Jive）

牛仔舞起源于美国西部，使用举持舞伴和甩动的技巧，是表现牧人强健体魄和自由奔放情绪的舞蹈，具有独特的魅力。二十世纪二三十年代盛行的牛仔舞，舞步带有踢踏动作，节奏快速，动作粗犷，后经规范进入社交界和表演舞范畴。牛仔舞音乐4/4拍，每分钟44小节，舞曲旋律欢快，有跃动感，舞步丰富多变，其强烈的扭摆动作和连续快速的旋转动作，使人眼花缭乱，亢奋热烈。

第二节　体育舞蹈基本技术

一、华尔兹舞

（一）华尔兹舞音乐特点

华尔兹舞的音乐节拍是3/4拍，每小节三拍，音乐速度为每分钟28～30小节，重拍在音乐的第一拍上。

（二）华尔兹舞的握持舞姿

1. 闭式握姿（如图1）

（1）站位：男女舞伴相对站立，双膝微屈，右脚尖对准对方两脚中间，双脚及身体稍前倾，男士身体重心在右脚，女士身体重心在左脚。

（2）身体位置：男士立腰、沉肩。以腹部1/2的右腹部互相接触对方，胸下至大腿根部（腹股沟）与对方相贴。

（3）头部位置：男士头颈基本保持正直，胯部向左微转，左转15°即可。女士头部左转45°，含颌，颈部尽量向上牵伸，有头顶天花板的感觉，胸椎尽量后伸，向后打开胸部线条。

（4）手臂位置：男士双臂侧平举，两肘保持水平。左臂的大臂与小臂弯曲形成90°左右，左肘比肩低5～10厘米，左手高度与女士右耳齐平。右臂弯曲为70°～80°。左手虎口与女士右手虎口相交，把拇指和中指卡在女士右掌骨与指骨关节处，其余三指并拢。右手五指并拢伸直，置于女右肩胛骨外侧稍上位置。

女士双臂侧平举，两肘保持水平。右臂弯曲约150°，右手与男士左手轻握，掌心向前，手腕松弛；左臂轻贴男士右臂上，左手虎口张开，轻轻放于男右上臂三角肌中部，其余三指可上翘，呈兰花指或弹指状。

a. 正面示范

b. 侧面示范

图1　华尔兹舞姿

2. 开式握姿

开式握姿也称侧行位舞姿，在闭式舞姿的基础上，男女身体略向左右打开，但腰髋不能分离，两人身体呈“V”字形。

（三）华尔兹舞的基本技术

1. 脚法

华尔兹舞脚法最突出的是对脚踝的控制与应用，在练习时，可通过左右脚向前、向旁、向后的运步练习来加强对脚踝的控制，达到良好的升降效果，使舞步更加轻盈、圆滑。

2. 方步

在运动中，方步是由一个前进基本步和一个后退基本步构成的，由于约定俗成的男左女右的起步习惯，进左退右和退左进右会造成两种不同的运动轨迹，这里仅介绍进左退右的方步。

表 1 华尔兹舞进左退右方步

拍数	步法	掌跟	升降
1	左脚前进一步	脚跟到脚掌	结尾开始升
2	右脚经左脚向侧一步	脚掌	继续升
3	左脚并向右脚	脚掌	升，结尾下降并换重心
1	右脚后退一步	脚掌到脚跟	结尾开始升
2	左脚经右脚向侧一步	脚掌	继续升
3	右脚并向左脚	脚掌	升，结尾下降并换重心

3. 前进左转 90°和后退左转 90°

根据方步的结构原理，以 90°为转度来练习转身步，能使初学者更快地建立旋转的概念。

4. 后退右转 90°和前进右转 90°

在单人练习华尔兹时，可按照“右脚前进方步——前进左转 90°和后退左转 90°反复一次——左脚后退方步——前进右转 90°和后退右转 90°反复一次——从头再来”，如此反复练习华尔兹的运步、反身与伸降，使舞步流畅、轻盈、飘逸。

（四）华尔兹舞的步形

华尔兹舞的步形主要有左足并换步、右足并换步、左转步、右转步、扫步、侧形追步、左旋转步、双左疾转步、直行追步向右、后退锁步等等。

1. 左足并换步（L. F Closed Change）（如图 2）

预备姿势：闭式位（男士面向斜壁，女士背向斜壁）

步序与步位：

男士：

（1）左脚沿着斜壁方向前进一步，身体稍有反身动作。（HT）

（2）右脚经左脚向侧稍向前一步，方位不变。（T）

（3）左脚并向右脚，方位不变。（TH）

女士：

（1）背向斜中央，右脚后退一步，身体稍有反身动作。（TH）

（2）左脚经右脚向侧稍向后一步。（T）

（3）右脚并向左脚，方位不变。（TH）

动作说明：

（1）脚法中 H 即脚跟（Heel），T 即脚尖（Toe），HT 代表脚跟到脚掌，以此类推。摩登舞向前出脚时由脚跟先着地逐渐过渡到脚尖，向后出脚时则由脚尖先着地逐渐过渡到脚跟。

（2）升降：第一步降，结尾开始升；第二步继续升；第三步继续升结尾时下降。女士第一步降，结尾开始升，脚不升。

（3）倾斜：第一步无倾斜；第二步和第三步男士向左倾斜，女士向右倾斜。

（4）当向旁侧出步时，均以前脚掌内缘着地滑行，同时，身体重心逐渐上升；并步时，身体重心升到最高点，两膝微屈，然后在最后一拍的后半拍下降，并及时更换重心。

步序 1　　步序 2　　步序 3

图 2　左足并换步

2. 右足并换步（R. F Closed Change）（如图 3，文字略）

步序 1　　步序 2　　步序 3

图 3　右足并换步

3. 左转步（Reverse Turn）（如图 4）

预备姿势：闭式位（男士面向斜中央，女士背向斜中央）

步序与步位：

男士：

（1）面向斜中央，左脚向前进一步，身体有反身动作。（HT）

（2）以左脚脚掌为轴左转 1/4 周，右脚向侧，背向斜墙。（T）

（3）以右脚脚掌为轴左转 1/8 周，左脚并向右脚，背向舞程线。（TH）

（4）右脚向后退一步，方位不变，有反身动作。（TH）

（5）以右脚脚掌为轴向左转动 3/8 周，身体稍转一些。左脚向侧一步，双脚指向斜墙。（T）

（6）身体完成转动，右脚并向左脚，面向斜墙。（TH）

女士：

（1）背向斜中央，右脚向后退一步，身体有反身动作。(TH)

（2）以右脚脚掌为轴左转 3/8 周，身体稍转。左脚向侧一步，指向舞程线。(T)

（3）右脚并向左脚，面向舞程线。(TH)

（4）左脚向前进一步，方位不变。有反身动作。(HT)

（5）以左脚脚掌为轴左转 1/4 周，右脚向侧，背向墙壁。(T)

（6）以右脚脚掌为轴左转 1/8 周，左脚并向右脚，背向斜墙。(TH)

动作说明：

（1）前进与后退均有反身动作，即身体运动方向与移动脚的方向相反，如：左脚前进，左肩与左髋以脊椎为轴向后运动。

（2）升降：男士第一步降，结尾开始升；女士第一步降，结尾开始升，脚不升。男士第四步降，结尾开始升，脚不升；女士第四步降，结尾开始升。男女第二、第五步继续升，第三、第六步继续升，结尾时下降。

（3）倾斜：第一、四步无倾斜；男士第二、三步左倾斜，第五、六步右倾斜；女士相反。

步序 1

步序 2

步序 3

步序 4

步序 5

步序 6

图4　左转步

4. 右转步（Natural Turn）（文字略）

（五）华尔兹舞铜牌教学套路

（1）左足并换步，1 2 3；

（2）右转步，1 2 3　4 5 6；
（3）右足并换步，1 2 3；
（4）左转步，1 2 3　4 5 6；
（5）拂步（叉形步），1 2 3；
（6）追步侧步，1 2 & 3；
（7）右旋转步，1 2 3；
（8）左转后三步，4 5 6。

二、伦巴舞

（一）伦巴舞的音乐特点

伦巴的音乐节拍是4/4拍，音乐速度为每分钟27～29小节，它是4拍跳3步，慢步占两拍（第4拍和下一节的第1拍），快步各占一拍（第2拍和第3拍），节奏为“2、3、4&1”。加上跨部动作，节奏为“2&3&4&1”，每&拍完成一次胯位摆动，伦巴的胯部动作是由控制重心的一脚向另一脚移动而形成向两侧做“∞”形摆动，极富魅力的髋部摆动使伦巴舞更显柔媚和浪漫。

（二）伦巴舞的握持姿势

1. 闭式握姿（如图5）

（1）站位：男女相距大约15厘米，女士稍在男士的右侧，任意一脚向侧打开，重心完全放在另一只脚上，女士重心与男士相反。

（2）身体姿态：男女挺胸、收腹、立腰、沉肩、收平腹股沟、两腿强直，非重心脚脚尖绷直。

（3）手臂位置：男士沿女士后背，托着女士的左肩胛下半部，男士右手臂柔和、微屈，手肘高度约与胸水平；女士左臂顺此曲线轻轻置于男士右手臂上方。男士左手上半部手臂抬起，手腕伸直，手掌大约在鼻子的高度，男士左手轻握女士的右手，其相握位置在两个人身体相距的中心点。

图5　闭式握姿

图6　分式握姿

2. 分式握姿

男女相对站立，相距约一个手臂的距离，重心可在任意一脚。两手相握或单手相握，手臂弯曲置于腰间，男士用拇指和食指轻握女士手背，男士手掌虎口与女士手掌外侧相接，手腕自然伸直（如图6）。

3. 扇形握姿

女士在男士左侧微前相隔一手臂距离，身体呈直角形，男士重心在右脚，女士重心在左脚，女士右脚延长线距男士身体15厘米（如图7）。

图7　扇形握姿

图8　影子握姿

4. 影子握姿

女士在男士前方，方向一致（如图8）。

（三）伦巴舞的基本技术

1. 基本姿态（如图9）

（1）两脚自然并拢站立，脚跟靠拢，脚掌分开，双腿伸直并拢，挺胸抬头，收平腹股沟，脊椎骨直立。

（2）主力腿伸直，动力腿弯曲，脚掌内侧着地，脚踝立起，膝盖向内，尽量靠近主力腿的脚踝和膝盖。

（3）动力腿向一侧打开，重心完全在主力腿上，膝盖向后锁紧。

（4）动力腿向后打开，重心完全在主力腿上，动力腿的脚尖完全绷直，大脚拇指内侧点地，胯位完全打开。

良好的姿态是舞步的基础，在练习站立时，要注意身体的姿态和脚尖的方向，切记不要出现内“八字脚”。

姿态1

姿态2

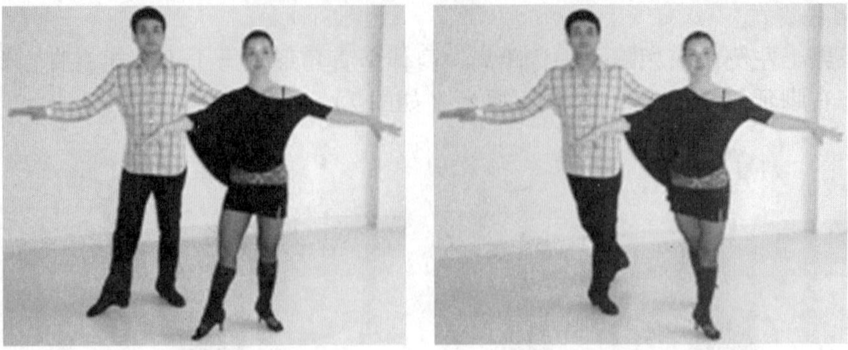

姿态 3　　姿态 4

图 9　伦巴舞基本姿态

2. 手形

女士的手形为五指升直，虎口张开，中指下压。男士的手形是五指升直，虎口张开，食指微翘，其余三指并拢。当站立时，男女将双手置于身体前方两侧，略低于肩，手肘放松，向远处延伸，女士手腕微往下压（如图 10）。

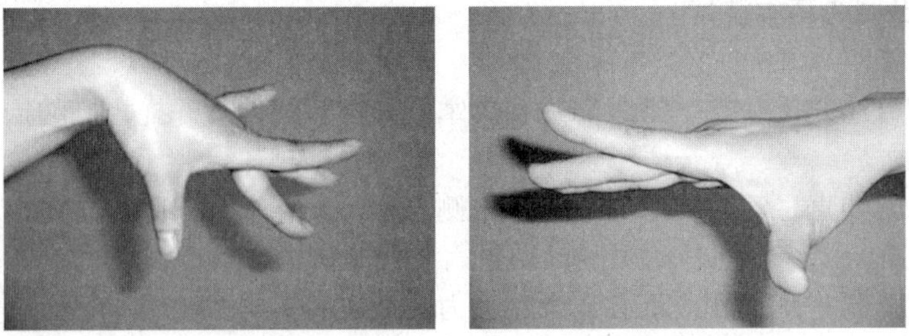

女士手形　　男士手形

图 10　伦巴舞手形

3. 库克拉恰（如图 11）

库克拉恰动作由三步构成：第一步，脚向侧迈出，并对地板施加压力，支撑腿保留部分重心，并做身体的律动；第二步，原地将重心转移到支撑腿；第三步，双脚并靠。库克拉恰可以向前、斜前、向侧、斜后或向后。

步序 1　　步序 2　　步序 3

图 11　库克拉恰

4. 行进走步

（1）向前走步（如图 12）

在练习行进走步的时候，要特别注意胯与重心的关系，防止动作变形。一般向前一步，我们分三步进行：第一步，保持右脚弯曲的站立姿态向前出脚（右脚），重心在两脚之间；第二步，左脚向前推动，重心上前完全到右腿；第三步，重心继续前移，并做胯位的转动，将左腿收于身体下方。如此反复。

步序 1

步序 2

步序 3

图 12　向前走步

（2）向后走步（如图 13）

第一步，保持重心在左腿、右腿弯曲的站立姿态，右腿向后迈出，脚掌内侧着地；第二步，左腿推动重心向后完全到右脚，胯位仍保持向前；第三步，向右转动胯并收回左腿。如此反复。

步序 1

步序 2

步序 3

图 13　向后走步

（3）方步（如图 14）

伦巴舞的方步由两小节构成。预备步，先把重心放在右腿，左腿向旁打开站立预备。第一小节第一步（2 拍）：左腿经过主力脚向前到达重心；第二步（3 拍），经胯部运动重心回到右腿；第三步（4 拍和 1 拍），左腿经主力腿向旁到达重心。第二小节第一步（2 拍），右腿经主力脚向后到达重心；第二步（3 拍），经胯部运动重心回到左腿；第三步

（4 拍和 1 拍），右腿经主力腿向旁到达重心。

步序 1

步序 2

步序 3

步序 4

步序 5

步序 6

图 14　伦巴舞的方步

（四）伦巴舞的基本步法

伦巴舞的基本步法有基本步（如图 15）、扇形步（如图 16）、曲棍球步（如图 17）、纽约步（如图 18）、手接手（如图 19）。

步序 1

步序 2

步序 3

步序 4

步序 5

步序 6

图 15　伦巴舞基本步

步序 1

步序 2

步序 3

步序 4

步序 5

步序 6

步序 7

图 16　伦巴舞扇形步

步序 1

步序 2

步序 3

步序 4

步序 5

步序 6

图 17　伦巴舞曲棍球步

步序 1

步序 2

步序 3

图 18　伦巴舞纽约步

步序 1　　步序 2　　步序 3

图 19　伦巴舞手接手

（五）个人组合练习

基本动作（4 小节）——基本动作转 90°（4 小节）——前进走步（2 小节）——向后走步（2 小节）——库克拉恰（4 小节）——纽约步（4 小节）——手接手（4 小节）。如此反复。

（六）初级套路练习

基本动作——扇形步——曲棍球步——前进走步——臂下右转步——纽约步——定点转——手接手。如此反复。

三、恰恰恰舞

（一）恰恰恰舞的音乐特点

恰恰恰舞的音乐节拍是4/4 拍，音乐速度为每分钟 29～32 小节。它是 4 拍跳 5 步，舞步节奏第一步占一拍，第二步占一拍，第三步和第四步各占半拍，第五步占一拍，节奏为“2、3、4&1”。重拍在音乐的第 1 拍上。

（二）恰恰恰舞的基本技术

1. *左右追步*（如图 20）

表 2　左右追步

步数	左 1	左 2	左 3	右 4	右 5	右 6
拍数	4	&	1	4	&	1
脚位	左脚向左	右脚并向左脚	右脚伸膝发力推出左脚向侧	右脚向右	左脚并向右脚	左脚伸膝发力推出右脚向侧
脚法	脚掌平面膝部略屈	双膝微屈脚跟略提	双膝伸直右脚旁点脚跟提起	脚掌平面膝部略屈	双膝微屈脚跟略提	两膝伸直左脚旁点脚跟提起

步序 1

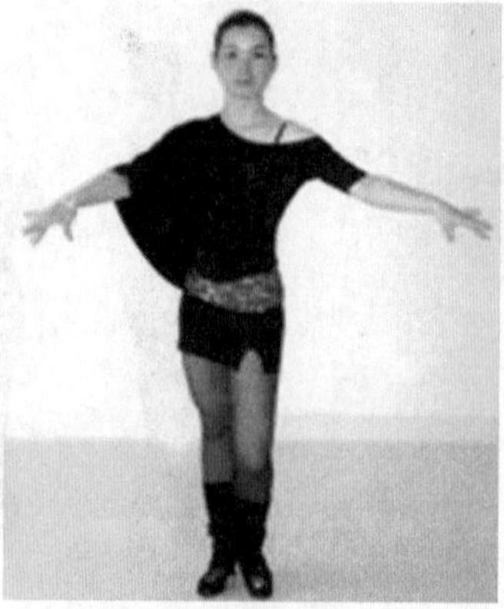
步序 2

步序 3

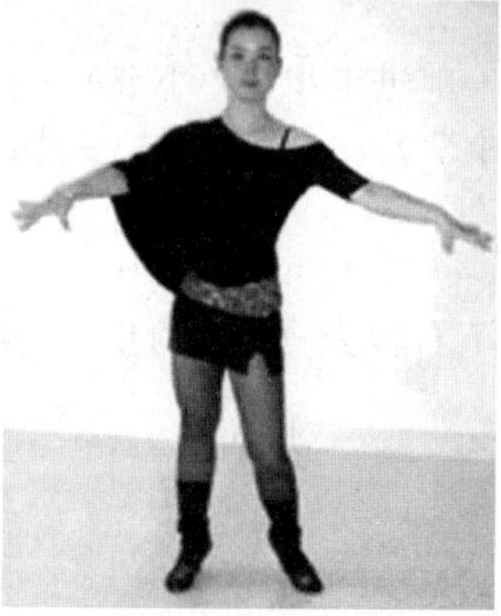
步序 4

步序 5

步序 6

图 20　左右追步

2. 前后锁步（如图 21）

表 3　前后锁步

步数	后 1	后 2	后 3	前 4	前 5	前 6
拍数	4	&	1	4	&	1
脚位	左脚后退落在右脚正后方	右脚后移锁步在左脚前外侧	右脚伸膝发力推出左脚向后	右脚向前落在左脚正前方	左脚跟进锁步在右脚后外侧	左脚伸膝发力推出右脚向前
脚法	脚掌着地膝部伸直	双膝微屈全脚着地	双膝伸直左脚跟着地偏左侧	脚掌平面膝部略屈	双膝微屈脚跟略提	两膝伸直右脚跟着地偏右侧

步序 1

步序 2

步序 3

步序 4

步序 5

步序 6

图 21　前后锁步

3. 原地步

表 4　原地步

步数	左 1	左 2	左 3	右 4	右 5	右 6
拍数	4	&	1	4	&	1
脚位	左脚向左后	右脚原地踏步	左脚并向右脚	右脚向左前	左脚原地踏步	右脚并向左脚
脚法	脚趾着地 膝部伸直	膝微屈 全脚着地	膝部伸直 全脚着地	脚趾着地 膝部伸直	膝微屈 全脚着地	膝部伸直 全脚着地

（三）恰恰恰舞的基本步法

恰恰恰舞的基本步法有闭式基本步（如图 22）、扇形步（如图 23）、曲棍步（如图 24）、纽约步、手接手。

步序 1

步序 2

步序 3

步序 4

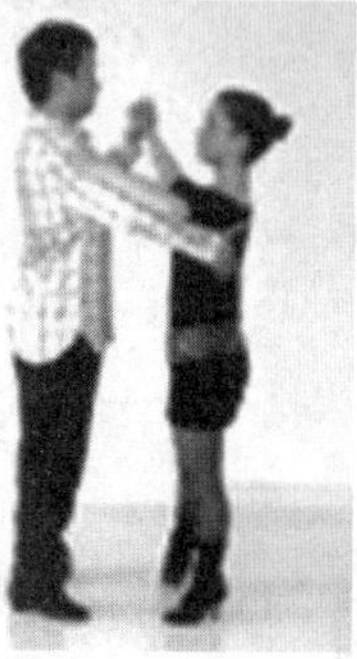

步序 5

图 22　闭式基本步

步序 1

步序 2

步序 3

步序 4

步序 5

步序 6

步序 7

步序 8

步序 9

步序 10

步序 11

图 23　扇形步

步序 1

步序 2

步序 3

步序 4

步序 5

步序 6

步序 7　　步序 8　　步序 9

图 24　曲棍步

（四）个人组合练习

恰恰恰舞并合步（4 小节）——基本动作（4 小节）——基本动作转 90°（4 小节）——前进锁步（2 小节）——后退锁步（2 小节）——纽约步（4 小节）——定点转（2 小节）——手接手（4 小节），循环练习。

（五）初级套路练习

与个人组合练习动作相同，男女动作相对，以闭式舞姿开始进行。

第三节　体育舞蹈竞赛与裁判

一、体育舞蹈的竞赛特点

体育舞蹈是从文艺活动转变而来的项目，因此它既有文艺的痕迹又有体育的特点。

1. 主持人制

体育舞蹈比赛自始至终在主持人的指挥和控制下进行，主持人既是司仪、广播员，又是宣传鼓动员、观众代言人，是场上的中心人物。

2. 比赛和表演结合

体育舞蹈比赛之前、中间或结尾，经常穿插国内外优秀选手的表演，既可使比赛更加丰富多彩、气氛热烈，也可使裁判、参赛选手和记分组等竞赛人员得以休息和重新准备。

3. “淘汰”与“顺位”结合的比赛方法

体育舞蹈比赛从预赛到半决赛采用淘汰制比赛方法，即根据竞赛编排从参赛人数中按规定录取定量选手进入下一轮比赛，淘汰其余选手。按国际惯例，最后通常取 6 对选手进入决赛。在决赛中采用顺位法决定单项和全能的名次。

4. 评分特点

体育舞蹈评议时每位评委在 1 分 30 秒至 2 分 30 秒的时间内，要从 6 ~ 20 对选手中确定入选名单或名次顺序，这要求评委精力集中、业务熟练、眼光敏锐、反应迅速、判断正确。

二、体育舞蹈的比赛场地、音乐、服装

体育舞蹈比赛场地长 23 米，宽 15 米。选手按逆时针方向运行，交换舞程线时应过中心线。

比赛音乐决赛时每曲 2 分 30 秒，其他赛时每曲还规定不得少于 1 分 30 秒。

比赛服装规定：摩登舞男子穿燕尾服，女子穿不过脚踝的长裙；拉丁舞服装应有拉美风格，男女选手服装必须协调。专业选手背号为黑底白字，业余选手背号为白底黑字。

三、体育舞蹈竞赛的裁判及评判依据

体育舞蹈比赛裁判的人数应由单数组成，这是由于在比赛时，选手能否进入下一轮比赛是依据裁判员的 2/3 或 3/5 的比例选票决定出来的。

体育舞蹈比赛分团体赛和个人赛两种，按预赛（淘汰赛）、复赛（选拔赛）、半决赛（资格赛）、决赛（名次赛）的程序进行。

体育舞蹈竞赛的评判依据如下：

（1）基本技术：基本动作、姿态、平衡稳定、移动。

（2）音乐运用：节奏、风格的理解和体现。

（3）舞蹈风格：区别各种不同舞种之间的风格上的差别、个人风格的展现。

（4）动作编排：动作流畅新颖，运用自如；体现舞种的基本风韵并有一定的技术难度；动作与音乐密切配合，增强音乐效果；编排有章法，充分利用场地。

（5）临场表现：赛场上的应变能力、良好的竞技状态。

（6）赛场效果：舞者的风度、气质、仪表等总体形象。

在以上六要素中，前三项主要侧重选手的技艺品质，后三项主要侧重选手的艺术魅力。在预赛时裁判着重于前三项要素的评判，在半决赛后着重于后三项要素的评判，在决赛中应全面评价选手各项要素的完成情况。

第十七章 瑜 伽

第一节 瑜伽概述

瑜伽（梵语 Yoga）是一种源于印度的养生哲学，在古印度的梵文里表示“结合”，在英文中意为“牛轭”，即管束与控制。在远古时代，它代表设想帮助达到最高目的的某些实践或修炼，即探索“梵我相连”的道理与方法，在瑜伽的历史中，它与印度教、佛教等宗教的关系十分紧密、互相影响。而现代人所称的瑜伽则主要是一系列修身养性的方法，简单地归纳起来，瑜伽是一种智育与体育相结合的修行。

瑜伽作为一种心智修炼的方法，集动、静于一体，通过姿势、呼吸和冥思的结合，达到健身、修心与养生的功效，是现代人减压、修身养性的新兴运动项目。因此，瑜伽逐渐走进学校，走进健身房，走进美容院，走进养生馆……它正以不同形式改变着人们的生活方式、价值观和审美观……瑜伽逐渐成为一种时尚，成为许多人生活的一部分。

一、瑜伽史的分期

对于瑜伽发展史阶段的划分，一般根据瑜伽主要经典的出现及瑜伽体系的建立情况，分为六个时期：

1. 原始发展时期（公元前 30 世纪—前 15 世纪）

这是瑜伽的原始发展、文字记载较少的时期，以静坐、冥想及苦行的形式出现。

2. 韦达时期（公元前 15 世纪—前 8 世纪）

公元前 15 世纪，在婆罗门教的宗教经典《吠陀经》中提出了瑜伽的概念，是瑜伽有系统记载的开始。

3. 前经典时期（公元前 8 世纪—前 5 世纪）

在《奥义书》（《吠陀经》圣典的最后部分）中，瑜伽是指一种可以彻底摆脱痛苦的修行方法。

4. 经典时期（公元前 5 世纪—前 2 世纪）

在这一时期，出现了瑜伽历史上最重要的两部经典著作：《薄伽梵歌》和《瑜伽经》。《薄伽梵歌》的出现是由强调行法到行为、信仰、知识三者的并行不悖的重要转折；《瑜伽经》阐述了古典瑜伽的理论，意在传播瑜伽的智慧精髓，是第一本系统阐述瑜伽的专著。

5. 后经典时期（公元前 2 世纪—19 世纪）

这一时期的早期，对现代影响深远的密教（坦多罗）瑜伽得到蓬勃发展，并在其基础上发展出哈达瑜伽。《瑜伽奥义书》是此时期的重要著作。此时期的瑜伽不再渴求依托我们所处的物质世界，而是强调捕捉当下，接受现实。

6. 近现代时期（19 世纪—现在）

近现代的印度，民族资本主义兴起，传统的瑜伽思想得到了新的发展。19 世纪的罗摩克里希那创立了现代瑜伽，他因此被称为“现代瑜伽之父”。

二、瑜伽历史上的著名人物

在瑜伽漫长的历史中，出现了众多的著名人物，如佛陀、帕谭佳里、商羯罗等，近代有罗摩克里希那、斯瓦米及编辑和翻译《薄伽梵歌》的著名学者圣恩 A. C. 巴克提维丹塔·斯瓦米·帕布帕德等，印度国父甘地的总体思想也与瑜伽有关。

三、瑜伽的流派

几千年来，瑜伽在其发展中形成了各种流派，传统流派主要包括智瑜伽、业瑜伽、奉爱瑜伽、王瑜伽、哈达瑜伽五大类。

随着东西方文化的交流，传统的印度瑜伽术与西方的健身概念相联系，继而产生了新的运动方法，主要强调健身带来的乐趣，形成了以传统的哈达瑜伽（Hatha Yoga）为代表的古典主义瑜伽和以力量瑜伽（Power Yoga）为代表的新兴主义瑜伽两大派别。而现在社会上所说的高温瑜伽、尼达拉瑜伽、爱心瑜伽、办公室瑜伽、笑瑜伽等多是指练习的形式或方法，还不能构成流派。相对而言，力量瑜伽讲究的是健身带来的乐趣，强调塑身美体的效果。哈达瑜伽又称“日月瑜伽”，“ha”意为太阳呼吸，“tha”意为月亮呼吸，表示相反能量的结合，保持阴阳平衡的实践，因此，它又有“阴阳瑜伽”和“健美瑜伽”之称。

第二节　瑜伽修炼方法

一、瑜伽修炼前的准备及注意事项

1. 身心准备

瑜伽是一项身心高度结合的心智修炼运动，要求练习者在进行修炼时，先要在精神上做好为瑜伽修炼而投入的准备，再从自身实际情况出发，制定预期的目标、效果。

2. 瑜伽用品的准备

练习瑜伽前，需要准备垫子、毛巾及其他辅助用品，宽松舒适的服装是完成瑜伽大量扭曲动作和充分伸展肢体的保障。安静的环境、轻松舒缓的音乐可以营造宁静的气氛，有助于练习者深入瑜伽状态。

3. 场地准备

练习瑜伽时，要选择一个安静、清洁、通风的环境，最好是在环境优雅的大自然中，但注意不宜在风太大的地方进行练习。

4. 练习时间与时机的把握

瑜伽练习需要空腹，因此，一般情况下应该在饭后 1. 5 ~ 2 小时进行练习，大餐后需在 4 小时以后练习，进食半流质性的食物后，最少也需要在 0. 5 小时后才能练习。

清晨和傍晚是瑜伽练习的最佳时期，其他时间也可以练习。一般情况下，每周最少要保持 3 次练习，每次练习时间最好能保证有 40～60 分钟。

5. 瑜伽修炼的进入与结束

在进行瑜伽练习前，最好是进行 10～15 分钟的冥想或呼吸法的练习，以利于人体进入瑜伽的最佳状态；在练习与练习之间要休息，姿势的选择应根据所锻炼的身体部位针对性地进行修复，时间尽量接近极限的停留时间；每次修炼完瑜伽后，最好进行瑜伽休息术恢复体能。

二、几个基本概念

1. 投入

与纯洁性相随，且有助于练习者修炼的便是集中。投入即我们日常所说的注意力集中，在瑜伽练习中，需要练习者专注于所练习的体位法，注意力集中在做动作时身体内部的感觉与变化上；动作结束、休息时，注意力集中在身体细微的变化上，仔细体味瑜伽带给身体的愉悦。

2. 坐姿

瑜伽修炼者要保证坐得安稳、挺背端坐、坐姿不宜采用过于艰难或过于容易的方式。这些坐姿的真正用意是让人绝对静止和坐直，头、颈、胸呈一条直线，但自己不要紧张，这样才能忘记身体。从修炼的效果来看，莲花坐是最好的，但练习者应量力而行，只要选择一种既适合自己的能力又舒适的姿势就行，等到时机成熟再选择难度更大的姿势进行练习。

3. 呼吸

瑜伽的呼吸法是初学者必须掌握，或者说必须过关的一个重点。腹式呼吸的掌握是学习瑜伽完全式呼吸法的前提，掌握腹式呼吸法的关键是在呼气时感到腹部下降，找到肚皮贴背的感觉，把体内二氧化碳之类的毒素排出体外；吸气时找到腹部上升的感觉，直至腹部胀满，感到新鲜空气充满了我们的身体，充分成为我们身体的营养。

屏气，是指在呼气和吸气之间或吸气和呼气之间停住，不呼也不吸、不吸也不呼的过程，这个过程叫“调息”。通过调息的修炼，心变得纯净，无明便逐渐消除。

完全式呼吸法是在腹式呼吸的基础上进一步加深呼吸，其方法是：在吸气时，当腹部吸满后，继续吸到胸部；呼气时，先将胸部的气体呼出再呼腹部的。初学者必须是在腹式呼吸法熟练掌握后，再修炼完全式呼吸法。

4. 极限

“极限”用通俗的语言来解释就是每个人能承受的最大幅度。极限因人而异，练习者不能因为看到书上的插图或老师的示范，就认为自己也必须做到相同的程度才算正确。实际上，一个人伸展到自己的极限或感到舒适为止，这就是把练习做得正确了。

5. 向上

“向上”是瑜伽带给人体的一个非常积极的变化，在进行瑜伽修炼时，许多时候需要我们找到一种向上的感觉。“向上”即双腿用力站稳、站直，夹紧向上，脊柱（特别是腰段）向上，头顶向上，如需要双手上举时，则应找到中指尖向上的感觉。

第三节 瑜伽修炼与人体和谐

东方瑜伽亦称“古典瑜伽”，强调通过呼吸法、体位法、冥想法三合一的训练方法，达到身心和谐。现代瑜伽亦称“力量瑜伽”，训练时相对强调、注重力量、呼吸与运动的配合，也讲究运动静止过程中的控制，以此提高练习者肌肉的力量与身体的灵活性，思想的集中与精神的忍耐力。为了使学习者更好地理解掌握，本节将从呼吸法、体位法、冥想法三个方面进行阐述。

一、瑜伽呼吸法与人体的和谐

（1）缓慢的动作配合着深长的呼吸，既可以使肢体得到充分的舒展、获得平衡，又能按摩内脏各器官，使体内的各种腺体分泌趋于正常，又因神经系统得到调和而使生命中潜在的能量得到激发，从而达到使身心健康的目的。

（2）呼吸作为人的生理本能，是一种无意识的自然律动，平常人的呼吸在瑜伽中被定义为“肩式呼吸”（或称为“胸式呼吸”），它的呼吸特征是呼吸运动在胸部或以上的位置进行，而未能深入到腹部，而瑜伽的呼吸方法是一种特殊的方法，被称为“完全式呼吸法”，它是同时运用腹部、胸部和肩部三合一的呼吸原则，对呼吸重新调整从而达到“调息”的呼吸方法。

二、瑜伽体位法与人体的和谐

瑜伽体位法又叫姿势，印度瑜伽先哲帕坦加利所著的《瑜伽经》将其定义为“将身体置于一种平稳、安静、舒适的姿势”，它是一种锻炼身体、强化身体，并使之健康美丽的调身方法。它与现代人的生理和心理健康有着密切的关系，围绕脊柱，这些体位法通过身体的前屈、后伸、扭动、侧屈、俯卧、仰卧等各种姿势，对人体的脊柱、中枢神经、骨骼、肌肉、内脏进行全方位的刺激与按摩，配合自身的呼吸，消化，体液、分泌物的运转循环，激活身体的潜能，提升体内的优良素质，弥补了自身的不足与缺陷，增强了人体的免疫力。这种配合呼吸的体位法，有促进血液流通的按摩效果，可从根本上使身体恢复活力，从而达到强身健体、塑身美容的功效。瑜伽体位法通过配合呼吸和冥想，在动作过程中把紧张和松弛这两个极端的状态重复多次之后，全身就出现按摩般的效果，可获得心灵的完全安宁。这种训练方法对消除紧张、忧郁、压抑、烦躁、自我封闭等不良心态，调节神经系统，保持身心愉快、积极自信等有着其他运动无法代替的功效。

三、瑜伽冥想法与人体的和谐

瑜伽健康的实践是将呼吸法、体位法、冥想法三者融为一体，达到身心合一的完美境界。冥想的内容并不重要，重要的是练习者的注意力所在和知觉状态的保持，配合缓慢、细长而有规律的呼吸，加以一些瑜伽冥想音乐伴奏，使练习者在冥想中保持身体的稳定与放松，从而进入祥和、喜悦的境界，得到身体与精神两方面的健康。

第四节　瑜伽呼吸法

呼吸作为人的生理本能，是一种无意识的自然律动。平常的呼吸在瑜伽的呼吸定义中被称为“肩式呼吸”，它的特征是呼吸运动是在胸部或以上的位置进行，而未能深入腹部。瑜伽呼吸法分为胸式呼吸法、腹式呼吸法、完全式呼吸法三种。

一、瑜伽胸式呼吸法

功法：慢慢吸气时，把气体吸入胸部区域，胸骨、肋骨向外扩张，腹部应保持平坦。当你吸气量加深时，腹部应向内收紧。呼气时，缓慢地把肺内浊气排出体外，肋骨和胸部恢复原位。

二、瑜伽腹式呼吸法

功法：吸气时，用鼻子把新鲜的空气缓慢深长地吸入肺的底部，随着吸气量的加深，胸部和腹部之间的横膈膜向下降，腹内脏器官下移，小腹就会像气球一样慢慢鼓起；呼气时，腹部向内、朝脊椎方向收紧，横膈膜自然而然地升起，把肺内的浊气完全排出体外，内脏器官恢复原位（如图 1）。

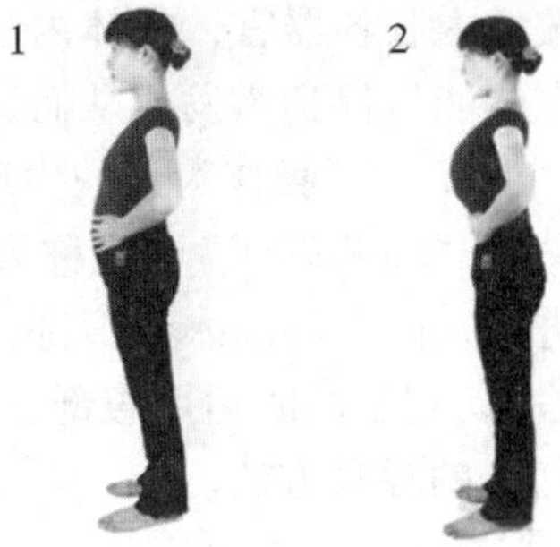

图 1　瑜伽腹式呼吸法

三、瑜伽完全式呼吸法

功法：瑜伽完全式呼吸法是把胸式呼吸和腹式呼吸结合在一起完成的正确自然的呼吸法。轻轻吸气时，首先把空气吸入肺的底部，腹部区域起胀，然后是空气充满肺的中部、上部，这时，就是从腹式呼吸过渡到胸式呼吸。当你已经吸入到双肺的最大容量时，这时你会发觉腹壁和肋骨下部向外推出，胸部只有稍微移动。呼气，按相反的顺序，首先放松胸部，然后放松腹部，尽量把气吐尽，然后有意使腹肌向内收紧，并温和地收缩肺部。整个呼吸是非常顺畅的动作，就像一个波浪轻轻从腹部波及胸膛中部再波及胸膛的上半部，然后减弱消失。

功效：

（1）能给大脑与身体器官补充更多氧气，增加身体能量，帮助身体消耗脂肪与清洁血液，排出毒素。

（2）能消除肌肉、内脏的疲劳，尤其对平息剧烈运动后植物神经系统紊乱、内分泌不正常的应激状态特别有帮助。它能化解肌肉消除疲劳过程的不利因素，为肌肉输送更多的营养和氧气，使人体更健康。

（3）能增强消化系统的功能和心脏功能，提高人体免疫力，改善心理状态，控制情绪，对培养集中力、注意力都有很好的效果。所以，在所有的瑜伽经典理论中都认为：“呼吸是瑜伽实践的源头。”

第五节 瑜伽体位法

瑜伽姿势是远古的瑜伽行者们模仿各种动物的行走姿势和呼吸演变而来的。瑜伽姿势有成千上万种，作为高等学校普修教材，我们认为，瑜伽体位法，练习方法与技巧的掌握是瑜伽体位法的关键，受版面章节的影响，在此，只对一些基本的体位法作介绍。

在介绍瑜伽体位法之前，先介绍瑜伽的几种基本坐姿与瑜伽智慧手印（如图2至图6）。

图2 金刚坐

图3 莲花坐

图4 半莲花坐

图5 自由坐

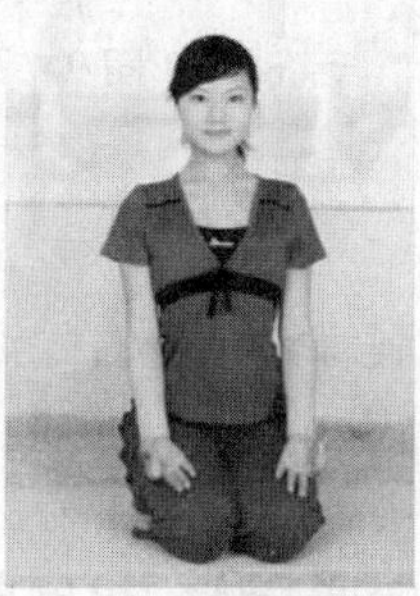

图6 智慧手印

一、颈部练习

颈部练习包括颈部前后、左右及扭转等练习。

功法：

1. *前后练习*

采用金刚坐，呼气低头，眼睛往下看，尽量用下巴贴近胸骨，到极限的地方稍稍停留一会儿；吸气，慢慢抬起头，还原后继续往后伸展颈部，同时睁大眼睛往后看，到极限的地方稍稍停留一会儿；呼气，还原（如图7）。

2. *左右练习*

采用盘腿坐，女士先往右，男士先往左，尽量用右侧耳朵贴近右侧肩膀，到了极限的地方稍稍停留一会儿；吸气，慢慢还原，还原后继续往左，到极限的地方稍稍停留一会儿，还原（如图8）。

3. 扭转练习

采用金刚坐或盘腿坐，呼气，往右后平转颈部，到极限的地方稍稍停留一会儿；吸气，慢慢还原；呼气，往左后平转颈部，到极限的地方稍稍停留一会儿；吸气，慢慢还原（如图9）。

功效：颈部练习可以预防和治疗头部、颈部、肩部一系列的问题，如头晕、头痛、颈椎病、肩周炎等。

图7 颈部前后练习

图8 颈部左右练习

图9 颈部扭转练习

二、蛇洞练习

蛇洞练习包括前后蛇洞练习和左右蛇洞练习两种。

1. 前后蛇洞练习

采用金刚坐，呼气低头，眼睛往下看，尽量用下巴贴近胸骨，到极限的地方稍稍停留一会儿，继续呼气，继续蜷曲身体，想象自己是一条蛇，钻进前下方的“蛇洞”里，尽量用额头贴近膝盖，在极限的地方稍稍停留一会儿，吸气，先抬起头，将颈部抬至最高后，臀部慢慢离开脚跟，先头颈带动身体一节一节地向前，再向上穿出“蛇洞”。闭上眼睛休息。吸气往后伸展颈部，同时睁大眼睛往后看，到极限的地方稍稍停留一会儿，继续吸气，继续向后伸展脊柱，到极限的地方稍稍停留一会儿，呼吸，想象自己是一条蛇，用头颈带动身体一节一节地向后面的“蛇洞”穿出去（如图10、图11）。

图10 前蛇洞练习

图 11　后蛇洞练习

2. *左右蛇洞练习*

采用盘腿坐，呼吸时，女士先往右，男士先往左，尽量用右侧耳朵贴近右侧肩膀，到了极限的地方稍稍停留一会儿，继续呼气，继续向右蜷曲身体，想象自己是一条蛇，钻进右下方的“蛇洞”里，尽量用肩膀贴近地面，在极限的地方稍稍停留一会儿，吸气，先抬起头，想象自己是一条蛇，用头颈带动身体一节一节地向右侧的“蛇洞”穿出去。呼吸，女士往左（动作相同，方向相反），男士相反（如图 12）。

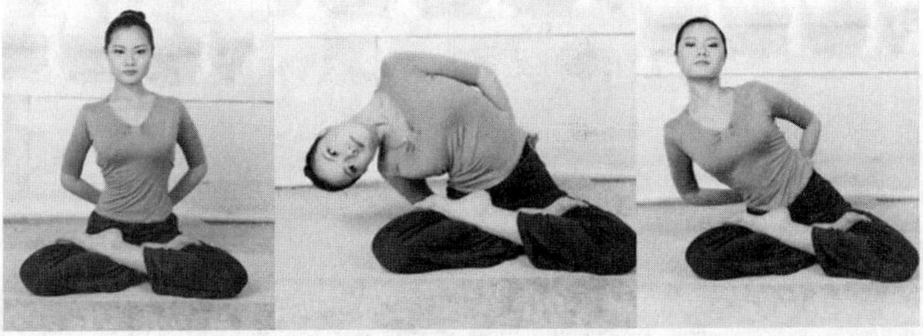

图 12　右蛇洞练习

功效：蛇洞练习可以预防和治疗脊柱的一系列问题，如驼背、椎间盘突出等。

三、足部练习

足部练习包括钩蹦、同时旋转、分开旋转三种姿势。

功法：坐下，两腿向前伸直。两手掌心向下放在臀部两侧，上身坐直或向后倾。两脚向前、向后做钩蹦练习。试图最大限度地弯曲踝关节，至少重复做 12 次。然后微微分开两腿。不要弯曲双膝。保持两脚脚跟贴着地面，用右脚做顺时针方向的旋转运动。然后，转换方向，逆时针方向旋转右脚。每一种方向各做 12 个完整的圆圈旋转运动。左脚也做同样的练习。然后，再同时旋转双脚（可以按以下每一种方式各做 12 次：两脚顺时针方向；两脚逆时针方向；左脚顺时针方向，右脚逆时针方向；右脚顺时针方向，左脚逆时针方向）（如图 13 至图 15）。

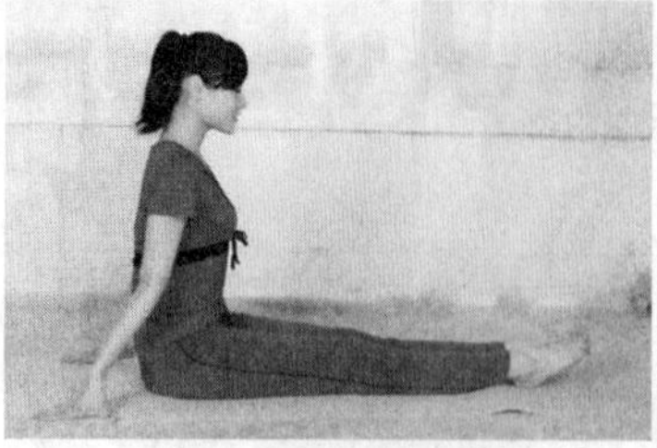
图 13　足部的钩蹦练习

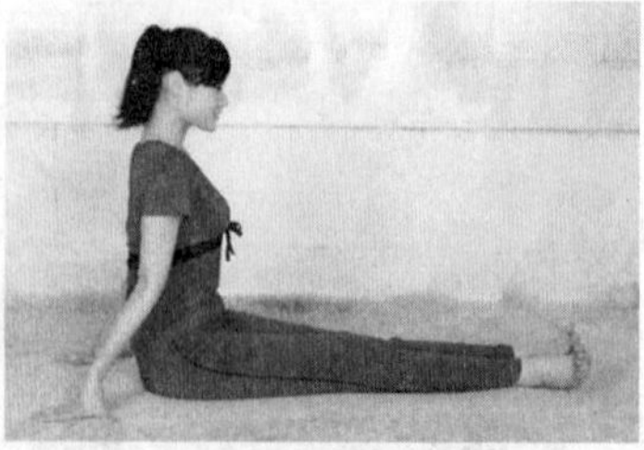
图 14　足部的同时旋转练习

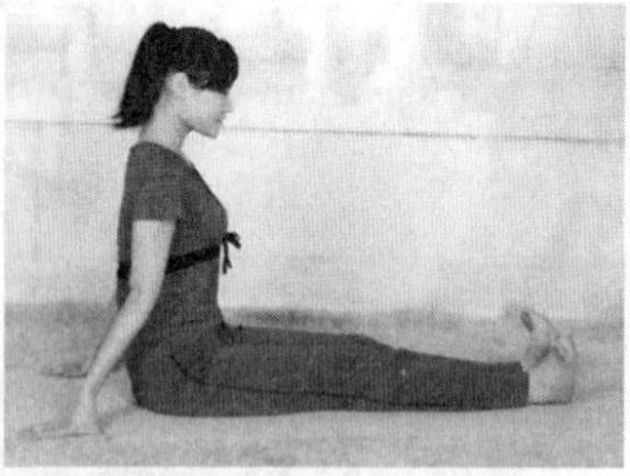
图 15　足部的分开旋转练习

功效：这个练习可以放松两踝，补养和加强小腿肌肉群的力量和弹性。

四、半莲花膝部练习

功法：坐下，两腿向前伸直。右腿弯膝，把右脚放在左大腿上。右手放在右膝上，左手放在左膝上。用右手扶着右膝上下运动来伸展右腿的肌肉。继续伸展右腿肌肉，直到你的右膝触及地面，但不要太勉强费力。有些人用不着大量练习就能容易地做到膝部着地，另一些人则要练习几个星期才能成功。换另一边来做同样的练习。把右脚放回左大腿上面，用左手抓住你右脚的脚趾。顺时针方向旋转右膝。做了 12 次旋转以后，停下来，逆时针方向做旋转右膝的动作。换用左腿做同样的练习（如图 16）。

图 16　半莲花膝部练习

功效：这是在做莲花坐和其他冥想姿势之前极好的预备练习，它有助于放松双踝、两膝和两腿肌肉，也有助于补养和强壮腹部器官与脊柱。

五、肩部练习

肩部练习分为肩旋转式、前开肩式、侧开肩式三种练习。

1. *肩旋转式练习*

挺身直立，两脚并拢，两臂向两侧平举，和地面平行，将两手掌心转向上，弯曲两肘，把手指放在肩头上。一面把手指放在肩头上，一面将肘部做圆圈旋转运动，开始时做小圆圈旋转运动，逐渐增大直到两肘在胸前范围互相碰触为止，顺时针方向至少旋转 12 圈，然后逆时针方向旋转 12 圈（如图 17）。

图 17 肩旋转式

2. 前开肩式练习

双腿并拢站立，用力站稳、站直，吸气，双臂经前向上，双肩尽量向后。双臂贴近耳朵，中指尖带动双臂向上，找到一种向上的感觉，到了极限的地方稍稍停留一会儿，呼气，慢慢还原双臂，重复12次（如图18）。

图 18 前开肩式

3. 侧开肩式练习

双腿并拢站立，用力站稳、站直，吸气，双臂经前向上，双肩先向侧再尽量向后。双臂贴近耳朵，中指尖带动双臂向上，找到一种向上的感觉，到了极限的地方稍稍停留一会儿，呼气，慢慢还原双臂，重复12次。

功效：这个练习可以扩展胸部，放松两肩关节，补养和强壮上背部，特别是两肩胛骨周围的区域，促进肩颈头部的血液循环，令人找到向上的感觉。

六、单腿旋转式

功法：仰卧，两腿伸直，两臂放在体侧，把右腿升离地面，膝部仍须伸直，用右腿顺时针方向做圆圈旋转运动，头部和身体其余部分都应该继续保持平贴地面。做8～10次顺时针方向旋转运动之后，再做8～10次逆时针方向旋转运动，用左腿做同样的练习，休息几秒钟，然后将两腿一齐升起，顺时针方向和逆时针方向各转8～10次。休息，直到呼吸恢复正常为止。注意：这是一个费力的练习，注意不要让身体过分用力而疲劳（如图19）。

图 19　单腿旋转式

功效：这个姿势能有力地增强腹部肌肉。它有助于消除肠道中的气体，极宜于消化不良和便秘患者练习。它也补养和强壮两膝、两大腿和骨盆区域。

七、牛面式

功法：取坐位，屈叠右腿，右脚放在左臀外侧，屈叠左腿放在右腿上端，以致左脚及地，在右臀旁边。一膝应放在另一膝上，右臂放在背后，左臂越过左肩，每只手的手指在背后相互握住，躯干伸直，注意力集中在自己的呼吸过程，尽量把脊柱挺直，保持自然的呼吸，体会脊柱伸展和胸部扩展的感觉；保持此姿势 1 ~ 2 分钟；随着吸气伸开双臂，呼气放下双臂，放松调息。再做另一侧，方法相同（如图 20）。

图 20　牛面式

功效：这个练习可以使关节柔韧，骨骼坚硬，胸围增大，改善心肺功能，放松肩部，促进血液循环，治疗驼背，强化脊柱，找到身体向上的感觉；有效地活动了趾关节、肘关节、肩关节、脚趾、踝关节、膝盖以及臀部关节；同时，与各部关节相关联的所有肌肉、神经也便会自然而然地随之强健、活化，并恢复正常。

八、腿部组合

腿部组合包括单腿交换伸展式、双腿背伸展式、直角式和坐角式四种姿势。

1. 单腿交换伸展式

功法：取坐位，两腿向前伸出。微微向前弯曲，两手刚刚放在右膝盖以下。先用右腿本身力量，再用两臂肌肉力量把右脚收到腹股沟部位，让它安稳地紧靠着左边大腿上段的内侧。两臂向前伸，两手并拢，与眼睛同一高度。慢慢吸气，两手上升高过头部，向后靠约数英寸。慢慢呼气，向前弯身（注意：弯身动作应先从下背部开始，然后逐渐及于脊柱上方），用两手抓住左腿，尽量抓得靠近脚的位置，但绝不应勉强扳动或牵扯。把躯干慢慢拉近腿部，方法是轻柔而坚定地向下拉，并将两肘向外弯曲。放松颈部肌肉，让颈项向下垂。闭目，把注意力集中在两眉之间的中点上。保持这个姿势 10 秒钟，如果你愿意，还可以更长点。当把这个练习做得很熟练以后，你的头部就能靠落在双膝之上。慢慢吸气，伸直你的双臂，逐渐抬高躯干，直到再次挺直身子坐着。放松 20 秒钟，再做 2 次（如图 21）。

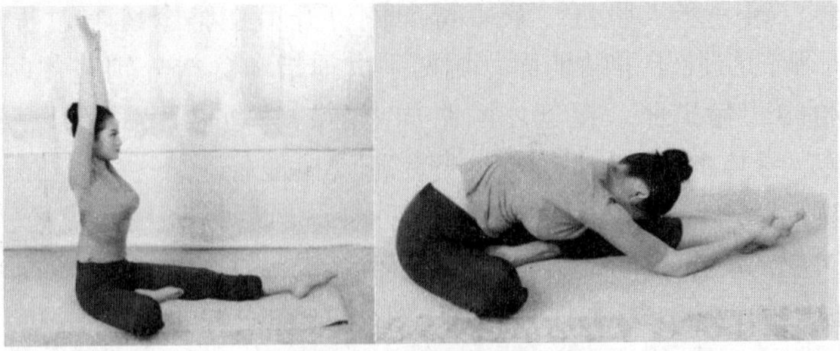

图 21　单腿交换伸展式

功效：这个姿势若做得正确，背部就会获得伸展和放松，腘旁腱的肌肉也得到伸展，髋关节放松，能感觉到一股增大了的血流流向背部，滋养脊柱神经。此姿势有助于消除腰围线上的脂肪。它强壮肝脏和脾脏，使双肾、胰脏和肾上腺活动旺盛，并可减少或消除胃气胀或其他胃肠问题，具有促进正常的消化与排泄的作用。单腿交换伸展式也向骨盆区域供应健康的血液，从而增强生殖器官的健康，并根除多种女性性功能失调的毛病。

2. 双腿背伸展式

功法：挺直上身坐着，但应放松，两腿向前伸。两腿及两脚并拢，两手掌心应舒适地放在大腿的下半部，两肘略向外弯。记住：在做这个练习的过程中，不可弯曲双膝。开始先向前平伸双臂。两手并拢，两肩向后收。慢慢吸气，将双臂高举过头部，向后方靠约数英寸。这个姿势有助于充分伸展脊柱，并使你易于从下背部而不是上背部开始做向前弯身的运动。保持双臂高于头部，慢慢向前弯，一边这样做，一边呼气。在向前弯时，尽量长久地保持你的脊骨伸直，必要时可以先从脊骨底部弯起。当你尽可能舒适地向前弯下来时，两手抓着你的小腿，要抓到个人感到舒适的那个点，就不需再向前了。现在，将两肘向外和向下弯，用这个办法将你的躯干拉近你的双腿，再次注意，拉的程度以感到舒适为限。在做瑜伽姿势锻炼时千万不要用力扳动或牵扯。低下头部，使它尽量接近你的双膝，让它柔软地下垂。闭上双眼，将注意力集中在两眉之间的一点上。放松，保持这个姿势，并数 1 ~ 10。开始时，你的头可能无法触及双膝。但是，只要你有规律地、耐心地练习这个姿势，你的头部很快就能舒适地靠落在双膝上，两肘也能放在地板上，或接近地板。慢慢吸气，伸直你的双臂，逐渐抬高你的躯干，直到再次挺直身子坐着。放松 20 秒钟，再做 2 次（如图 22）。

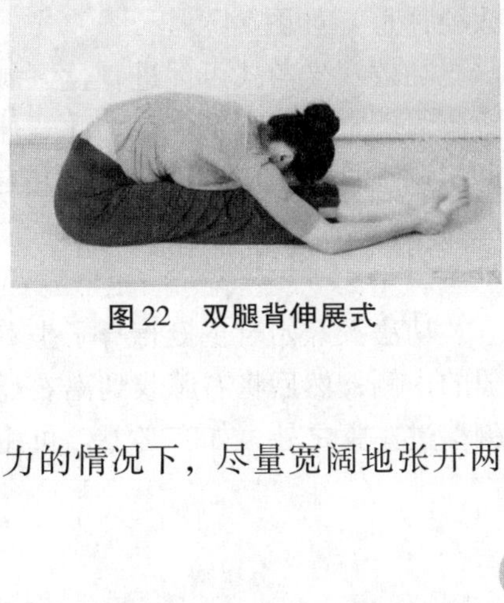

图 22　双腿背伸展式

功效：使整个背部得到伸展、强壮，从而恢复精力，充满朝气。它增进脊柱的力气和弹性，使肩膀、双臂、腘旁腱和两腿的肌肉群得到伸展，也使两大腿和腹部都结实起来。腹部脏器受到挤压、收缩，消除懒散不振的状态，从而改进消化与排泄功能。双腿背部伸展式对胃肠、肝、肾和脾等有额外益处。印度的医生长期以来都把它作为医治痔疮、便秘以及肾脏和肝脏功能失调毛病的方法。

3. 直角式

功法：坐在地上，两腿向前伸直。在不感到过于用力的情况下，尽量宽阔地张开两腿。动作分为四步：第一步，吸气，双手臂向侧打开，在整个练习过程中，保持两腿伸直，大腿背面和小腿的腿肚子平贴地面。用两手大拇指和食指分别逮住两个大脚趾。尽量伸直脊柱，将两肋的肋骨扩张、挺起。两眼向上看，一边做深呼吸，一边保持这个姿势5~15秒钟。呼气，身体向右侧曲，尽量把右肩放在地板上。左手越过头部去抓住右脚趾，一边做深呼吸，一边保持这个姿势5~15秒钟。然后，吸气，慢慢还原到正中位置。第二步，呼气，向左，动作相同，方向相反。第三步，呼气，身体转向右侧，同时先向前，再向下，到极限的地方，双手抓住右脚，下巴放在右膝上，停住15~20秒，吸气还原成正中位置。第四步，向左，动作同第三步，方向相反。最后恢复到起始姿势，放松休息（如图23）。

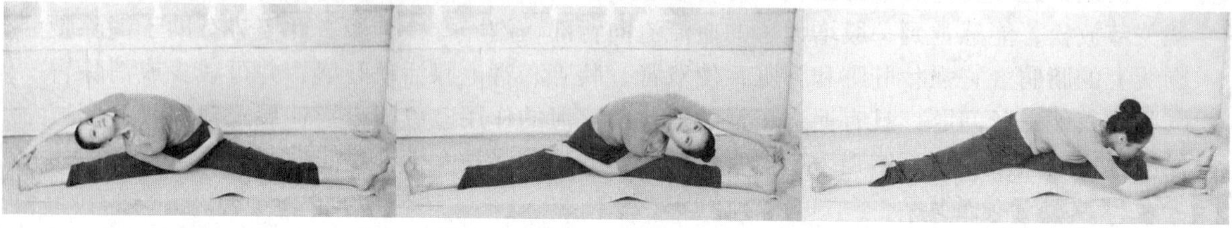

图23　直角式

功效：直角式除具备同其他腿部练习的功能外，还具备打通腿部侧面的经络、滋补肾脏及生殖系统、伸展脊柱等功效。

4. 坐角式

功法：坐在地上，两腿向前伸直。在不感到过于用力的情况下，尽量宽阔地张开两腿。在整个练习过程中，保持两腿伸直，大腿背面和小腿的腿肚子平贴地面。用两手大拇指和食指分别抓住两个大脚趾。尽量伸直脊柱，将两肋的肋骨扩张、挺起。两眼向上看，一边做深呼吸，一边保持这个姿势5~15秒钟。呼气，向前弯身，把前额放在地板上。如果有可能的话，翘起颈项。把下巴放落在地板上。然后，把两手放下来抓住两脚脚底或抓住两脚脚踝，试把胸膛放落在地板上。正常而有规律地呼吸，保持这个姿势若干秒钟。吸气，用两掌按地面以便将胸膛抬离地面。休息几秒钟。然后用两手抓住左脚，呼气，把下巴放落在左膝上。吸气，抬起上身躯干，改换右腿来做同样练习。恢复到起始姿势，放松休息（如图24）。

图24　坐角式

功效：坐角式可促进骨盆区域的血液循环。它有助于预防疝气发作，甚至还能帮助治愈不太严重的疝气发作症。此式伸展了腘旁腱，放松髋部，有助于减轻坐骨神经痛。它有助于调整月经，使之规律化，并有刺激、保护卵巢的功能。

九、脊柱扭动式

功法：开始时，挺直身子坐着，两腿前伸，将左边小腿收向内，让左脚底挨近右边大腿的内侧，然后将右膝收到离右肩15~30厘米的地方——右脚保持平放在地板上，将右脚移过左膝之外，如有必要，可用双手帮助提起右脚（以便让你的右脚稳妥地放在左膝或左大腿下半节外侧)。举起左臂，把它放在右膝的外侧，然后伸直你的左臂，抓着右脚或右脚踝，现在向前伸右手，高与眼齐，两眼注视指尖。右臂保持伸直，慢慢转向右方，在右手尽量向右方转时，要继续注视指尖，在这样做的过程中，你的颈项、两肩、脊骨等就会自然而然地转向右方，当你的右手尽可能舒适地放到最右的地方时，就把它放下来，把手背放在左腰上，做深长而舒适的呼吸，保持这个姿势 10 秒，将右手举回与眼等高的水平，两肘保持伸直，把右手慢慢抽回躯干前边，用完全相反的程序恢复原态。稍稍休息之后，用身体的另一边做同样的练习，这个练习左右每边各做两次（如图 25）。

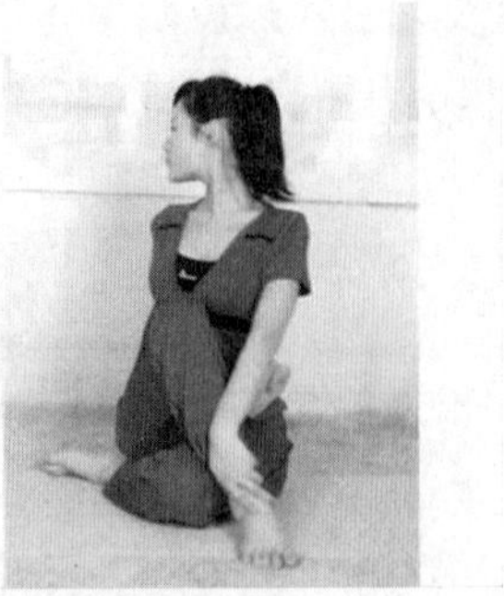

图 25 脊柱扭动式

功效：这个姿势使脊柱更加柔韧，防止背痛和腰部风湿痛，消除髋部关节的疼痛，使颈项肌肉得到伸展和加强，使肩关节放松，肩膀运动变得更为自如方便。它也能使腹部脏器得到补养加强，消化功能得到改进，经常练习这个姿势可防止前列腺和膀胱过分增大。

十、蹬自行车式

功法：仰卧，两腿伸直。将两脚抬高并做用脚蹬自行车的动作。想象自己正在蹬自行车。你的头部和身体其余部分都要平放在地面上。至少做 12 次旋转动作。停止，然后开始向后蹬。至少再做 12 次旋转动作。现在两腿并拢，两脚同时向同一方向做蹬车动作。向前蹬 12 次，然后反过来再蹬 12 次。以躺着的姿势休息，直到你已经彻底放松，呼吸恢复正常为止（如图 26）。

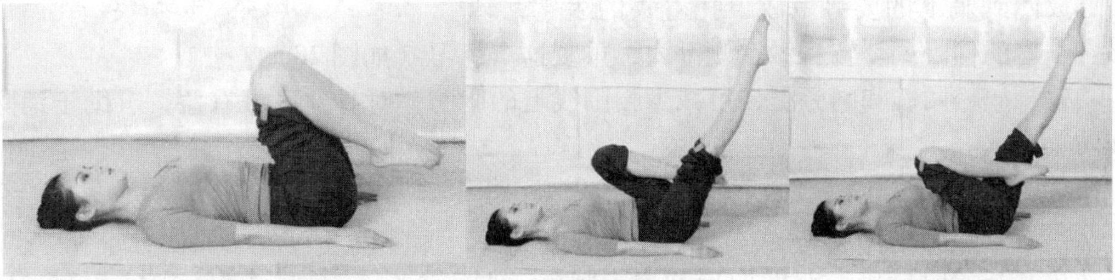

图 26 蹬自行车式

功效：这个姿势能强壮两大腿和两膝，增加血液循环，对腹部脏器和双膝有温和的强壮作用。

十一、顶峰式

功法：跪下，臀部放在两脚脚跟上，脊柱挺直，两手放在地上，抬高臀部，两手两膝着地跪下来。吸气，伸直两腿，将臀部升得更高。双臂和背部应形成一条直线，头部应处于两臂之间。整个身体应像一个三角形的样子。将脚跟放在地面上。如果脚跟不能停留在地面上，就让脚跟上下蹦弹，来帮助伸展腿腱。正常地呼吸，保持这个姿势约 1 分钟。呼气，恢复两手两膝着地的跪姿。重复 6 次（如图 27）。

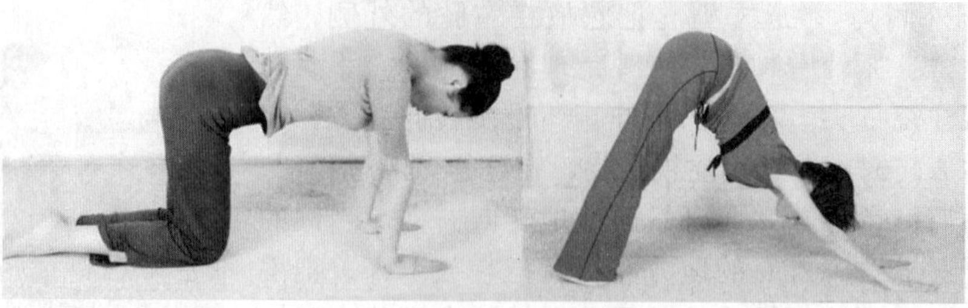

图 27　顶峰式

功效：这个姿势有助于消除疲劳，帮助恢复精力，使心跳减慢。它伸展和加强腘旁腱、小腿腿肚子肌肉、双踝和跟腱，消除脚跟疼痛和僵硬感，软化跟骨刺，强壮坐骨神经。

十二、韦史鲁式

功法：背贴地仰卧。转身做左侧卧式。抬起你的头，弯曲左肘，将头枕落在左掌上。左臂应和身体其他部分成一直线，你的左掌心应在左耳上方托着头。做几次深呼吸，然后举起你的右腿，用右手大拇指和食指等抓住右脚大脚趾。呼气，将右臂和右腿伸直，直到两者都垂直于地面。正常地呼吸，保持这种姿势 10 ~ 30 秒钟。弯曲右膝，慢慢把右腿和右臂放回到躺下的姿势。放下托着头的手掌，转身做背贴地的仰卧式。转身做右侧卧式，重复这个练习（如图 28）。

图 28　韦史鲁式

功效：放松两髋和腘旁腱，可减少腰围线上的脂肪，对骨盆区域有益，有助于消除背痛和防止疝气。

十三、蛙式

功法：开始时俯卧，双臂向后伸展。呼气，屈起双膝，两脚脚跟指向髋部。右手抓住右脚板或右踝，左手抓住左脚板或左踝。放松约两次呼吸之久，然后呼气，抬起你的头和胸部上半部。让头和胸部上半部都离开地面。向上仰望。转动两手，让两手掌将两脚脚趾和脚掌上半部都向下压，而两手手指都指向头部或地下。然后，尽量将两脚向下压，使前臂垂直地面。熟练的瑜伽练习者会做到使两脚跟几乎触及地面。正常地呼吸，保持这个姿势约 20 秒钟。然后呼气，放开双脚，伸直两腿，放松休息（如图 29）。

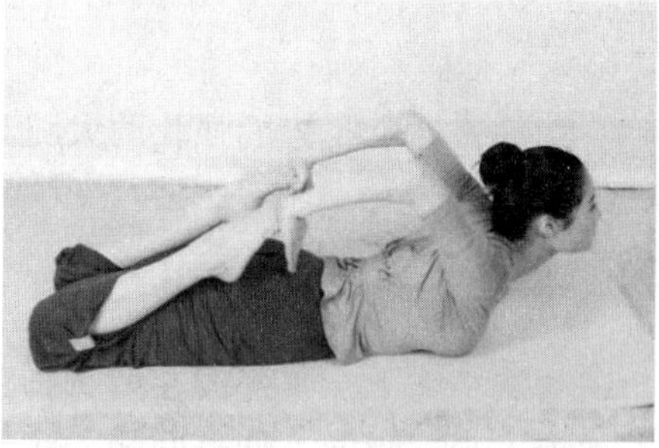

图 29　蛙式

功效：对于两脚、两踝和两膝来说，这是一个最好的锻炼姿势。经常做这个练习有助于减少跟骨刺的痛苦以至逐渐彻底地治好跟骨刺；它有助于形成正确的足弓度，消除脚跟的疼痛；有助于加强双膝，以及解除由于痛风或风湿症引起的膝痛。对腹部脏器也有好处。

十四、神猴式

功法：跪在地面上，双手放在身体两侧膝盖抬起，右腿向前，左腿向后。呼气，试着把两腿伸直，保持臀部上提。然后把双腿和臀部压向地面，把身体的重量放在双手上。掌握这个姿势需要很长时间，瑜伽练习者必须每天练习，臀部着地，双腿伸直放在地面上。前腿的后侧和后腿的前侧应该紧贴地面，一旦双腿可以伸直，坐在地面上，双手抬起，在胸前合掌，保持平衡。保持这个姿势 10 ~ 30 秒，正常呼吸，然后，双手着地，抬起臀部，两腿前后交换重复。这个姿势的高级练习者可以把双手举过头顶，向上伸展，双掌相合，保持平衡。这样，双腿可以得到额外的伸展，并能缓解背部的张力（如图 30）。

图 30　神猴式

功效：伸展大腿、腿筋、腹股沟，刺激腹部器官，这个优美的姿势有助于治疗坐骨神经痛和其他腿部的疾病。它可以增强臀部肌肉力量，保持腿部健康。

十五、眼镜蛇式

功法：俯卧，脸朝下平躺在地面上，伸直双腿，双脚相靠，膝盖绷直，脚趾指向后。手掌放在胸部附近；吸气，用手使劲按压地面，抬起躯干，停留两个呼吸之久；呼气，从躯干向上抬身体，直到趾骨接触地面，在这个体式停留，把身体重量放在两腿和两掌上；大腿绷紧；保持这个体式 20 秒，正常地呼吸；呼气，肘部弯曲，躯干重新放回地面上，重复这个体式两到三次，然后放松（如图 31）。

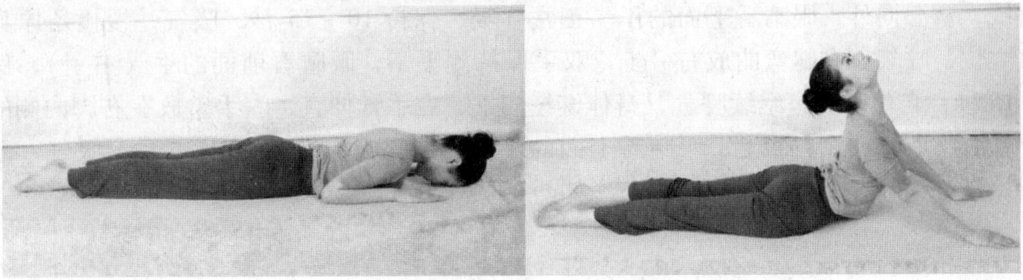

图 31　眼镜蛇式

功效：眼镜蛇式能使脊柱保持一种富有弹性的健康状态，有助于治疗各种背痛和比较轻微的脊柱损伤。当瑜伽练习者把这个姿势做得准确到位时，就会感到每节脊椎都获得了伸展，脊椎一节接一节得到补养、增强。因而，它极有助于使轻微错位的脊椎骨恢复到正确的位置。

十六、猫伸展式

功法：跪下来。坐在脚后跟上，伸直背部。抬起臀部，两手放在地上，形成一种“四脚”姿势。吸气，抬头，收缩背部肌肉。保持此姿势 6 秒钟。然后呼气，垂下头，拱起脊柱。再保持此姿势 6 秒钟。两臂伸直，垂直于地面。把凹背和拱背两种姿势各做 12 次（如图 32）。

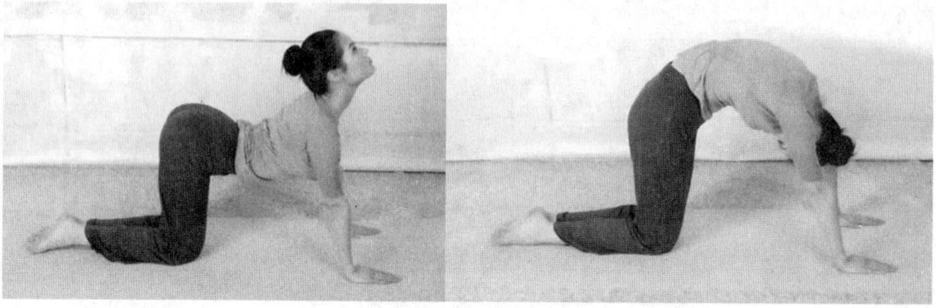

图 32　猫伸展式

功效：这个姿势能使脊椎更加富有弹性，并放松颈项和肩膀。它可以补养和增强神经系统，改善血液循环，增进消化作用，有助于消除腹部区域多余的脂肪。对于女性生殖系统来说，这也是极佳的练习。在月经期间，它有助于消除月经痉挛的痛苦，也有助于治疗白带和月经不规律。对于妊娠妇女来说，这也是一个极好的练习，它有助于子宫恢复正常位置，所以在产后练也是有益的。

十七、英雄式

功法：站姿，作基本三角式，调匀呼吸，吸气，右脚向右转 90°，保持左脚不动，同时上体慢慢向前伸出去，停留 3 秒，呼气，吸气收回，呼气，保持双腿伸直，身体向右下方侧屈，右手指尖或手掌着地，贴近右脚掌内侧，掌心向外，左臂向外打开，与右臂成一条直线，掌心向外，眼睛看上面的手。正常呼吸，保持 10 ~ 15 秒，吸气，慢慢还原身体成直立位，呼气，右腿弯曲成右弓步，双手保持侧平举，眼睛看前面的手（右手），保持 10 ~ 15 秒，自然呼吸，继续呼气，身体继续向下，右手臂伸直，右手掌放在右脚内侧的地板上，右胳肢窝放在右膝上，眼睛看上面的手，自然呼吸，保持 10 ~ 30 秒。吸气，还原成起始姿势；呼气，放下双臂，放松（如图 33）。

图33　英雄式

功效：刺激并改善肠胃功能，有助于消化，减轻关节与坐骨神经痛。健美胸部、大腿、膝部、小腿与脚跟的肌肉。

十八、蹲式

功法：挺身直立，在感到舒适的前提下将两脚宽阔地分开，两脚指向外侧。两手十指相交，两臂轻松地下垂。弯曲双膝，慢慢将身躯降低。降低约2.5厘米后，就伸直双腿，恢复挺身直立的姿势。再次弯曲双膝，把身躯降下得比第一次还要略低一些。伸直两腿，恢复挺身直立的姿势。再次弯曲双膝，把身躯降低到两大腿与地面平行。恢复挺身直立的姿势。把身躯降低到两手略微高于地面。恢复挺身直立的姿势，放松休息。降低身子时呼气；升起身子时吸气。重复做6~12次同样的练习（如图34）。

图34　蹲式

功效：对于孕妇以及慢跑运动员和其他运动员，这是一个极好的练习。它加强了双踝、双膝、两大腿内侧和子宫肌肉。

十九、鸭行式

功法：蹲下，两手放在两膝上。一面保持蹲下的姿势，一面向前步行。开始时用脚趾着地来步行。在20~30秒钟之后，开始用平板脚走路。再过20~30秒钟，每行一步就把膝头触碰地面一次。这个练习你喜欢做多长时间都可以，但要小心不要过于费力劳累（如图35）。

图35　鸭行式

功效：这个练习可以补养和强壮两腿肌肉，使它们准备好以便进而做莲花坐和其他冥想姿势。它也可以增加两腿的血液循环，加速消化过程。要治疗便秘，下面的练习是有益的：喝半升水，做2分钟鸭行式。然后再饮半升水，再做2分钟鸭行式。重复地做这个练习到第四或第五次，你的肠子就应该开始活动起来了。

二十、放气式

功法：蹲下，两膝分开，双脚平放在地上。两肘顶住两膝的内侧，把两手手指放在两脚脚底之下。深吸气，呼出，一边低下头，一边伸直两腿。保持这个姿势约6秒钟。两手继续保持放在两脚底下，恢复蹲下的姿势。重复做这个练习8~10次（如图36）。

功效：对腹部脏器来说，这个姿势非常有益。它可以补养和强壮双肩、双臂、两腿和两膝的肌肉和神经。

图36 放气式

二十一、敬礼式

功法：第一，站立，两脚分开，两脚间的距离略大于肩宽，然后蹲下，两膝尽量向外侧分开，两肘推两膝的内侧，弯曲两肘，双掌合十。第二步，吸气，头向后仰，两肘同时向外将两膝向外推，使两小臂成一条直线且与地面平行，眼睛向上看，保持此姿势5~10秒。第三步，吸气，头部向前抬起，头摆正，眼睛平视前方；两臂向前方伸直，且与地面平行，两手依旧合十；两膝尽量向内侧收，使两膝靠拢。第四步，保持第三步姿势，上身躯干向前下方弯曲，手掌离地约5厘米，保持这个姿势5~10秒钟（如图37）。

图37 敬礼式

功效：伸展颈部、双肩、双臂、两腿和两膝等处的神经，缓解神经疼痛，改进练习者的体态和平衡感。

二十二、罐头开启器和炮弹式

功法：仰卧，两腿伸直。吸气，同时屈右膝，收起右腿，把右大腿尽量收近胸膛。呼气，两手十指相交，抱着右膝。彻底呼气，让两肺叶尽量把气呼完。闭气不吸，并把头抬到右膝处。用下巴接触膝部。吸气，慢慢把头部放回地面上。呼气，放开十指，同时把右腿伸直，放回地面上。吸气，屈左腿，按同上的步骤，左、右两腿各做6次。然后两腿均屈膝，把两大腿收近胸膛，两臂抱着双膝。一边把注意力集中在呼吸上，一边做上述练习。至少重复做6次（如图38）。

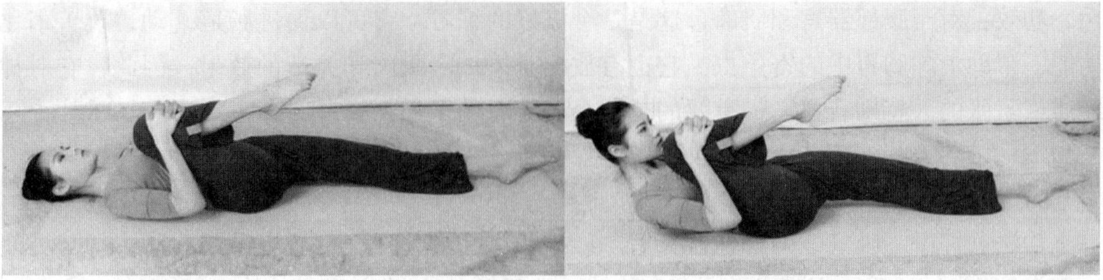

图 38　罐头开启器和炮弹式

功效：补养和强壮腹部脏器，伸展颈项肌肉，有助于减轻便秘，对释放腹中积气效果极佳。

二十三、下半身摇动式

功法：仰卧，两腿伸直。屈膝收腿，两大腿尽量收近胸部。十指相交，放在头部后边。一边保持两肘平贴地上，一边让你的身体向左右两侧摇动，即从一侧向另一侧摇动。至少做 12 次完整的摇动动作（如图 39）。

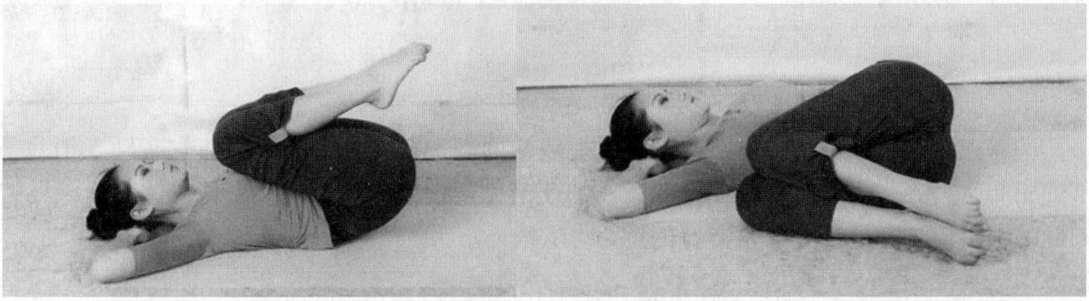

图 39　下半身摇动式

功效：这个练习对背部和肩膀有很好的按摩效果。它还可增强血液循环和补养，强壮大腿与腹部脏器。

二十四、船式

功法：仰卧，两腿伸直。两臂平放体侧，掌心向下。吸气，同时还将头部、上身躯干、两腿和双臂全都抬起来，离开地面。脚趾和头部离地面 2.5 ~ 5.1 厘米。双臂应向前伸直并与地面平行。一边蓄气不呼，一边尽量长久地保持这个姿势，但以不勉强费力为限。一边渐渐地把你的双腿和躯干放回地面，一边慢慢呼气。放松全身，重复这个练习 6 次。休息几秒钟，然后按略有变化的做法再做 6 次（如图 40）。

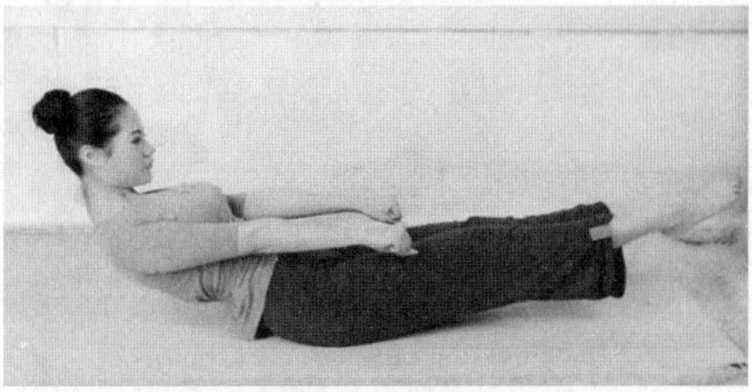

图 40　船式

功效：对于腹部器官和肌肉，这是一个极好的练习。它可以促进肠道蠕动，改善消化功能，帮助消除肠胃中的寄生虫。它也有放松身体许多肌肉和关节的效果，因此，它对神经质或紧张的人特别有益。最重要的是这个姿势有助于强壮腰背部。

二十五、上伸腿式

功法：仰卧。吸气，两臂伸过头后。做一两次呼吸，呼气，慢慢升起双脚，约与地面成30°。正常地呼吸，保持此姿势20秒钟。然后呼气，举起两腿，使双腿离地面约60°。正常地呼吸，保持此姿势约20秒钟。呼气，举起两腿伸直到它们垂直于地面为止。正常地呼吸，保持此姿势约40秒钟。呼气，慢慢将两腿放到地面上，不要猛然抽动或弯曲双膝。放松休息，然后重做几次练习（如图41）。

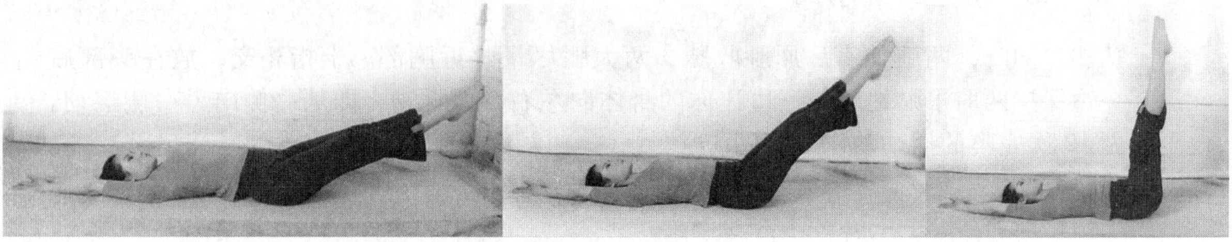

图41　上伸腿式

功效：这个姿势可增强下背部的力量，放松两髋，补养和加强两腿。它有助于消除腰部的脂肪，补养、强壮腹部脏器，刺激、加速消化过程，消除便秘。患胃气胀和其他肠胃问题的人会感到这是一个非常有益的练习。

二十六、虎式

功法：金刚坐坐好，伸直背部。两手放在地板上，抬高臀部，做出爬行的姿势。两眼向前直视，吸气，把右腿向后伸展。蓄气不呼，弯曲右膝，把膝指向头部，两眼向上凝视，保持这个姿势几秒钟。呼气，然后把屈膝的左腿放回髋部下面，挨及胸部，保持脚趾略高于地面，两眼向下看，用鼻子擦膝部（如图42）。

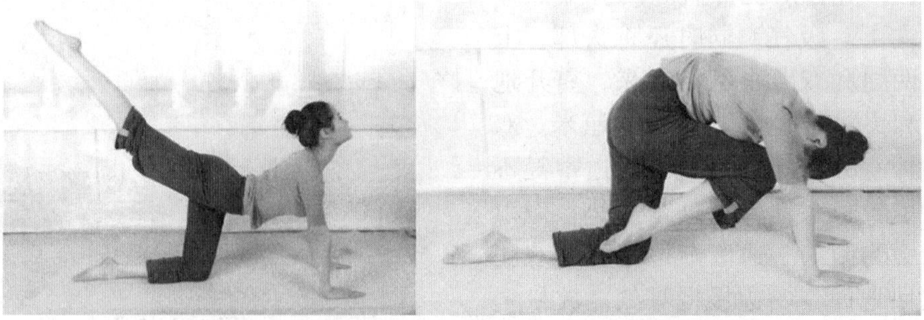

图42　虎式

功效：虎式可使脊柱得到伸展和运动，强壮脊柱神经和坐骨神经，减少髋部和大腿区域的脂肪，强壮生殖器官。它是产后妇女练习的极好方式。

二十七、摇摆式

功法：仰卧，两腿向前伸直，两腿屈膝，将大腿收近胸部，两臂抱两腿，十指交叉，抬起头，让身体向前后摇摆，小心，不要让头猛碰地板。前后摇摆5次，第5次完时，顺势做出蹲着的姿势，此为一个回合，重复8～10个回合（如图43）。

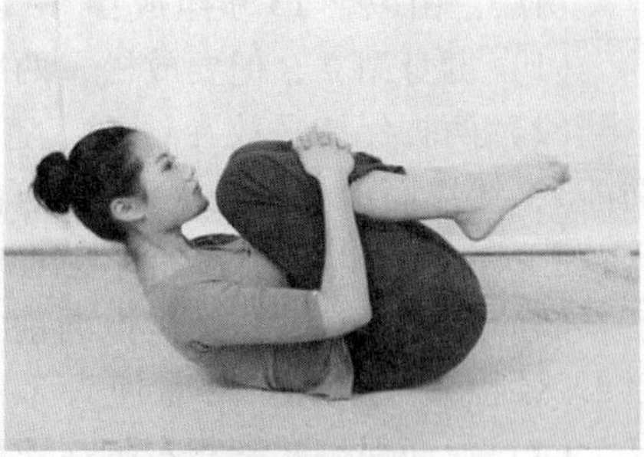
图43 摇摆式

功效：这个练习可按摩和强壮双髋、双臂和背部，对于放松僵硬强直的背部和增加血液循环有极好的功效。它有助于放松胃部和腹部区域，消除腹中气体。

二十八、半舰式

功法：坐正，两腿向前伸直，十指交叉置于头后，呼气，微微向后倾，两脚离开地面，伸直脚趾双膝不要弯曲，全身重量应该靠臀部来平衡，背部任何部位绝不触及地面，脚趾的顶尖与头的顶端处于同一高度，两腿应与地面成30°～40°，保持此姿势20～60秒（如图44）。

图44 半舰式

要求：力图正常呼吸，不要屏息，也不要深呼吸。

功效：这个姿势可以强壮双腿、腹部和背部，增加这三处的力量。它也能强壮神经系统、脾脏、肝脏和胆囊。

二十九、蛇击式

功法：蛇击式是指由坐直开始，手臂前伸，身体前俯，屈臂，抬头，塌腰，胸部贴近地面，让躯干缓缓沿地面向前移动，最后回到眼镜蛇式练法的全过程（如图45）。

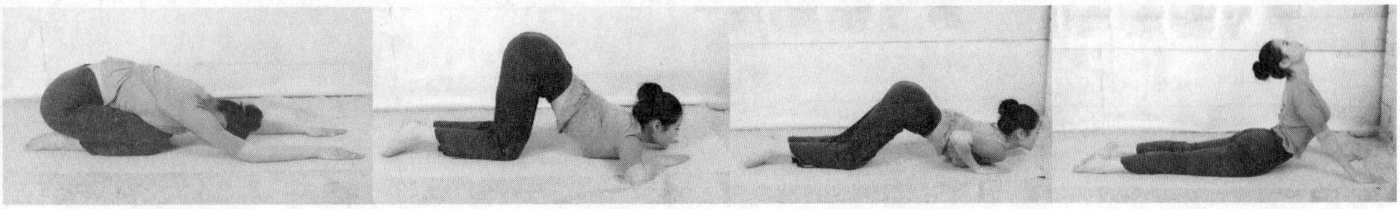
图45 蛇击式

功效：这个动作能强化手臂力量，收紧臂部肌肉，使胸部肌肉也得到强化，活化整个脊柱，纠正轻微的错位。对女性月经不调有辅助疗效。

三十、向太阳致敬式

功法：由以下 13 步组成：

（1）挺身站立，但要放松，两脚靠拢，两掌在胸前合十，正常呼吸。

（2）两脚保持平放在地上。随着你把双臂高举头上（举臂时，两手食指相触，掌心向前），缓慢而深长地吸气，上身自腰部起向后方弯下。在做的过程中，两腿、两臂都伸直；上身向后弯以帮助增加脊柱的弯度。

（3）一面呼气，一面慢慢向前弯身，用双掌或两手手指触及地板（不要弯曲双膝）。以不感到太费力为限，尽量使头部靠近双膝。

（4）一面保持两掌和右脚在地板上稳定不动，慢慢吸气；同时把左脚向后伸展，慢慢把头向后弯，胸部向前方挺出，背部则成凹拱形。

（5）一面慢慢呼气，一面把右脚向后移，使两脚靠拢，臀部向上方抬起。两脚脚跟尽量压向地面，两臂和两腿伸直。你的身体这时应该像一座桥的样子。

（6）一面吸气，一面让臀部微微向前方移动，一直到两臂垂直于地面为止。

（7）蓄气不呼，弯曲两肘，膝盖着地，把胸膛朝着地板方向放低，保持胸部略高于地面，一边慢慢呼气，一边把胸部向前移。

（8）直到你的腹部，你的两条大腿接触地面。吸气，同时慢慢伸直两臂，上身从腰部向上升起。你的背部应成凹拱形，头部像眼镜蛇式那样向后仰起。

（9）呼气，同时把臀部升高到空中。

（10）一边吸气，一边弯曲右腿并向前迈一大步，右脚脚趾与两手指尖平行。向上看，胸膛向前挺，脊柱成凹拱形。

（11）一边保持两掌放在地板上，一边慢慢呼气；把左脚收回与右脚并拢，伸直双腿，尽量使头部靠近双膝。

（12）吸气，两臂伸直慢慢抬高；同时慢慢抬起身体，两臂和背部向后弯。

（13）一边呼气，一边将手臂收回，两手在胸前合十，恢复到开始的姿势（如图 46）。

功效：向太阳致敬式的奇妙益处极多，实在不能全部列出。这些益处中，有一些是来自这个练习的某些特定环节，而由这个练习整体所产生的益处就更多了。这个练习作为一个整体对身体各个不同系统可以产生良好影响，如消化系统、肌肉系统等等。向太阳致敬式不仅对以上每一个系统特别有益，而且有助于使各系统互相达到和谐状态。对人体各主要系统以及对人体整体的这么多有利影响显然带来的结果是：健康、活力充沛以及拥有一颗更为警醒、清澈的心灵。

图 46 向太阳致敬式（拜日式）

三十一、摩天式

功法：直立，两脚与肩同宽。吸气时双臂慢慢高举过头部伸直，双手交叉，转动手腕，掌心向上。呼气时，双臂带动上身慢慢弯下，直到身体与地面平行为止。再次吸气，双手慢慢举起，呼气时双手分开，在体侧落下（如图 47）。

功效：有效地消除由于脊神经失调所引起的各种疾病，消除腰椎间盘所承受的过度压力，缓解腰椎间盘突出症所引起的疼痛，缓解坐骨神经痛。调整消化系统的功能，消除消化不良和便秘，还能减缓肩周炎的疼痛，消减肩部、上臂以及腹部的多余脂肪。

图 47 摩天式

三十二、风吹树式

功法：挺身直立，两脚并拢，两臂放在两侧。十指相交，两臂高举过头顶。转动两腕，使两腕朝天；用脚尖着地站着，上身躯干从腰部弯曲，倾向右侧；保持此姿势几秒钟，然后弯向左侧；弯向左、右两侧至少各做 12 次；然后让上身恢复到中央位置，平脚站立，放下双臂（如图 48）。

图 48　风吹树式

功效：改善腰部和脊柱的柔韧性。通过伸展、伸拉两侧腰肌起到按摩腹腔内脏、加强消化系统功能、消除腰部多余脂肪的作用。

三十三、腰扭动式

功法：挺直身子站立，两脚分开 5 厘米左右。十指相交，吸气，两臂高举过头，转动手腕，让两手掌心向上，呼气，向前弯身，弯到两腿和背部形成 90° 角为止。两眼注视两手，将上身躯干尽量转向右方，接着再将上身躯干尽量转向左方，转向右方时吸气，转向左方时呼气。把这左右转动的动作重复做 4 次，然后，把上身躯干收回原来的中心位置，放低双臂，放开两手，恢复直身姿势。重复做整个练习（如图 49）。

图 49　腰扭动式

功效：这个姿势可以补养和强壮双臂、腰部、背部和髋关节，使腹部器官得到按摩，腰围线上的脂肪也得到减少和分散。

三十四、眼镜蛇扭动式

功法：俯卧地上，两手掌平放在胸膛两侧的地板上，吸气，伸臂抬起身体，直至两臂完全伸直为止，把头转向右方，两眼注视左脚的脚跟，保持这一姿势几秒钟；然后，把头转向左方，两眼注视右脚的脚跟，按原路线返回（如图 50）。

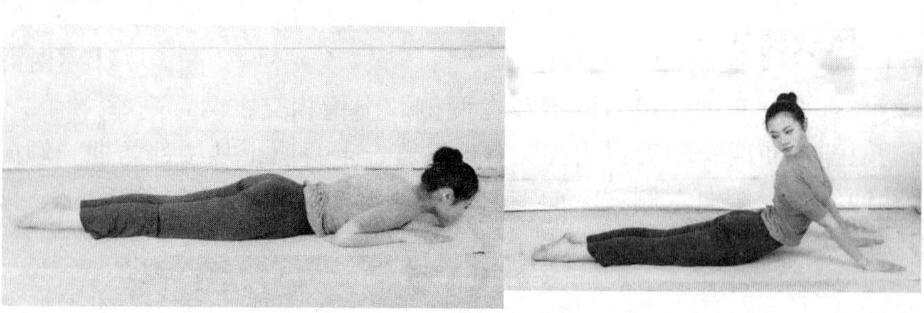

图 50　眼镜蛇扭动式

功效：治疗白带、痛经、闭经等妇女病，增强卵巢、子宫机能，刺激食欲，消除便秘，对腹部脏器尤其肝、肾有益，使突出的椎间盘重新复位，去除各种背痛，此姿势可使脊柱处于柔软健康的状态。

三十五、腹部按摩式

功法：蹲下，两手放在两膝上，弯曲左膝，并放于地上，在保持两手放在两膝上不动的同时，尽量将你的躯干转向右边，把你的下巴放在肩头上，两眼注视身后。慢慢恢复到原来蹲下的姿势，弯曲右膝，在另一边做同样的练习，将身躯向左方扭转 6 次，向右方扭转 6 次（如图 51）。

图 51 腹部按摩式

功效：对于患便秘和其他腹部疾患的人们来说，这是一个极佳的练习。身体每次扭动，腹部器官都轮流获得挤压和伸展，从而按摩、伸展和清洁了肠胃并排泄废物。腹部按摩式往往也和“商卡·普拉剎拉那”洁肠法一起练习。这个姿势还有两种益处：一是它使脊柱放松，使其更健康和有弹性；二是它让颈部区域的僵硬肌肉结块得以放松。

第十八章 健 美

健美是一项新兴的体育运动，是研究人体在运动中生长、发展的客观规律和理论方法的学科，也是专门探求身体建设的科学。

健美运动，英文“Boby Building Exercises”的意思是：“建设身体的练习”或“建造身体的锻炼”。健美运动根据人体解剖学、运动生理学、运动医学以及人体美学等学科规律，通过各种建设器械或手体操等运动，对不同年龄、体质、体型的人进行科学而系统的锻炼，按体格健美的标准来发展各部位的肌肉群，发展肌力，增强体质，改善身体形态，陶冶情操，使身体达到健、力、美的标准。健美运动可以说是一项以塑造人体美为主的体育运动。

在健美练习中，健美全身各部位肌肉群的动作有很多，这里重点介绍适合初级健美练习者独立操作的、具有代表性的、健美训练效果显著的以强壮体魄、发达肌肉为目的的器械和徒手运动方法。

第一节 颈部肌肉的锻炼方法

一、颈部肌肉的构成

颈部主要锻炼的肌肉有：胸锁乳突肌、颈后部肌群、颈侧肌群。

二、颈部肌肉常见练习方法

1. 头压铁片颈屈伸

主要作用：锻炼胸锁乳突肌和颈后部肌群。

起始姿势：仰卧于长凳上，两手握一铁片压在头后，头部下垂。

动作过程：颈部用力把头抬到最高点。颈部放松，让头部缓慢下垂到原位置。

呼吸方法：头部上抬时吸气，下垂时呼气。

注意要点：头部上抬时，目光尽量上视；下垂头部时，目光尽量下视，以便屈伸彻底。

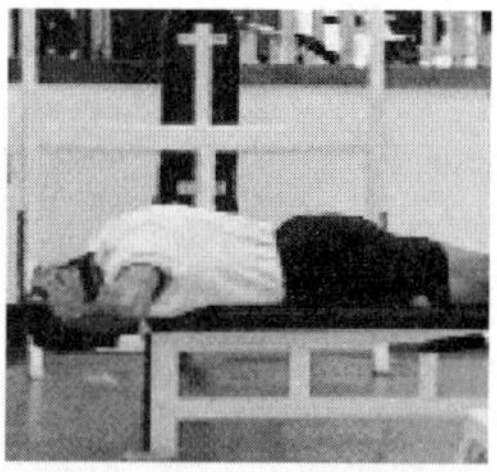

图 1 头压铁片颈屈伸

2. 双手正压颈屈伸

主要作用：锻炼胸锁乳突肌和颈后部肌群。

起始姿势：双手十指交叉，按在脑后。

动作过程：双手用力压头部，使其向前下屈，颈部则用力顶住，不让其轻易下压，但逐渐被压到下巴触及锁骨柄。然后，颈部用力把头部向上、抬起，两手则用力压住头部，不让其轻易抬起，但逐渐抬到原位。

呼吸方法：两手用力下压时吸气，压到底时呼气；头部上抬时吸气，抬到原位时呼气。

注意要点：头部屈伸时，身体不要前俯后仰，注意不要用过大、过猛的抵抗力，前几次用力要小些，再逐渐加大，以避免颈部扭伤。切勿让颈部有任何旋转，而只是屈伸。

图2　双手正压颈屈伸

3. 单手侧压颈屈伸

主要作用：锻炼颈侧肌群。

起始姿势：一手按头右侧，另一只手叉左侧腰间。坐立姿均可。

动作过程：按在头右侧的手用力把头向左侧推压，颈部则用力顶住，不让其轻易压倒，但逐渐被压倒。然后，颈部用力把头向上、向右抬起，而右手则用力压住头部，不让其轻易抬起，但逐渐完全伸直。如此反复多次，直到颈部感觉酸胀。练完一侧，换练另一侧。

图3　单手侧压颈屈伸

呼吸方法：一手用力侧压头部时吸气，压到底时呼气。

注意要点：不要用过大、过猛的抵抗力，前几次用力要小些，再逐渐加大，以避免颈部扭伤。切勿让颈部有任何旋转，而只是屈伸。

第二节　肩部肌肉的锻炼方法

一、肩部肌肉（群）的构成

肩部主要锻炼的肌肉有：三角肌、斜方肌、冈上肌、冈下肌、大圆肌、小圆肌以及肩胛下肌。

二、肩部肌肉常见练习方法

1. 前平举

主要作用：锻炼三角肌前束和斜方肌。

器材：哑铃、杠铃、拉力器、弹力带等。

起始姿势：两腿直立，挺胸收腹。两手正握哑铃或杠铃，两臂下垂于腿前。

动作过程：直臂持铃向上举起，至稍高于肩。静止一秒钟，再直臂徐徐放下，还原至腿前。如用哑铃，可左右手各一次，连续交替做。

呼吸方法：上举时吸气；下落时呼气。

图4　前平举

注意要点：上举和下落时全身保持直立；两臂保持直伸；意念集中在三角肌。

2. 侧平举

主要作用：锻炼三角肌中束和斜方肌。

器材：哑铃、拉力器、弹力带等。

起始姿势：两脚自然开立，两手握哑铃，下垂于身体两侧。

动作过程：收缩三角肌，直臂向侧上方举起，直到略高于肩，静止一秒钟，再让两臂徐徐放下到下垂位置。

呼吸方法：上举时吸气，静止时呼气；下降时吸气，完全落下时呼气。

注意要点：上举和下落时，全身保持直立，不要摇摆弯曲，臂部保持略微弯曲。

图5 侧平举

3. 俯身侧平举

主要作用：锻炼三角肌后束和上背肌群。

器材：哑铃、拉力器、弹力带等。

起始姿势：两脚开立，向前屈体90°；两手握哑铃，两臂直垂肩下。

动作过程：吸气，收缩三角肌后部，抬头、挺胸、塌腰，直臂从两侧平举起哑铃，直到与地面平行。静止一秒钟，再让两臂徐徐放下。

呼吸方法：上举时吸气；下落时呼气。

注意要点：上举和下放哑铃时，全身保持稳定，不要摇摆。意念集中在三角肌后部。上举前，要彻底放松；上举时，上体要抬头、挺胸、塌腰；到达最高点时，要彻底收缩。这一动作也可俯卧在长条凳上做。

图6 俯身侧平举

4. 颈前（后）推举

主要作用：锻炼三角肌后束和斜方肌。

器材：哑铃、杠铃等。

起始姿势：把杠铃或哑铃从地面上拉到胸上，全身直立或坐直，掌心向前（若用哑铃，则两手持哑铃于肩外侧，掌心相对），两臂肘关节向两侧尽量张开，挺胸、收腹、紧腰，目视前方。

动作过程：两臂向上推（若用哑铃，则两手手腕和肘尖同时向外侧转180°）至完全伸直（若用哑铃，则两臂稍弯使哑铃与头顶相接触），静止一秒钟，缓慢还原。

呼吸方法：上举时吸气，下落时呼气。

注意要点：上举和下放杠铃时，身体不要摆动，意念集中于肩部。

图7 颈前（后）推举

5. 站姿提肘上拉

主要作用：锻炼三角肌前束、中束和斜方肌。

器材：杠铃、哑铃、拉力器等。

起始姿势：两脚左右开立，稍宽于肩，双手正握杠铃，两臂自然伸直，挺胸、收腹、紧腰，目视前方。

动作过程：两臂同时用力，将杠铃贴身上提至胸上部（接近下颌），两肘尽量高抬稍停，缓慢还原。

呼吸方法：上提时吸气；下落时呼气。

注意要点：上举和下放杠铃时，身体不要摆动，意念集中于肩部。

6. 侧卧单臂侧平举

主要作用：锻炼三角肌中束、冈上肌和斜方肌。

器材：哑铃、拉力器、弹力带等。

起始姿势：侧卧于长凳（或斜凳）上，一侧肘关节支撑，使身体呈上斜姿势；另一侧手正握哑铃，自然弯曲于体侧。

动作过程：收缩三角肌，直臂向侧上方举起，直到垂直于躯干，静止一秒钟，再徐徐放下到起始位置。

呼吸方法：上举时吸气，静止时呼气。下降时吸气，完全落下时呼气。

注意要点：上举和下落时，全身保持直立，不要摇摆弯曲，臂部保持略微弯曲。

主要锻炼肩部肌肉的动作还有：俯立飞鸟、俯卧飞鸟、斜卧杠铃（哑铃）前平举、耸肩、俯身拉力器侧平拉、上斜俯卧拉力器侧平拉、并握哑铃前平举、曲臂侧平举、坐姿双臂平拉、弹力带俯立侧平举等。

第三节　臂部肌肉的锻炼方法

一、臂部肌肉（群）的构成

臂部主要锻炼的肌肉有：肱二头肌、肱三头肌、肱肌、肱绕肌和前臂肌群。

二、臂部肌肉常见练习方法

1. 单臂蹲坐弯举

主要作用：锻炼肱二头肌、肱肌和肱绕肌。

器材：哑铃。

起始姿势：蹲在地上或坐在凳上，一手正握哑铃，让上臂贴在大腿内侧，前臂向下直垂；另一只手扶压在另一大腿上。

动作过程：收缩握铃一臂的二头肌将前臂向上弯起，到可能的最高点时，彻底收缩二头肌一秒钟，然后伸展肘关节，让哑铃徐徐下落到开始位置。练完一侧，换练另一侧。

呼吸方法：弯起前臂时吸气；下垂时呼气。

图 8　单臂蹲坐弯举

注意要点：身体不可后仰，不准借助腿部上抬力量完成动作；让上臂贴靠大腿是为了确保不在弯起前臂时移动肘部。

2. 站姿臂弯举

主要作用：锻炼肱二头肌、肱肌和肱绕肌。

器材：杠铃、哑铃、拉力器、弹力带等。

起始姿势：全身直立，两手反握杠铃，两臂下垂。

动作过程：上臂尽量保持不摆动，屈肘，弯起前臂到可能的最高点；同时收缩二头肌，静止一秒钟。松展肘关节，让前臂徐徐下落到两臂完全伸直。

呼吸方法：弯起前臂时吸气；回落时呼气。

注意要点：要依靠二头肌的力量使前臂向上弯起，在前臂弯起到最高点时，彻底收缩二头肌一秒钟，而不是立即放松它。不要在弯起前臂时让两肘随之向前上方摆动来使前臂弯得更高。

图9　站姿臂弯举

3. 平、斜托臂弯举

主要作用：锻炼肱二头肌、肱肌和肱绕肌。

器材：杠铃、哑铃、曲柄杠铃。

起始姿势：采用站姿或坐姿，两手反握横杆，肘部抵于托垫边缘。

动作过程：吸气，屈臂用力牵拉杠铃至最高点，静止一秒钟。松展肘关节，让前臂徐徐下落到两臂自然伸直。

呼吸方法：弯起前臂时吸气；回落时呼气。

注意要点：上体保持平直，依靠二头肌的力量使前臂向上弯起，在前臂弯起到最高点时，彻底收缩二头肌一秒钟，而不是立即放松它。训练时肘部不要完全伸直，以免引起肌腱炎。此动作一开始肌肉张力就比较大，因此，应正确热身，可先行小负荷的训练。

图10　平、斜托臂弯举

主要锻炼肱二头肌的动作还有斜卧双手臂弯举、站姿（坐姿）哑铃交替弯举、站姿（坐姿）哑铃绕环、站姿（坐姿）弹力带体侧弯举（勾）、站姿体侧上举哑铃等。

4. 站姿或坐姿颈后臂屈伸

主要作用：锻炼肱三头肌和肱绕肌。

器材：杠铃、哑铃、曲柄杠铃。

起始姿势：两手正握或反握杠铃或两手合握一个哑铃。将其高举过顶后，屈肘，让前臂向后下垂。全身直立或坐在凳子上。

动作过程：两上臂贴近两耳，保持竖直，不摇动。收缩三头肌，逐渐伸展肘关节，把前臂向上挺伸，直到臂部完全伸直，三头肌彻底收紧，静止一秒钟，再屈肘，让前臂徐徐下垂到开始位置，使三头肌尽量伸展。

图11　坐姿颈后臂屈伸

呼吸方法：挺伸前臂时吸气；屈降时呼气。

注意要点：挺伸前臂时切勿摆动上臂。

5. 俯身臂屈伸

主要作用：锻炼肱三头肌和肱绕肌。

器材：哑铃、拉力器、弹力带。

起始姿势：向前屈体，单手握哑铃，另一手撑开或一手扶膝后腿上，让握铃的上臂贴靠身侧，与上体平行。屈肘，让前臂自然下垂。

图 12 俯身臂屈伸

动作过程：上体和上臂保持不动，收缩三头肌，把前臂向后上方挺伸，直到臂部完全伸直，同时彻底收缩三头肌。静止一秒钟，再屈肘，让前臂徐徐下垂到开始位置。

呼吸方法：挺伸前臂时吸气；下垂时呼气。

注意要点：挺伸前臂时尽量勿使上臂上下摆动；臂部完全挺直后，还要把手腕往上抬，使三头肌收缩更彻底。

6. 仰卧臂屈伸

主要作用：锻炼肱三头肌和肱绕肌。

器材：哑铃、杠铃。

起始姿势：平卧（或斜卧）于长凳上，两手反握或正握杠铃，向上举起，两臂和地面垂直后，屈肘下垂前臂。

动作过程：保持上臂不摆动，收缩三头肌，把前臂向上挺伸，直到臂部完全伸直。静止一秒钟，彻底收缩三头肌，然后屈肘，有控制地让前臂徐徐下垂到开始位置，充分伸展三头肌。

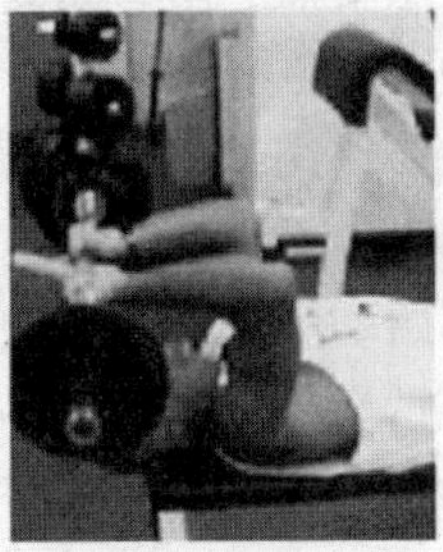

图 13 仰卧臂屈伸

呼吸方法：挺伸前臂时吸气；下垂时呼气。

注意要点：挺伸和下垂前臂时，上臂要保持原位不摆动。

7. 屈肘下压

主要作用：锻炼肱三头肌和肱绕肌。

器材：拉力器。

起始姿势：两脚开立，与肩同宽，抬头、挺胸、收腹、紧腰，身体直立。两臂屈肘于胸前，两手正握或反握拉力器把手，手腕与前臂保持直线状。

动作过程：保持上臂不摆动，收缩三头肌，把前臂向下挺伸，直到臂部完全伸直。静止一秒钟，彻底收缩三头肌，然后屈肘，有控制地让前臂徐徐还原到胸前。

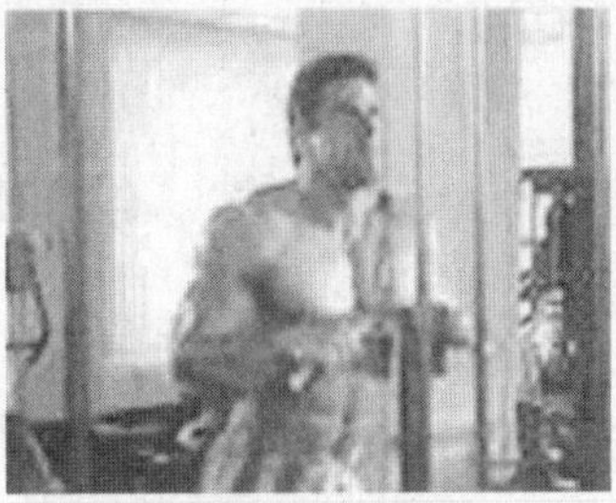

图 14 屈肘下压

呼吸方法：下压前臂时吸气；还原时呼气。

注意要点：挺伸和下垂前臂时，上臂要保持原位不摆动。

主要锻炼肱三头肌的动作还有双杠臂屈伸（眼平视前方）、窄握杠铃推举、窄距俯卧撑、仰卧撑挺身等。

8. 坐姿腕屈伸

主要作用：锻炼前臂屈、伸肌。

器材：杠铃、哑铃。

起始姿势：坐在凳子上，屈肘，两前臂放在大腿上，两上臂和肘关节向内夹紧，两手握距与肩同宽或稍窄，两手正握或反握铃。

动作过程：保持上臂不动，用力持铃向上屈腕或展腕弯起，直至手腕不能再向上弯曲时为止；稍停 2 ~ 3 秒钟，呼气，松腕持铃缓慢放下还原。

呼吸方法：屈腕或展腕时吸气；还原时呼气。

注意要点：前臂始终要紧贴在大腿上，不得抬离腿面。手腕屈伸要彻底。

9. 站姿腕屈伸

主要作用：锻炼前臂屈、伸肌。

器材：哑铃。

起始姿势：两脚开立，与肩同宽，抬头、挺胸、收腹、紧腰，身体直立。两手握哑铃于体侧，拳眼向前。

动作过程：保持上臂不动，用力持铃向左右屈或展腕弯起，直至手腕不能再向上弯曲时为止；稍停 2 ~ 3 秒钟，松腕持铃缓慢放下还原。

呼吸方法：屈腕或展腕时吸气，还原时呼气。

注意要点：上臂始终要紧贴在大腿侧面上，不得离开腿面。手腕屈伸要彻底。

10. 站姿卷棒

主要作用：锻炼前臂屈、伸肌。

器材：卷绳棒。

起始姿势：两脚开立，与肩同宽，抬头、挺胸、收腹、紧腰，身体直立。前平举（正握）或两臂屈肘（反握），两手握住卷绳棒。

动作过程：两手交替转动卷绳棒，随着绳子的不断卷起把重物不断提升，直至把绳子卷完，然后再反方向转动卷绳棒，使重物下落还原。

呼吸方法：自然呼吸，但要与动作速度协调配合。

注意要点：动作过程速度不宜过快，动作始终不得通过上臂和前臂上下起伏和屈肘移动借力。每次卷动幅度尽可能大些。还原时要向里卷棒进行，不得放松使重物滑下。

主要锻炼前臂肌肉的动作还有重锤握力器交替握、弹簧拉力器交替握、绕腕、翻转杠铃片等。

第四节　胸部肌肉的锻炼方法

一、胸部肌肉（群）的构成

胸部主要锻炼的肌肉有：胸大肌、胸小肌。

二、胸部肌肉常见练习方法

1. 平卧推

主要作用：锻炼胸大肌，兼练肱三头肌。

器材：杠铃、哑铃、仰卧推举架。

起始姿势：仰卧于长凳上，挺胸沉肩，腰背收紧呈弓形，将杠铃放在乳头上方。

图 15 平卧推

动作过程：将杠铃垂直上举至两臂完全伸直，胸肌彻底收缩，静止一秒钟，慢慢下落。

呼吸方法：上举时吸气；下落时呼气。

注意要点：上举时背部、臀部要平贴凳面，两脚用劲下踏；用力上推时两肩胛下沉，挺胸，不可含胸耸肩。推举时，杠铃、哑铃的运动轨迹始终垂直于地面。

2. 上斜卧推

主要作用：锻炼胸大肌上部，兼练三角肌前束和肱三头肌。

器材：杠铃、哑铃、仰卧推举架。

图 16 上斜卧推

起始姿势：头朝上斜卧于长凳上（45°～60°），挺胸沉肩，腰背收紧呈弓形，两手正握杠铃置于胸乳稍上部。

动作过程：把杠铃垂直上举至两臂完全伸直，静止一秒钟，慢慢下落至原位。

呼吸方法：上举时吸气，静止时呼气；徐徐下落时吸气，落到原位时呼气。

注意要点：同平卧推。

3. 下斜卧推

主要作用：锻炼胸大肌下部、肱三头肌和三角肌前束。

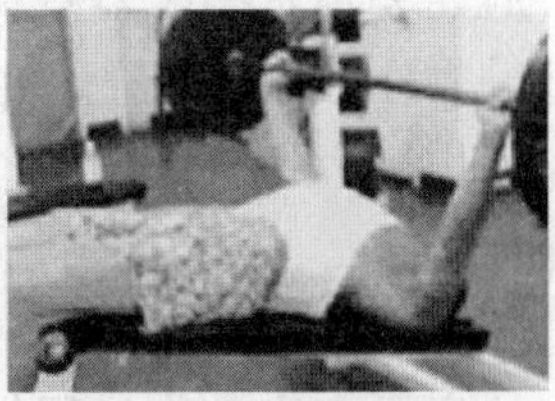
图 17 下斜卧推

器材：杠铃、哑铃、仰卧推举架。

起始姿势：头朝下斜卧于长凳上，挺胸沉肩，腰背收紧呈弓形，两手正握杠铃置于胸部下方。

动作过程：把杠铃垂直上举至两臂完全伸直，静止一秒钟，慢慢下落至原位。

呼吸方法：上举时吸气，静止时呼气；徐徐下落时吸气，落到原位时呼气。

注意要点：同平卧推。

4. 仰卧飞鸟

主要作用：锻炼胸肌。

器材：哑铃、长凳。

图 18 仰卧飞鸟

起始姿势：可采用平卧、上斜卧、下斜卧位置。仰卧于长凳上，挺胸沉肩，腰背收紧呈弓形，两手拳心相对，持哑铃；两臂向上直伸与地面垂直，两脚平踏地面。

动作过程：两手向两侧分开下落，两肘微屈，直到不能更低时止。静止一秒钟，让胸大肌完全伸展，然后将两臂从两侧向上，回到开始位置。

呼吸方法：两臂拉开时吸气；恢复时呼气。

注意要点：两手不要紧握。分臂时，背部肌肉要收紧。意念集中在胸大肌的收缩和伸展上。

5. 卧式两臂上拉

主要作用：锻炼胸大肌下部、肱三头肌和三角肌前束。

器材：杠铃、哑铃、长凳。

起始姿势：仰卧于长凳上，两手正握哑铃或杠铃，两臂直伸，与地面平行。两脚平踏在地面或长凳上。

动作过程：两肘保持微屈，把哑铃或杠铃向上、向后拉，并下落到尽可能的最低点。静止一秒钟，让胸大肌尽量拉伸。然后，收缩胸大肌，把两臂拉向上，拉向前，直至下落到腿侧开始位置。

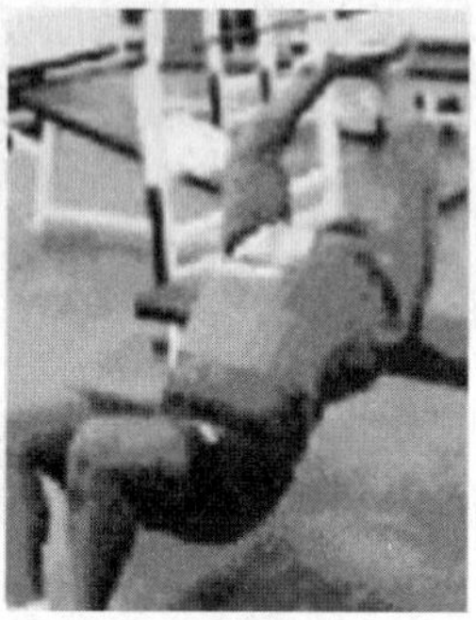

图 19 卧式两臂上拉

呼吸方法：向上向后拉时吸气；向上向前恢复时呼气。

注意要点：在动作开始时要尽量吸气。后拉时，让两臂充分向后下压；前拉时，让两臂充分向前直伸。该动作也可两手并握一较重的哑铃来做，因两手握距较狭，重量集中在杠中央，对锻炼胸大肌靠人体中线的边沿部分有较大作用。

6. 坐姿夹胸器夹胸

主要作用：锻炼胸大肌，对喙肱肌和肱二头肌短头也有锻炼作用。

器材：夹胸器。

起始姿势：坐于器械椅上，抬头、挺胸、收腹、挺腰，后脑、背部、臀部紧贴椅背，肘部贴靠在活动臂板上，前臂和腕部放松，两手扶握横把。

动作过程：胸部用力，推动活动臂至胸前，使两个活动臂相对合。静止两秒钟，缓慢恢复原位。

呼吸方法：夹胸时吸气；恢复时呼气。

注意要点：动作过程始终保持背部、臀部平贴椅面；用力夹胸时两肩胛下沉，挺胸，不可含胸耸肩。

主要锻炼胸肌肉的动作还有：站姿拉力器夹胸、（宽距、中距）俯卧撑、双杠臂屈伸（身体前倾）等。

第五节 背部肌肉的锻炼方法

一、背部肌肉（群）的构成

背部主要锻炼的肌肉（群）有背大肌。

二、背部肌肉常见练习方法

1. 立式耸肩

主要作用：锻炼斜方肌。

器材：哑铃。

起始姿势：身体直立，两手用正（俯）握法握杠铃或哑铃，握距稍宽于肩。

动作过程：先让肩部尽量下倾，两臂完全不使劲，然后耸起两肩（主要是收缩斜方肌），静止一秒钟，松下肩，重复再做。

呼吸方法：耸起肩部时吸气；松下时呼气。

注意要点：耸起肩部把杠铃稍稍上提要完全靠收缩斜方肌所产生的力量，两肘不能有丝毫弯曲。

图20 立式耸肩

2. 直立划船

主要作用：锻炼斜方肌，还能锻炼三角肌前头和前锯肌。

器材：杠铃。

起始姿势：两脚自然开立，两手握杠，用上握法握距比肩狭(可窄到两拳在杠中央相接)。

动作过程：把杠铃徐徐向上拉起，直到横杠几乎触及颈部。静止一秒钟，让杠铃徐徐下垂到两臂完全伸直，重复再做。

呼吸方法：杠铃上拉时吸气；下垂时呼气。

注意要点：上拉时要让横杠尽量贴近身体。如握把较宽，杠铃上提时让两肘尖向上。上拉时身体不要摆动。下垂杠铃要徐徐而行，最后要让杠铃尽量下垂到尽可能的最低点。

图21 直立划船

3. 并握划船

主要作用：锻炼斜方肌，还能锻炼三角肌前头和前锯肌。

器材：杠铃。

起始姿势：将横杠一端套上杠铃片，让一端留空，并顶住墙角或用重物压住。骑跨横杠，面向重端，站在垫木上，两膝稍弯，臀部向后移，两手一前一后并握杠的近杠铃片处。将重端稍稍拉离地面。两臂下垂，不要低头。

动作过程：收缩背阔肌，屈肘将杠铃的重端拉起到接近胸

图22 并握划船

骨。静止一秒钟，极力收紧背阔肌。放松背阔肌，让杠铃重端徐徐下降。

呼吸方法：上拉时吸气；下降时呼气。

注意要点：为了尽量用上背阔肌的收缩力，两手握杠要放松些，以少耗臂力。上体保持不动，不向抬高借劲。起拉前，要让背阔肌完全松开，上拉到最高点时彻底收缩。胸要挺，腰要收紧，腿要用力下踏，臀部往后移。

4. 俯身划船

主要作用：锻炼背阔肌、大圆肌、三角肌后束、臂部屈肌、菱形肌、斜方肌。

器材：杠铃、哑铃、拉力器、弹力带。

起始姿势：屈膝，上体前倾45°，保持背部挺直，两臂直垂握杠，应使杠铃稍离地面。

动作过程：收缩背阔肌，将上臂上拉，把杠铃尽量拉高。静止一秒钟，让杠铃徐徐下降到两臂完全伸直下垂。

呼吸方法：上拉杠铃时吸气；放下时呼气。

注意要点：上拉时要想着让主要力量来自背阔肌的收缩，而不是臂部。上拉时，腰要收紧，上体尽量不摇动，腿部用力，臀部后移，以保持平衡。如做单臂划船，另一手可撑扶在膝上或凳上。头不要低垂。

图23　俯身划船

5. 坐姿划船

主要作用：锻炼背阔肌、大圆肌、肱二头肌、三角肌、肱绕肌。

器材：组合训练器、拉力器、弹力带。

起始姿势：面向训练机坐下，双脚抵于挡板，身体前倾。

动作过程：用力拉动手柄至胸廓下部，肘关节外展、尽量向后。动作结束时肩胛骨内收，保持两秒钟，缓慢恢复还原。

呼吸方法：划船拉起时吸气；恢复还原时呼气。

注意要点：划船拉起时稍后仰。

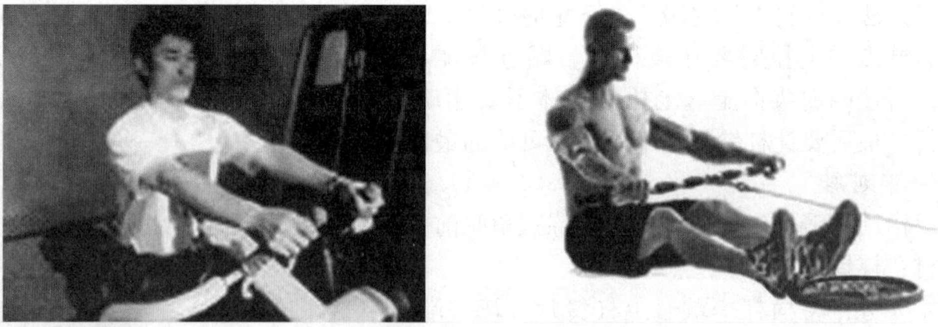

图24　坐姿划船

6. 正握引体向上

主要作用：锻炼背阔肌。

器材：双杠。

起始姿势：两手用宽握距正握（掌心向前）单杠，两脚离地，两臂身体自然下垂伸直。

图 25　正握引体向上

动作过程：用背阔肌的收缩力量将身体往上拉起，直到单杠触及或接近胸部或颈后。静止一秒钟，使背阔肌彻底收缩。然后逐渐放松背阔肌，让身体徐徐下降，直到恢复完全下垂，重复再做。

呼吸方法：将身体往上拉时吸气；下垂时呼气。

注意要点：上拉时意念集中在背阔肌，把身体尽可能地拉高，不要摆动。下垂时脚不能触及地面。可在腰上钩挂杠铃片来加重。

7. 背阔肌下拉

图 26　背阔肌下拉

主要作用：锻炼背阔肌。

器材：组合训练机。

起始姿势：坐在凳上，两手用宽握距向上伸直，正握（掌心向前）或反握吊棍。

动作过程：收缩背阔肌，肘关节外展，将吊棍尽力往下拉，直到触及颈后肩背部或是触及前胸。然后慢慢放松背阔肌，让吊棍缩回到两臂伸直拉住的高度。

呼吸方法：将吊棍下拉时吸气；松回时呼气。

注意要点：应将意念集中在背阔肌收缩和放松的控制上。若坐着的高度不合适，可立着做或跪着做。

8. 超度挺身

图 27　超度挺身

主要作用：锻炼下背部骶棘肌。

器材：长凳。

起始姿势：俯伏在长凳上，让上身前滑，直到小腹贴在凳边。向前屈体，让上体直向下垂，并让一同伴压住或坐在小腿上。两手交叉放在胸前。若要增大抗力，还可抱一杠铃片在胸前。

动作过程：上体尽量向上挺，到最高点时，静止一秒钟，然后

呼吸方法：上体挺起时吸气；前屈时呼气。

注意要点：向上挺伸时应尽力收缩骶棘肌，动作不要过快。

9. 负重躬身

图 28　负重躬身

主要作用：锻炼下背部骶棘肌。

器材：杠铃。

起始姿势：颈后肩负杠铃，两手用宽握距握杠，全身直立。

动作过程：慢慢向前屈体躬身，直到上体与地面平行，静止一秒钟，身体向上挺起，直到恢复全身直立。

呼吸方法：向前屈体时吸气；挺起时呼气。

注意要点：屈伸上体时，应始终保持挺胸收腹紧腰和两脚伸直。两手紧握横杠，勿使其在颈椎上滑动。挺起时有意识地彻底收缩骶棘肌。

10. 直腿硬拉

主要作用：锻炼下背部骶棘肌。

器材：杠铃。

起始姿势：两脚开立，比肩稍狭。向前屈体，不要屈膝。两手正、反握杠，握距稍宽于肩。勿低头。

动作过程：收缩下背部肌肉，把上体向上、向后挺起，两肩尽量后移。最后，尽力收缩骶棘肌，静止一秒钟，再慢慢屈体向前，直到杠铃片几乎触及地面。如欲加大后背部的屈伸幅度来加大锻炼效果，练习者可把两脚放在垫木上，杠铃放在地上。

呼吸方法：上拉时吸气；放下时呼气。

注意要点：两腿始终直立，膝部勿弯曲。意念要始终在后背部。动作平稳，用大重量杠铃，但又切勿过重。也可屈腿做这个动作，称为“屈腿硬拉”，对下背部的锻炼作用稍小，但有助于锻炼股四头肌。

图 29　直腿硬拉

主要锻炼背部肌肉的动作还有：俯卧划船、“T”形杆划船、俯卧飞鸟、拉力器扩胸、弹力带俯立侧平举、坐（半蹲坐）腹前斜拉等。

第六节　腰腹部肌肉的锻炼方法

一、腰腹部肌肉（群）的构成

腰腹部主要锻炼的肌肉有：腹直肌、腹内斜肌、腹外斜肌、腰方肌。

二、腰腹部肌肉常见练习方法

1. 仰卧起坐

主要作用：锻炼上腹部肌肉。

器材：垫子、凳子。

起始姿势：仰卧于平垫上或头朝上仰卧于斜板上，两脚并拢伸展，双脚固定，两手放于脑后。

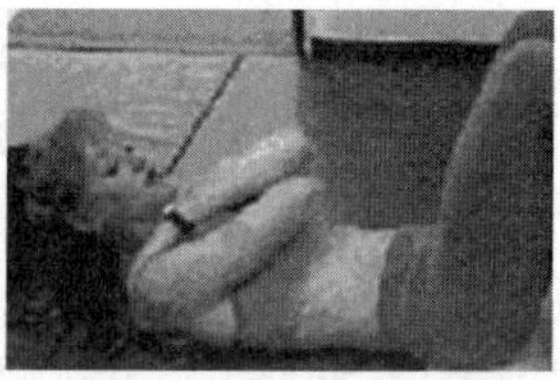

图 30　仰卧起坐

动作过程：收缩腹肌使上体坐起，稍停后缓慢还原。

呼吸方法：向上起坐时吸气；向下仰卧还原时呼气。

注意要点：下落时，仍要控制腹肌，勿使下落过快。不得借反弹力起坐。

2. 仰卧抬腿蜷缩上体

主要作用：锻炼上腹部肌肉。

器材：垫子、凳子。

起始姿势：平卧于床上或地上。两膝弯曲，抬起小腿，勿使下降，两手抱头。

动作过程：在保持小腿不下放的姿势中，尽力把上体向前蜷缩，身体实际上不会上抬很高。

呼吸方法：向前蜷缩时吸气；回落时呼气。

注意要点：向前蜷缩时，腰要下沉贴床或地面，腹肌尽量收缩。

图 31 仰卧抬腿蜷缩上体

3. 收腹下拉

主要作用：锻炼上腹部肌肉。

器材：组合训练器、拉力器、弹力带。

起始姿势：可采用站姿、跪姿和坐姿。以站姿为例，背对训练器站立，双手握拉杆（或握把）置于颈后（或颈侧）。

动作过程：收缩腹肌，使胸部向大腿靠近，稍停后缓慢还原。

呼吸方法：缩身蜷腹时吸气，还原时呼气。

注意要点：缩身蜷腹时臀部不得后坐。

图 32 仰卧举腿

4. 仰卧举腿

主要作用：锻炼下腹部肌肉。

器材：垫子、斜凳。

起始姿势：仰卧于平垫上或头朝上仰卧于斜板上。两手握住头后方的固定物件，全身伸直。

动作过程：收缩腹肌，将保持伸直的两腿向上弯起至最大限度。保持一秒钟，再让两腿徐徐回落。

呼吸方法：向上弯起两腿时吸气；回落时呼气。

注意要点：下落两腿时，仍要控制腹肌，勿使下落过快。

图 33 悬垂举腿

5. 悬垂举腿

主要作用：锻炼下腹部肌肉。

器材：单杠。

起始姿势：两手正握单杠，全身直垂杠下。

动作过程：屈膝或直腿，把小腿尽力向上缩起，到最高点时，彻底收缩腹直肌一秒钟。然后徐徐下垂小腿，直到完全伸直。

呼吸方法：缩起小腿时吸气；降落时呼气。

注意要点：缩起小腿时要尽力把两膝向上提升。

6. 坐式缩腿

主要作用：锻炼下腹部肌肉。

器材：凳子。

起始姿势：坐在凳边，两手向后撑在凳上。两腿向前直伸。

动作过程：屈膝缩起小腿到可能的最高点。彻底收缩腹直肌一秒钟，然后徐徐降落小腿，直到完全伸直。

呼吸方法：缩起小腿时吸气；降落时呼气。

注意要点：本动作较简易，其作用大小全在膝部上提的高低和动作的快慢上。愈高愈慢愈大，反之愈小。

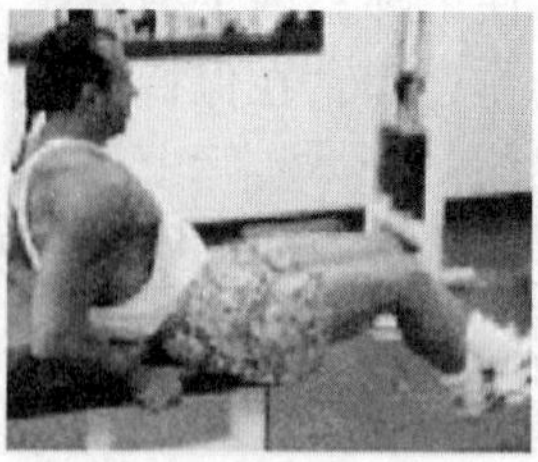

图 34　坐式缩腿

7. 侧卧起坐

主要作用：锻炼腹外斜肌。

器材：凳子。

起始姿势：侧卧于平地或斜板（头低脚高）上，双腿稍屈，双脚固定，双手抱于脑后。

动作过程：腹外肌用力收缩，使上体侧抬起至最大幅度，稍停后缓慢还原，左右两侧交替进行。

呼吸方法：上体侧抬起时吸气；放下还原时呼气。

注意要点：上体侧抬起放下运动中，上体不可前屈后仰。

主要锻炼腰腹部肌肉的动作还有仰卧转体起坐、仰卧举腿转体、悬垂举腿转体、仰卧举腿交叉摆动、负重体侧屈、负重转体、腹肌滚轮、V 字挺身等。

第七节　臀腿部肌肉的锻炼方法

一、臀腿部肌肉（群）的构成

臀腿部主要锻炼的肌肉有：股四头肌、股二头肌、臀大肌、小腿后群肌肉。

二、臀腿部肌肉常见练习方法

1. 俯卧直腿后上举

主要作用：锻炼臀大肌。

器材：垫子、长凳。

起始姿势：俯卧于平地上，双腿伸直并拢，两臂屈肘置于肩前或用手抓握凳沿以固定身体。

动作过程：以臀部肌群的收缩力量把两腿向上抬高举起，尽可能高于垫面或凳面，抬至最大幅度臀部肌肉收紧为止；同时抬头挺胸，稍停后缓慢还原。左右腿可交替进行。

呼吸方法：上抬举腿时吸气；放下还原时呼气。

注意要点：两腿伸直，尽量高抬，意念集中于臀部肌群；还原时动作要平稳稍慢些，不要利用腿部下落的摆动惯性举起双腿。

2. 侧卧直腿侧上举

主要作用：锻炼臀大肌。

器材：垫子、长凳。

起始姿势：侧卧于平地上，双腿伸直并拢，两臂于体前支撑或用手抓握凳沿固定身体。

动作过程：抬头挺胸，以臀部肌群的收缩力量把两腿向上举起，尽可能高于垫面或凳面，抬至最大幅度臀部肌肉收紧为止，稍停后缓慢还原。也可单腿进行。

呼吸方法：上抬举腿时吸气；放下还原时呼气。

注意要点：两腿伸直，尽量高抬，意念集中于臀部肌群；还原时动作要平稳、稍慢些，不要利用腿部下落的摆动惯性举起双腿。

3. 站姿负重腿后拉

主要作用：锻炼臀大肌。

器材：组合训练器、拉力器、弹力带。

起始姿势：站立、挺胸、收腹、紧腰，两手扶墙或抓握组合训练器握把以固定身体，一脚踝套上阻力器。

动作过程：以臀部肌群的收缩力量向后上举起，抬至最大幅度臀部肌肉收紧为止，稍停后缓慢还原。左右腿交替进行。

呼吸方法：上抬举腿时吸气；放下还原时呼气。

注意要点：上举时不得屈腿勾脚尖，上体不得前倾后仰摆动借力。

4. 俯卧腿弯举

主要作用：锻炼股二头肌。

器材：组合训练器、拉力器、弹力带。

起始姿势：俯卧在专用长凳上，两脚踝伸钩在滚轴下面，滚轴另一面加上所要重量的杠铃片。

动作过程：屈膝，把小腿向后弯起，到最高点时尽力收缩二头肌。静止一秒钟，伸直下小腿到原来位置，重复再做。

呼吸方法：弯起小腿时吸气；放下时呼气。

注意要点：弯起小腿时，大腿平贴凳面。如没有专用的腿弯举凳，可俯卧在普通的长凳上，脚系哑铃、杠铃片做。

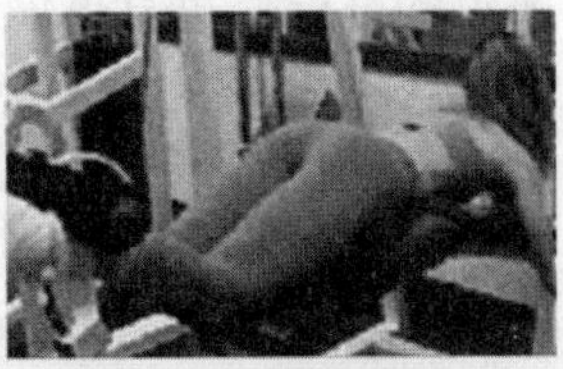

图 35 俯卧腿弯举

5. 立式腿弯举

主要作用：锻炼股二头肌。

器材：组合训练器、拉力器、弹力带。

起始姿势：站在一高木块或矮凳上，一脚系一哑铃，自然直悬在木块外，另一腿支撑体重，一手或两手扶墙或木条。

动作过程：屈膝，把小腿用力尽量向后弯起，静止一秒钟，同时尽力收缩二头肌。自然垂下小腿到原来位置，重复再做。

图 36 立式腿弯举

呼吸方法：弯起小腿时吸气；下垂时呼气。

注意要点：弯起小腿时，不要让大腿前后摆动。

6. 后蹲

主要作用：锻炼股四头肌。

器材：组合训练器、深蹲架、杠铃。

起始姿势：站在深蹲架前，屈膝，两手握住深蹲架上的杠铃并担负在颈后肩上。向前走两步，两脚开立，略宽于肩，足趾稍向外撇，身体伸直。

动作过程：屈膝下蹲到大腿上面和地面平行或稍低，静止一秒钟，大腿和臀部用力使两脚蹬地，使身体恢复到直立。按规定次数和组数重复再做。完成后，退回几步，把杠铃放回深蹲架上。

图 37　后蹲

呼吸方法：下蹲时呼气；起立时吸气。

注意要点：在做整个动作的过程中，背部要平直，上体勿前倾，臀部不要后突，后腰要下塌，动作要稳定。腿部快伸直时，用力挺直膝关节。

7. 腿举

主要作用：锻炼股四头肌。

器材：组合训练器。

起始姿势：仰卧在腿举架的底板上，蜷缩双腿让整个脚底顶住加重板的底面。

动作过程：两腿用力向上蹬板，到两腿完全伸直；同时尽力收缩股四头肌。静止一秒钟，屈膝，让加重板慢慢下降到原来卡定的高度。重复再做。

图 38　腿举

呼吸方法：用力蹬板时吸气；回降时呼气。

注意要点：仰卧时，臀部正对加重板的中心下方；蹬板时，整个脚底平贴住板底。

8. 坐式腿屈伸

主要作用：锻炼股四头肌。

器材：组合训练器。

起始姿势：坐在专制长凳上，在滚轴的另一边加上所要重量的杠铃片，两脚勾住滚轴，小腿与大腿成90°角。

动作过程：两腿用力收缩股四头肌，伸直膝关节，使小腿向上挺直。静止一秒钟，垂下小腿，重复再做。

图 39　坐式腿屈伸

呼吸方法：用力蹬板时吸气；回降时呼气。

注意要点：动作过程中上背部、腿部始终贴紧凳面，不得借力屈伸。

9. 直立负重提踵

主要作用：锻炼腓肠肌和比目鱼肌。

器材：杠铃、组合训练器。

起始姿势：并脚自然站立，两手握住杠铃于肩上，挺胸收腹紧腰。

动作过程：用力提起脚后跟，靠两前脚掌支撑，稍停后慢速还原，该动作可在两脚掌下加垫木垫，以增大肌肉收缩幅度。

呼吸方法：用力提脚后跟时吸气，回降时呼气。

注意要点：向上提脚后跟时要充分。

主要锻炼臀腿部肌肉的动作还有站着负重内收或外展大腿、跪撑直腿后上举、仰卧屈膝抬臀、负重弓步蹲、俯卧腿弯举、坐姿负重提踵、跳台阶等。

第十九章 散 打

第一节 散打概述

散打也叫散手，古时称之为相搏、手搏、技击等。简单而言就是两人徒手面对面地打斗。散打是中国武术一种主要的表现形式，以踢、打、摔、拿四大技法为主要进攻手段。另外，还有防守、步法等技术。散打是中华武术的精华，是具有独特民族风格的体育项目，多年来在民间流传发展，深受人们喜爱。散打的起源与发展，是和中华民族的发展历史相同步的。它源起于先辈的生产劳动和生存斗争，逐渐演化成为华夏民族灿烂文化遗产中的瑰宝。原始社会人类为了猎取食物，长期与野兽搏斗，学会了与野兽搏斗所使用的不同方法，如拳打、脚踢、抱摔等简单的散打技术，并学会了一些野兽猎取食物的本领，如猫扑、狗闪、虎跳、鹰翻等。春秋战国时期，散打得到了很大的发展，受到了人们的重视。

散打具有很大的攻防作用。有攻必有防，攻防是一对矛盾体，在散打中双方总想办法去击中对手，而不被对手击中，运动员就是在这种条件下进行训练的。经过长期训练，运动员掌握了散打技术，遇敌而不慌，遇敌方突然袭击的一瞬间能迅速地做出相应的防守和防反动作。在激烈的打斗中，击中没有经过散打训练的人较为容易，同时也能防守对方的进攻，即使被对方击中，抗击能力也比一般人强。女性掌握几种散打技术，对防身也有好处，因为女性因其固有的生理特点，容易受恶人欺凌、受邪恶威胁，女性在与歹徒搏斗的关键时刻，如能突然使用擒拿技法或攻击歹徒要害处可以化险为夷，较快脱离险境。公安人员和武警战士、保卫人员等掌握一些必要的散打技术，对其保护自身生命安全、维护国家财产、打击犯罪分子有重要的作用。散打是一项对抗性很强的运动，练习散打能培养机智、顽强、勇敢、灵活、果断等品质。至于强身健体，凡是参加散打运动的人都能体会到，散打运动员的强健体魄是从散打训练中得到的。

散打有如下特点：

（1）体育性。散打项目属于体育范畴，和各种运动项目相比，有其共性，但也有特殊性，即抗击。由于散打竞赛规则严格规定了某些部位，如后脑、颈部、裆部等为禁击部位，并禁止使用反关节及用膝部攻击对方，因而具有相对的安全性。同时散打是以增强体质、交流技艺、提高技术水平为出发点取舍动作的。

（2）对抗性。对抗性的内容是散打的基本特征，比赛双方无明显固定的动作顺序，而是互以对方技击动作随机应变，互相利用对方的弱点斗智斗勇，进行对抗。它不仅要求散打选手要熟练掌握攻防战术，还要求选手有敏捷灵活的应变能力，因而有别于其他武术套路的运动形式。

（3）民族性。散打是中华民族的瑰宝和优秀的民族文化遗产，具有鲜明的民族特色。

空手道虽然能手脚并用，但无快摔技术；法国踢腿术以脚为主，配合拳法，但也无摔打技术。散打与泰拳也有较大的区别。相比之下，散打是把拳法、腿法、摔法结合在一起的有中国民族特点的体育项目，具有鲜明的民族性。

（4）观赏性。中国的散打具有较强的观赏性。随着散打运动的日益发展，它已成为我国广大人民群众极为喜爱的一项体育竞赛项目，每次比赛均吸引了成千上万的群众，有些比赛还出现了观众爆满的情景。例如 2002 年底在廊坊举行的“散打争霸赛总决赛”和 2004 年在广东举行的“中日散打对抗赛”就出现了观众爆满的热烈场面。

第二节 散打基本技术

一、实战姿势

实战姿势通常也叫做预备式或格斗式，是格斗前所采用的临战运动姿势。它不仅能使身体处于强有力的状态，而且有最佳的快速反应能力，有利于快速移动发起进攻和防守，并且暴露面小，能有效地保护自己的要害部位。

实战姿势分为左实战式和右实战式两种。下面以左实战式为例：两脚前后开立，前脚跟与后脚尖距离约同肩宽。左脚全脚掌着地，右脚跟稍抬起，前脚掌着地，两膝稍弯曲，自然里扣，身体重心右移，上体含胸、收腹、扭臀，左臂内曲约 90°，拳眼与鼻尖平行。右臂内曲约 45°，拳置于脖前，两肘自然下垂并稍向里合，下颌内收，目视对方上体（如图 1）。

图 1

二、步法

步法是散手格斗中身体向前后左右移动的方法。灵活而敏捷的步法不仅是调节重心、维持身体平衡的关键，也是进攻和防守占据有利位置、发挥最优攻势的基本保证，认真学习和演练是提高实战能力的重要环节。以下步法均以左实战式为例。

进步：左脚提起，向前进步，右脚迅速蹬地，跟进同样距离（如图 2）。

图 2

退步：右脚向后退一步，左脚用力蹬地，迅速后退同样距离（如图 3）。

图 3

侧跨步：左脚向左侧横跨一步，右脚脚脖内侧蹬地，迅速向左侧横跨跟进同样距离（如图 4）。

图 4

盖步：左脚经右脚前上步，脚尖外摆，两腿成交叉状，随即右脚向前上步，还原成实战式（如图 5）。

图 5

插步：左脚经右脚后向前上步，脚跟离地，两腿略成交叉状，随即右脚向前上步，还原成实战式（如图6）。

图6

垫步：右脚蹬地向左脚并拢，同时左脚屈膝提起向前落步，还原成实战式（如图7）。

图7

跳换步：前脚与后脚同时蹬地并前后交换，同时两拳也前后交换成右实战式（如图8）。

图8

步法的单独练习：当学完一种步法以后，必须通过自己的反复练习揣摩才能找到要领，熟悉技术并由单独练习逐渐过渡到连续练习。

各种步法的综合练习：在步法的单独练习熟练后可以把几种步法组合起来进行综合练习。

结合信号练习：教练员应用掌心掌背的朝向或规定的某一信号，要求练习者根据信号做出相应的步法。这种练习既可以巩固步法技术，又可以提高反应能力。两人配合练习，规定一方运用多种步法，如移步闪退等，而另一方做出相应的移动，使双方距离尽量保持不变。

结合攻防动作的练习：①把步法和各种攻防动作结合练习，提高整体协调配合能力以适应实战的需要；②配对练习，规定一方单招或组合连招进攻，另一方移动摆脱，并寻机予以反击，提高步法的实效性。

三、拳法

拳法技术在散打运动中常用的有直拳、摆拳、勾拳、劈拳、鞭拳五种。在实战中这五种拳都具有速度快和灵活多变的特点，它能以最短的距离、最快的速度击中对手。拳法益于结合进行训练，并且能任意配合其他技术使用。掌握得好、利用得巧妙能给对手造成很大的威胁。

1. 直拳

左直拳，也叫“前手刺拳”。左势站立，右脚微蹬地，身体重心稍向左脚移动，同时转腰送肩，左拳直线向前击出，力达拳面，右拳自然收回颌旁（如图9）。

右直拳，也叫“后手冲拳”，是拳法中的重拳。左势站立，右脚大幅度蹬地，身体重心向左脚移动，同时转腰送右肩，右拳直线向前击出，力达拳面，左拳自然收回颌旁（如图10）。

图9

图10

实战范例：左右直拳抢攻对方头部。当对方侧弹腿进攻时，左手外挂防守，同时右直拳反击对方头部。

2. 摆拳

以左摆拳为例。左势站立，上体微向右扭转，同时左臂稍抬起时，前臂内旋向前里弧形出击，力达拳面，大小臂夹角约130°，右拳自然收回颌前（如图11）。

图 11

实战范例：左拳虚晃，右摆拳抢攻对方头部。当对方右蹬腿攻击我中盘时，左手里挂防守，随即用右摆拳反击对方头部。

3. 勾拳

以左上勾拳为例。左势站立，上体稍向左侧倾，重心略下沉，左拳微下落，随即左脚蹬地，上体右转，挺腹前送左髋，左拳由下向上屈臂勾击，力达拳面，大小臂夹角约 90°，右拳自然回收于颌前（如图 12）。

图 12

实战范例：假动作虚晃，忽然上部靠近对方用上勾拳击其下颌。当对手抱摔时，迅速后退用左勾拳反击其头部。

4. 鞭拳

以右鞭拳为例。左势站立，以左脚前脚掌为轴，右脚蹬地发力，身体转髋转腰向左转动，同时以腰带动右臂向右侧横向鞭击，力达拳轮，左拳自然收于额旁（如图 13）。

图 13

实战范例：左直拳假装进攻，随即突然用右鞭拳抢攻其头部，对手用左侧弹腿攻我中盘时，左手里挂防守同时以右鞭拳反攻其头部。

四、腿法

腿法内容丰富，分低腿法、中腿法、高腿法三大部分。低腿法主要是攻击对方的下盘；中腿法主要是攻击对方的躯干部位；高腿法主要是攻击对方的头部。格斗中腿法灵活机动，变化多端，攻击距离远，力度大，还具有隐蔽性，突出性攻击部位的特点。在运用腿法攻击时，要求做到快速有力，击点准确。

1. 鞭腿

以右中鞭腿为例。左势站立，上体稍向左侧倾，重心左移，同时右腿屈膝展髋，大小腿自然折叠，脚背绷直，随即由屈到伸，大腿带动小腿向左中部横弹，力达脚背（如图14）。

图 14

实战范例：左侧弹腿佯攻对方下盘，随即右侧弹腿实击对方上盘。

2. 正蹬腿

以右正蹬腿为例。左势站立，身体重心稍前移，同时右腿屈膝提起，屈后向前，脚尖上勾，随即从脚跟领先向前蹬出，力达脚跟（如图15）。

图15

实战范例：用正蹬腿攻击对方上盘，当对方运用侧弹腿攻击时，突然用右正蹬腿抢先攻击对方上盘。

3．侧踹腿

以左侧踹腿为例。左势站立，身体重心后移，上体稍右转，同时左腿屈膝提起，脚尖勾起，随即展髋，使脚掌正对攻击方向，使之迅速由屈到伸，向前踹出，力达脚跟（如图16）。

图16

实战范例：以左侧踢踹腿，假装攻击对方下盘，随即用右踹腿实攻对方上盘；左侧弹腿假装攻对方下盘，然后转身踹腿攻击对方上盘。

4．转身横摆腿

以右转身横扫腿为例。左势站立，重心移到左脚，随即上体右后转360°，带动右腿直腿由后向前弧线横扫，脚面绷平，力达脚掌（如图17）。

图17

实战范例：用右侧弹腿假装攻对方下盘，然后用左转身横摆腿攻击其头部。

5. 截腿

以右截腿为例。左势站立，重心移到左腿，上体稍左转，同时右摆旋提起，脚尖勾起并外翻，随即向前下方截击（如图18）。

图18

实战范例：当对方抬腿用腿法攻击时，抢先出腿截击其小腿。

五、摔法

摔法是徒手格斗中的一项重要内容，随着历史发展，摔法逐步脱离了踢打和擒拿，形成了一门专门的体育竞赛项目——摔跤运动。但是在警察实用格斗术中，摔法不仅仅是为了使对方失衡倒地，更是为了制服、擒捕对方。因此，摔法往往与踢打特别是擒拿技术结合使用，以期达到最佳的技击效果。在这里介绍摔法的技术时，注重对踢打动作的防守反击与擒拿技术的有机结合，以期抛砖引玉，供练习者举一反三。

（一）摔法——倒地法

摔法是以摔倒对方，自己不被摔倒为特征的技术。学习摔法时，首先要学习倒地法，即自己倒地时免受伤害的自我保护方法。只有掌握了倒地法，才可避免摔痛和受伤，并能锻炼身体经受震动的能力和培养灵敏、协调等身体素质。倒地法具体包括前倒、后倒、侧倒、抢背、前滚翻、后滚翻等。

1. 前倒

动作要领：身体由直立姿势前倒，两臂微屈，两手手指稍向内指。两手撑地后，迅速以屈臂的动作来缓冲落地的冲击力。在整个动作的过程中要抬头、憋气，全身紧张用力（如图19）。

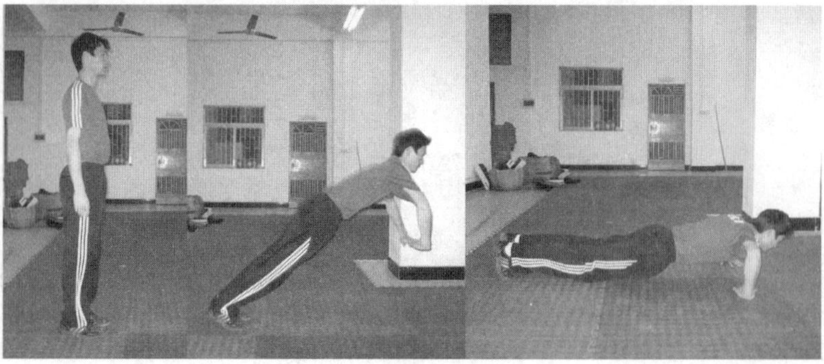

图19

2. 后倒

动作要领：在身体直立姿势的基础上，屈膝下蹲，两臂前摆，上体猛向后仰，同时起右脚（或左脚），挺腹勾头憋气，以臂、肩及背着地（如图20）。

图20

3. 侧倒

动作要领：两脚分开，屈膝下蹲，向右后转体，左脚右摆，以左脚、右手臂、体侧着地（如图21）。

图21

4. 前滚翻

动作要领：身体屈膝下蹲，两手前摆撑地、弯腰、收头、团身，以背、腰、臀、脚依次着地向前滚翻，迅速起立（如图22）。

图22

5. 后滚翻

动作要领：身体屈膝下蹲，弯腰收头团身，借身体后仰和两手撑力，按臀、背、脚的顺序依次着地。向后滚翻，迅速起立（如图23）。

图23

6. 抢背

动作要领：身体由直立姿势开始，左脚向前上步，身体左前弯腰收头，左脚蹬地，右腿上摆，以右肩、背、腰、臀依次着地，向前团身滚翻（如图24）。

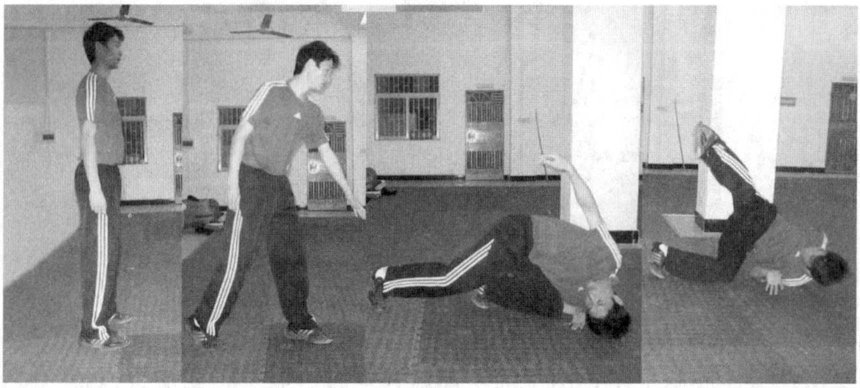

图24

（二）基础摔法

摔法技术仅从招数而言就有百余种，逐一介绍既不利于初学者掌握也没有必要，摔跤运动员能熟练掌握和经常使用的也仅二三十项。在此，我们根据警察执行任务的特点，精选了五项简单常见的技术，以利于训练，便于掌握。

1. 夹脖摔

动作要领：当对方用右直拳（或鞭拳）击打我方头部时，以左臂格挡，顺势捋抓住对方右小臂；随之右腿上步卡在对方两脚的右侧，同时以右臂夹住对方颈部，臀部顶实对方腹腰部，随即挺膝转腰向后扭转发力，将对方由后向前摔出倒地（如图25）。

图 25

要点：

（1）上步夹脖时，膝微屈。

（2）上步捋抓要快，夹脖、转体发力摔要协调一致。

2. 把腰摔

动作要领：当对方用右直拳（或鞭拳）击打我方头部时，以左臂格挡，顺势捋抓住对方右小臂；随之右腿上步卡在对方两脚的右侧，同时以右臂夹住对方腰部，臀部顶实对方腹腰部，随即挺膝转腰向后扭转发力，将对方由后向前摔出倒地（如图 26）。

图 26

要点：上步抓捋、上步把腰要迅速，挺膝提臀转腰发力要协调一致。

3. 过背摔

动作要领：当对方用右直拳（或鞭拳）击打我方头部时，以左臂格挡，顺势捋抓住对方右小臂前拉；随之右腿上步卡在对方两脚的右侧，同时以右手抓住对方右上臂，臀部顶实对方腹腰部，随即蹬地挺膝转腰向后发力，将对方由后从背上摔出倒地（如图 27）。

图 27

要点：

（1）捋臂下坠要干脆果断，上步潜身要及时迅速。

（2）挺膝提臀、低头屈体、双臂前拉要协调一致，周身发力要完整。

4. 上步抱腿摔

动作要领：当对方以拳法向我方面部打来时，我方迅速降低重心躲闪，顺势上左步插在对方两脚之间，双手从外到里，在对方膝后部抱紧对方双腿，同时稍右转头，用左肩顶住对方腹部，双脚蹬地发力，双手抱提对方双脚，将对方向后摔出（如图28）。

图28

要点：

（1）降低中心躲闪，上步要及时。

（2）肩部要顶实，发力要协调。

5. 穿扛前摔

动作要领：当对方以左冲拳向我方面部打来时，我方迅速右脚上步以右臂格挡，并顺势捋抓对方左小臂，随之左脚上步至对方两脚中间，左臂由对方裆下穿出，抱住对方左大腿根部，同时头部由对方左腋下钻出，以肩、颈部位顶实对方腋下，右脚跟半步，两腿呈马步蹲踞姿势，随即蹬腿直身将对方扛起，随之低头屈身，将对方向前摔出（如图29）。

图29

要点：

（1）上步前穿、跟步、扛起、前摔要连贯。

（2）前穿时上身不可过分前俯，应以腿部动作完成潜身；扛起时须右腿及时跟进，以双腿力量将对方扛起，切勿仅凭弯腰直腰来完成潜身扛起动作。

六、防守法

防守是一种可以节制和削弱对方的攻击，保护自己并能处于反击位置的方法，最终目的在于防守后反击。准确巧妙的防守，不但能保护自己，而且能为攻击创造更好的条件。

（1）拍挡防守：以左拍挡为例。左手掌心向里贴，向里横拍并稍右转体（如图30）。

图30

图31

图32

（2）挂挡防守：左右手屈臂向同侧头部或肩部挂挡（如图31）。

（3）提膝防守：重心右移，前腿屈膝起，后腿支撑，上体姿势不变（如图32）。

（4）后闪防守：重心后移，上体略后仰闪躲（如图33）。

图33

图34

图35

（5）侧闪防守：上体向左侧或右侧闪躲或用左右闪步防守（如图34）。

（6）下潜防守：屈膝降低重心，同时低头缩颈向下闪躲，两手护头（如图35）。

（7）上跳防守：两脚蹬地，使身体向上跳闪。

七、组合连击

组合连击是运用两个或两个以上的动作，连续攻击对方。连击法共分为拳法连击、腿法连击、拳腿连击、拳摔连击、腿摔连击、拳腿摔连击六种。既可以单招连续进攻，又可多招连环击打。

由于技术动作的繁多，所以连击的方法多样、千变万化，但组合不是盲目的，要根据动作转换的合理性和实战中运用的可行性、时效性来组合搭配才能达到连击重创的目的。在运用时要注意真假结合，虚实相接，使对手处于上下左右多点受击之中，防不胜防。另外，要注意动作之间的衔接。一般来说，第一级的结构是第二级的最佳发力攻击姿势。

八、技术训练

技术训练是在散打整个训练中的核心内容。技术水平的高低决定其运动成绩的优劣，良好的身体素质是掌握和提高散打技术的基础，而只有掌握了技术才能有效充分发挥其身体素质，二者互为条件。散打基础训练是指击打摔攻防动作的训练，目的是使运动员熟练地掌握这些动作并能在实战中灵活自如地应用。

（1）原地练习：采用原地练习法重点在体会要领，不断揣摩动作的线路顺序、力点和身体姿势。练习时要自然放松，不要求快速、过度用力，复杂动作可分解练习，由慢到快，逐渐掌握动作的正确方法，不断提高动作质量。

（2）综合步法练习：经过原地练习，基本上掌握了动作规范后，要根据实战的需要，结合相应的步法练习，提高攻击距离，以及防守机动性，使技术与实战紧密联系，并使技术动作逐步达到协调准确，并为在攻守对抗情况下利用技术打好基础。

（3）假设性练习：通过假设想象对手的攻防动作或所处状态而进行相应的进攻或防守反击的打法。做假想性徒手练习，进行假想性练习有一种身临其境面对敌手的实战状态并能提高反应能力、动作准确性、速度等，培养战斗意志，掌握各种战斗的具体打法。

（4）打固定靶练习：打固定靶练习是一种利用胸靶、手脚靶、沙包等辅助性器材作为击打目标的练习，是改进技术动作和提高动作速度、力量的重要手段。要求动作准确快速，用力充分朝目标打击。

（5）打活动靶练习：打活动靶练习是由教练或同伴手持小靶不断变换角度位置和方向。要求练习者反应灵活，运用多种技术进行击打的一种练习方法。通过练习可以有效地提高练习者进攻和防守反击的动作质量，提高攻击速度、准确性、距离感以及反应能力、应变能力。建立稳定条件反射动作，逐渐达到自动化。

（6）攻防练习：条件攻防是规定一方用拳法攻击，另一方防守或使用腿法攻击，以及使用接腿摔等。

（7）有条件的攻防练习：针对性强，能有效地训练和提高练习者的某些能力和使用某些方法的能力。规定了力度、速度等的攻防练习或与大级别运动员进行的比赛，可提高实战能力，培养在困难条件下技术运用能力以及敢斗敢拼的良好品质，能有效地提高练习者的技术水平以及体能，磨炼斗志，同时也是总结积累实战经验的有效措施。

九、体能训练

任何技术都依赖于充沛的体力，体力训练对于任何搏击项目都是十分重要但又是相对乏味的训练内容。

体能训练包括跑步、跳绳、蹬脚踏车等，基本技术的不断练习更是提高体能的有效手段，训练一段时间以后，有条件的多打实战，对体能的提高更有帮助。

只有长期坚持训练，才能达到训练目的。必须注意的是，体能的流失相当迅速，所以要适时加以休息、补充能量。

第二十章　跆拳道

第一节　跆拳道概述

跆拳道是奥运会正式比赛项目之一，被世人称为“世界第一搏击运动”。跆拳道的前身是“花郎道”，是起源于1 500年前的朝鲜民间武术。所谓跆拳道，跆（Tae），意为以脚踢、摔撞；拳（Kwon），以拳头打击；道（Do），是一种艺术方法。跆拳道以东方心灵为土壤，继承了悠久传统，倡导练习者要有“以礼始，以礼终”的尚武精神。

跆拳道技术方法中占主导地位的是腿法，腿法技术在整体运用中约占3/4，因为腿的长度和力量是人体中最长最大的，其次才是手。腿的技法有很多种形式，可高可低，可近可远，可左可右，有直有屈，可转可旋，威胁力极大，是比赛时得分和实用制敌的有效方法。其次是手法，手臂的灵活性很好，可以自如地控制完成防守和进攻动作，同时也可以变化为拳、掌、肘、肩的多种用法，进行实战。

跆拳道是把人类生存的本能意识，用肢体有力的动作表现出来的一种形式；同时，它更要求人们把精神的欲求具体化，因此也是一项高尚的竞技体育运动项目。跆拳道的所有动作，都是以自己的防卫本能作为基础，然后才逐渐地将其变为一种主观信念，从消极的防御动作发展到积极的进攻形态，最后，才能达到绝对自由的阶段。

进行跆拳道锻炼，既能通过全身的运动，影响全身的各个器官，又能增强人的精力，刺激大脑，促使大脑的开发和振奋精神。随着人类文明的发展，人们不断追求更多更强更广泛的需求，而这其中更多的则是精神方面的，为了达到这一目的，人们便要把感知和理性当做某项活动的综合体。跆拳道的锻炼正符合这种要求，因此也是提高精力、培养心理素质的最有效的一种途径。同时，跆拳道还讲究在训练中致力于一种独特、古朴的心态的追求，这种朴素的心态正是依赖于精神上宽宏大量的气度和个性上坚韧不拔的自信心。

第二节　跆拳道基本技术

一、准备姿势

准备姿势也称“实战姿势”或“预备姿势”，是竞赛跆拳道比赛中双方开始时的基本站立姿势。准备姿势应便于进攻和防守反击以及步伐的移动（如图1、图2）。

图 1

图 2

1. 动作过程

（1）两脚开立与肩同宽，两臂垂于体侧。

（2）左脚或右脚向另一脚的前方迈出，两脚相距一步距离前后站立，使身体侧对对方，同时两手半握拳，沉肩、两臂屈肘自然垂放（左脚在前是左架准备姿势，右脚在前是右架准备姿势）。

（3）重心落在两脚之间，膝部略弯曲，眼睛平视对方面部，下腭微收。

2. 要领

（1）两臂所放位置不是固定的，也可以一臂下垂或两臂下垂。

（2）两脚之间的距离和重心的高低可根据具体情况进行调整，原则上是在移动时能最快调整好身体重心。

（3）若重心下降，大小腿之间的夹角几乎等于90°时，则为低位姿势。

二、准备姿势的基本步法

1. 上步

（1）动作过程：左架准备姿势（以下简称“左架”）站立，右脚向前上一步，成为右架准备姿势（以下简称“右架”）。反之，右架亦然（如图 3、图 4）。

（2）要领：上步时通过向左拧腰转髋完成，两臂在两侧自然上下移动，重心不要上下起伏过大。

（3）实战使用：上步时，常用于逼迫对方后撤，或引诱对方进攻，而当对手使用上步时，自己可立即使用进攻技术进攻对方。

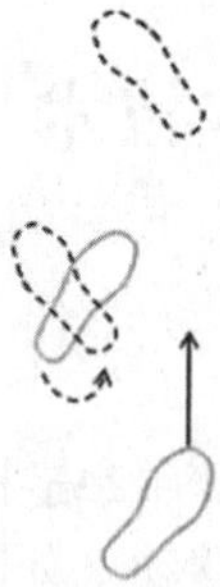

图 3

图 4

2. 后撤步

（1）动作过程：右架站立，右脚向后撤一步，成为左架准备姿势。反之，左架亦然

（如图5、图6）。

（2）要领：后撤步时重心保持平稳移动，通过向右拧腰转髋完成，两臂在体侧自然上下移动。

（3）实战使用：后撤步常用在对方使用前旋踢时。当对方准备继续进攻时，可用前腿的侧踢、鞭踢或下压阻击对方。

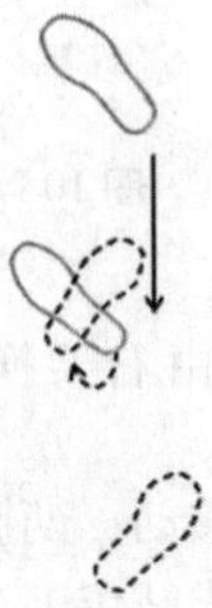

图5

图6

3. 前跃步（前进步）

（1）动作过程：右架站立，两脚同时向前跃进一步，保持右架准备姿势。反之，左架亦然（如图7、图8）。

（2）要领：向前跃步时，重心不宜起伏过大，尽量使重心平稳移动，两脚稍离地即可。

（3）实战使用：前跃步常用在快速接近对方时，以使用旋踢或下压等进攻动作；当对方前跃步时，可用前腿的劈腿或后踢或后旋踢迎击对方，但有时对方使用前跃步是为了引诱自己反击，要调整重心后再进攻，因此，此时自己可随机后撤一步而不被对方利用。

图7

图8

4. 后跃步

（1）动作过程：右架站立，两脚同时向后回撤一步，保持右架准备姿势。反之，左架亦然（如图9、图10）。

（2）要领：向后回撤时，重心不宜起伏过大，尽量使重心平稳移动，两脚稍离地即可。

（3）实战使用：后跃步常用在对方进攻、自己需要快速与对方拉开距离时，此时由于自己有一个向后撤的惯性，再用进攻的动作就有一定难度，一般是使用迎击动作如后踢或后旋踢等。因此，若对方使用后跃步，自己要防止对方的阻击动作；如果自己使用组合动作，在对方后跃步时，自己一般使用侧踢、推踢或外摆下压等动作。

图 9

图 10

5. 原地换步

（1）动作过程：右架站立，两脚原地前后交换，由右架换成左架。反之，左架亦然（如图 11、图 12）。

（2）要领：重心不宜起伏过大，尽量使重心平稳移动，两脚稍离地即可。

（3）实战使用：原地换步常用在对方与自己是闭式站位，自己为了与对方形成开式站位以更有利于击打对方胸部时，或是为了不让对方的优势腿发挥威力，使对方感到别扭。而当对方原地换步时，可利用此时机抢攻得点。

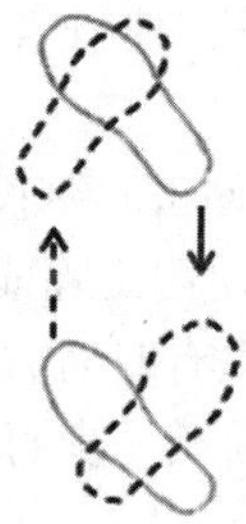

图 11

图 12

6. 侧移步

（1）动作过程：第一种步法是以前脚为轴，后脚向左（右）侧方向移动，用以改变与对手的站位方向（如图 13、图 14）；第二种步法是右架站立，右脚先向右（或向左）侧移动一步，随之左脚也迅速向右（或向左）侧移动一步（如图 15 至图 17）。

（2）要领：一般是将身体重心移向前脚，以利于后脚进攻。

（3）实战使用：主动进攻时，对方反应速度快，则使用向一侧移动侧移步，诱使对方来不及调整身体重心而不能很好地反击。或是当对方进攻，自己不向后撤，而使用侧移步与对方贴近并使用进攻动作。

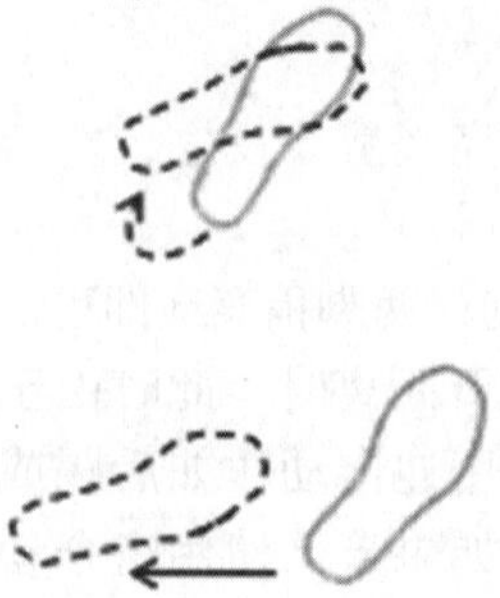

图 13

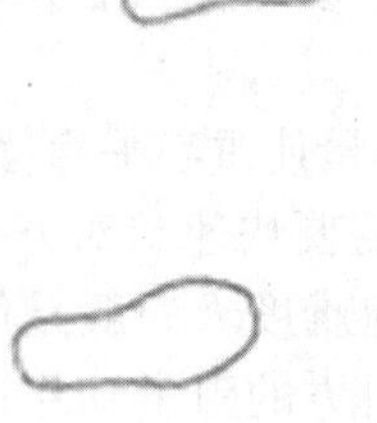

图 14

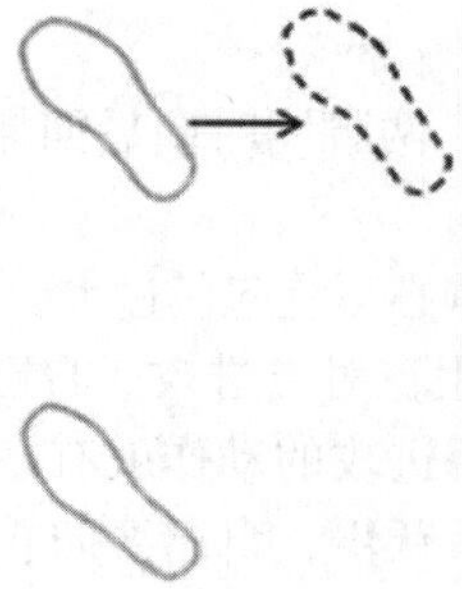

图 15

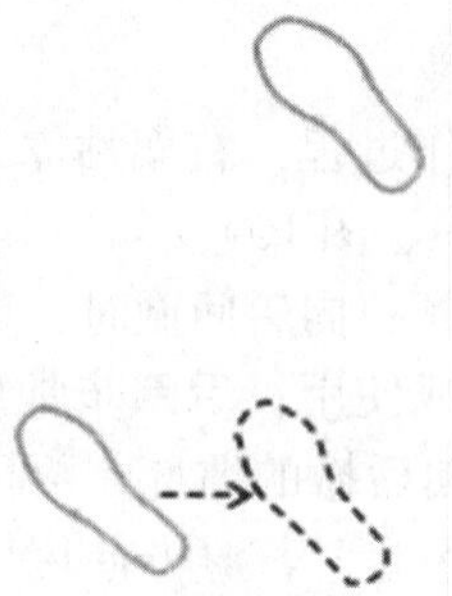

图 16

图 17

7. 垫步

（1）动作过程：右架站立，右脚向左脚内侧上步，同时左腿迅速抬起以便进攻和防守。（如图 18 至图 20）

（2）实战要领：使用垫步，主要是在主动进攻时用前腿攻击对方。

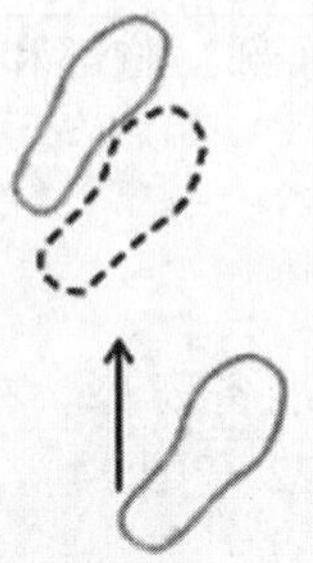

图 18

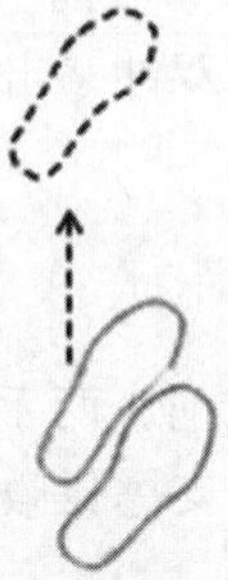

图 19

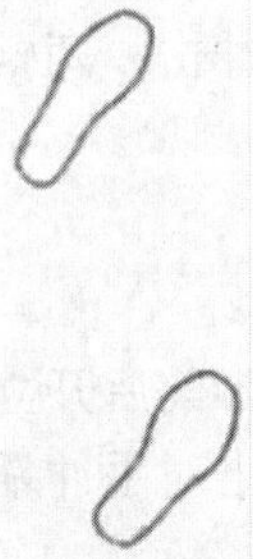

图 20

三、拳法

拳法是跆拳道实战中最基本而又非常重要的技术。出拳的基本原则是从腰间发力将拳击出，抱拳于腰间时拳心向上，拳击出的过程中要做手臂的内旋动作，拳击至最远端时手臂伸直，拳向下。击打目标后放松收回。

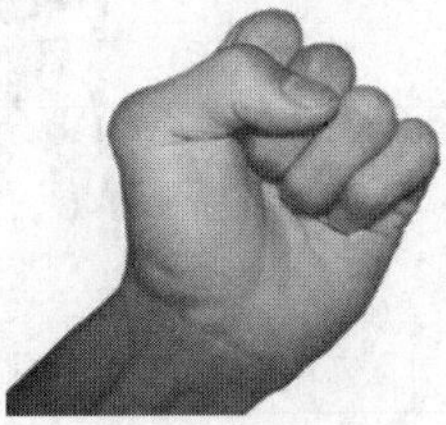

图 21 拳的握法

拳的握法：四指并拢，回屈握紧，将拇指内屈贴紧食指和中指的第二关节处，拳面要平。

拳是跆拳道主要的攻击和防守工具，按握拳的方法和作用一般分为正拳、里拳、铁锤拳、平拳、指节拳五种。拳法一般分为冲拳、抄拳、弹拳、截拳、鞭拳、劈拳、双冲拳等。

（1）冲拳：由准备姿势开始。两脚开立与肩同宽，两手握拳置于腰间。左脚前迈成左弓步，同时右手拳内旋击出，手臂伸直，力点在拳面。冲拳动作可顺势冲拳（左脚弓步冲左拳），亦可拗式冲拳（左腿弓步冲右拳）。可向上、中、下三个方位冲拳，击打对方的头部、胸部、腹部和裆部。

（2）抄拳：左脚上成三七步，同时左手前伸抓住对方的衣襟，右手握拳收于腰右侧。两脚不动，重心前移成左弓步；同时左手回拉，右拳从腰间由下向上抄起用拳面击打对方的下颌部。抄拳的动作亦可用左手拳进行。击打的部位除下颌部，还可击打腹部。

（3）弹拳：两脚前后开立成左三七步，两手握拳，两臂屈肘置于腹前，左拳在内，右拳在外，拳心朝下。重心前移，成左弓步，同时左手臂屈肘上提至胸前，翻肘，以肘关节为轴，前臂向上摆起，用拳背弹击对方的鼻骨、人中穴或眼睛。

（4）截拳：两脚开立，左手握拳屈肘置于胸前，拳眼向上；右手握拳收于右侧腰间，拳心向上。左脚向左迈一步成左弓步，同时左臂以肘关节为轴，臂内旋向前向左侧前方握拳截击对方的面部、胸部或肋部。截击的位置在身体左侧前方，用力方向由内向外横向击打。

（5）鞭拳：两脚前后开立成右弓步，左手握拳收于腰左侧，拳心向上；同时右手握拳，右臂屈肘上提至肩高，右臂放置于左肩前方，拳心向内。右臂以肘关节为轴，由内向外用拳背鞭打对方的面部或胸部。左右势动作相同，只是方向相反。

（6）劈拳：两脚左右开立与肩同宽，右手握拳置于右侧腰间，拳心向上；同时左手握紧斜置于腹前，拳心向内。两脚不动，左臂由腹前向左上经脸前向左下直臂抡臂，以劈拳击打对方的头部、颈部或锁骨。

（7）双冲拳：两脚并步站立，两拳拳心向上置于腹前。右脚向前迈一步成左弓步，同时两拳自腰间向前冲击，两臂内旋，以双冲拳击打对方的面部、胸部和腹部。

四、腿法

1. 前踢腿

面对目标，两脚前后开立，左脚在前；两手握拳做好准备姿势。右腿向前上方踢摆，屈踝，用足前掌踢击对手冲拳的前臂；支撑腿微屈（如图22至图24）。

图22

图23

图24

2. 横踢腿

两腿前后开立，左脚在前；两手握拳做好准备姿势。身体左转，左脚外展；同时右腿屈膝上提，收至腰间，脚面绷平。上体侧倾；右腿以膝关节为轴，由屈到伸弧形摆踢，用足背踢击对手的头部（如图25至图28）。

图25

图26

图27

图28

3. 下劈腿

面对目标，两脚前后开立，左脚在前；两手握拳做好准备姿势。右腿向前上方踢，用足跟砸击对手的头部（如图29至图31）。

图 29

图 30

图 31

4. 侧踢腿

面对目标，两脚前后开立，左脚在前；两手握拳做好准备姿势。左脚外展，身体随之左转；同时右腿屈膝上提，脚尖勾紧。上体侧倾；右腿继续上提，并由屈到伸，用足跟踹击对手的咽喉（如图 32 至图 34）。

图 32

图 33

图 34

5. 后踢

实战姿势开始，转身后腿后撤背对对方。重心后移至左脚，右脚蹬地后屈膝提起，右脚贴近左脚，两手握拳置于胸前；随即左脚蹬地伸直，右脚自左腿内侧向后方直线踢出，力达脚跟。踢击后右脚沿原路线快速收回，成实战姿势（如图 35 至图 38）。

图 35

图 36

图 37

图 38

6. 摆踢

实战姿势开始。右脚蹬地重心前移，右腿以髋关节为轴屈膝上提，两手握拳置于体侧；左脚以前脚掌为轴外旋 180°，右腿以膝关节为轴继续向前上方伸成直线，顺势右脚的脚掌用力向右侧屈膝鞭打，顺鞭打之势上体右转，右腿屈膝回收，右脚落回原处，成实战姿势（如图 39 至图 42）。

图 39

图 40

图 41

图 42

7. 后旋踢

实战姿势开始。两脚以两脚掌为轴均内旋约 180°，身体随之右转约 90°，两拳置于胸前。上体右转，与双腿拧成一定角度。右脚蹬地，将蹬地的力量与上体拧转的力量合在一起，将右腿向后上以髋关节为轴直腿摆起，右腿继续向右后旋摆鞭打，同时上体向右转，带动右腿弧形摆至身体右侧，右腿屈膝回收；右脚落到右后成实战姿势（如图 43 至图 47）。

图 43

图 44

图 45

图 46

图 47

8. 推踢

实战姿势开始。右脚蹬地，重心前移，右脚以髋关节为轴提膝前蹬，用右脚脚掌向前蹬推，力点在脚掌，推力向正前方（如图 48 至图 51）。

图 48

图 49

图 50

图 51

第三节　跆拳道品势

跆拳道的品势就是把一些攻防动作按照一定规律组合在一起的固定套路。品势练习时要求练习者熟练掌握最基本的技术动作，以便能够在跆拳道的实战和比赛中具体运用。由于品势是固定套路，熟练掌握后可以进行个人或集体的表演。

跆拳道的品势，最基本的是太极。太极是派生万物的本源，跆拳道的太极品势，是根据太极生生不息和太极阴阳之理论而创编的。因此，它的运动路线与方法遵循具有宇宙基本规律的阴阳八卦图。太极共有八章，是初学者入门和升品、段的基本套路。本节选讲其中的“太级一章”“太极二章”两章。

图 52

一、太极一章

“太极”就是天地分开前的原始形态。太极一章象征八卦中的“乾”，乾代表天，上天是宇宙万物的根源。太极一章也为跆拳道的根源，要想掌握好跆拳道，必须先练好太极一章中基本的正拳，防上、防中、防下三段，前踢及前屈立。

准备姿势：站于 A 方向位置（见太极一章演武线图，以下文中字母，均参见相应的演武线图），两脚与肩同宽，自然站立，两手握拳屈臂于腹前，拳心向内，眼睛平视前方。

（1）左转身体，左脚向 B 方向成左前探步（前行步），左臂下截（防左下段），右拳回收腰侧。

（2）右脚向 B 方向迈进一步成右前探步，右拳前冲拳（攻击中段），左拳收回腰侧。

（3）身体右转 180°，右脚向 H 方向迈进一步成右前探步，右臂下截（防右下段）。

（4）左脚向 H 方向迈进一步成左前探步，左拳前冲拳（攻击中段）。

（5）身体左转 90°，左脚向 E 方向迈进成左弓步，左拳屈肘下截（防左下段），右拳后收腰侧。

（6）两脚不动，右拳前冲拳（攻中段），左拳后收腰侧。

（7）左脚不动，右脚向 G 方向移步成右前探步，身体右转，左臂外格（防左中段），拳心向上，右拳后收腰侧。

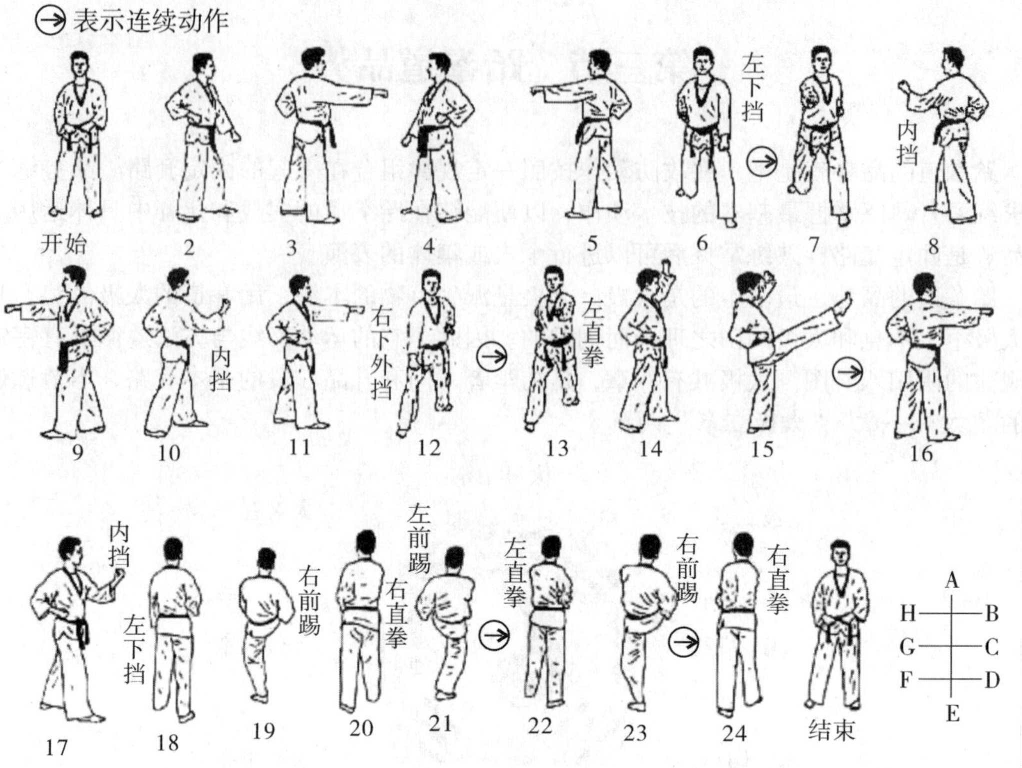

图 53　太极一章演武线图

（8）左脚向 G 方向迈进一步成左前探步，右拳前冲拳（攻中段），左拳后收腰侧。

（9）身体向 C 方向转 180°，左脚向 C 方向迈进一步成左前探步，右臂屈肘向里格挡左拳前冲拳（防中段）。

（10）右脚向 C 方向迈进成左弓步，左拳前冲拳（攻中段），右拳回收腰侧。

（11）以左脚为轴，身体右转，左脚向 E 方向移步成右弓步，右臂屈肘上抬至左肩，然后向下截拳（防右下段），左拳回收腰侧。

（12）两脚不动，左拳前冲拳（攻中段），右拳回收腰侧。

（13）身体左转，左脚向 D 方向移步成左前探步，左臂屈肘上架（防左上段），置于额前，拳心朝外。

（14）上提重心，左脚跟稍提，右脚前踢，两臂下截，置于体侧。右腿下落成右前探步，右拳前冲拳（攻中段）左拳回收腰侧。

（15）以左脚为轴，身体右后转，右脚向 F 方向移步成右前探步，右臂屈肘上架（防右上段），置于额前，拳心朝外。

（16）上提重心，右脚跟稍提，左脚前踢，两臂下截，置于体侧。左腿下落成左前探步，左拳前冲拳（防中段），右拳回收腰侧。

（17）以右脚为轴，身体右转，左脚向 A 方向移步成左弓步，左臂屈肘上抬至右肩，然后向下截拳（防左下段），右拳回收腰侧。

（18）右脚向 A 方向迈进一步成右弓步，右拳前冲拳（攻中段）并发声，左拳回收腰侧。

收势：以右脚为轴，身体左后转，左脚向后撤与右脚平行，两手握拳屈臂于腹前成准备姿势。

二、太极二章

太极二章，取阴阳八卦的兑卦为意，“兑”意为泽，与太极一章比较起来，整个架型的节奏比较舒缓、柔软，其中脚与拳配合的动作，更在不经意中表现出其柔中带刚的攻击力量，富于韧劲，在演练此品势时，应体现出刚柔相济、快慢有度、不偏不倚的精神内涵，演练的路线为兑卦的符号“☱”，动作数为18个。

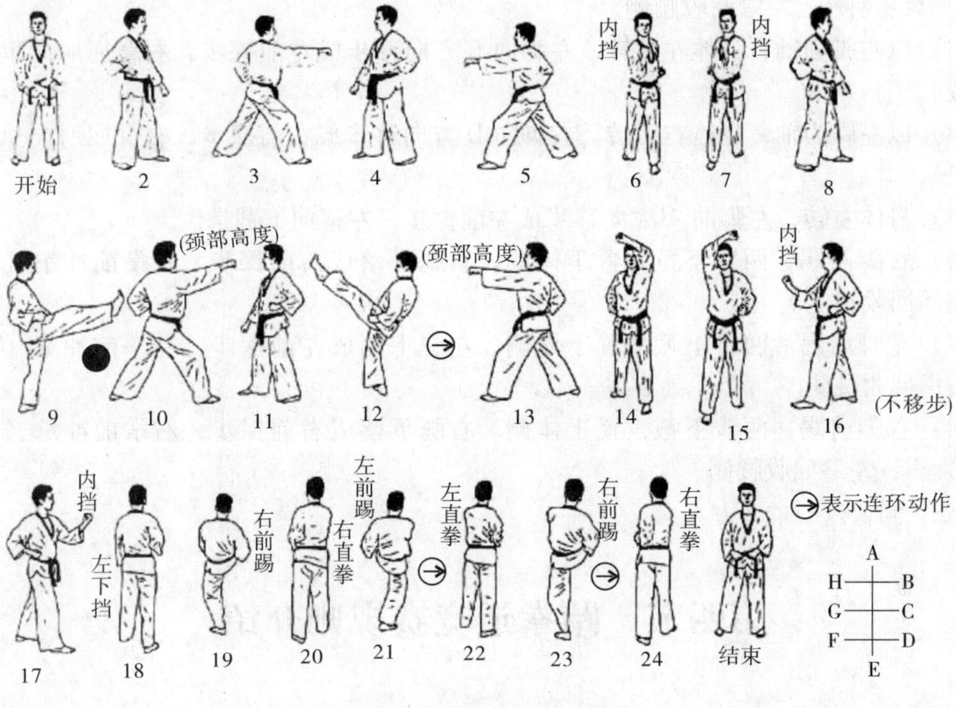

图54 太极二章演武线图

准备姿势：同太极一章。

（1）左转身体向B方向成左前探步，左臂下截（防左下段），右拳收腰侧。

（2）右脚向B方向迈进成右弓步，右拳前冲拳（防中段），左拳回收腰侧。

（3）以左脚为轴，身体右后转，同时右脚向H方向移步成右前探步，右臂屈肘上抬至左肩，然后向下截拳（防右下段），左拳回收腰侧。

（4）左脚向H方向迈进成右弓步，同时左拳前冲拳（攻中段），右拳回收腰侧。

（5）以右脚为轴，身体左转，同时左脚向E方向移步成左前探步，右臂屈肘向里格挡（防中段），左拳回收腰侧。

（6）右脚向E方向迈进一步成右前探步，同时左臂屈肘向里格挡（防中段），右拳回收腰侧。

（7）身体左转，左脚向 C 方向移步成左前探步，左臂向下截拳。

（8）上提重心，左脚跟稍提，右脚前踢，两臂下截，置于体侧。右腿下落成右弓步，同时右拳前冲拳（攻上段），左拳回收腰侧。

（9）以左脚为轴，身体右后转，右脚向 G 方向移步成右前探步，右臂向下截拳（防右下段），左拳回收腰侧。

（10）左脚前踢，两臂下截，置于体侧。左腿下落成左弓步，左拳前冲拳（攻上段），右拳回收腰侧。

（11）以右脚为轴，身体左转 90°，左脚向 E 方向移步左前探步，左臂屈肘上架（防左上段），左拳置于额前，拳心朝外。右拳回收腰侧。

（12）右脚向 E 方向迈进一步成右前探步，同时右臂屈肘上架（防右上段），右拳置于额前，拳心朝外。左拳回收腰侧。

（13）以右脚为轴，身体左后转，左脚向 F 方向移步成左前探步，右臂屈肘向里格挡（防中段）。

（14）以左脚为轴，身体右后转，右脚向 D 方向移步成右前探步，右臂屈肘向里格挡（防中段）。

（15）身体左转，左脚向 A 方向移步成左前探步，左臂向下截拳。

（16）右脚前踢，两臂下截，置于体侧。右腿下落成右前探步，右拳前冲拳（攻中段），左拳回收腰侧。

（17）左脚前踢，两臂下截，置于体侧。左腿下落成左前探步，左拳前冲拳（攻中段），右拳回收腰侧。

（18）右脚前踢，两臂下截，置于体侧。右腿下落成右前探步，右拳前冲拳（攻中段）并发声，左拳回收腰侧。

收势：同太极一章。

第四节　跆拳道竞赛规则介绍

跆拳道的基本哲学思想是：练习此项运动者必须以修身养性为目的，道德教育第一，运动技巧第二。一方面，跆拳道运动均起源于传统韩国社会优雅的礼仪，面前的对手头部和身体按规定的角度弯下优雅地鞠躬；另一方面，规则要求运动员身上、头上戴护具，并建议在道服内腹股沟、前臂和胫骨上佩戴护具并戴护齿。

一、竞赛

跆拳道比赛包括两方——“Chung”（蓝）和“Hong”（红），双方以脚踢打对手的头和身体或用拳击打对方的身体而得分。比赛分 3 个回合，每回合 3 分钟，两回合之间休息 1 分钟。选手可通过下述方法获胜：将对方击出场外，得分最高，使对手被罚分达到 3 分，则对手被剥夺比赛资格。

比赛开始前，裁判分别发出“Cha－ryeot”和“Kyeong－rye”指令后，双方立正并相互鞠躬，然后裁判喊“Shi－jak”宣布比赛开始。

二、得分

每个合理的攻击都将得分，下述为合理的攻击：

（1）击打对手的得分部位，除了头外，得分部位包括腹部及身体两侧，这三个部位标于对手的护具上。禁止击打对方小腹以下部位。

（2）用规则允许的身体部位击打对手。须用正确紧握的拳头的食指和中指的前部或脚踝关节以下的部位击打对方。

若三位裁判中有至少两位对击打进行了认定并记录，则得分有效。

三、犯规

犯规是跆拳道比赛中的一个重要方面，这不仅仅因为被罚 3 分——在高水平比赛中极为罕见——意味着自动失败。仅仅 1 个罚分就可左右比赛的胜负。跆拳道犯规分两种：Kyong - go 和 Gam - jeom。最常见的一种犯规 Kyong - go 或警告意味着罚 0.5 分，但是若仅有一次这种犯规则不计入罚分，除非再次犯规而累计罚 1 分。若选手抓、抱、推对方、逃避性地背对对方、假装受伤等时，则判 Kyong - go。

另一种更为严重的犯规称为“Gam - jeom”，将被罚 1 分。典型的犯规行为包括扔对手、在格斗中在对手双脚离地时故意将其放倒、故意攻击对手后背、用手猛击对手的脸部等。

四、击倒

选手被击倒后裁判将如拳击比赛一样开始 10 秒的读秒。在跆拳道比赛中一方由于对手发力而使其脚底以外的其他任何部位触地则判为被击倒。裁判也可在选手无意或无法继续比赛时开始读秒。一旦出现击倒，则裁判喊“Kal - yeo”意为“暂停”，指示另一方退后，裁判开始用韩语从 1 至 10 读秒。即使被击倒的选手站起来欲继续比赛，他或她也必须等待裁判继续读秒至 8 或“Yeo - dul”，然后由裁判判定该选手是否能继续比赛。若其无法继续比赛，则另一方获胜。

五、胜方

在除了决赛以外的其他比赛中若以平局结束，则分数高的一方获胜。若双方仍旧平分秋色，则由裁判根据比赛中双方表现的主动性来决定在三回合各三分钟的比赛中哪一方占优势。若为争夺金牌的决赛，则双方进行第四回合（突然死亡回合的较量），率先得分者获胜。若无人得分，则裁判通过判断谁在该回合中占优势而判定最后的胜方。

六、重量级划分

在世界跆拳道锦标赛中，男女各分为传统的八个级别，而其首次作为正式比赛项目出现在 2000 年悉尼奥运会上时，男女各分为四个级别：男子 58 公斤以下级、女子 49 公斤以下级，男子 68 公斤以下级、女子 57 公斤以下级，男子 80 公斤以下级、女子 67 公斤以下级，男子 80 公斤以上级、女子 67 公斤以上级。

七、比赛区域

比赛区域为大小为12平方米的正方形场地，建在高于地面约1米的平台上，上面铺有弹性的垫子。为安全起见，场地外两侧平台的侧面略微向地面倾斜。场地内，正中是一个8平方米的蓝色正方形区域，其外边为红色的警告区，提醒选手正接近边线或平台的边缘。一旦选手的脚踏入警告区则裁判自动暂停比赛。故意进入警告区的可判为Kyong－go，而故意跨过边线的可判为Gam－jeom。

八、防护服

跆拳道是一项身体全面接触的运动，要求参赛选手穿防护服，头部、身上、前臂、胫骨、腹股沟佩戴护具。比赛前所有参赛选手将接受检查以确保其穿上所要求的护具。

九、其他规则

（1）若同时出现的犯规在一种以上，则裁判以处罚较重的犯规为准。

（2）若双方均被击倒且读秒至10后无法恢复，则击倒前得分高者获胜。

（3）若选手得分后立即犯规，则其所获分数可判为无效，如故意摔倒（一种避免受击打的战术）。

（4）头部被击中倒地的选手在30秒内不得参加比赛。

十、竞赛形式

悉尼奥运会中的跆拳道比赛进行单淘汰赛直至最终的冠亚军决赛。而铜牌以更为复杂的方式决出。所有负于两位决赛者的选手均有另一个机会进行次级比赛而决出铜牌。两位半决赛的负者直接进入次级比赛。所有负于两位决赛者的其他选手在其原所在组进行单淘汰赛，两位优胜者获得余下的两个半决赛席位。每一组的优胜者与另一组的半决赛的负者进行交叉半决赛，两位胜者争夺铜牌。

第二十一章　拓展运动

第一节　拓展运动概述

拓展运动又名拓展训练，起源于“二战”期间英国水兵的生存训练，英文名为 Outward Bound，原意为小船驶离平静的港湾，执着地投向未知旅程，去迎接各种挑战。“二战”时英国船队在大西洋频频受到德国潜艇攻击，伤亡重大。事件中人们发现从海中生还的并不是那些身强体壮的人，而是一些具有丰富野外生存经验，并充分自信，意志坚强，且有良好团队精神的人。这一现象引起了军事、教育、心理专家的研究兴趣，当时一位叫库尔特·汉恩的专家提议，通过专家设计一些具有心理挑战的野外生存活动项目，对海员进行意志训练，后来该项目训练取得了巨大的效果。

库尔特·汉恩协助其好友劳伦斯在 1942 年成立了第一所阿德伯威海上生存训练学校，以海员为训练对象，这是野外生存拓展训练最早的雏形。

战后，在英国出现了一种叫做 Outward Bound 的管理生存拓展训练，这种训练利用野外活动的形式，模拟现实管理环境，对管理者和企业家及其所带的团队进行心理和管理两方面的训练。

拓展训练以其新颖独特的培训方式和良好的培训效果，很快就风靡了整个欧洲的教育培训领域，并在其后的半个世纪中发展到了全世界。至今，在全世界 28 个国家和地区共成立了 48 所以 Outward Bound 统一命名的拓展训练学校（简称 OB 学校）。这些拓展训练学校已经成为一个国际性的组织，它的总部设在加拿大的渥太华，国际组织有一个共同的使命宣言——“激发自尊，帮助他人，服务社会，放眼未来”。

在亚洲地区，新加坡最早建立了 OB 学校，此后中国香港、日本先后引进了这种体验式教育的课程模式。由于它适应了我们所处时代对完善人格、提高素质和回归自然的需要，成千上万的人参与其中，一同感受拓展训练带来的令人震撼的学习效果，同时参加此类课程也成为现代人生活的时尚，人们争相参加，近几年内有不断升温的趋势。

1970 年，中国香港成立了香港外展训练学校，这是中国第一个加入拓展训练国际组织的专业培训机构。1999 年该训练组织在广东肇庆成立了外展训练基地，这个基地成为该训练组织下属的国内第一个培训基地。1995 年以“拓展训练”命名的体验教育模式整合改造后进入中国，当时的“北京拓展训练学校”是最早开始在国内开展课程的培训机构。拓展训练在培训领域引起了前所未有的震撼，短短的几年间，拓展训练培训机构遍布全国，并呈几何数字增长。随着国内拓展训练的普及，参训单位也由最初的外企、MBA 学员发展到国企、事业单位，参训学员包括普通员工直至高层领导。1999 年，高等学府清华大学率先将体验式培训引入 MBA、EMBA 的教学体系中，随后北京大学光华管理学院、中欧工商学院、中山大学岭南学院、浙江大学、中国工商管理学院、暨南大学等学校的 MBA/

EMBA 教育中也纷纷把拓展训练作为指定课程内容。

随着拓展训练逐步走进学校教育，尤其是随着中共中央国务院《关于深化教育改革全面推行素质教育的决定》的文件颁布，大学生素质拓展开始蓬勃发展起来。1998 年，中国地质大学率先在学校教学中开设了“野外生存体验”公共选修课；2000 年，“野外生存体验”课题获得了第 6 届全国大学生运动会科研论文报告会一等奖；2003 年“拓展高校体育课程——构建高校‘户外运动’课程及实施方案模式化的实验研究”项目被湖北省教育厅确立为省级教学研究项目。而真正让拓展训练植根校园，是从 2002 年起，将拓展训练作为一门课程，修建专门的训练架，并开始制定大纲，北京大学应该是最早的学校之一，此后我国许多高校开展了不同形式的拓展训练课程，此课程在学生中引起极大反响，深受学生们的喜爱。目前国内开展“大学生素质拓展”的高校有北京大学、中国人民大学、东北大学、华东师范大学、复旦大学、中国地质大学、重庆大学、暨南大学、中山大学、惠州学院等上百所。

第二节　拓展运动基本概念

1. 特点

（1）强调“做中学”，让人们亲身体验一系列活动，然后在体验的过程中去学习、感悟、提升。拓展训练并非简单的体育加娱乐，而是对传统教育的一次全面提炼和综合补充。它打破了传统的以“教”为主的教育模式，采用“先行后知”的体验式学习方式让学生在愉快、积极的参与中学到知识、领悟道理，并通过亲身体验的方式来挖掘自己的潜能，培养创新精神和实践能力，促进果敢、顽强、自信、团结等优良品格的形成。

（2）以体验者为主体，双向互动，共同来交流学习心得和体会。它的各种活动都是以“团队合作学习”的方式进行，打破了传统教育中的以“独善”为主的教育方式，让学生在集体中、合作中、矛盾中、解决问题的过程中提高适应社会的能力，领悟做人的道理，同时培养自己的集体精神。

（3）个人挑战项目与团队合作项目相结合。拓展训练以它独有的各种“高峰体验”的内容，让学生在激动中、恐惧中、犹豫中、喜悦中不断提升对生活的感悟，对挑战的向往，增强战胜困难的勇气，培养自己的体育精神。拓展训练这种新的教育方式符合当前教育改革和素质教育的指导思想，对推动传统教育模式的改革和青少年整体素质的提高具有重要意义。

（4）参与性更强。拓展训练的所有项目都以体能活动为引导，引发出认知活动、情感活动、意志活动和交往活动，有明确的操作过程，要求学生全身心地投入。在训练中每个人都会不断面对挫折，面对失败，但是在同伴和老师的鼓励下仍然会站起来，以更坚强的意志和更坚定的信念去参与挑战。在克服困难、顺利完成课程要求以后，学员能够体会到发自内心的胜利感和自豪感，获得人生难得的高峰体验。

2. 作用

拓展训练具有激发个人潜能，增强团队活力、凝聚力和创造力，磨炼意志、陶冶情操、完善人格、熔炼团队等作用。

（1）激发自我潜能。拓展训练有目的地为学生设置一些困难，让他们在经历后发现自己还有这方面的潜能，从而增强自己的信心。让他们知道任何看似不能完成的事情在没有亲自尝试的前提下不要轻易放弃，自己的潜能就是在不断大胆的尝试中被发掘出来的。

（2）培养创新精神。在拓展训练中很多项目都是为了培养学生的创造性思维而设计，没有人教你怎么做，在书本上也没有学到过这些知识。在这种特定的环境中，要完成这些任务只能靠学生自己的思维和实践动手能力，从而激发学生的思维创造力、想象力，给学生提供创造性思维的空间和实践动手能力的场所。

（3）培养团队协作能力，增强团队活力、凝聚力和创新力。拓展训练中有很多需要团队协作才能完成的项目，它以“团队合作学习”的方式打破了传统教育中的以“独善”为主的教育模式，让学生通过亲身体验来培养自己的集体精神和社会适应能力，从而达到增强团队活力、凝聚力和创新力的作用。

（4）培养良好的心理素质，磨炼意志，陶冶情操，完善人格。拓展训练强调的是“不是你不能，只是你不敢，不是你的能力问题，而是你的心理问题，积极的心态将是你获得成功的原动力”。拓展训练能让人懂得自己拥有了果断、自信、敢为的良好心理素质，面对任何困难和危机都会迎刃而解。因此，参加拓展训练能对学生的心理健康起到积极的促进作用。它就像一个心理实验场，要求学生不断克服自己的心理恐惧，提高自我调控能力，保持平和心态，勇于挑战自己，战胜自己，培养冷静、果断、坚忍不拔的良好品质，从而达到磨炼意志、陶冶情操、完善人格的目的。

3. 内容

拓展训练的内容大致分为四大类：场地项目、野外项目、海（水）上项目、室内项目。目前项目就有上百种之多，并且还在不断地开发中，随着时间的推移，拓展训练的内容也在不断丰富。

场地项目分个人项目和集体项目。个人项目主要是以高空挑战项目为主，高空项目一般用来锻炼学生的心理素质，激发学生自身的潜能，感受在特殊心态下完成任务的能力变化以及在团队激励和帮助下对个人完成挑战的价值，通常要在7米以上的高空完成，主要有空中断桥、空中单杠、空中独木桥、空中荡木桥、空中飞狐、攀岩、速降、缅甸桥、团队桥、铃铛、过轮胎等，还有重在双人合作的绝代双娇、天使之手、垂直天梯、高空相依为命等；集体项目主要是以地面项目为主，要求团队协作解决各种难度不同的任务，包括团队战鼓、有轨电车、连环手、拍电报等，此外集体项目还包括一些中低空项目，比如背摔、电网、孤岛求生、罐头鞋、越障、高台演讲、荆棘取水、摸石头过河等，通过这些项目能够强烈地感受到“团结就是力量”的意义，对熔炼团队有较高的价值。

野外项目有徒步穿越、野外生存、攀岩、速降、野外定向、野营、篝火晚会等。

海（水）上项目有扎筏、泅渡、漂流、涉溪、跳水、皮划艇、水上梅花桩、抢滩登陆、救援行动、游泳等。

室内项目有团队角色、团队决策、红与黑、杀手游戏等。

第三节　拓展运动学习环节

拓展训练的学习流程共分为五个基本环节（见图1）。

（1）准备活动——拓展训练项目的进行是以身体活动为基础，这就要求组织者根据将要进行的项目内容设定热身活动，并且要注意把握各关节充分舒展，遵循有主有副的原则。

（2）项目体验——教师安排好活动场地，先介绍项目名称，讲述模拟或真实的情景，宣布活动的任务、规则、安全注意事项以及完成此项目所用时间。最后，提醒学生在项目实施过程中，教师不回答任何问题，目的是让学生全面了解任务和要求，做好身体和心理准备，再投入活动当中。学生在感受活动的乐趣、新鲜和刺激的同时，挑战预设的各个难题，产生身体、心理、情绪以及精神的各种体验。这种初始的体验是整个过程的基础，也是关键的一个环节，因为学生在挑战任务过程中的表现将直接关系到以下环节进行的方向。

（3）分享经验——项目挑战完成后，教师组织学生总结完成情况，根据挑战项目过程中出现的问题以及项目本身体现的功能引导学生回顾。当然回顾的目的不仅仅是简单总结，更重要的是学生要对自己和同伴经历过的事情有所感悟，在这基础之上与同伴分享自己的感受和经验。在这个过程中要鼓励学生充分地展开讨论，并时刻监控学生讨论的话题，如果发现偏离、走向负面或起了争执，教师要及时引导控制。

（4）总结提升——最关键的部分则是把这些分享的东西结合起来，在这个过程中，教师要引导学生总结，并及时地提升学生的认知水平，帮助学生从具体体验的肤浅认识上升到理论高度，导出自我管理、团队协作、沟通技巧等理论和原理。教师要注意多与现实社会结合，以便学生能够将训练中的收获迁移到以后的工作和学习中。

（5）整合应用——这个环节难度最大，因为这是一个由思想转变为行为的过程；并且这个环节有其特殊性，它不是在课堂上完成，而是在以后的实际生活或工作中完成，所以，这个环节已不在教师的掌控范围，完全靠学生自主完成。但是，这也正是教学的终极目标——整合应用。当然，它的实现与否与教师前面的工作效果密不可分，同时也是上述四个环节成功与失败的直接体现。

在整个教学过程中，教师主要起引导、监督和提升的作用；学生则是具体任务的组织与实施者，成为课堂的主体。通过两者相互配合，各尽其责，最终实现学以致用的教育目标。

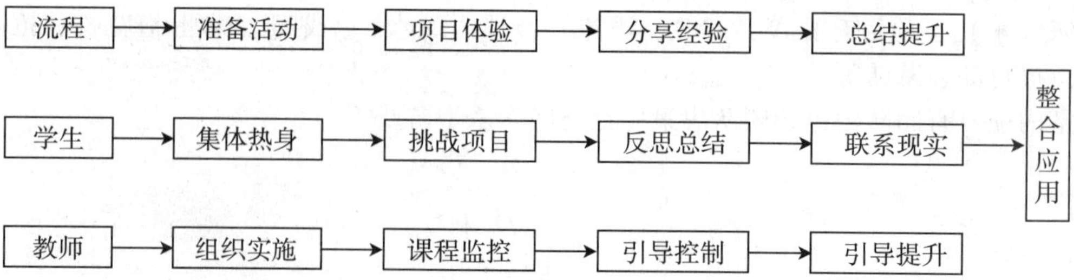

图1

第四节 拓展运动经典项目

一、背摔

项目介绍：背摔的队员，两手反交叉握拢弯曲贴紧胸前，两脚并拢，全身绷紧成一体；后倒时，头部内扣，身体不能弯曲，两手不得向外打开，参加保护的队员，两腿成弓步且相互抵紧，两手搭于对方肩上，掌心向上，上体和头部尽量后仰，当实施队员倒落时，全身协力将实施队员平稳接住。

项目目的：信任环境的营造；建立换位思考的意识；通过身体接触实现情感的沟通、信任与责任。

图2 背摔

二、断桥

项目介绍：参训队员爬越 9 米高的断桥立柱，站立于断桥桥面之上，两臂自然平伸，保持身体平衡，移步至桥面一侧边缘，以后脚的蹬力，使身体向前跃出，跨过断桥落于桥面另一侧，平稳地走到终点。

项目目的：成功与失败永远只差关键的一步，勇敢地跨出这一步，成功就属于你；克服紧张情绪、战胜恐惧心理；培养果敢的执行力；借助外势建立突破自我、挑战困难的自信心与勇气。

图3 断桥

三、孤岛求生

项目介绍：将所有队员分成三组，安置于三个已规定的岛上（“珍珠岛”“瞎子岛”“哑巴岛”），各组队员扮演各自岛上的角色，在规定的时间内，按规定完成任务。

项目目的：团队结构与沟通协作；团队的动态管理；有效沟通与协作；新角度管理的诠释。

图4 孤岛求生

四、毕业墙

项目介绍：团队在没有任何器材的情况下共同努力翻越 4 米高的墙壁。

图5 毕业墙

项目目的：自我管理与定位；有甘为人梯的精神；团队的协作与激励；共建高效团队。

五、电网

项目介绍：面对高压电网，参加者必须同心协力，尽量避免伤亡，以最小的代价换取最大的胜利。

图6 电网

项目目的：改变沟通方式，如何理解、倾听他人，如何让他人更能接受，如何分配合理的资源，资源的浪费与团队目标的关系；个人的利益与整个团队的利益关系将直接决定目标的达成。此培训项目强调整体协作与配合、资源的重要性，好胜与莽撞都将遭遇淘汰，只有依靠团队的力量才能顺利完成任务。

六、极限60秒

项目介绍：有一固定不动地布，地布上有1～30的数字信息卡片，且卡片的正面朝下。每个队有五次进场的机会。每次进场时间为60秒。在60秒之内，把地布上数字信息卡片全部按照从小到大的顺序准确无误地交给地布旁的培训师。地布旁只能有一位学员并且只有这位学员才可以收集地布上的卡片。

图7 极限60秒

项目目的：培养团队决策与统筹意识，大团队意识，团队间的相互合作；培养团队处理突发事情能力；在执行过程中对目标偏离时，怎样快速沟通重新调整计划；学习工作效率中的学习曲线；突破思维定式，培养发散性思维能力。

七、风火轮

项目介绍：提供的道具只有报纸、剪刀、胶带。靠大家的智慧和团队的协作走完一段不容易的路程。

图8 风火轮

项目目的：合理配置资源，分工配合；检验组织成员工作主动性，建立团队自己的节奏，明白协调一致对组织的重要性（个人与团队的相互作用：个人的能量只有透过组织才能发挥出来，如果个人与团队目标不统一，个人能量越大，对组织的破坏性越大，个人发展必须跟上组织的节奏）；明确团队目标，有效地进行沟通与合作。

八、陪伴

项目介绍：提供眼罩、纸币。靠二人或三人（哑人和盲人）的协作走完一段设计的路程。

项目目的：改变沟通方式，如何理解、倾听他人，换位思考，优势互补，关注有缺陷人士，变得富有同理心。

图9　陪伴

九、同心鼓

项目介绍：提供鼓和球。由 10～20 人分别牵拉一根带有围绳的鼓，将一个排球或网球在鼓上连续击起。

项目目的：分工配合；建立团队自己的节奏，明白协调一致对组织的重要性（个人与团队的相互作用：个人的能量只有透过组织才能发挥出来，如果个人与团队目标不统一，个人能量越大，对组织的破坏性越大）；明确团队目标，有效地进行沟通与合作。

图10　同心鼓

十、绳结探索

项目介绍：提供绳子，探索八字结、渔人结和蝴蝶结。在规定的时间内自我探索八字结、渔人结和蝴蝶结。

项目目的：分工配合；有效地进行沟通与合作；发挥团队的力量和个人的探索精神，重视反思与反省精神。

图11　绳结探索

图12　翻纸牌

十一、翻纸牌

项目介绍：提供纸牌。按顺序在最短的时间内把 13 张布置好图形的纸牌从 1 翻到 13。

项目目的：合理配置资源，分工配合；有效地进行沟通与合作；发挥团队的力量和个人的智慧。

十二、积木探索

项目介绍：提供积木。在规定的时间内尽一切方法把积木搭到最高，5 秒钟内不倒。

项目目的：合理配置资源，分工配合；有效地进行沟通与合作；发挥团队的力量和个人的探索精神，重视知识的联系。

十三、爱、感恩、梦想

项目介绍：提供一个给人表达爱、感恩与梦想的舞台。

项目目的：使人不仅关注理性，更要重视情感的表达，变得富有爱心、感恩之心和坚持梦想之心。

图 13　积木探索

图 14　爱、感恩、梦想

第二十二章　户外运动

第一节　户外运动概述

在18世纪以前，人们很怕接近高山，对高山保持着恐惧与敬畏，甚至认为那是魔鬼一样的地方，一直到18世纪，才开始有一些传教士为了传教，不得不穿越山区。科学家也开始走入山区，做一些自然生态的研究。除了这些人外，随着工业革命的进行，出现了一批实业家和企业家，这些人通过工业革命迅速聚敛了大批的财富，成为社会新阶层。这些人中部分人为了追求另一种刺激，开始将旅游目的地伸向荒凉的高山地区。

户外运动真正诞生于19世纪下半叶。此时，人们开始使用特殊的器材资源进行旅游，滑冰、爬山、徒步旅行是比较突出的例子。1857年，世界上最早的户外运动俱乐部诞生在德国，这个以登山、徒步为主要运动项目的民间组织是现代户外运动俱乐部的雏形。18世纪90年代，高山滑雪运动的出现吸引了一批新的冒险旅游者，登山运动也随着人们对山地环境的观念的改变开始受到欢迎。曼彻斯特的高山地区由于拥有欧洲最高的山，而成为当时最为重要的登山目的地。登山成为新的旅游方式以后，首登（某座山头被人类第一次登顶）就成为所有登山者追求的目标，当那些在阿尔卑斯山区中，比较平缓而容易到达的山头都被首登过后，剩下的就是有着相当难度的大山了。当时的登山者，为了克服这些终年积雪的冰岩地形，进而发展出一整套技术。只是此时无论技术上还是装备上都还相当简陋。第二次世界大战前后，为了符合特种地形作战上的需求，军队开始发展了这些登山运动的技术，攀岩和野营才逐渐有了雏形。因此，户外运动开始由民间探险旅游向专业方向发展，逐渐演变为一种体育项目。

现代户外运动的大众化发展，是伴随着西方户外运动工业化和城市化进一步发展而产生的。人们为了逃脱现代工业文明下的都市生活，开始将目光投向森林、山地、湖泊、水库、海滩等广阔的自然资源，逐渐开始利用这些自然资源进行体育活动，户外运动由于其活动的独特休闲性，而受到许多人的欢迎。在美国，自然环境、休闲、户外娱乐是不可分割的一个整体。可以说，国外户外运动的兴起，与人们对环境的关注、社会富裕、汽车的普及以及渴望生活的丰富多彩等因素有关。

由于户外运动受到人民的欢迎，战后各国政府也十分重视户外运动的开展，因此，户外运动热潮在西方各国一直居高不下。但是，户外运动真正成为体育项目还是在20世纪70年代以后了。户外运动的许多项目的历史都很短，但是由于其非常受欢迎，而在短短几十年中迅速成为各个发达国家里很普及的运动。比如，在欧美国家，野外露营已经成为上至老人、下至孩子都十分喜爱的活动；户外探险运动在欧美各国和日、韩等国非常普及。

户外运动在中国的发展最早是由登山探险运动开始的，伴随着登山探险运动的引入，中国于1956年组成第一支国家级登山队——中华全国总工会登山队，而两年后，国家体委正式成立登山处，与国家登山队一并归入同年成立的中国登山协会。中国登山协会作为最早的国家登山运动组织，曾组织过数次在国内外有重大影响的高山探险活动。其中1960年首次从北坡登上珠穆朗玛峰，1975年9名运动员再次集体登上珠峰，1988年中、日、尼三国联合登山队实现在珠峰顶峰会师和南上北下、北上南下大跨越等。与此同时，其他一些欧美流行的户外运动，如攀岩等项目也开始传入我国，但是由于这些项目大都有其特殊的场地和装备要求，是一项需要花费时间和金钱的运动，所以我国在起步上要落后很多，所以，登山协会开始着力扶植这些项目。1987年，中国登山协会派人员到日本学习攀岩运动的相关攀爬技术和运动规则。同年10月，在北京附近的怀柔大水峪水库自然岩壁举办了第一届全国攀岩比赛。1990年怀柔国家登山队训练基地建立了国内第一座大型人工攀岩场并举办了比赛。

“我国大规模的民间户外运动始于1995年左右，最初是一些比较前卫的大学效仿国外的大学相继组建了登山队，像北大山鹰社就是1989年成立的。随着这些学生的毕业和运动的扩延，户外运动逐渐传到了社会，成为一项时尚的都市运动。”中国登山协会前秘书长于良璞曾经这样描述中国户外运动的开始兴起。2005年4月，山地户外运动被正式设立为我国正式开展的体育项目，隶属于登山项目下属分项，其业务工作由国家体育总局登山运动管理中心管理，这也标志着我国户外运动正式进入规范发展的新道路。2004年，教育部设立了“大学生野外生存生活训练”课题，并计划于2004年7月至2006年7月，在全国部分高校进行实验；2007年7月开始，野外生存生活训练课程将作为体育课的选修科目在全国各高校推广。教育部已在19个试点学校进行过野外生存素质培训课程，目前，野外生存素质培训开始成为许多学校的选、必修专业。中国地质大学（武汉）体育学院已经成立了户外运动专业，这是国内第一所开设户外运动专业的学校。这一计划对于户外运动在学校的推广有着非常重要的意义。

第二节　户外运动基本概念

1. 定义

户外运动是以自然环境为场地的，带有探险性质或体验探险性质的体育活动项目群。

2. 特点

（1）以自然环境为场地，有回归自然、返璞归真的特征；

（2）具有不同程度的挑战性和探险性；

（3）强调团队协助精神；

（4）对身体、意志、技能等各方面有较全面的要求；

（5）是一门综合性的学科；

（6）是体验式教育的重要组成部分。

3. 户外运动的内容和形式

目前在我国开展的主要户外运动有登山、攀岩、蹦极、漂流、冲浪、滑翔、滑水、攀冰、穿越、远足、滑雪、潜水、滑草、高山速降自行车、越野山地车、热气球、溯溪、拓展、飞行滑索等，名目繁多，按照不同的分类标准，可以划分如下。

按照户外运动的形式和功能，可以分为：①健身性户外运动，其功能是提高健康水平，以及用于疾病的防治和病体的康复，如登山、远足等。②消遣娱乐性户外运动，包括爬山、野营等；③探险性户外运动，包括丛林探险、探洞等；④挑战性户外运动，包括野外生存、攀登高峰、荒漠穿越等。

按照身体能力来划分，则可划分为：①技能类户外运动，如定位与定向运动、探洞、丛林急救等；②体能类户外运动，如沙漠穿越、丛林穿越、攀登高峰、溯溪等。

按照户外运动过程中人和自然的联系程度，可以把户外运动分为：①自然类运动，如各种山地、海岛和荒漠运动都属于自然类运动；②半自然类运动，如攀楼，攀塔，自行车、汽车公路穿越，直排轮公路穿越，公路徒步穿越等。

按照户外运动的专业性来划分，户外运动又可以划分为大众休闲户外运动和专业户外运动，前者适合普通的户外运动爱好者，不需要非常专业的户外运动装备和户外运动技能，活动的冒险性较小；而后者需要经过一定的户外运动培训，需具备一定的户外运动体能和技能基础，活动往往具有一定的挑战性和冒险性。

第三节　户外运动装备

1. 户外服装

（1）冲锋衣裤（户外活动必备，主要作用是防风、防水、透气、耐磨……）；

（2）抓绒衣（主要作用是防风、保暖）；

（3）排汗内衣（户外运动后保持身体干燥）；

（4）快干衣裤（夏天出行的必备品，裤管、袖管最好是可以脱卸的）；

（5）羽绒衣裤（冬天出行或者去高原地带的保暖必备品）；

（6）其他个人衣物（一次性内裤、汗衫、T恤……）。

图1

2. 鞋袜

（1）徒步登山鞋（适应性强、耐磨、防水，最好是中高帮的，可以保护脚踝）；

（2）轻便运动休闲鞋（适合一般的郊游活动，或开车时穿）；

（3）运动凉鞋（可当拖鞋穿，夏天徒步也可直接穿）；

（4）排汗袜子（可排脚汗，冬天可防冻伤）；

（5）普通运动袜（棉的、穿着舒服就行）；

（6）雪套（在雪地或者泥泞路段很管用）。

3. 帽子

户外要选用恰当的户外帽子。一般春夏户外活动的户外帽子，一要有防晒、防紫外线功能，二应是快干、透气、凉爽材料的，这样即使是大汗淋漓的环境下，照样也能保持干爽凉快。在不同的户外活动中最好选择对应功能的帽子，如丛林活动选择可以防树枝、防虫子的丛林帽。选择专业的户外帽子，才能让你的户外生活得心应手。

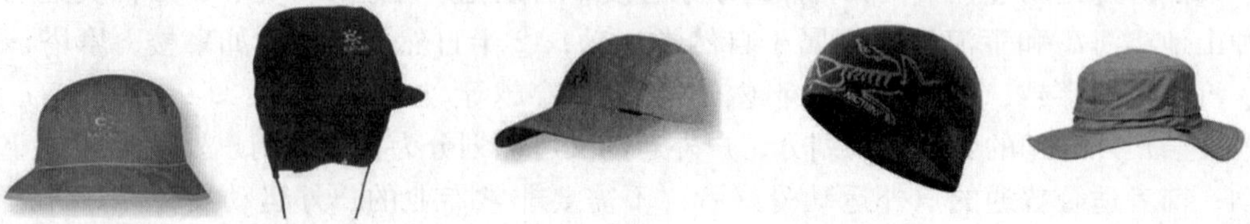

图 2

4. 手套

薄手套（主要为了活动方便，比如可以拍照等）；厚手套（主要是保暖的功效）。

5. 眼镜

对于滑雪、爬山等太阳光较强烈的野外运动来说，太阳镜应该具有抗紫外线的功能。

6. 背包

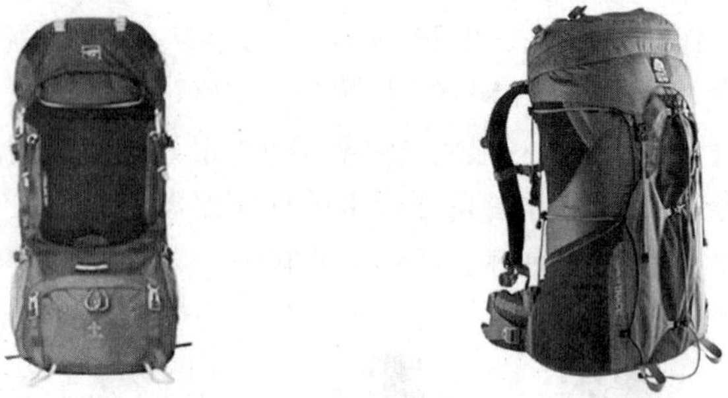

图 3

（1）大背包（短途露营或者长途旅行的必备品，以背着舒适且能承重为佳，容量为 45 ~ 80 升）；

（2）小背包（旅行备用品，有一定的背负，容量为 15 ~ 30 升）；

（3）腰包或挎包（长途出行时放随身小东西用，最好是可放水壶的那种）；

（4）摄影包（根据个人需要，斜挎的比较方便取用镜头）。

7. 露营

（1）睡袋（长途宜带体积小的羽绒睡袋，节省空间，还有就是根据季节的需要带）；

（2）睡袋内胆（长途旅行不露营的话，只要带个防脏的抓绒或者棉的睡袋内胆就可以了）；

（3）帐篷（普通露营的话，一般的防水抗风帐篷就可以了，长途远行的话建议带体积小的轻便的帐篷）；

（4）帐篷地席（保护你的帐篷底面，免受磨损）；
（5）防潮垫（普通的可以让你随时随地坐下躺下，充气垫让你更舒服）；
（6）铝膜地席（携带轻巧方便，必要时可以作为摄影的反光板）。

图4

8．照明
（1）头灯（可以让你双手腾出来，很方便）；
（2）手电（作为备用的照明）；
（3）营灯（在营地用或者在帐篷内用，效果很好）；
（4）荧光棒（有一定的作用，就是不要乱扔，不环保）；
（5）防风打火机（用处不小，应急时可照明）；
（6）防水火柴（也是应急之用）。
9．炊具
（1）炉头（让你在野外可以吃到热的东西）；
（2）气罐（配合炉头使用，注意携带安全）；
（3）套锅（有灶台了，没锅可不行，烧饭、煲汤、煮面、煎蛋都得靠它了）；
（4）小钢杯（环保用品，喝什么都可以，早上还可作为洗漱杯）；
（5）烧烤炉（自驾车活动可以携带的物品）。

图5

10．水具
（1）户外水壶（可以有效防腐，颜色比较酷）；
（2）水袋（野外穿越时或自行车旅行时比较管用）；
（3）保温水壶（冬天出去，喝一口热水是一种享受）；
（4）净水器（比较专业，对生活质量有要求的人士可备）；

（5）净水药片（携带方便，净水效果一般，但可满足要求）。

11. 通信

（1）手机；

（2）对讲机（团队活动中很管用的装备，前后呼应，在一定范围内逛街也很实用）；

（3）GPS（全球定位系统，专业的工具，可以帮忙定位、定线路，防迷路）；

（4）求生哨（携带方便，也可作为团队联系方法之一）。

12. 其他

（1）登山杖（使用得好，可以节省20%左右的体力，还可作为独脚架）；

（2）洗漱包（用处不说了，井井有条而已）；

（3）个人卫生（牙刷、肥皂、毛巾、牙膏、手纸、爽足粉、耳塞、防晒霜、唇膏、发热贴、指甲钳、个人药品）；

（4）背包雨罩（不仅可以防水，长途的话，是防尘的理想工具）；

（5）背包捆扎带（可用于背包外挂物件的固定，必要时可连接做保护绳）；

（6）地图（无论是长途还是短途，都用得着的工具）；

（7）小快挂（方便在背包上随便挂取小物件、毛巾、帽子、垃圾袋等）；

（8）指南针（野外辨别方向，或迷路后寻找方向的有用工具）；

（9）军刀（觉得男人身上都应该带一把，小到削苹果，大到砍树，都可以用）；

（10）户外手表（可以测海拔、气温、气压，具电子罗盘、计时和闹钟等功能）；

（11）头巾（既可擦汗，又可御寒）；

（12）防水袋（保护你的衣物、用品不湿，方便背包内的整理）；

（13）证件袋（贴身放重要的证件或钱财）；

（14）小型望远镜（扩大你的视力范围）；

（15）针线包（万一有衣物损坏了，缝缝补补总是需要的）；

（16）笔记本（记账或记录你旅行的心情）；

（17）备用电池及充电器（很多东西用得到电池）；

（18）充气枕（长途坐车或飞机时的理想伴侣）；

（19）护膝（很重要，尤其负重时，有它对膝关节的保护才不会留下劳损的旧患）；

（20）药品（感冒药、消炎药、好得快、黄连素、止血绷带、创可贴、维生素药片、眼药水、红花油……根据个人的不同需要携带）；

（21）备用食品（压缩饼干、巧克力、牛肉干、葡萄干、能量棒……）。

第四节　户外运动技术

一、营地选择

1. 安全因素

（1）注意防风、防雷、防洪水、防落石、防野兽，避免在山脊、河床、溪谷、崖下扎营；

（2）注意避开民居，以免骚扰别人或别人干扰我们，防盗防抢；

（3）选择政府指定营地，勿非法露营。

2. 环保因素

（1）选择坚实的地表，如岩石地、砾石地、沙地、干草地，以及开阔森林中的草地等；

（2）注意更换营地，不要连续几天使用一块营地，每一个营地都只停留一个晚上，以减少对环境的冲击。

3. 舒适因素

（1）接近水源，但要尽量保持离水源60米；

（2）营地平坦、干爽。夏天注意通风，冬天注意避风；

（3）交通便利，但要离开公路和民居；

（4）附近最好有通信信号、政府机构等设施，便于求援。

4. 营地分区

（1）休息区：营地的上风位，平坦、安静；

（2）炊事区：生火及烹饪的区域，应先清除枯枝、杂草等易燃物；

（3）卫生区：处理垃圾和排泄物，应放在下风位；

（4）活动区：上课、游戏、交流等活动区域，宽敞。

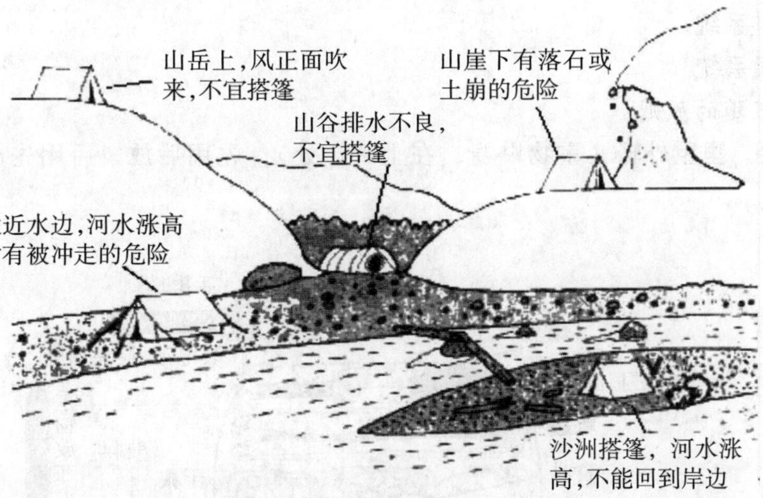

图6

二、户外食品的配备原则

（1）早中晚三餐，建议配给比例为3∶3∶4；早餐应清淡营养，避免生冷食物；午餐应方便快捷，可快速供能，易于消化吸收；晚餐应种类丰富，可充分补充营养和能量。

（2）适当的路粮和应急食品。

（3）选择食物原则：高营养、易消化、易食用、易存放、易携带、合口味、少垃圾。

三、煮饭的技巧

（1）洗米后加水，米水比例为1∶2；

（2）盖上锅盖，大火；

（3）米水滚开，转小火；

（4）米水收干或有焦味，熄火焖5分钟。

四、帐内物品整理

（1）用防水袋装衣物，不会弄湿衣服，还可作枕头；

（2）尽可能把所有物品放入帐篷内，但不要顶到内帐紧贴外帐，以免雨水或露水渗入；

（3）炉子和燃料可放在外帐幕下；

（4）进出帐篷时，要随即拉上营门，以免蚂蚁、蚊虫进入；

（5）食品应每餐分开包装，放进帐篷，以免被动物吃掉；

（6）应把散乱的物品收集到背包里，放入帐篷，紧急时可以随手全部带走。

五、背包装填的原则

1. 背包的三大系统

（1）装载系统。

（2）外挂系统。

（3）背负系统。

2. 背包装填的原则

上重下轻，里重外轻（重物贴身，在上2/3处）；先用后放，后用先放；急用外放，左右平衡。

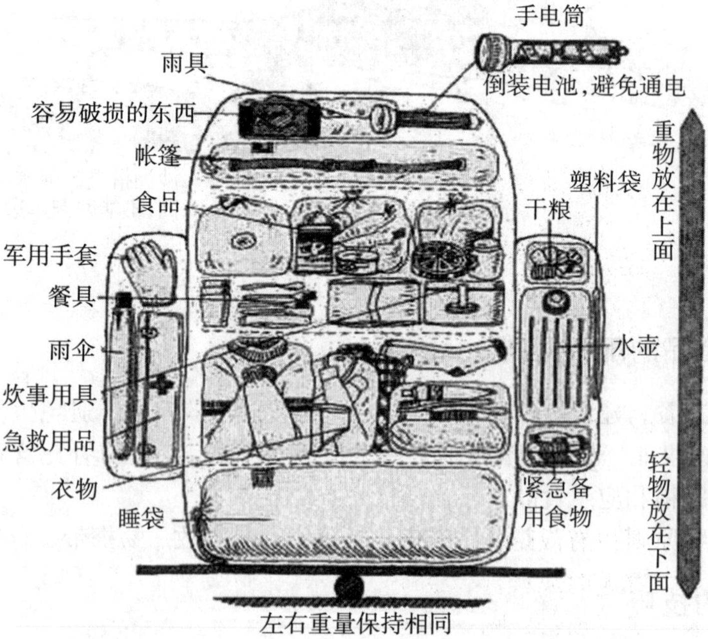

图7

3. 背包的调节

（1）放松所有背负系统收紧带；

（2）将背包背于肩上，将背包的腰带放置于最舒适的位置，并收紧腰带；

（3）收紧肩带，使背包处于背部最佳位置；

（4）调整肩部重心收紧带及腰部重心收紧带；

（5）转动身体，感觉背包的舒适性，如果感觉不舒适再重复步骤（3）～（4）进行调整。

六、常用绳结

序号	绳结	特点	作用	相对强度
1	布林结	易结易解、安全性高、用途广泛、变化多端	绳索的末端结成一个圆圈，户外活动非常有用	70%～75%
2	八字结	牢固，被拉得很紧难解开	连接固定点，先锋攀岩必用	70%～75%
3	蝴蝶结	任一端都可受力	结组中连接中间人	70%～75%
4	平结	左搭右、右搭左	连接同样粗细、同样材质的绳索	45%
5	渔人结	十分容易打，但很难拆开	两条绳索连接在一起	65%～70%
6	双套结	一端使力可能会乱掉或松开	通常应用在两端施力均等的物品上，适用于水平拉力之下	60%～65%
7	抓结	打抓结的绳子应比主绳细而软	抓连主绳，作副保护	
8	意大利半扣	靠绳子之间的摩擦	紧急下降保护	

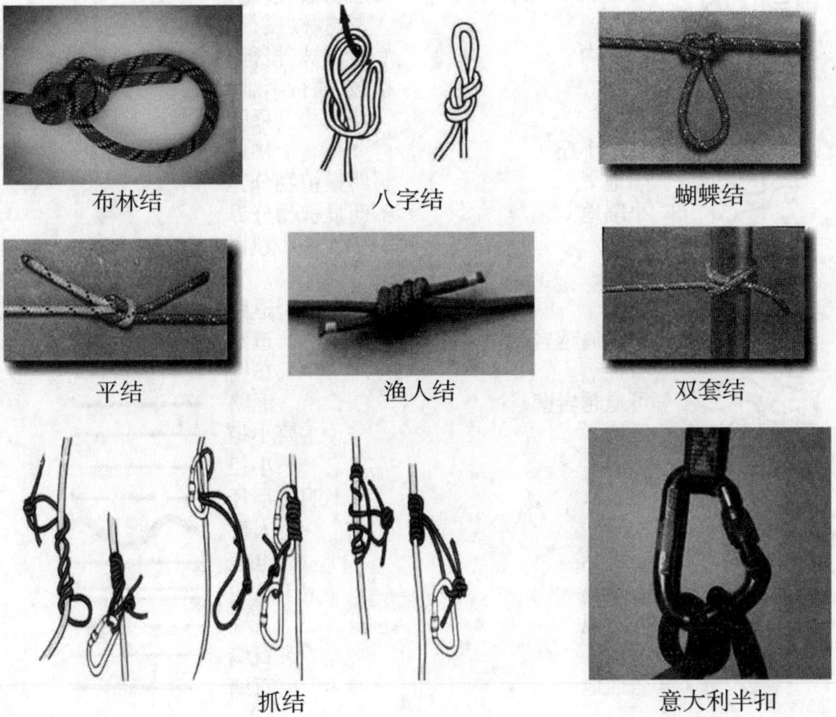

图 8

七、专用地图

1. 比例尺

地图上某线段长与相应实地水平距离之比，叫地图比例尺。例如，某幅地图的图上长度1厘米，相当于实地水平距离10 000厘米，则此幅地图的比例尺为1∶10 000。图幅面积相等的地图，比例尺越大，其图幅所包括的实地范围就越小，图上显示的内容就越详细。如1∶10 000地图上的1平方厘米相当于实地10 000平方米。用直尺量算：先用直尺量取图上两点长度，然后依据地图比例尺按公式计算。

计算公式为：实地水平距离＝图上长度×比例尺分母

如在1∶10 000地图上量取两点长度为1.2厘米，则

实地水平距离＝1.2×10 000＝120（米）

2. 图例

图例是地图上表示地理事物的符号，这些符号所表示的意义，常注明在地图的边角上。地图符号一般包括各种大小、粗细、颜色不同的点、线、图形等（如图9、图10）。

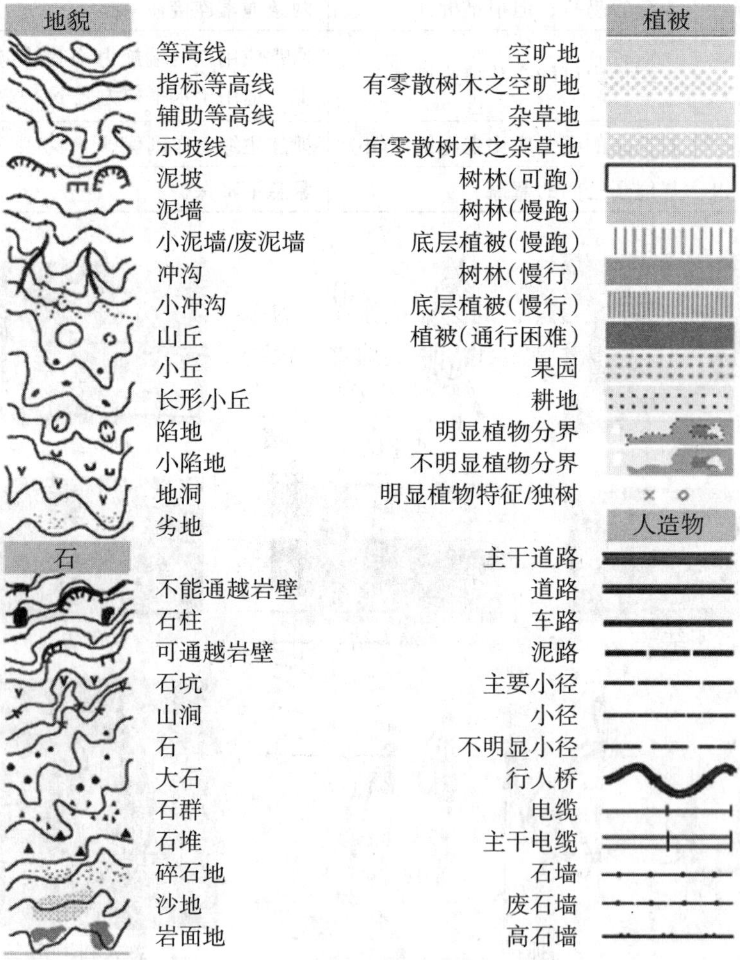

图9

图10

3. 地物符号

（1）点状符号：表示居民点、独立地物、矿产地等。

（2）线状符号：表示河流、渠道、岸线、道路、航线、等高线、等深线等。

（3）面状符号：表示湖泊、水域、森林的范围，各种区域范围，动植物和矿藏资源分布范围等。

4. 地图方位的法则：上北、下南、左西、右东

5. 等高线、等高距的图例说明

等高线：指地表面上高度相等的各点连接而成的曲线。

等高距：指相邻两条基本等高线间的实地垂直距离。

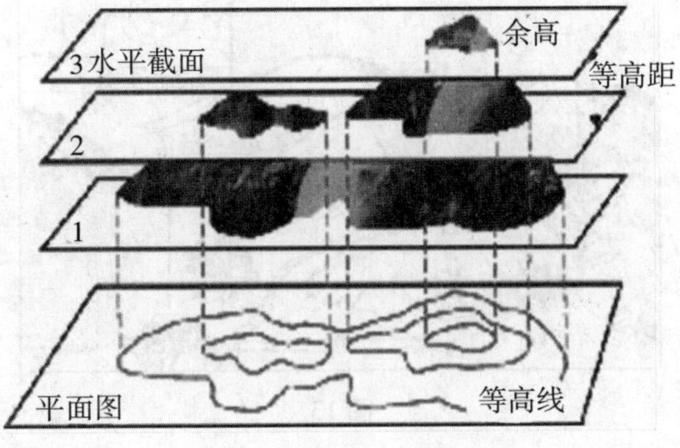

图11

八、指北针应用

1. 指北针结构

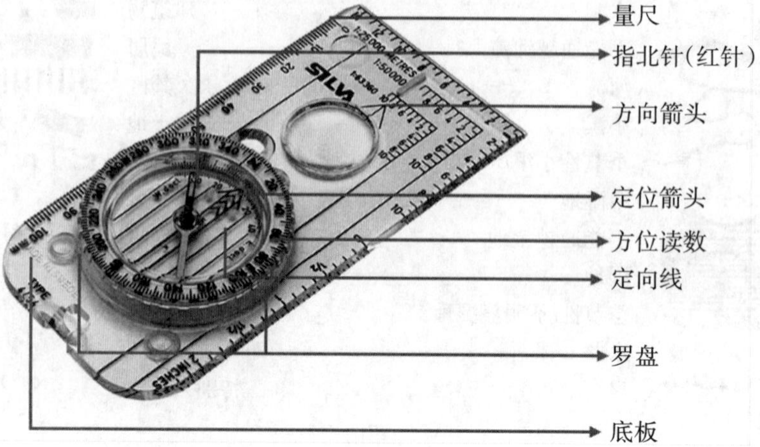

图 12

2. 导航

（1）正置地图（Set Map），红针指地图北。

（2）定位：利用地形、利用所处的明显地形点，在图上找出该点，即可定位。如单个地物，道路、河流拐弯点、交叉点、交汇点和端点；面状地物的中心或者有特征的边缘，山地、鞍部、洼地；陡崖、冲沟等；谷地的拐弯、交叉和交汇点；山脊、山背线上的转折点、坡度变换点。

图 13

（3）西维氏三步法：

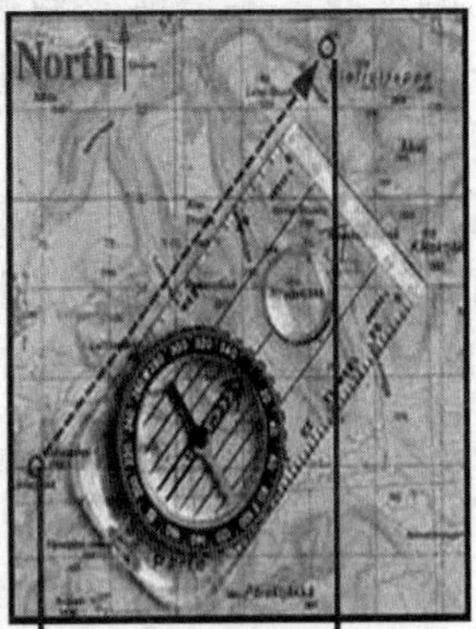

你的位置　目标

图 14　连接两点

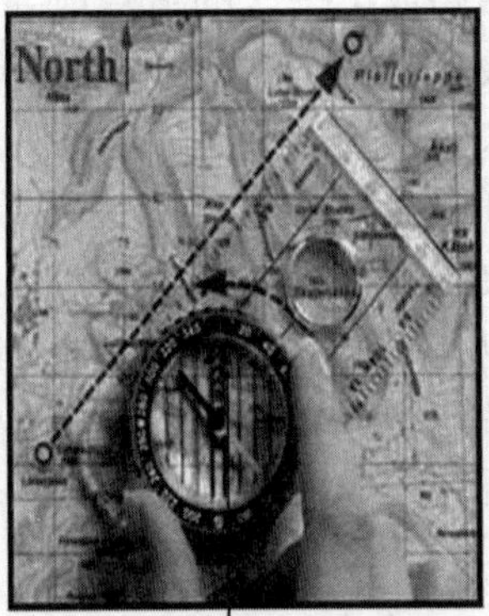

定向箭头指地图北

图 15　转盘

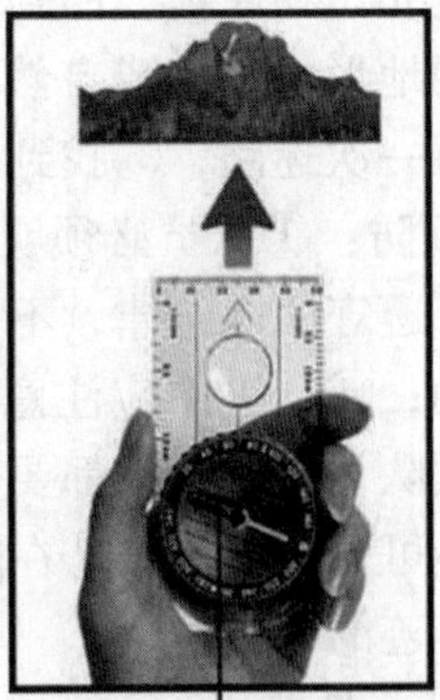

二北合一

图 16　按方位前进

（4）导航技巧——行进“三明”：

①方向明——前进的方位。

②路线明——明确途中的地形、里程。“人在路上走，心在图中移。”

③位置明——出发时必须明确自己的位置，经过岔路、溪流、房屋、树林、上下坡等，随时对照地图。

九、户外意外成因与预防措施

1. 意外成因

（1）缺乏安全意识，疏忽大意，逞强；

（2）身体状态不好（体力、精神、疾病）；

（3）缺乏户外知识和训练，处理不规范；

（4）没有计划，装备不足；

（5）缺乏意志；

（6）缺乏应变常识和能力；

（7）团队分工不明，缺乏合作性。

2. 预防措施

（1）计划阶段：①周密计划行程，熟悉线路；②了解团队，量力而为；③准备充分：合适的装备、饮水和食物；④再次检查，再察天气。

（2）行进中：①注意行进节奏，适当休息；②保持队形，保持距离；③留意各类警告标志；④准确导航，确保线路正确；⑤选择明确的道路行进，避开悬崖、溪谷、碎石区；⑥不要随意更改计划线路或尝试走不熟悉的捷径；⑦切勿单独行动，最好是四人或以上结队同行；⑧如天气变坏，可缩短或取消行程；⑨如不能按时回程，须通知后方留守人员。

十、户外主要危险

1. 人为因素

（1）因素：脱离团队、迷路、未按时到达、错误选择营地。

（2）处理：①如果确信自己能够走到目的地，可继续前进，直到和队友会合；②如果不确信，应先留在原地，回到原路或上一次的宿营地寻找避难所，等待队友救援；③注意观察周围的地形、地貌或自然物的情况，判断正确方向；④探索前进时，沿途要做好标记，避免再一次迷路；⑤找到来时路，原路返回；⑥在适当时候发出求救信号。

（3）预防：①队员必须明确每天的路程和到达目的地的时间，不可全部依赖领队而盲目跟从；②遵守团队纪律，不要落后于收尾队员；③任何时候都要坚持二人以上行动，严禁单独行动；④行进中应注意队形，保持距离；⑤因体能下降或其他原因（如要方便），及时报告领队；⑥每个人都要带地图、指南针、水壶、粮食、灯具、救生盒等必需的个人装备，绝不可多人共用；⑦在既定的线路上行进，不要轻易偏离；⑧走有路的地方，不盲目穿越无痕迹的区域。

2. 错误选择营地

（1）预防：①严格遵守营地选择的基本原则：背风、避险、防兽、防落石、防洪水；②注意避开悬崖，避开水道，严禁雨季在河滩上或溪谷里露营；③选择比较隐蔽的营地，避开交通通道，防范人为侵害；④遵守营地纪律，小心用火。

（2）处理：①迅速转移到安全地带；②如果条件限制，应做好防范措施。如安排值夜，预留逃生通道和线路，零碎物品装包；③随身携带头灯和刀具等。

3. 气候因素

（1）中暑。

①起因：高温、暴晒、工作强度过大、时间过长、睡眠不足、过度疲劳，有其他疾病。

②症状：先兆中暑，头痛、头晕、口渴、多汗、四肢无力、精力不集中、动作不协调；轻症中暑，除先兆症状外，还有体温升高，面色潮红、大汗、皮肤灼热或出现四肢湿冷、面色苍白、血压下降、脉搏增快等症状；重症中暑，肌肉痉挛，意识模糊，昏迷。

③预防：合理安排户外活动时间，早出晚归，避开最热的中午时间，多安排休息；注意防晒，夏季我们的身体很难经受住 4 个小时以上的烈日暴晒，戴遮阳帽、太阳镜，涂抹防晒霜等；准备充足的水和饮料；睡眠要充足，不带病出行。

④急救原则：尽快降低患者体温，并寻求进一步救援。

⑤措施：将患者置阴凉处，解开衣服；如患者清醒，让他成半坐姿势，头肩部有依靠；如患者昏迷，让其畅通气道并检查呼吸，如有需要则进行心肺复苏法；用湿冷的毛巾、酒精擦身，用扇子扇风，直到患者体温降低至 38℃；寻求医疗援助。

（2）失温。

①引发原因：衣物寒湿、体表风冷、饥饿、疲劳、年老体弱。即使在夏天，若身处寒冷的地方而又没有足够的衣服，或遇上突如其来的寒风或暴雨，令到体温急降，就有可能引致失温。

②主要症状：感觉寒冷，四肢冰冷，持续发抖，脸色苍白，记忆减退，语言不清，肌肉不受意志控制，反应迟钝，性情改变或者失去理智，脉搏减缓，失去意识。

③参考温度：40℃——发烧；37℃——正常；35℃——有失温征兆，发抖；33℃——严重，意识模糊——“冬眠”；30℃——无针刺感觉意识——“冰人”；28℃——死亡。

④预防及处理：保持体力，停止活动或者紧急扎营，不断进食高热量食物。脱离低温

恶劣环境，及时脱下寒湿衣物，更换保暖衣物。防止继续失温，协助重获体温，进食热糖水。保持清醒，给予易消化热食，平卧，往睡袋里丢热水瓶或者施救者体温传导。意识迷糊，状态严重者，采用40°温水浸泡。若失去意识，应做人工呼吸，用40°以下温水从肛门作大肠灌洗。切勿喝酒，切勿按摩四肢。

（3）雷暴雨。

雷暴雨经常发生于夏季。雷电通常会击中最高的暴露物，然后沿电阻小的路线传到地面。人体被击中后，会出现肌肉痉挛，烧伤，窒息或心搏骤停，甚至当场死亡。

①预防：密切关注天气情况，尤其在多雨的季节和台风季节；雷雨天气时不要在高处行进。

②应变措施：勿站在山顶、山脊上和孤立的树木、电线杆、铁塔下；不要接触金属或潮湿物体，身上的金属物件也要去掉；可躲入建筑物、山洞内；尽快离开水面，离开空旷地区；实在无处躲避，应立即下蹲，双脚并拢，双手抱膝；最好外披雨衣；团队在野外避雷时，应分散开，不要扎堆。

（4）山洪。

①预防：雨天不要参加溯溪活动；雨季切勿在河道长时间休息，更不要露营；开始下雨时应迅速离开河道，往两岸高地走；切勿尝试越过已被河水盖过的桥梁，也不要试图徒步涉过已达膝盖的溪流。

②处理原则：下雨时，要密切注意雨量的变化；发现流水湍急、混浊及夹杂沙泥腐烂树木时，是山洪暴发之先兆，应迅速远离河道、溪谷；当雨势较大时，要避开最易聚水的长沟或河床以下的平坦延伸地带；山洪来时，应迅速往溪谷两边跑，选择高大的树顶作为避难所，尽量向高处转移；如果不幸落水，应拼命抓住自己的背包（背包可充当救生圈），或者抓住随山洪冲来的大树木，或抓紧岸边的石块、树干或藤蔓，设法爬回岸边或等候同伴救援。

（5）山火。

①预防手段：应注意野外用火安全，严格野外用火制度，不乱丢烟头、火种；野炊时，准备一桶水或沙土放在营火旁边，随时备用；撤营时，必须将营火完全熄灭才能离开。

②危机处理：一旦发生山火，在燃烧初期应尽量灭火；火势失控时，尽量顶风逃往山下或河边等安全地带，避免被火围困；如已被火围困，可采用砍伐或再主动放火，利用火烧后周围的树林、灌木形成空旷地带的方法来保护自己。

4. 地质灾害

（1）高空落石。

①预防手段：事先应寻找能躲避落石的大岩石下或转弯角落，以便通过；切实保护头部，戴上一些保护器物（如头盔、厚衣物、木板、铁锅等）较为妥当；队伍行进中遭遇有可能引致落石的陡坡地段，应该保持一个安全合适的距离。

②危机处理：若遭遇严重落石处时，须趁停止落石的空当，迅速逃离现场；应该尽量避免人为所引起的落石，如果在多岩石的场所不小心碰落了石块，应高喊“注意落石”，通知下面的人，避免因此造成大事故。

（2）塌方、泥石流。

①预防：不要在大雨天或者连续阴雨几天、当天还下雨的情况进入溪谷；泥石流常滞后于大雨暴雨而发生；正常的流水突然断流或者洪水突然增大，并夹有较多的柴草、树木；深谷内传来类似火车轰鸣声或者闷雷声，就算是声音极微，也应判定泥石流已经形成，要速离开；河谷、溪谷深处突变昏暗，并伴有塌方现象，要速离开，不是山洪就是泥石流。

②处理原则：不能沿沟向上或者向下跑，而应该向两侧山坡跑，快速离开河道、河谷、溪谷地带；不要在土质松软、主土体不稳定的斜坡停留，要在基底稳固又较为平稳的地方躲避；切勿上树躲避。

5. 动物伤害

（1）被蛇咬伤。

①预防：行走时，用棍子或手杖边走边打草惊蛇；如果发现了毒蛇，最好避而远之，切勿尝试捕蛇；野外活动时，要戴好帽子，穿长袖衣、长裤，穿中高帮登山鞋；带好蛇药。

②判断。毒蛇：有两个特别粗而深的牙痕；无毒蛇：成排的细齿状“八”字形牙痕。

③处理原则：保持冷静，停止活动，但不要抬高伤处，让伤处低于心脏；充分冲洗伤口，可使用注射器吸毒；以一般出血情况包扎伤口，立即送往医院；可以使用蛇药，不主张使用止血带。

（2）被野兽伤害。

①预防：尽量不要惊扰野生动物；慎重进入野生动物的领地，不要让它们感到受威胁。

②处理：如果与熊、野猪等猛兽不期而遇，也不要表现过分惊慌，慢慢地眼看着它保持微笑后退着远离它们，有时野兽会自己走开；碰到狼、野狗时，千万不要转身逃跑，应蹲下身捡拾石头、木棍，并背靠石壁或大树，防止它们从后面袭击，并伺机爬到树上避难。

③预防被野猪夹夹伤。

（3）蜂蜇。

①预防：不要打扰蜂窝，切勿以树枝等拍打路边树丛；在身体和衣服上喷涂防蚊油；避免使用芬芳味的化妆品；若遇蜂巢挡路，可绕路前进。

②处理原则：若遇一两只黄蜂，可不予理会；若遇群蜂追袭，则要坐下不动，用外衣盖头、颈；如被蜇，应拔除螫针，不要挤压毒囊；冷敷伤处，减轻肿痛；若被严重蜇伤应尽快求医；可用蛇药外敷。

（4）蚂蟥。

①预防手段：夏季行走线路尽量避开水田或水塘、浅水河等处；着高帮鞋和厚长的袜子，或把裤管卷到鞋内，必要时穿外套；在鞋面或裤管上喷洒浓盐水。

②危机处理：蚂蟥吸附皮肤时，可在蚂蟥身上轻轻拍打，亦可用浓盐水、肥皂水或醋涂在蚂蟥身上，或用烟头烤一下，即可使其口器松弛脱落，切勿用力拔；伤口用5% ~ 10%的碳酸氢钠溶液冲洗，涂以碘酊，防止感染；如血流不止，可用碳酸氢钠粉敷在伤口上。

6. 植物伤害

（1）两面针、漆树、野菜、野菇等均可对人造成伤害。

（2）处理原则：不随意走入密林（矮树丛）；穿衣：着长袖长裤，中帮登山鞋，戴手套；不要触摸不熟悉的植物，不随便采摘野菇、野果食用。

十一、如何原地求救

（1）利用哨子、电筒、灯光发出国际求救讯号或摩氏密码求救讯号。

（2）挥舞鲜明衣物吸引其他人注意。

（3）用手提或直线电话求救。

（4）资源足够的情况下，可派人下山求救。

（5）求救讯号：连续六次，一分钟之后重复。

（6）山野求救步骤——留守现场待救：

①安顿全组人于安全的地方；②为伤者做妥急救措施，让伤者留在安全地方；③大声呼救或用其他方式吸引别人注意；④确定自己身处的位置；⑤填写“登山意外求救书”；⑥使用手提电话致电110求救；⑦发出国际山难求救讯号，直至救援人员到达为止。

（7）若没有人注意到求救讯号、无电话信号、全队有四人以上，应向外求救：①挑选两名经验较佳的伙伴持求救书往就近民居或电话亭求救；②求救者先选定求救路线；③携带适当装备，如食物、水、风衣、雨衣、哨子、电筒、地图、指北针及急救用品等出发求救；④留下后备衣物、食物、哨子及电筒给清醒的伤员；⑤照顾伤者的同伴，须继续发出国际山难求救讯号，直至救援人员到达为止。

十二、LNT（Leave No Trace，不留痕迹）

LNT是由美国各级政府的土地管理单位、环境教育学者、保育团体、户外用品制造商与销售商、登山健行团体，以及社会大众共同发起的全国性教育推广运动。

主要内容：礼遇大自然，保留大自然原始风貌，尊重大自然中的原生住民——动植物，降低人类进入大自然的环境冲击，与其他进入大自然的人互相尊重。

LNT七大原则：

1. 事先计划和准备

（1）了解目的地的管理规定和特别要求；

（2）做好针对坏天气、危险及紧急情况的应急方案；

（3）合理安排行程以避开高峰时段；

（4）以小团队出行，将大团体分成4～6人一组；

（5）把食品重新包装，将垃圾量减至最低；

（6）使用地图和指南针，避免油漆、石堆或路条等人为标志。

2. 在坚实的地表行走和露营

（1）不要离开正规路径；

（2）尽可能使用指定区域；

（3）选择在坚实地表上露营；

（4）60米原则；

（5）离开时应比进入时更干净。

3. 妥善处理废物

（1）人类垃圾会造成环境污染、改变野生动物的习性以及影响其他人等问题；

（2）带走所有带去的东西；

（3）剩饭菜、洗碗水滤渣后带走；人类排泄物的处理。

4. 保持你所发现的原貌

（1）保留遗迹，维持原样。可仔细观察，但不要碰触文化或历史遗迹和文物；

（2）保持岩石、植物和其他自然物的原貌；

（3）拿走或干扰自然生物以及文化遗产将会减少其他人发现他们的乐趣，并且是违法的；

（4）避免引进非本土的物种；

（5）不要打造建筑物、家具或挖沟渠。

5. 将营火的影响降至最小

6. 尊重野生动物

人类的行为将会深深影响野生动物的健康以及习性；切勿尾随和靠近野生动物；不喂食野生动物；为保护野生动物，切实收藏好食物和垃圾；管束宠物，否则留在家里；避免在动物的敏感时期如交配、筑巢、育雏、冬眠时打扰动物。

7. 考虑在户外的其他人

尊重他人和保证他们在户外应享受的质量；以礼待人，路上相遇应避让；礼让负重游人，上坡者先行，相遇时在下坡侧等待；休息或露营时，请远离步道和其他人；尽享大自然的声音，不要高喊和发出噪音。

附录　国家学生体质健康标准（2014 年修订）

一、说明

1.《国家学生体质健康标准》（以下简称《标准》）是国家学校教育工作的基础性指导文件和教育质量基本标准，是评价学生综合素质、评估学校工作和衡量各地教育发展的重要依据，是《国家体育锻炼标准》在学校的具体实施，适用于全日制普通小学、初中、普通高中、中等职业学校、普通高等学校的学生。

2. 本标准的修订坚持健康第一，落实《国家中长期教育改革和发展规划纲要(2010—2020 年)》《国务院办公厅转发教育部等部门关于进一步加强学校体育工作若干意见的通知》（国办发〔2012〕53 号）和《教育部关于印发〈学生体质健康监测评价办法〉等三个文件的通知》（教体艺〔2014〕3 号）有关要求，着重提高《标准》应用的信度、效度和区分度，着重强化其教育激励、反馈调整和引导锻炼的功能，着重提高其教育监测和绩效评价的支撑能力。

3. 本标准从身体形态、身体机能和身体素质等方面综合评定学生的体质健康水平，是促进学生体质健康发展、激励学生积极进行身体锻炼的教育手段，是国家学生发展核心素养体系和学业质量标准的重要组成部分，是学生体质健康的个体评价标准。

4. 本标准将适用对象划分为以下组别：小学、初中、高中按每个年级为一组，其中小学为 6 组、初中为 3 组、高中为 3 组。大学一、二年级为一组，三、四年级为一组。

5. 小学、初中、高中、大学各组别的测试指标均为必测指标。其中，身体形态类中的身高、体重，身体机能类中的肺活量，以及身体素质类中的 50 米跑、坐位体前屈为各年级学生共性指标。

6. 本标准的学年总分由标准分与附加分之和构成，满分为 120 分。标准分由各单项指标得分与权重乘积之和组成，满分为 100 分。附加分根据实测成绩确定，即对成绩超过 100 分的加分指标进行加分，满分为 20 分；小学的加分指标为 1 分钟跳绳，加分幅度为 20 分；初中、高中和大学的加分指标为男生引体向上和 1 000 米跑，女生 1 分钟仰卧起坐和 800 米跑，各指标加分幅度均为 10 分。

7. 根据学生学年总分评定等级：90.0 分及以上为优秀，80.0～89.9 分为良好，60.0～79.9 分为及格，59.9 分及以下为不及格。

8. 每个学生每学年评定一次，记入《〈国家学生体质健康标准〉登记卡》。特殊学制的学校，在填写登记卡时可以按规定和需求相应地增减栏目。学生毕业时的成绩和等级，按毕业当年学年总分的 50% 与其他学年总分平均得分的 50% 之和进行评定。

9. 学生测试成绩评定达到良好及以上者，方可参加评优与评奖；成绩达到优秀者，方可获体育奖学分。测试成绩评定不及格者，在本学年度准予补测一次，补测仍不及格，则学年成绩评定为不及格。普通高中、中等职业学校和普通高等学校学生毕业时，《标准》

测试的成绩达不到50分者按结业或肄业处理。

10. 学生因病或残疾可向学校提交暂缓或免予执行《标准》的申请，经医疗单位证明，体育教学部门核准，可暂缓或免予执行《标准》，并填写《免予执行<国家学生体质健康标准>申请表》，存入学生档案。确实丧失运动能力、被免予执行《标准》的残疾学生，仍可参加评优与评奖，毕业时《标准》成绩需注明免测。

11. 各学校每学年开展覆盖本校各年级学生的《标准》测试工作，《标准》测试数据经当地教育行政部门按要求审核后，通过中国学生体质健康网上传至“国家学生体质健康标准数据管理系统”。测试和数据上传时间由教育行政部门确定。

12. 本标准由教育部负责解释。

二、单项指标与权重

表1

测试对象	单项指标	权重（%）
小学一年级至大学四年级	体重指数（BMI）	15
	肺活量	15
小学一、二年级	50米跑	20
	坐位体前屈	30
	1分钟跳绳	20
小学三、四年级	50米跑	20
	坐位体前屈	20
	1分钟跳绳	20
	1分钟仰卧起坐	10
小学五、六年级	50米跑	20
	坐位体前屈	10
	1分钟跳绳	10
	1分钟仰卧起坐	20
	50米×8往返跑	10
初中、高中、大学各年级	50米跑	20
	坐位体前屈	10
	立定跳远	10
	引体向上（男）/1分钟仰卧起坐（女）	10
	1000米跑（男）/800米跑（女）	20

注：体重指数（BMI）=体重（千克）/身高（米^2）。

三、评分表（大学）

（一）单项指标评分表

表2　男生体重指数（BMI）单项评分表（单位：千克/米^2）

等级	单项得分	BMI
正常	100	17.9～23.9
低体重	80	≤17.8
超重	80	24.0～27.9
肥胖	60	≥28.0

表3　女生体重指数（BMI）单项评分表（单位：千克/米^2）

等级	单项得分	BMI
正常	100	17.2～23.9
低体重	80	≤17.1
超重	80	24.0～27.9
肥胖	60	≥28.0

表4　男生肺活量单项评分表（单位：毫升）

等级	单项得分	大一、大二	大三、大四
优秀	100	5040	5140
	95	4920	5020
	90	4800	4900
良好	85	4550	4650
	80	4300	4400
及格	78	4180	4280
	76	4060	4160
	74	3940	4040
	72	3820	3920
	70	3700	3800
	68	3580	3680
	66	3460	3560
	64	3340	3440
	62	3220	3320
	60	3100	3200
不及格	50	2940	3030
	40	2780	2860
	30	2620	2690
	20	2460	2520
	10	2320	2350

表5　女生肺活量单项评分表（单位：毫升）

等级	单项得分	大一、大二	大三、大四
优秀	100	3 400	3 450
	95	3 350	3 400
	90	3 300	3 350
良好	85	3 150	3 200
	80	3 000	3 050
及格	78	2 900	2 950
	76	2 800	2 850
	74	2 700	2 750
	72	2 600	2 650
	70	2 500	2 550
	68	2 400	2 450
	66	2 300	2 350
	64	2 200	2 250
	62	2 100	2 150
	60	2 000	2 050
不及格	50	1 960	2 010
	40	1 920	1 970
	30	1 880	1 930
	20	1 840	1 890
	10	1 800	1 850

表6　男生50米跑单项评分表（单位：秒）

等级	单项得分	大一、大二	大三、大四
优秀	100	6.7	6.6
	95	6.8	6.7
	90	6.9	6.8
良好	85	7.0	6.9
	80	7.1	7.0
及格	78	7.3	7.2
	76	7.5	7.4
	74	7.7	7.6
	72	7.9	7.8
	70	8.1	8.0
	68	8.3	8.2

（续上表）

等级	单项得分	大一、大二	大三、大四
及格	66	8.5	8.4
	64	8.7	8.6
	62	8.9	8.8
	60	9.1	9.0
不及格	50	9.3	9.2
	40	9.5	9.4
	30	9.7	9.6
	20	9.9	9.8
	10	10.1	10.0

表7　女生50米跑单项评分表（单位：秒）

等级	单项得分	大一、大二	大三、大四
优秀	100	7.5	7.4
	95	7.6	7.5
	90	7.7	7.6
良好	85	8.0	7.9
	80	8.3	8.2
及格	78	8.5	8.4
	76	8.7	8.6
	74	8.9	8.8
	72	9.1	9.0
	70	9.3	9.2
	68	9.5	9.4
	66	9.7	9.6
	64	9.9	9.8
	62	10.1	10.0
	60	10.3	10.2
不及格	50	10.5	10.4
	40	10.7	10.6
	30	10.9	10.8
	20	11.1	11.0
	10	11.3	11.2

表8　男生坐位体前屈单项评分表（单位：厘米）

等级	单项得分	大一、大二	大三、大四
优秀	100	24.9	25.1
	95	23.1	23.3
	90	21.3	21.5
良好	85	19.5	19.9
	80	17.7	18.2
及格	78	16.3	16.8
	76	14.9	15.4
	74	13.5	14.0
	72	12.1	12.6
	70	10.7	11.2
	68	9.3	9.8
	66	7.9	8.4
	64	6.5	7.0
	62	5.1	5.6
	60	3.7	4.2
不及格	50	2.7	3.2
	40	1.7	2.2
	30	0.7	1.2
	20	-0.3	0.2
	10	-1.3	-0.8

表9　女生坐位体前屈单项评分表（单位：厘米）

等级	单项得分	大一、大二	大三、大四
优秀	100	25.8	26.3
	95	24.0	24.4
	90	22.2	22.4
良好	85	20.6	21.0
	80	19.0	19.5
及格	78	17.7	18.2
	76	16.4	16.9
	74	15.1	15.6
	72	13.8	14.3
	70	12.5	13.0
	68	11.2	11.7

（续上表）

等级	单项得分	大一、大二	大三、大四
及格	66	9.9	10.4
	64	8.6	9.1
	62	7.3	7.8
	60	6.0	6.5
不及格	50	5.2	5.7
	40	4.4	4.9
	30	3.6	4.1
	20	2.8	3.3
	10	2.0	2.5

表 10　男生立定跳远单项评分表（单位：厘米）

等级	单项得分	大一、大二	大三、大四
优秀	100	273	275
	95	268	270
	90	263	265
良好	85	256	258
	80	248	250
及格	78	244	246
	76	240	242
	74	236	238
	72	232	234
	70	228	230
	68	224	226
	66	220	222
	64	216	218
	62	212	214
	60	208	210
不及格	50	203	205
	40	198	200
	30	193	195
	20	188	190
	10	183	185

表 11　女生立定跳远单项评分表（单位：厘米）

等级	单项得分	大一、大二	大三、大四
优秀	100	207	208
	95	201	202
	90	195	196
良好	85	188	189
	80	181	182
及格	78	178	179
	76	175	176
	74	172	173
	72	169	170
	70	166	167
	68	163	164
	66	160	161
	64	157	158
	62	154	155
	60	151	152
不及格	50	146	147
	40	141	142
	30	136	137
	20	131	132
	10	126	127

表 12　男生引体向上单项评分表（单位：次）

等级	单项得分	大一、大二	大三、大四
优秀	100	19	20
	95	18	19
	90	17	18
良好	85	16	17
	80	15	16
及格	78	14	15
	76		
	74	13	14
	72		
	70	12	13
	68		

（续上表）

等级	单项得分	大一、大二	大三、大四
及格	66	11	12
	64		
	62	10	11
	60		
不及格	50	9	10
	40	8	9
	30	7	8
	20	6	7
	10	5	6

表 13　女生 1 分钟仰卧起坐单项评分表（单位：次）

等级	单项得分	大一、大二	大三、大四
优秀	100	56	57
	95	54	55
	90	52	53
良好	85	49	50
	80	46	47
及格	78	44	45
	76	42	43
	74	40	41
	72	38	39
	70	36	37
	68	34	35
	66	32	33
	64	30	31
	62	28	29
	60	26	27
不及格	50	24	25
	40	22	23
	30	20	21
	20	18	19
	10	16	17

表 14 男生耐力跑单项评分表（单位：分·秒）

等级	单项得分	大一、大二	大三、大四
优秀	100	3′17″	3′15″
	95	3′22″	3′20″
	90	3′27″	3′25″
良好	85	3′34″	3′32″
	80	3′42″	3′40″
及格	78	3′47″	3′45″
	76	3′52″	3′50″
	74	3′57″	3′55″
	72	4′02″	4′00″
	70	4′07″	4′05″
	68	4′12″	4′10″
	66	4′17″	4′15″
	64	4′22″	4′20″
	62	4′27″	4′25″
	60	4′32″	4′30″
不及格	50	4′52″	4′50″
	40	5′12″	5′10″
	30	5′32″	5′30″
	20	5′52″	5′50″
	10	6′12″	6′10″

注：大学：1000 米跑。

表 15 女生耐力跑单项评分表（单位：分·秒）

等级	单项得分	大一、大二	大三、大四
优秀	100	3′18″	3′16″
	95	3′24″	3′22″
	90	3′30″	3′28″
良好	85	3′37″	3′35″
	80	3′44″	3′42″
及格	78	3′49″	3′47″
	76	3′54″	3′52″
	74	3′59″	3′57″
	72	4′04″	4′02″
	70	4′09″	4′07″
	68	4′14″	4′12″

（续上表）

等级	单项得分	大一、大二	大三、大四
及格	66	4′19″	4′17″
	64	4′24″	4′22″
	62	4′29″	4′27″
	60	4′34″	4′32″
不及格	50	4′44″	4′42″
	40	4′54″	4′52″
	30	5′04″	5′02″
	20	5′14″	5′12″
	10	5′24″	5′22″

注：大学：800 米跑。

（二）加分指标评分表

表 16　男生引体向上评分表（单位：次）

加分	大一、大二	大三、大四
10	10	10
9	9	9
8	8	8
7	7	7
6	6	6
5	5	5
4	4	4
3	3	3
2	2	2
1	1	1

表 17　女生 1 分钟仰卧起坐评分表（单位：次）

加分	大一、大二	大三、大四
10	13	13
9	12	12
8	11	11
7	10	10
6	9	9
5	8	8
4	7	7
3	6	6
2	4	4
1	2	2

表 18　男生 1 000 米跑评分表（单位：分·秒）

加分	大一、大二	大三、大四
10	−35″	−35″
9	−32″	−32″
8	−29″	−29″
7	−26″	−26″
6	−23″	−23″
5	−20″	−20″
4	−16″	−16″
3	−12″	−12″
2	−8″	−8″
1	−4″	−4″

表 19　女生 800 米跑评分表（单位：分·秒）

加分	大一、大二	大三、大四
10	−50″	−50″
9	−45″	−45″
8	−40″	−40″
7	−35″	−35″
6	−30″	−30″
5	−25″	−25″
4	−20″	−20″
3	−15″	−15″
2	−10″	−10″
1	−5″	−5″

参考文献

[1] 杨文轩，杨霆. 体育概论 [M]. 北京：高等教育出版社，2013.
[2] 全国体育院校教材委员会. 奥林匹克运动 [M]. 北京：人民体育出版社，1993.
[3] 姚鸿恩. 体育保健学 [M]. 4 版. 北京：高等教育出版社，1986.
[4] http://baike.so.com/doc/30054－31323.html.
[5] 张彧. 急诊医学 [M]. 北京：人民卫生出版社，2011.
[6] 王安利. 运动医学 [M]. 北京：人民体育出版社，2015.
[7] 曲绵域，于长隆. 实用运动医学 [M]. 北京：北京大学医学出版社，2003.
[8] 张志强. 康复医学 [M]. 北京：人民卫生出版社，2010.
[9] 全国体育院校教材委员会. 篮球运动高级教程 [M]. 北京：人民体育出版社，2002.
[10] 孙民治. 球类运动——篮球 [M]. 北京：高等教育出版社，2001.
[11] 王家宏. 球类运动——篮球（普通高等教育“十一五”国家级规划教材·高等学校教材）[M]. 北京：高等教育出版社，2005.
[12] 篮球编写组. 体育院系通用教材·篮球 [M]. 北京：北京体育大学出版社，1993.
[13] 宋丽媛，王铁成，祝嘉一. 篮球教育 [M]. 长春：吉林大学出版社，2010.
[14] 虞重干. 排球运动 [M]. 北京：人民体育出版社，1999.
[15] http://baike.baidu.com/view/17867.htm#sub17867.
[16] 中国排球协会. 排球竞赛规则 2005—2008. 北京：人民体育出版社，2005.
[17] 全国体育院校教材委员会. 现代足球 [M]. 北京：人民体育出版社，2000.
[18] 俞蕙琳. 乒乓球 [M]. 北京：高等教育出版社，2004.
[19] http://learn.tsinghua.edu.cn:8080/1986990077/pingpang/home.htm.
[20] 刘建和. 乒乓球教学与训练 [M]. 北京：人民体育出版社，2008.
[21] 中华人民共和国国家体育运动委员会. 羽毛球 [M]. 北京：人民体育出版社，1995.
[22] 中华人民共和国羽毛球协会. 羽毛球竞赛规则 [M]. 北京：北京体育大学出版社，2003.
[23] 陶志翔. 网球运动教程（高等教育体育教材）[M]. 北京：北京体育大学出版社，2009.
[24] 许斌，郁庆定，韩明哲. 网球（高等学校教材）[M]. 北京：高等教育出版社，2005.
[25] 孙卫星. 现代网球技术教学法 [M]. 北京：北京体育大学出版社，2007.
[26] 罗贝尔特·霍希，凯·海涅克. 网球教学 [M]. 花勇民，译. 北京：北京体育大学出版社，2005.
[27] 陶志翔. 网球裁判必读 [M]. 北京：北京体育大学出版社，1998.
[28] 吴何海. 游泳运动 [M]. 北京：人民体育出版社，2009.

[29] 陈武山．游泳运动教程［M］．北京：人民体育出版社，2007.
[30] 梅雪雄．游泳［M］．北京：高等教育出版社，2007.
[31] 王红，温禹．游泳［M］．北京：高等教育出版社，2005.
[32] 裴竟波．普通高校体育选项课教材·游泳［M］．北京：北京体育大学出版社，2004.
[33] 全国体育院校教材委员会．武术［M］．北京：人民体育出版社，2007.
[34] 黄宽柔．健美操［M］．北京：高等教育出版社，2008.
[35] 厦门理工学院．健美操精品课程.
[36] 张清澎，陈瑞璋，伏宇军．体育舞蹈［M］．北京：北京体育大学出版社，2001.
[37] 荣丽．体育舞蹈基础教程［M］．北京：北京航空航天大学出版社，2007.
[38] 寿文华，魏纯镭，荣丽．体育舞蹈［M］．北京：北京体育大学出版社，2007.
[39] 刘光红．体育舞蹈读本［M］．北京：人民体育出版社，2006.
[40] 童昭岗，雷咏时．体育舞蹈［M］．桂林：广西师范大学出版社，2005.
[41] 王子文．全国体育舞蹈等级考试培训教材［M］.2006.
[42] 帕谭佳里．图解瑜伽经［M］．嘉娜娃，译．西安：陕西师范大学出版社，2007.
[43] 古月飞．瑜伽精粹100式［M］．广州：广东科技出版社，2003.
[44] 阿罗频多．综合瑜伽［M］．徐梵澄，译．上海：华东师范大学出版社，2005.
[45] 帕谭佳里．图解瑜伽经［M］．嘉娜娃，译．西安：陕西师范大学出版社，2007.
[46] 柏忠言，张蕙兰．瑜伽——气功与冥想［M］．北京：人民体育出版社，2002.
[47] 张先松．健身健美运动［M］．北京：高等教育出版社，2005.
[48] 张瑞林．散打［M］．北京：高等教育出版社，2005.
[49] 高谊，张惠欣．普通高校跆拳道课程教材［M］．天津：南开大学出版社，2011.
[50] 肖红青．对普通体育院系培养拓展训练师资实验研究［D］．北京：北京体育大学，2006.
[51] 袁铜墙，吴映辉，薛保红．拓展训练在我国兴起动因的社会学分析［J］．科学信息，2010（5）.
[52] 吕杰．拓展训练在大学体育教育中的发展趋势探讨［D］．济南：山东师范大学，2009.
[53] 赵延敏．拓展训练融入高校公共体育课程的研究［D］．青岛：中国石油大学（华东），2010.
[54] 国家体育总局职业技能鉴定指导中心．户外运动［M］．北京：高等教育出版社，2012.
[55] 李红艳．户外运动的理论与实践研究［D］．北京：北京体育大学，2006.
[56] http://www.ahpu.edu.cn/s/35/t/273/2b/fg/info11257.htm.